AF551309

Erhard Steiniger

Als Funker an den Brennpunkten der Front

Erhard Steiniger

Als Funker an den Brennpunkten der Front

Mit dem Infanterieregiment 151
der 61. Infanteriedivision in Russland,
im Baltikum und Ostpreußen

FLECHSIG

Umwelthinweis:
Dieses Buch und der Umschlag wurden auf chlorfrei
gebleichtem Papier gedruckt.
Die Einschrumpffolie – zum Schutz vor Verschmutzung –
ist aus umweltverträglichem und recyclingfähigem PE-Material.

Bildnachweis:

Die Bilder aus Nordwestböhmen und der Kurischen Nehrung stammen aus Bildbänden des Rautenberg-Verlages. Tilsit und die „Königin-Luise-Brücke" von Walter Hubatsch
Alle übrigen Bilder wurden vom Autor und folgenden Personen zur Verfügung gestellt:

Von Prof. Dr. Dr. h. c. Walther Hubatsch
(früher Nachrichtenführer beim Grenadierregiment 151)
Von Oberstleutnant der Bundeswehr a. D. Wilhelm Kubel
(früher Hauptmann und Bataillonsführer beim Grenadierregiment 162)
Von Rittmeister a. D. Gerhard Baltruschat
(zuletzt Chef der 14. Kompanie/Grenadierregiment 151)
Von Hauptschullehrer a. D. Bruno Grützmacher
(früher Oberleutnant im Regimentsstab des Greneradierregiments 151)

Den vorgenannten Herren und den zum Teil unbekannten Bildautoren sage ich hiermit meinen herzlichen Dank.

Der Verfasser

2. Auflage 2023
Flechsig Verlag
Internet: www.flechsigmedien.de Internet: www.vdmedien24.de
Einbandgestaltung: Silberwald Agentur für visuelle Kommunikation, Rimpar
www.silberwald.biz
Gesamtherstellung: VDM Heinz Nickel, Zweibrücken
ISBN 978-3-8035-0113-4

Inhalt

Zum Geleit

Für die Deutschen der Jahrgänge 1905 bis 1925 drängt sich die Spanne ihrer eindrücklichsten Lebensäußerungen auf die Jahrzehnte von 1930 bis 1950 zusammen. Was in jener Zeit an Forderungen, Zumutungen, Erwartungen und Hochstimmung, an Niederbrüchen und Verzweiflung, Stolz und Demütigung ein und denselben Menschen erhebend geschenkt und grausam auferlegt worden ist, kann angesichts der kaum erschütterten Gleichförmigkeit des jüngsten Menschenalters von 1950 bis 1980 überhaupt nicht nachvollzogen, nicht einmal verstanden werden. Die Deutschen der achtziger Jahre haben sich von sich selbst entfernt, denken, reden und handeln auf zwei Ebenen. Anstelle des zersplitterten „Pluralismus" einer in Auflösung begriffenen sogenannten „Gesellschaft" würden in unserem Vaterland heute deutlichere, härtere Strukturen sichtbar werden, wenn diejenigen unter uns noch leben und wirken würden, die wir als die Besten unter uns gekannt und geschätzt haben, die nicht mehr zurückkommen konnten, weil sie uns den Sieg erfochten hatten oder in der Abwehr ihre Kraft verströmten, damit wir und unsere Nachkommen leben und nicht nur existieren durften. Diese, unsere Kameraden, haben wir in unser neues Dasein mit hineingenommen und ihnen eine Heimstatt auch in dem gegenwärtigen Deutschland als dem fortlebenden Teil ihres und unseres Vaterlandes zu bereiten gelobt; wir haben für sie stellvertretend mit zu sprechen und zu handeln.

Die folgenden Aufzeichnungen eines Grenadiers des Zweiten Weltkrieges legen davon Zeugnis ab. Sie sind ohne Pathos geschrieben, ohne Anspruch auf geschichtliche Deutung und Würdigung. Es ist ein schlichter Bericht, der hier vorgelegt wird als Feststellung des Charakters einer Zeit, wie sie damals unvorbereitet auf Menschen traf, die sich ihr zu stellen hatten. Das Unausweichliche wird als der unentrinnbare Zwang beschrieben, darin aber dennoch jene Freiheit sichtbar gemacht, die allein helfen konnte, das Übermenschliche zu ertragen. Das Erstaunlichste an dieser Erzählung ist die getreue und sorgfältige Darstellung der vergangenen Jahre ohne jede Nebenabsicht. Nicht Verklärung, Rechtfertigung, Anklage, Erschütterung, psychologische Effekte oder Selbstbemitleidung haben den Verfasser beeinflussen können. Die Unbefangenheit in bestem Wortsinn vermochte zum reinen Spiegel der eigenen Erlebnisse zu werden in ihren Alltäglichkeiten. Der Autor überhöht sich nicht. Es werden keine Heldentaten aufgetischt, vielmehr das Gedächtnis auch auf die feinnervigen Organe des Geruchs, des Geschmacks, des Gefühls erstreckt: Leder, Gras, Pferde, Wald, Verwesung, Schweiß, Blut, Rauch, Erde, Regen, Kraftstoff – unnachahmliches Gemisch, hineingesetzt in ätherisch zarte Herbstnachmittage oder in dichtes, alles einhüllendes Schneetreiben. Ja, so war es. Das erlebten wir genauso. Hier wird stellvertretend ausgesprochen, was uns allen so widerfahren ist und was uns daher alle angeht. Ein Stück von uns. Aufgezeichnet zu unserer Erkenntnis. Weiterzugeben an die anderen, damit sie wissen sollen, wer wir eigentlich sind. Ob sie uns dann annehmen oder nicht, wird uns gleichgültig sein. Das Vergangene ist nicht mehr nachträglich zu ändern. Hier aber ist der Zeugenpflicht Genüge getan.

Professor Dr. Dr. h. c. Walther Hubatsch
Kriegsteilnehmer 1939 bis 1945

Vorwort

In einer Zeit, in der Persönlichkeiten des öffentlichen Lebens aus Politik, Kunst und Sport, aber auch Skandalpersonen aller Art ihre Memoiren schreiben und dabei sehr oft ihre persönlichen und sogar intimen Beziehungen zu anderen Menschen gnadenlos preisgeben, liegt der Gedanke auch für einen Durchschnittsmenschen nahe – stellvertretend für Millionen anonymer Mitbürger unserer Gesellschaft –, seine Erlebnisse und Eindrücke frei und offen aufzuschreiben. Dabei ging ich davon aus, dass es vor allem über die „unbewältigte Vergangenheit" recht wenig tendenzlose Darstellungen gibt.

Ich begann daher meine Erlebnisse aus jener Zeit für meine Kinder aufzuschreiben – ohne Gloriole, aber auch ohne Herabwürdigung. Große Abenteuer habe ich nicht zu bieten, nicht einmal außergewöhnliche Erlebnisse, vielleicht sogar viel weniger, als Tausende andere leidgeplagte Menschen aus dieser Zeit erzählen könnten.

Mit geht es in dem vorliegenden Erlebnisbericht nur darum, aus meiner ganz persönlichen Sicht, also aus der Sicht eines durch und durch unheldenhaften Menschen, die „schönsten" Jahre seines Lebens – die vom 20. bis zum 30. Lebensjahr – unverblümt aufzuzeichnen, und zwar mit allen wesentlichen Ereignissen und sehr persönlichen Anschauungen. Dass sich die Ansichten aus den jungen Jahren durch Erlebnisablauf und Reifungsprozess in vieler Hinsicht gewandelt haben, brauche ich eigentlich nicht zu betonen.

Dieses Buch war ursprünglich als eine Art Familienchronik gedacht. Spontane Anregungen von Lesern aus meinem Verwandten- und Bekanntenkreis aller Bildungsstufen veranlassten mich, diesen Erlebnisbericht auf eine breitere Basis zu stellen. Ich habe also die Wahrheit aus meiner Sicht geschrieben und dort, wo ich mich manchmal auf Berichte stützte, dies kenntlich gemacht.

Nürnberg, im April 1981

Erhard Steiniger

Teil I

In meinem Heimatort in Nordwestböhmen

Natürlich müsste ich mit der Geschichte Böhmens beginnen, etwa, dass nach den keltischen Bojern die Markomannen unter König Marbod hier ihr Reich gründeten und die slawischen Tschechen im fünften Jahrhundert elbeaufwärts das bereits gerodete Land Innerböhmens in Besitz nahmen und die Markomannen in das Alpen- und Voralpengebiet abdrängten. Die Geschichtsschreiber können dies viel besser, daher unterlasse ich es. Ich beschränke mich darauf, zu erzählen, was ich selbst gesehen und gehört habe. Ich will meine Eindrücke und Gefühle so wiedergeben, wie ich sie in den jeweiligen darzustellenden Zeiträumen erlebte.

Mein Heimatort Langugest liegt in einer weiträumigen Tal- oder besser gesagt Geländesenke zwischen dem Erzgebirge nach Nordwesten hin und dem Böhmischen Mittelgebirge nach Süden und Osten. Der durch den Ort fließende Grundbach war mehrfach aufgestaut und erreichte dadurch eine Breite von fünf bis sechs Metern. Dieser Bach half uns Jungen sehr bei der Freizeitgestaltung: im Sommer zum Baden und Waschtrogfahren, aber auch zum Hechte und Schleie Fangen, besonders nach Gewittern – im Winter wurde hier Schlittschuh gelaufen. Seiner Lage nach (entlang eines fließenden Gewässers) müsste Langugest eine germanische Siedlung gewesen sein, wenn auch der Name auf slawischen Ursprung hinweist, denn „Ugest" heißt so viel wie Durchfahrt.

Unter unseren 2.000 Einwohnern hatten 29 Landwirtschaften ihren Platz, alle Arten handwerkliche Betriebe, sieben Gastwirtschaften, darunter der „Nordpol" und die „Krone" mit Tanzsälen. Und Vereine gab es! Vom Krankenunterstützungsverein über die Freiwillige Feuerwehr, dem Deutschen Marinegesangverein bis zu den drei Sportvereinen: dem Arbeiter Turn- und Sportverein (Atus), dem Deutschvölkischen Turnverein und den tschechischen „Sokoln". Die „Krone" war meist zuständig für die Festlichkeiten und Veranstaltungen der Bürgerlichen, der „Nordpol" für die der Sozialdemokraten und der Tschechen. Die Faschingszeit über wurde besonders viel getanzt, wobei auch die Nachbarorte besucht wurden, und umgekehrt. Überhaupt wurde gerne und recht viel gefeiert, zum Beispiel beim Maibaumaufstellen, Maibaumfällen, Pfingsten, Ostern, Kermst (Kirmes), und allen anderen kirchlichen Festtagen. An den darauffolgenden Tagen hatte man immer viel zu erzählen: Geschichten, Skandälchen und jede Art anderen Tratsch. Es war immer etwas los bei uns.

Der Ort selbst bot eigentlich nichts Besonderes, wenn seine jetzt vertriebenen Bewohner auch noch sehr von ihm schwärmen. Aber wir hatten nach allen Seiten hin eine wunderschöne Umgebung. Da war zunächst Bilin mit seinem Borschen und dem Sauerbrunnen, daher war es ein bevorzugtes Erholungs- und Wandergebiet. Ich komme auf das Städtchen später noch zurück. Nach Norden hin übte das Erzgebirge eine unwiderstehliche Anziehungskraft aus. Besonders zur Zeit der Baumblüte brachte das Elbsandsteingebirge mit dem Elbtal im Nordosten alle Wanderlustigen auf die Beine.

Hier in Langugest wurde ich also 1920 geboren. Der von den Siegermächten des Ersten Weltkrieges geschaffene tschechische Staat bestand gerade eineinhalb Jahre lang. Die Sudentendeutschen wurden nicht gefragt. Die sudetendeutschen Gebiete sollten Teil eines deutschösterreichischen Staates werden, was aber von den Siegermächten nicht zugelassen wurde – sogar die Bezeichnung „Deutschösterreich" verbot man. Die Zersplitterung des deutschen Sprachraumes wurde gegen den Willen seiner Bewohner durchgesetzt, offenbar ist dies ein Teil der „Friedensstrategie" der Sieger gewesen. Das Selbstbestimmungsrecht der Völker gab und gibt es für den Deutschen bis heute immer noch nicht! Wie man den österreichischen Schulkindern den Untergang der Doppelmonarchie und die beabsichtigte Gründung der Republik Deutschösterreich zu erklären suchte, zeigte das nachfolgende abgedruckte Flugblatt, herausgegeben von der österreichischen Staatsdruckerei unter der Nummer 263919. In ihm wird von zehn Millionen Deutschen gesprochen, die als Bewohner der neuen Republik Österreich übrig geblieben sind. Ohne Frage sind hier die Sudetendeutschen eingeschlossen gewesen. Das in den Schulen verteilte Flugblatt hatte folgenden Wortlaut:

„Kinder!

Wenn Ihr auch noch jung seid, so versteht Ihr doch schon vieles von dem, was wir in der letzten Zeit erlebt haben. Ihr wisst, was uns der lange, lange Krieg gebracht hat: Sorge um den lieben Vater, der fern von Euch im Schützengraben tagtäglich in Lebensgefahr schwebte oder weit drüben im kalten Sibirien gefangen war, so weit, dass ihn Eure Briefe oft gar nicht mehr erreichten. Zu Hause Not und Mangel, wenig zu Essen, ein kleines Stücklein Brot, Rüben und immer wieder Rüben, klappernde Holzschuhe, ein kaltes Zimmer, ein trübseliges Lämmchen, und um dies Wenige zu bekommen, viel Mühe und langes Anstellen. Das habt Ihr alles selbst erlebt.

Manches aber von dem, was die großen Leute jetzt reden, versteht Ihr am Ende doch noch nicht. Da sagen sie jetzt: Nun ist unser Vaterland Österreich – nein, Deutschösterreich heißen sie es jetzt – nun ist Deutschösterreich eine Republik und wir sind Republikaner. Was das wohl heißen mag? Lasst es Euch erklären. Früher war unser Vaterland viel größer. Da wohnten neben uns Deutschen noch allerlei Leute, die eine andere Sprache redeten: Tschechen und Polen, Südflamen und Ungarn und noch

Kinder!

Wenn Ihr auch noch jung seid, so versteht Ihr doch schon vieles von dem, was wir in der letzten Zeit erlebt haben. Ihr wißt, was uns der lange, lange Krieg gebracht hat: Sorge um den lieben Vater, der ferne von Euch im Schützengraben tagtäglich in Lebensgefahr schwebte oder weit drüben im kalten Sibirien gefangen war, so weit, daß ihn Eure Briefe oft gar nicht mehr erreichten. Zu Hause Not und Mangel, wenig zu essen, ein kleines Stücklein Brot, Rüben und immer wieder Rüben, klappernde Holzschuhe, ein kaltes Zimmer, ein trübseliges Lämpchen, und um dies wenige zu bekommen, viel Mühe und langes Anstellen. Das habt Ihr alles selbst erlebt.

Manches aber von dem, was die großen Leute jetzt reden, versteht Ihr am Ende doch noch nicht. Da sagen sie jetzt: Nun ist unser Vaterland Österreich – nein, Deutschösterreich heißen sie es jetzt – nun ist Deutschösterreich eine Republik und wir sind Republikaner. Was das wohl heißen mag? Laßt es Euch erklären.

Früher war unser Vaterland viel größer. Da wohnten neben uns Deutschen noch allerlei Leute, die eine andere Sprache redeten: Tschechen und Polen, Südslawen und Ungarn und noch andere. Sie konnten einander nie gut verstehen, aber einer war da, der hielt sie zusammen und beherrschte sie alle, das war der Kaiser. Während des großen Krieges aber, da wollten die vielen so verschiedenen Völker Österreichs erst recht nicht beisammen bleiben und schließlich sagten sie: Wir wollen lieber auseinandergehen und jedes für sich allein wohnen. Und so teilte sich das große Reich in kleinere Staaten. Wir Deutsche aber sagten: Nun wollen wir, die wir die deutsche Sprache reden, uns auch zusammentun und uns unser Haus so einrichten, wie es uns gefällt. Kein einzelner soll uns etwas vorschreiben können, sondern das wollen wir tun, was die Mehrheit von uns für gut hält. Nicht Hohe und Niedrige soll es unter uns von nun an geben, sondern jeder soll das gleiche Recht haben: der Bauer und sein Knecht, der Meister und sein Geselle, der Fabrikant und seine Arbeiter, die Männer und die Frauen.

Flugblatt für österreichische Kinder mit Erläuterungen über die beabsichtigte Gründung der Republik Deutschösterreich – Seite 1.

Ja, aber wir sind doch zehn Millionen Menschen in Deutschösterreich. Sollen die alle immer gefragt werden, was sie wollen? Gewiß nicht, denn das wäre zu umständlich. Darum wählen die zehn Millionen Menschen von Zeit zu Zeit Leute, zu denen sie Vertrauen haben. Diese Leute kommen dann zusammen und machen die Gesetze, nach denen wir alle uns richten müssen. So macht man es in einer Republik, und weil es bei uns so gemacht wird, sind wir Republikaner.

Vielleicht hat Euch ein Spaßvogel einmal gesagt: In einer Republik macht jeder, was er will. Da hat er Euch schön aufsitzen lassen. Auch wir Republikaner gehorchen den Gesetzen und halten auf Ordnung. Aber wir tun es gerne, denn wir wissen: Es sind ja die Gesetze und Vorschriften, die wir selber uns gegeben haben. Vom Spiel her wißt Ihr ja, daß man viel lieber das befolgt, was man selber ausgemacht hat, als das, was ein Fremder anschafft.

In unserer jungen Republik wird es freilich noch viel zu schaffen geben. Der böse Krieg hat uns arm und schwach gemacht. Es geht uns wie einem Kranken, der beinahe gestorben wäre und nun erst recht langsam gesund wird. Aber gesund wollen wir werden. Wir wollen uns recht plagen und fleißig sein, damit wir das wieder gutmachen, was uns der Krieg geschadet hat Wenn Ihr groß werdet, soll unser liebes Deutschösterreich wieder ein glückliches, frohes Land sein und Ihr sollt stolz sein können auf Euer Vaterland. Das versprechen wir Großen Euch. Ihr Kleinen aber versprechet uns, daß Ihr, wenn die Reihe an Euch kommt, tüchtig mithelfen wollt. Deutschösterreich braucht tüchtige Männer und Frauen, die etwas Ordentliches gelernt haben, als sie jung waren, und was Ordentliches können, wenn sie groß sind. Wollt Ihr Euch Mühe geben, solche tüchtige Leute zu werden?

Flugblatt für österreichische Kinder mit Erläuterungen über die beabsichtigte Gründung der Republik Deutschösterreich – Seite 2.

andere. Sie konnten einander nie gut verstehen, aber einer war da, der hielt sie zusammen und beherrschte sie alle, das war der Kaiser. Während des großen Krieges aber, da wollten die vielen so verschiedenen Völker Österreichs erst recht nicht beisammen bleiben und schließlich sagten sie: Wir wollen lieber auseinander gehen und jedes für sich alleine wohnen. Und so teilte sich das große Reich in kleinere Staaten. Wir Deutsche aber sagten: Nun wollen wir, die wir die deutsche Sprache reden, uns auch zusammentun und uns unser Haus so einrichten, wie es uns gefällt. Kein Einzelner soll uns etwas vorschreiben können, sondern das wollen wir tun, was die Mehrheit von uns für gut hält. Nicht Hohe und Niedrige solle es von nun an geben, sondern jeder soll das gleiche Recht haben: der Bauer und sein Knecht, der Meister und sein Geselle, der Fabrikant und seine Arbeiter, die Männer und die Frauen.

Ja, aber wir sind doch zehn Millionen Menschen in Deutschösterreich. Sollen die alle immer gefragt werde, was sie wollen? Gewiss nicht, denn das wäre zu umständlich. Darum wählen die zehn Millionen Menschen von Zeit zu Zeit Leute, zu denen sie Vertrauen haben. Diese Leute kommen dann zusammen und machen die Gesetze, nach denen wir alle uns richten müssen. So macht man es in einer Republik, und weil es bei uns so gemacht wird, sind wir Republikaner.

Vielleicht hat Euch ein Spaßvogel einmal gesagt: In einer Republik macht jeder was er will. Da hat er Euch schön aufsitzen lassen. Auch wir Republikaner gehorchen den Gesetzen und halten auf Ordnung. Aber wir tun es gerne, denn wir wissen: Es sind ja die Gesetze und Vorschriften, die wir selber uns gegeben haben. Vom Spiel her wisst Ihr ja, dass man viel lieber das befolgt, was man selber ausgemacht hat, als das, was ein Fremder anschafft.

In unserer jungen Republik wird es freilich noch viel zu schaffen geben. Der böse Krieg hat uns arm und schwach gemacht. Es geht uns wie einem Kranken, der beinahe gestorben wäre und nun erst recht langsam gesund wird. Aber gesund wollen wir werden. Wir wollen uns recht plagen und fleißig sein, damit wir das wieder gut machen, was uns der Krieg geschadet hat. Wenn Ihr groß werdet, soll unser liebes Deutschösterreich wieder ein glückliches, frohes Land sein und Ihr sollt stolz sein können auf Euer Vaterland. Das versprechen wir Großen Euch. Ihr Kleinen aber versprecht uns, dass Ihr, wenn die Reihe an Euch kommt, tüchtig mithelfen wollt. Deutschösterreich braucht tüchtige Männer und Frauen, die etwas Ordentliches gelernt haben, als sie jung waren, und was Ordentliches können, wenn sie groß sind. Wollt Ihr Euch Mühe geben, solche tüchtige Leute zu werden?“

Wie aber sahen die mit Waffengewalt geschaffenen Realitäten kurze Zeit danach aus? Der Wunschtraum der Sudetendeutschen, in einem Deutschösterreich leben zu können, war mit dem Blut der Märztoten zerschlagen worden. Die Sudetenländer mussten in ihrer Gesamtheit Hauptbestandteil des tschechischen Staates werden.

Wie sich die Besatzung meines Heimatortes Langugest im Jahre 1918 vollzog, schilderte mein Vater in späteren Jahren etwa wie folgt:

„Wegn mein'n Lungenschuss, dan iech bei Przemysl dorwischt hotte, wor iech dorheeme, als doss beemische Gesindl kom. Vor'm Gortentierl standen Dreie mit Gewhern und Dreie – a mit Gewehrn – kom'n in de Kuchl rein. Enner ging zum Schreibtisch, zun Jochdgewehrn, die on der Wand gehengt hom und frochte. ‚Haben Sie Lewulver?' und guckte miech on dorbeio. Nischt hob' iech, kenn Lewulver! Und iech hotte a warklick kenn. Dar Beemak hott geducht, iech liege und wollte frech warn: ‚Haben Sie Lewulver!' und ging zu meiner Jochdtosche ron und will se aufmochen. Do spring iech hien, reiß mei Gewehr vunn dor Wand und brillte: ‚War sich riert, dan schiß iech ieworn Haufen!' Meine Fra is gleich nausgeluffen, zum Beranek Lois, dar domols bei uns im Hinterhof gewohnt hot. Mir standen uns sulange gegeniewer. Denkt dor, die drei Kerle – olle mit Gewehrn – hom sich getraut, sich zu bewegn, doss feige Gesindl? Dorbei hotte iech nich emol eene Patrone im Lauf! Hahaha."

Schließlich kam dann der Beranek Lois, ein tschechischer Kommunist, und überzeugte seine Landsleute, dass mein Vater keinen „Lewulver" hatte. Sie zogen aus unserem Haus ab und strichen zum Zeichen ihres „Sieges" und der Besetzung meines Heimatortes das Gemeindeamt und die Schule schwarz an. Die Schule wurde kurze Zeit später sowieso für die paar Tschechen beschlagnahmt, sodass die Gemeindeväter den Bau einer neuen deutschen Schule beschließen mussten, welche durch Gemeindeumlagen finanziert wurde. Sie wurde schöner und größer und sah eher einem kleinen Schloss ähnlich als einer Schule.

Der neue Staat hatte sich konsolidiert, er war das Lieblingskind der Franzosen. Die Deutschen Böhmens und Mährens mussten sich mit den Gegebenheiten abfinden. Das Mutterland, das hätte Schutz bieten können, lag selbst wehr- und rechtlos am Boden und hatte schlimme politische und wirtschaftliche Probleme zu überstehen. So war es für den tschechischen Staat zum Beispiel eine Selbstverständlichkeit, die meisten deutschen Staatsbediensteten vorzeitig in Pension zu schicken und ihre Posten mit Tschechen zu besetzen. Nur die Lehrer deutscher Schulen und Gymnasien konnte man aus begreiflichen Gründen nicht durch Tschechen ersetzen. Wer in den Staatsdienst wollte – und dies war bei der späteren großen Arbeitslosigkeit für manchen braven Familienvater eine echte Versuchung – musste sich verpflichten, seine Kinder in tschechische Schulen zu schicken, um damit seine Loyalität zum Staat zu beweisen. Die Tschechisierung der deutschen Gebiete ging zunächst langsam, aber stetig vor sich. Deutsche Bauernhöfe, die unter den Hammer kamen, was in der Zeit der Wirtschaftskrise etwa bis 1936 immer häufiger der Fall wurde, gelangten oft mit staatlicher Unterstützung in den Besitz von Tschechen. Und dieser Grundbesitz war die Keimzelle für die weitere Tschechisierung. Zwischen Langugest und Preschen baute man das modernste und größte Braunkohlenbergwerk der ganzen Tschechoslowakei – den „Masaryk"-Schacht. Es war ein staatliches Unternehmen mit tschechischen Arbeitern aus dem Inneren Böhmens. Unsere deutschen Arbeitslosen mussten weiter arbeitslos bleiben und mit einer wöchentlichen Unterstützung von zehn Kronen auskommen, womit man damals gerade eineinhalb Kilo Zucker kaufen konnte. Die deutschen Arbeitslosen suchten die Kohleabraumhalden nach brennbarem Material ab, damit sie im Winter wenigstens etwas zum Heizen hatten.

Dennoch lebten wir friedlich nebeneinander – in drei Kategorien. Da waren zunächst die auf 25 Prozent angewachsenen Tschechen des Ortes als eine zusammengeschweißte Einheit, dann die anfänglich zu fast 100 Prozent in der Sozialdemokratischen Partei organisierte Arbeiterschaft, und der Bürgerblock. Dieser bestand aus drei Parteien: dem „Bund der Landwirte", deren Obmann mein Vater von dessen Gründung im Jahre 1919 bis zur Übergabe an die Henlein-Partei im Jahre 1938 war, den „Christlich-Sozialen" und der „Deutschen Gewerbepartei". Diesen Bürgerblock führte Vater als Bürgermeisterstellvertreter an. Bei uns hießen die Bürgermeister Gemeindevorsteher. Hier als Amtsperson und im Zorn sprach Vater nach der Schrift. Der erste Bürgermeister war immer ein Sozialdemokrat. Auch die Kommunisten hatten zwei Gemeindevertreter, die manchmal, wenn Vater die sachlich besseren Argumente hatte, mit ihm stimmten und damit den Sozialdemokraten eine Abstimmungsniederlage bescherten. Darüber freute sich Vater besonders.

In Gemeindedingen waren die Auseinandersetzungen hart und oft sehr laut. Wenn eine Gemeinderatssitzung war, standen fast immer Leute vor dem Gemeindeamt und hörten zu, wenn mein Vater lauthals und mit Faustschlägen auf dem Tisch die Interessen der steuerzahlenden Bürgerschaft vertrat. Denn die führenden Sozialdemokraten beschlossen manchmal Verbesserungen im Ortsausbau, wie zum Beispiel, einen Sportplatz anzulegen, eine kilometerlange Baumallee entlang des Baches zu pflanzen. Kurzum alles Dinge, die der Verschönerung des Ortes und der sportlichen Ertüchtigung seiner Bewohner dienten und deren Durchführung natürlich Geld kostete, das notfalls durch Umlagen von dem besitzenden Bürgertum aufgebracht werden musste. Mein Vater daher: „Wir sind die Steuerträger, wir müssen's bezahlen!" Und wenn Vater, wie gesagt, nach der Schrift sprach, also hochdeutsch, war dies ein Zeichen seiner tiefen inneren Erregung. Zudem kannte ich seine Einstellung zur sportlichen Betätigung. Als ich mir in späteren Jahren vom selbstverdienten Geld ein Paar Ski kaufte, meinte er so nebenbei, dies sei hinausgeschmissenes Geld. Wenn ich Sport treiben wolle, sollte ich lieber eine Fuhre Mist laden, dies sei genau so gesund, und es bestehe nicht die Gefahr, dass ich mir dabei die „Haxen" breche. Seit dieser Zeit weiß ich aber auch, dass Gemeindeverwaltungen in sozialdemokratischen Händen eigentlich ganz gut aufgehoben sind – wenn die anderen das Geld herbeischaffen.

Trotz dieser politischen Rivalität zwischen Vater und den Sozialdemokraten bestanden im privaten Bereich durchaus gute, sogar freundschaftliche Beziehungen und gegenseitige Achtung. So war es zum Beispiel eine Selbstverständlichkeit, dass der Gemeindesekretär Müller, der in Wahrheit der geistige Führer der Sozialdemokraten war und meinen Vater öfter in der „Freiheit", der sozialdemokratischen Zeitung, mit etwas abgeändertem Namen lächerlich machte, zum Kesselfleischessen immer Gast bei uns war. Er war auch zur Hochzeit meiner Schwester eingeladen und anwesend. Alte Sozialdemokraten gingen bei uns ein und aus, genauso wie die Bauern, die Vater um Unterstützung bei der Durchsetzung irgendeines Anliegens baten. Wir waren keinen Tag in der Familie ohne Besuch – ohne ungeladenen Besuch. Die Leute kamen und waren eben da. Und es gab immer etwas zu erzählen.

Meine Mutter war die kämpferische Stütze und der geistige Urheber so mancher Entscheidung meines Vaters, die er, hatte er sie als richtig erkannt, mit der ihm eigenen Energie und aller Konsequenz durchfocht, sicher oftmals auch mit Kompromissen. Er war eben ein echter „Kommunalpoleticker". Als Schriftgewandtere schrieb Mutter öfter Beiträge im Abschnitt „Lokales" in der „Heimat", der Sudetendeutschen Landwirte-Zeitung. Ich erinnere mich noch an manche Einzelheiten derartiger Auseinandersetzungen in der Parteipresse. Einmal schrieb Sekretär Müller in der „Freiheit" einen Artikel, wonach in der Johannisnacht die Tiere sprechen könnten und der „Egerstein", mein Vater, in den Stall ging, um der Unterhaltung der Tiere zuzuhören. Da sagte doch das dürre Mastschwein: „Unser Herr sollte uns lieber besser füttern und sich weniger um die Politik kümmern." Oder wenn ein andermal darin stand: „Als nach der siegreichen Gemeindewahl die rote Fahne am Spritzenhaus hochgezogen wurde, überstand dies Egersteins Truthahn nicht; an dem Sieg der Sozialdemokraten konnte auch der in der Hand der Frau Egerstein drohend geschwungene Suppenlöffel nichts ändern", dann war meinen Eltern klar, dass diese Beiträge aus der Feder von Sekretär Müller stammten. Übrigens, das mit dem Truthahn stimmte natürlich nicht, denn wir hatten gar keinen. Aber dass Mutter den Suppenlöffel schwang, das stimmte. Die auf unseren Südfenstern liegende Sonne machte dies auch für die Draußenstehenden sichtbar!

Eine wichtige Personengruppe hätte ich fast vergessen: die Bergarbeiter. Man muss wissen, wir saßen mitten im Brüx-Duxer-Braunkohlenrevier. Und da die einheimischen Arbeiter für die Untertagearbeit in noch guten Zeiten nicht ausreichten, kamen die Menschen aus den armen Gebieten des Böhmerwaldes hierher. Die „Böhmerwäldler" waren eine feste Gruppe für sich und das unbedingt zuverlässige

Rückgrat der Sozialdemokratischen Partei – diese hieß im Böhmerwäldler Dialekt schlechthin „dej Pochtei". Namen wie Kempinger, Miesauer, Sarauer, Kreuer, Wiener, Kühweg, Köppel, Jungwirth führen über den Böhmerwald zum Oberpfälzer Ursprung. Trotz Kurzarbeit ging es ihnen im Industriegebiet immer noch besser als in ihrer früheren Heimat.

Aber die Sehnsucht nach dem Böhmerwald blieb ihnen zeitlebens erhalten. Und so war das Böhmerwaldlied „Dort tief im Böhmerwald, wo meine Wiege stand ..." ihre eigentliche Nationalhymne. Wann und wo auch immer es erklang, es rührte sie zu Tränen.

Ja, dann hätten wir die Bevölkerungsteile fast alle, bis auf die Intellektuellen, wie Pfarrer, Lehrer, Angestellte, Ingenieure, Schichtmeister, Kaufleute, und angesehene Handwerker sowie Bauern könnte man fast auch dazu zählen. Aber lassen wir das für später, denn mit dem einen oder anderen muss ich mich noch eingehender beschäftigen.

Hier, in diesem Ort also bin ich geboren und aufgewachsen. Ich war das vierte von insgesamt fünf Kindern. Im Sommer lief ich wie alle anderen Kinder barfuß und mit einer schwarzen Sporthose herum. Im Winter war es schon schwieriger, denn im Luxus bin ich trotz der sozialen Sicherheit, die mir als Sohn eines Bürgerlichen in gewissem Umfange gegeben war, nicht aufgewachsen. Ich hatte daher auch nur ein einziges Paar Schuhe. Und wenn die zum Schuster mussten, hatte ich schulfrei. „Schuhe beim Schuster" war ein anerkannter Entschuldigungsgrund.

Vater war das absolute Oberhaupt der Familie, wobei meine Mutter durchaus oft ein entscheidendes Beratungs- und Mitspracherecht hatte. Bei uns zu Hause war die Emanzipation in einer gesunden Form schon in den Zwanzigerjahren eine Selbstverständlichkeit.

Um bei meinem Vater zu bleiben: Er war nicht nur in der Familie eine absolute Respektsperson, sondern selbst für asoziale Strolche der Gemeinde, die wir ja auch hatten. Sie grüßten besonders respektvoll, denn Vater gehörte dem Strafsenat der Gemeinde an. Er hatte einen ausgeprägten Gerechtigkeitssinn, und zwar nicht nur für die Straffälligen, sondern in allen Lebensbereichen. Und dies brachte ihm sicher die Anerkennung und den Respekt politisch oder „gesellschaftlich" Andersdenkender ein. Wo war Vater eigentlich nicht vertreten?! Nicht nur in den örtlichen Gremien als Vorsitzender des „Bundes der Landwirte", Vorsitzender des „Landwirtschaftlichen Vereins", Vorsitzender des „Ortsschulrates", Vorsitzender der „Raiffeisenkasse", sondern auch als Mitglied in der Flurschadenskommission (Bergbauschäden), Baukommission, des „Deutschen Männergesangvereins", des Kirchenchors und in vielen weiteren war er gegenwärtig. Da ist sicher noch einiges, was ich nicht mehr in Erinnerung habe. Er war weiter Mitglied des Bezirksschulrates, aber auch gewähltes Mitglied des Aufsichtsrates der Landwirtschaftlichen Lagerhaus- und Betriebsgenossenschaft in Bilin.

Vaters Vergnügen war die Jagd. Es war eine sogenannte Bauernjagd, also ein Konsortium, bei dem der Bauer Hein als Pächter, Köhler als Geschäftsführer und Vater als Jagdleiter auftraten. Bei dem Thema Jagd kommt mir mein erstes Erlebnis in diesem Zusammenhang recht deutlich in Erinnerung. Ich werde so elf oder zwölf Jahre alt gewesen sein, als ich erstmals als Treiber bei der Rebhuhnjagd mit Vater gehen durfte. Unser deutscher Kurzhaar namens Dock war auch dabei. Mit mehreren Schützen und Treibern ging es etwa Ende August quer über die abgeernteten Getreidefelder in die Rüben- und Kartoffelfelder hinein, wo sich das Wild, besonders bei schwülem Wetter, gerne aufhielt. Ich bekam den Auftrag, bei einem „Duplet" immer auf den Einfall des ersten Huhnes zu achten, das zweite geschossene Rebhuhn merkt sich der Schütze oder der Hund holt es. Aber nicht alle Hühner waren gleich tot, und manche flatterten, als ich sie aufhob, noch ziemlich wild herum. Vater sah meine Schwierigkeiten und rief mir zu: „Drick mit'n Daum'n in'n Kubb rein!" Ich drückte also. Bei den jungen Rebhühnern schaffte ich dies gerade noch. Nicht aber bei den Alten mit ihren harten Köpfen. Mein auf Vater gerichteter hilfesuchender Blick wurde mit einem neuen Befehl quittiert: „Beiß efoch in'n Kubb rein, iech hob's als Junge a su gemocht!" Eine einfache, klare Anweisung, was sollte ich da anders machen? Ich steckte das Rebhuhn mit dem Schnabel zuvorderst in meinen Mund und biss tastend aber kräftig mit meinem damals schon guten Gebiss zu – Knorpel – und Körper und Flügel des Rebhuhnes zitterten sanft das Leben aus. Ich spürte in meinen Mund den Inhalt eines auslaufenden Auges rinnen, spuckte aus und hängte das so getötete Tier mit dem Kopf in die Trageschlinge. Vater nickte mir freundlich und anerkennend zu, als wollte er sagen: „Na siehst du, so einfach ist das!" Und schon ging es weiter, in den nächsten Kartoffelacker hinein.

Bei dieser vielseitigen Betätigung meines Vaters sollte man sich eigentlich wundern, dass die immerhin 20 Hektar große Landwirtschaft – guter bis mittelguter Ackerboden – nicht zu kurz kam.

Wir hatten als einer der fortschrittlichsten bäuerlichen Haushalte des Ortes schon ab 1928 ein Lautsprecherradio, ganz abgesehen von dem Grammophon, das mich immer in den Schlaf spielen musste – meist mit dem Walzer „Unter den Brücken von Paris". Und als ich kleiner musikalischer Bursche mit fünf Jahren anfing, die Gassenhauer der damaligen Zeit zu singen, wie „Ich hab' das Fräul' Helen bad'n seh'n, das war schön …", da fuhr Vater nach Teplitz-Schönau und kaufte diese Schallplatte. Das hat sich aber nicht wiederholt, die Ernte muss in diesem Jahr besonders gut gewesen sein! Das war zu jener Zeit, als ich noch der Kleinste war.

Mit „kumm har, mei Blauaache" nahm mich Vater öfter auf seinen Schoß. Ich war nämlich der einzige mit blauen Augen in der Familie – meiner Mutter nach. Zur Erntezeit brachte mir Vater oft Erdbeeren mit, die er unterwegs auf den Feldwegen gepflückt hatte. Ich durfte mir das Sträußchen selbst vom Hut herunternehmen.

Dies waren einige meiner salonfähigen frühen Kindeserinnerungen. Ich denke auch immer noch gerne an die Unterhaltungen mit Onkel Loos aus Tetschen-Bodenbach und Tante Marie zurück. Der Onkel war bei den Nordböhmischen Elektrizitätswerken als Revisor beschäftigt. Er hatte eine angenehme sonore Stimme und viel Humor. Selbst ernste Erlebnisse aus dem Ersten Weltkrieg klangen bei ihm nicht so schlimm. Das war auch deshalb so, weil er ein Menschenfreund war, der ohne Hass über Begegnungen mit Menschen sprach, die damals seine Feinde sein mussten. Bei diesen Unterhaltungen erfuhr ich als stiller Zuhörer, dass Vater 1915 vor Przemysl einen schweren Lungenschuss, dicht am Herzen, erlitten hatte. Bei jedem Herzschlag spritzte das Blut aus der Wunde. Er war aufgegeben worden, aber Mutter – unser Hausdoktor – pflegte ihn zu Hause mit Geduld und Hausmitteln wieder gesund, sodass Vater immerhin 80 Jahre alt werden konnte.

Ja, und da sind wir bei ihr, meiner Mutter! Sie war der Mittelpunkt der Familie und Anlaufstelle für all unsere Sorgen – bis wir das Elternhaus verlassen haben. Sie war immer gut und ausgeglichen, lachte gerne. Verstöße und Sünden von uns Jungs wurden Vater gegenüber gedeckt. Und dabei stand sie zu allen Zeiten bedingungslos hinter ihm. Ein Frauenleben für Mann und Kinder. Wenn das Wort „Des Mannes bester Kamerad – die Kameradin" auf jemanden zutrifft, dann auf meine Mutter.

Vater war nicht selten launisch und impulsiv, auch zu ihr. „Eh, lasst ihn halt – heite rappelt's or wieder mol", sagte sie entschuldigend. Bei ehelichen Auseinandersetzungen ließ sie sich aber durchaus nicht in die Ecke drängen. Sie schrie schon mal zurück, wenn es notwendig erschien, so duldsam war sie auch wieder nicht. Für uns Kinder war Vaters gelegentliche „Brüllerei" beklemmend und ich nahm mir vor, dies in meiner künftigen Familie wegzulassen. Also, der Vorsatz war auf alle Fälle da ...! Dabei wussten wir, dass Vaters Plagerei auf den Feldern ausschließlich der Familie zugute kam. Für sich beanspruchte er nur seine Tabakpfeife und die Jagd.

Unsere Landwirtschaft – reine Getreidewirtschaft – hatte nur wenig Viehbestand. Zwei Pferde, sechs bis acht Kühe, je eine Schar Gänse und Enten und zwischen 80 und 100 Hühner liefen unkontrolliert im Hofe herum. Sie gehörten einfach mit dazu. Die Kühe wurden mit Grünklee im Sommer und Trockenklee (Kleeheu) und Rübenschnitzeln im Winter gefüttert. Sie verließen nur einmal im Jahr den Stall, wenn sie zum Stier geführt wurden. Obwohl man beim Stierhalter die Tore schloss, fanden wir noch immer eine Ritze, um dem Sexualkundeunterricht der Natur beiwohnen zu können. Wir brauchten keine Schule zur Aufklärung, dem Interessierten boten sich auf dem Lande überall Möglichkeiten hierzu. Übrigens zum Kapitel Schule werde ich noch ausführlich zu sprechen kommen.

Zurück zur Familie. Nach den Eltern nun zu meinen Geschwistern: Da war zunächst Mimi (eigentlich Marie), 1911 geboren, sie war neun Jahre älter als ich. In mein Bewusstsein trat sie daher erst, als sie fast erwachsen war. Streit mit ihr zu haben war einfach ausgeschlossen, obwohl sie temperamentsmäßig ganz der Vater war. Sie half in der Hauswirtschaft, im Stall und auf den Feldern. Im Winter, wenn mehr Zeit war, fuhr sie nach Teplitz-Schönau in die Landwirtschaftliche Haushaltungsschule. Aber sonst war die Gute schon recht geschunden. Viele Jahre später, als ich als Schüler meine Ferienzeit auf den Feldern bei der Getreideernte zubringen musste, ging ich am liebsten unter ihrer Anleitung mit zur Erntearbeit. Meist waren da einige Bergarbeiterfrauen aus der Nachbarschaft als Erntearbeiterinnen mit dabei, sodass man sich während der Arbeit gut unterhalten konnte; auch der Tratsch, zum Beispiel, wer mit wem was hatte, kam nicht zu kurz. Und was man da alles erfahren konnte!

Draußen auf der „Hede“ (Heide) gab es ein Brünnlein mit herrlich frischem Wasser, das besonders an heißen Erntetagen eine unvergleichliche Köstlichkeit dieser Landschaft darstellte. Auch deshalb war diese Zeit für mich schön. Wir hatten damals noch keinen Bindemäher, und ich hatte die Aufgabe, beim manuellen Getreidebinden die Strohbänder zu schlagen, mit denen das geerntete Getreide zusammengebunden wurde. Während ich also arbeiten musste, zog zur gleichen Zeit mancher Schulkamerad mit der Badehose in der Hand an unseren Feldern vorbei zum Baggerloch oder ging zum Himbeeren pflücken. Gewiss, ich sah ihnen damals wehmütig nach, aber heute bin ich froh, diese Feldarbeit mit meiner Schwester und den anderen Leuten gemacht zu haben. Manchmal schlangen sich Brombeertriebe um unsere nackten Beine und zerkratzten sie. Dann gab es aber auch immer schwarze, saftige Früchte dazu. Dies war alles zu ertragen – nur Vater nicht. Wenn er mit von der Partie war, dann gab es Hektik und Jagerei, als müsste alles an einem Tag geschafft werden. Der fünf Jahre ältere Bruder Franz, mit dem ich als Halbwüchsiger sehr oft in Fehde lag, war in „Tschecheis“ Zeiten beim Gemeindeamt angestellt. In einem Jahr war er so unvorsichtig, seinen Urlaub in der Erntezeit zu nehmen – und wurde von Vater bei den Erntearbeiten mit eingespannt. Franz war penibel und bequem, was körperliche Arbeit anbelangt. Möglichst nicht setzen, damit die Bügelfalte nicht leide und ähnliche Sonderheiten waren ihm eigen. Und nun musste er täglich mit auf die Felder! Voller Unmut waren daher auch seine Reaktionen. In der Erntezeit wurde auch Sonntagvormittags gearbeitet. Wenn dann Sonntag früh, über den Korridor hoch, Mutters Weckruf erscholl: „Oskar, Franz, Erhard! Aufstiehn, Weezbinden“, dann brach es aus ihm heraus: „Warum-bin-ich-nur-bei-einem-Quetscher-auf-die-Welt-gekommen? Warum nicht bei en’n Fürsten? Do, der Kraupe ist der größte Bauer im Dorf, der hält den Sonntag! Und er (gemeint war Vater) muss draußen (gemeint waren die Felder) rumschinden! Er-gönnt-einem-keine-Ruhe!“ In diesem Stil ging es noch eine Weile, aber schließlich schleppte sich Bruder Franz, missmutig zwar, aber doch einträchtig im Glied der Familie zum Weizenfeld hinaus, in der Hand einen Rechen. Seine Eilfertigkeit bei der Arbeit ließ vermuten, dass er sie nicht erfunden hatte. Aber trotzdem! Am Ende des „Urlaubs“ hatte er, da wir ja oft mit bloßem

Oberkörper arbeiteten – ich sogar manchmal nur in Badehosen, was Vater belächelte und als verrückt abtat – eine Rivierabräune, dazu allerdings Kreuzschmerzen und diverse Muskelkater.

Und dies soll nicht gesund sein?! Wenn der Körper sich in strahlender Sonne bewegen darf, wenn er schwitzt und endlich eine sanfte Brise über die Getreidefelder heranstreicht und Kühlung bringt? Als kostenlose Beigabe noch den Geruch reifenden Getreides! Er ist fast so belebend wie der Duft eines blühenden Roggenfeldes. Oder was ist dies für ein herrliches Bild, wenn die Luft unter der Sonnenglut über das sanft wogende Meer der Getreidefelder flimmert und aus der Gegend von Dux her zur heimatlichen Talsenke hinfließt? Dort leuchtet der rote Zwiebelturm unserer Kirche, und sein goldenes Kreuz erinnert an die Größe Gottes und seinen Segen für uns alle …

Nach Süden zu steigt das Gelände wieder an zum „Ziegenrücken" und der Heide, auf der wir jetzt stehen und uns dieses Bild einprägen, als könnte es uns einmal genommen werden. Die „Heide" ist ein Stück weniger fruchtbaren Gebiets, das von offen gelassenen Ton- und Lehmgruben durchschnitten ist. Es ist mit einzelnen Kiefern, einigen größeren Gruppen Birken und teils mit Heidekraut bewachsen, daher wohl der Name „Hede", was zu Hochdeutsch „Heide" heißt.

Im Burschenalter sind wir diesen Weg über die Heide nach Ganghof, einem Weiler oder besser gesagt, einem alleinstehenden Gutshof, oft gegangen. Dieses Stück Land hatte eine ganz andere Atmosphäre, als sie sich sonst um unseren Ort herum darbot. Es war ein Stück naturbelassenen Landes, das vom Pflug verschont blieb, und der herbe Duft von bizarr gewachsenen Kiefern und lieblich wirkenden Birken mit ihren freundlichen weißen Stämmen war Balsam für unsere weit geöffneten Lungen. In der Abenddämmerung begleitete uns dabei sehr oft das Rufen der Rebhühner. Es gehörte in der Frühjahrszeit einfach mit in diese Landschaft.

Die Getreidefelder um Ganghof herum werden südlich des Weilers von einem Tannenwald abgelöst, der uns auf einen schönen Waldweg nach Bilin-Sauerbrunn führt. Hier in diesem Landstädtchen entfaltet sich erst die volle Schönheit unserer böhmischen Mittelgebirgslandschaft. Bilin und der „Borschen" – ein 538 Meter hoher Klingsteinfelsen, wo die Borschenaster wächst und die „Borschenhexe" ihr Unwesen treibt – sind ein Begriff. Der Borschen besitzt die Form eines ruhenden Löwen, und die Sage erzählt, dass der Teufel diesen gewaltigen Brocken auf die gottesfürchtige Bevölkerung des Städtchens schleudern wollte. Als er vorher noch einmal den „Stein" absetzte, um ihn dann ausgeruht und daher wirksamer auf die Bevölkerung schleudern zu können, griff der liebe Gott ein. Der Teufel schaffte den Stein nicht mehr aufzuheben, und die gläubige Stadt war gerettet.

Um sie wäre es wirklich schade gewesen, denn hier steht auch das Schloss des Fürstengeschlechts Lobkowitz. Zu ihm gehörten unter anderem das Kurhaus und die Kuranlagen rund um den Biliner Sauerbrunnen. Bilin ist also einerseits als Landstädtchen das Zentrum für das landwirtschaftlich sehr fruchtbare Hinterland des Mittelgebirges und andererseits ein kleines sauberes, gepflegtes Kurstädtchen. Der Biliner Säuerling war in ganz Böhmen bekannt und geschätzt. Bilin ist sicherlich nicht nur in der Erinnerung ein schönes Städtchen gewesen. Für mich waren die geschmackvoll angelegten Parkanlagen ein Labsal, besonders aber der darin eingebettete kleine Rosengarten, wo Teerosensträucher und Teerosenbäumchen ihren süßen Duft spendeten. Ich hielt mich dort gerne auf. Aber auch ein Abendspaziergang hinauf zum Hotel „Bellevue" ist für etwas romantisch veranlagte, nicht nur junge Leute immer ein Erlebnis besonderer Art gewesen. Wenn die Glühwürmchen den ansteigenden Parkweg nur matt erleuchteten und die mit Harz- und Blütendüften getränkte Abendluft ab und zu mit einem Schwall die Tanzmusik vom Hotel her vernehmbar machte, bis man schließlich selbst auf der Freitanzdiele stand und von deren Rund aus die Lichter des zu Füßen liegenden Städtchens erblickte, dann gab es sicher nur wenige Menschen, die hierbei nicht froh und glücklich waren ...

Ich habe mich schon wieder von meiner Familie entfernt und einer schwärmerischen Anwandlung nachgegeben. Aber nun zum Zweitgeborenen, unserem Oskar! Bei seiner Geburt war er ein schwächliches Kind, sodass die Steiniger-Großmutter (genannt Wawi) sofort riet, ihn nur ja taufen zu lassen, damit er in geweihter Erde bestattet werden könne. Aber Oskar dachte nicht daran, zu sterben. Er war als erstgeborener Sohn auserkoren, einmal den Hof zu übernehmen, wovon er in späteren Jahren nicht unbedingt begeistert war. Lebenslustig, immer zu Späßen aufgelegt, war er jeden Sonntag unterwegs in die Tanzsäle der näheren und weiteren Umgebung, als ahnte er, dass ihm hierfür nicht allzu viel Zeit bleiben würde.

Vor dem Besuch solcher Tanzveranstaltungen rieb er sich sorgfältig die wochentags angearbeiteten Schwielen mit Ziegelsteinstücken von den Händen, um von den Damen nicht als Arbeiter der Faust erkannt zu werden, was in damaliger Zeit noch irgendwie als ein Mangel empfunden wurde. Oskar hatte die Bürgerschule besucht, besaß verhältnismäßig gute Manieren, hatte dunkel gelocktes Haar und sah gut aus. Seine Tanzbekanntschaften waren meistens Friseurinnen, Verkäuferinnen und ähnliche Berufsangehörige, was Mutter nicht unbedingt in Begeisterung versetzte. Ihrer Kontrolle und Beobachtung, die sehr darauf abgestellt war, erforderlichenfalls auf das amouröse Verhalten ihrer Söhne Einfluss zu nehmen, entging fast nichts. Freilich änderte dies nichts an den sich abzeichnenden verschiedenartigen Entwicklungen ihrer Söhne. Auf die unregelmäßigen, aber beständigen Vorhaltungen, dass Oskar als Hoferbe einmal seine Geschwister auszahlen müsse und dementsprechend seine Partnerwahl einrichten solle, zum Beispiel, ein Bauernmädel aus dem Mittelgebirge holen – Mutter wusste auch gleich Adressen – entgegnete Bruder Oskar sinngemäß folgendes: „Ich weiß, was ihr wollt! So einen richtigen pausbackigen Trampel, Hauptsache mit viel Geld. Abends Licht aus, Vorhänge dicht, Kerze angezündet, Geldstrumpf her und dann zählen, zählen, zählen. Da wird nix draus, ich brauche den Hof nicht." Und damit war dann wieder eine Weile Ruhe.

Oft habe ich Oskar zum Dachgiebelfenster hereinlassen müssen, wenn er von seinen Tanzunternehmungen zu spät nach Hause kam und nicht wollte, dass Mutter die Zeit des Spätheimkehrers erfährt. Es gab bewusst nur einen Hausschlüssel. Mutter nahm es lieber in Kauf, Samstag und Sonntag zwei- oder dreimal geweckt zu werden, als nicht informiert zu sein. Einmal vergaß Mimi am anderen Morgen, die angelehnte Leiter wegzunehmen, sodass Vater Krach machte. Aber dies war gar nicht so ernsthaft gemeint, denn irgendwo war es ihm gleichgültig, wann wir heimkamen, Hauptsache die Arbeit litt nicht darunter.

Bruder Oskar war acht Jahre älter als ich, mit ihm hatte ich nie Streit oder auch nur Reibereien. Er „tackelte" genauso gerne wie ich. Wir hatten also gleiche Interessen, wie Basteln, Fotografieren und ähnliche Dinge. Was haben wir in der kalten Dachkammer neben dem Heuboden beide gefroren und „entwickelt"! Ich entsinne mich, einmal waren der alte Entwickler und das Fixierbad in den Tellern eingefroren, und draußen war es schon finster, als wir das Giebelfenster öffneten und die Teller mit dem Entwickler und Fixiersalz in den Hof hinuntersegeln ließen. Zugleich mit dem Aufklatschen und Zerschellen kam ein Brüllerich nach oben: „Na, woß isdn do lus?!" Vater unterhielt sich vor dem Hauseingang mit einem Bauern, als die Teller neben ihm aufklatschten, und war erschrocken. Das war es auch schon, es gab kein Nachspiel; ich hatte einen großzügigen Vater …

Oskars lustige, trockene Art gefiel mir, dabei war er ausgeglichen, jedenfalls kein Hitzkopf. Zwischen Franz und ihm war dies anders. Vor dem großen Spiegel in der Küche trugen die beiden ihre Schönheitswettbewerbe aus, meist mit nacktem Oberkörper. Wenn Oskar die Muskeln spielen ließ, konnte das lasche Gewebe eines Büromenschen, der außer Radfahren keinen Sport trieb, natürlich nicht konkurrieren, was der im Wettbewerb Unterlegene aber nicht wahrhaben wollte. Meist kam es dann vor dem Spiegel zu Schubsereien, die schlagartig endeten, wenn Vaters Strohhut am Hoffenster zu erblicken war.

Ich fuhr gerne mit Oskar im Leiterwagen mit. Zwischen den die Straßen flankierenden Obstbäumen hindurch rumpelte und knarrte der Wagen in Richtung eines unserer Felder (Streubesitz). Ich: „Wem gehört das Obst über uns?" Oskar: „Wer's nimmt". Und weiter ging die Fahrt. Ein Schmetterling gaukelte am Fahrzeug vorbei. Oskar knallte mit der Peitsche nach ihm. Den Schmetterling traf er nicht, der beschleunigte nur sein eckiges Tempo, um aus der Gefahrenzone wegzukommen. Dafür verfitzte sich aber das Peitschenriemchen in den Radspeichen, und bevor sich Bruder Oskar versah, war der Peitschenstecken in Stücke gebrochen. – Vater schnappte dann immer nach Luft, die er nach einem kurzen Stau in den Wagen nun mit sorgenvollem Gesicht ausblies und sich dabei den Hut aus der Stirn schob. Seine tiefsinnigen

Betrachtungen über diese unnötige Ausgabe Mutter gegenüber hörten sich etwa so an: „Ich weiß nicht, was der Kerl mit den Peitschenstecken macht. Schon der zweite innerhalb von zehn Tagen!" Nach einem neuerlichen tiefen Luftholen fährt Vater fort: „Wem der nur nach ist! Soo eene Schlofmutze! Mir sin doch olle zweje nich su!" Und ein letzter tiefer Seufzer deutete an, dass die Angelegenheit wohl oder übel überwunden war.

Zur Erntezeit waren wir einmal dabei, vom Driesch, einem hügeligen Gelände mit Obstbäumen, an denen sich in der Zeit der Wirtschaftskrise manchmal ein Verzweifelter erhängte, Weizen einzufahren. Es war ein Montag, und Oskar war wieder einmal nicht ausgeschlafen. Vater stand oben auf der Fuhre und schlichtete, Oskar gabelte, und ich zog mit dem Schlepprechen die Flächen, auf denen die einzufahrenden Puppen standen, sauber. Die Fuhre war fast fertigbeladen, und Oskar im Begriff, die etwas abgelegene letzte Puppe anzufahren. Da, eine zu plötzliche Drehung mit dem Gespann, es kippte talwärts, Vater sprang im hohen Bogen vom fallenden Wagen, um nicht von der Ladung begraben zu werden. Er kam mit dem Schrecken davon. Die Schimpfworte, mit denen sich jetzt Vater abreagierte, möchte ich nicht wiedergeben. Ich musste mir beim Anblick des kühnen Sprunges meines Vaters das Grinsen verbeißen. Mir fehlte halt noch der Sinn für den Ernst des Lebens.

Ein andermal hätte Oskar die Tanzerei fast das Leben gekostet oder mindestens eine schwere Verletzung eingebracht. Er schlief am Grasmäher ein und wäre fast in die Messer gekommen, sodass Vater ihm die Pferde abnahm und ihn zum Ausschlafen nach Hause schickte.

Machen wir es kurz: Das Vater-Sohn-Verhältnis war – ohne, dass man einen Schuldigen zu suchen brauchte, aufgrund der anlagemäßigen Unterschiede – meist oder mindestens sehr oft gespannt. Sagen wir so, meinem Bruder fehlte für die ihm zugedachte Stellung als Hoferbe die „sittliche Reife".

Und nun kommt unser Franz – Jahrgang 1915 –, der Schöne. Er war einwandfrei das Lieblings- und Sorgenkind der Eltern zugleich. Wobei ich ausdrücklich feststellen möchte, dass wir anderen unter dieser „Bevorzugung" nicht auch nur in irgendeiner Form benachteiligt waren. Irgendwo war er halt der Liebling, und dies nicht nur der Eltern, sondern auch der Steiniger-Großeltern. Ich glaube, ich habe ihn schon an anderer Stelle charakterisiert und brauche nur noch zu ergänzen, was vielleicht noch erwähnenswert wäre. Die Sorgen, die er Mutter bereitete, lagen eigentlich in seiner Bequemlichkeit. Bequemlichkeit auch dem weiblichen Geschlecht gegenüber. Bei uns im Haus wohnte eine mit einem Deutschen verheiratete bildhübsche blonde, blauäugige, schön gewachsene Tschechin, die ein Auge auf ihn geworfen hatte, den damals Sechzehnjährigen. Aber auf lange Sicht beherrschte Mutter alle Situationen und sorgte schließlich für saubere, geordnete Verhältnisse. Vater mischte sich nur ungern ein, er zeigte für solche Dinge viel Verständnis und Toleranz. Aber Mutter setzte ihm solange zu, bis er nun doch der Familie die Wohnung aufkündigte und damit die Angelegenheit bereinigte.

Als Franz schon berufstätig war, erzählte er Mutter manchmal schlüpfrige Witze, wenn er im Gemeindeamt, in dem er angestellt war, wieder welche gehört hatte. Aber auch über den zweiten Dorfpolizisten, einen tschechischen Legionär, der von der Gemeinde vorrangig eingestellt werden musste, gab es immer etwas zu lachen. Den bisherigen deutschen Polizisten setzte man deshalb nicht auf die Straße und nun hatte man eben zwei, die sich gegenseitig im Weg herumliefen.

Über diesen Frantisek Nowak gab es deshalb immer etwas zum Lachen, weil er die deutsche Sprache gerne und oft verdrehte. Auch bei der Verteilung der geistigen Gaben war er nicht gerade vorrangig behandelt worden. Nowak nimmt ein Telefongespräch wie folgt ab: Läuten! „Jo", und hörte in die Muschel hinein. Die andere Seite: „Wer ist denn dort?" Nowak dreht sich im Raum um und antwortet: „Hier is sich niemand." Der andere etwas ungehalten: „Nein? – Na, wer spricht denn dort?" Nachdem sich Nowak erneut umgedreht hatte: „Hier spricht sich a niemand!" Nun der andere wütend: „Sie Rindvieh, wer sind sie denn? Sie sind doch auch jemand!" Nowak: „Jooo, asu, hier is sich Frantisek Nowak!" „Na, also!" Auf die Fortführung des Gesprächs verzichtete der Partner unter diesen Umständen. Ja, und solche Geschichten gab es viele zum Gaudium der immer dafür aufnahmebereiten „Langujser" zu erzählen.

Franz stand politisch immer links. Er hatte ein Herz für die Armen und Ärmsten, die bettelnd zum Gemeindeamt kamen, wenn sie die Not oder Mittellosigkeit aus anderen Gründen dazu trieb. Er erlernte hier die tschechische Sprache auch ganz gut, die ihm später, nach dem Anschluss ans Reich, in dem Franz dann auf dem ehemaligen „Masaryk"-Schacht Lohnbuchhalter geworden war, gute Dienste tat. Hier wurde er zu einer Art Vertrauensperson für die dort arbeitenden tschechischen Bergarbeiter, die sich mit ihm in ihrer Muttersprache unterhalten konnten. Er war Mensch genug, sie nicht entgelten zu lassen, dass ihn die Tschechen während der Sudetenkrise nach Unhost verschleppt hatten, obwohl er keiner Partei angehörte und schon gar nicht der Henlein-Partei. Angeblich war es eine falsche Denunziation einer von ihm verschmähten Verehrerin, die ihm dies einbrockte.

Nun bliebe ich als viertes Kind der Familie noch übrig. Einiges wissen Sie schon von mir. Zur Abrundung des sich sonst vielleicht nur positiv ergebenden Bildes muss ich auch zur anderen Seite hin ein wenig Farbe bekennen:

Ich werde so um die vier Jahre alt gewesen sein, als mich Mutter zu einem Besuch bei Onkel und Tante Loos mitnahm. Sie wohnten damals noch in Oberleutensdorf. Mit dem Zug ging es daher nach Brüx und von dort mit der Straßenbahn weiter. Ich saß also im Matrosenanzügel neben meiner Mutter im Straßenbahnwagen in Richtung Oberleutensdorf. Uns gegenüber eine Dame im fortgeschrittenen Alter. Sie sah mich wohlgefällig an und eröffnete ein Gespräch mit mir, das heißt, sie wollte es: „Bist du aber ein hübscher Junge!" Ich zeigte keine Reaktion. An Mutter gelehnt musterte ich die Dame mit misstrauischem Blick. Die Dame ließ nicht locker: „Wie heißt du denn?" Und nun sagte ich etwas Schlimmes. Meiner Mutter schoss das Blut vor Scham ins Gesicht, ihre Hand presste sich auf meinen Mund, und schon standen wir draußen auf dem Perron des Straßenbahnwagens. Von dem Gebrauch dieses Götz-Zitats ab durfte ich nicht mehr mit in die Stadt.

Meine weitere hoffnungsvolle Entwicklung verdanke ich zum Teil dem einprägsamen Wortschatz meines Volksschullehrers, dem ich ab der zweiten Volksschulklasse zur sorgsamen Erziehung überantwortet war. Herr Lehrer Kriegler, ein Qualitätswort, ein Name, der jedem Respekt einflößte, der einmal mit ihm zu tun hatte! Und ich meine dies nicht einmal ironisch! Was sind die heutigen Lehrer doch für bemitleidenswerte Gestalten gegenüber diesem „Heroen", der in Langugest Epoche machte. Ihm ist das nachfolgende Kapitel gewidmet.

„Der Kriegler-Lehrer“

Schon Wilhelm Busch sagte:

> *„Also lautet ein Beschluss,*
> *dass der Mensch was lernen muss …“*

So kam auch für mich der Tag, an dem ich der Institution, die dies zu besorgen hatte, nahe gebracht wurde. Auf die Einzelheiten dieses für mich bedeutsamen Vorgangs entsinne ich mich nicht mehr so genau. Auch meine Erinnerungen aus dem ersten Schuljahr sind sehr spärlich, woraus ich folgern muss, dass sich hier nicht allzu viel Beeindruckendes ereignet haben kann. Einige Sätze sollte dieser kleine Zeitabschnitt aber trotzdem wert sein:

Ab September 1926 besuchte ich also unsere wirklich sehr schöne neue Volksschule. Dies machte mir den Weg dorthin etwas leichter. Wie schon eingangs erzählt, wurde diese Schule nach der Enteignung der alten deutschen Volksschule bei der tschechischen Staatsgründung 1918 neu erbaut. Und dafür war der Platz gegenüber der Kirche wie geschaffen. Eine massive, etwa acht Meter breite Brücke aus Eisenbeton, mit schmiedeeisernen Geländern versehen, führte über unseren Bach direkt in den großen parkähnlichen Vorgarten des Schulhauses. Geradehin zum Portal lief ein mit Quadersteinen sauber gepflasterter Weg, der zu beiden Seiten von schönem Apfel- und Birnenspalier eingesäumt war. Oberlehrer Scheithauer pflegte diesen Garten, er hatte natürlich auch das Nutzungsrecht. Der Garten war so angelegt, dass man trotz des ausgesprochenen Nutzgartencharakters mit etwa gleichen Teilen Blumen-, Obst- und Gemüsebau den Eindruck erweckte, als befände man sich in einem netten kleinen Park.

So ging ich also durch das Portal, wo der gute alte, lange Schuldiener Siegel darauf achtete, dass wir uns auch die Schuhe ordentlich abputzten. Einige Treppenstufen höher kam man durch die Korridortüren zum Klassenzimmer der ersten Klasse, die rechts lag, links zur Wohnung des Oberlehrers. Alle anderen Klassen befanden sich im ersten Stock.

Und damit ich es nicht vergesse! Über der Korridortür stand der weise Spruch: „Nicht für die Schule, für das Leben lernen wir.“ Diese Behauptung wurde natürlich angezweifelt, denn welcher Schüler vermochte dies während seiner Schulzeit schon einzusehen?

So brachte ich mein erstes Volksschuljahr ohne nennenswerte Erlebnisse und Erinnerungen hinter mich. Natürlich weiß ich, dass Oberlehrer Scheithauer einen Bürstenhaarschnitt hatte und hamsterbackenähnliche Wangen. Aber sonst? Sonst sind es nur noch die bildlichen Darstellungen in der Fibel über die Formung des

Mundes und der Zunge beim Aussprechen verschiedener Buchstaben. Dagegen war die Darstellungskunst unseres kleinen, sehr beleibten Pfarrers Hesse im Religionsunterricht sehr nachhaltig und um die Osterzeit geradezu ergreifend. Er verstand es, unsere kleinen Seelchen zu rühren und uns das Leiden Jesu von Nazareth miterleben zu lassen, sodass die ganze Klasse, die je zur Hälfte aus Jungen und Mädels bestand, mehr oder weniger offen weinte. Er predigte seinen Religionsunterricht, dazwischen ab und zu eine Prise Schnupftabak nehmend; oder für gute Leistungen auch einmal ein Heiligenbildchen verteilend. Ich bekam auch welche. Und so ging das erste Schuljahr ohne Aufregungen zu Ende.

Dies änderte sich aber grundlegend ab dem zweiten Schuljahr. Mein Vater: „Wos, dan Kriegler-Lehrer hoste? Na, dann larnst De wos!" Und Zufriedenheit spiegelt sich auf seinem Gesicht wider – er wusste mich in besten Händen. Ich erfuhr später, dass meine Eltern mit zu seinen ersten Schülern gehörten, als er als junger Lehrer in Langugest sein Lehramt aufnahm. Weil mein Vater im Ort doch eine ziemliche Rolle spielte, ergaben sich zum Lehrer Alfons Kriegler automatisch Verbindungen. So wurde Herr Kriegler Kassierer der Landwirtschaftlichen Raiffeisenkasse, der mein Vater vorstand, und mein Vater als Mitglied des Kirchenchors unterstand dort Herrn Kriegler. Übrigens hatte Vater eine klare, angenehm klingende Stimme, die besonders bei Solis gut zur Geltung kam. Wenn man ihn so im Gottesdienst hörte, schien es einfach unglaublich, dass er so schrecklich brüllen konnte, dass uns Kindern manchmal ganz Angst wurde. – Aber zurück! Unser Thema heißt augenblicklich: „Der Kriegler-Lehrer."

Als ich ihn als Lehrer bekam, hatte sich seine ursprünglich schlanke Figur längst verändert. Er wird so Anfang Fünfzig gewesen sein, verfügte über ein stattliches Bäuchlein, das von einer breiten schwarzen oder schönen hellgrauen Leibbinde gerade noch in Schranken gehalten werden konnte. Eine dicke goldene Uhrkette an dieser Binde zeigte auch, dass er im Wohlstand lebte. Gehen wir nach oben zum Kopf: Obwohl im Knochenbau länglich, ließ auch er unverkennbar vermuten, dass der Lehrer ein Freund reichlichen und guten Essens war. Wohlgepflegtes silberweißes Haar einerseits, energische Gesichtszüge andererseits standen eigentlich etwas im Widerspruch zu dieser Gesamterscheinung. Seine Kleidung war meist in Grau oder Kaffeebraun – bei der Leibesfülle selbstverständlich Maßanzüge, die eine gerade, aufrechte Gestalt umgaben. Nur der Gang mit durchgedrückten Waden erinnerte irgendwie an das Daherschreiten eines stolzen Truthahns. Eine Respektsperson vom Ansehen, ohne Frage! Für uns Schüler war er es nicht nur vom Ansehen her.

In unserer Schule war es üblich, dass die Lehrer ihre Schüler von der zweiten Klasse ab bis zum Ausscheiden behielten. 1927 war ich also dran, Herr Kriegler übernahm unsere Klasse. Ich will hier aber nicht die einzelnen Jahre, die ich bei ihm zubrachte, durcharbeiten, sondern nur einen Überblick über seine Unterrichtsmethode, Pädagogik und Behandlung der Schüler an einigen Beispielen vorführen. Ich bin ziemlich sicher, dass die wenigen Beispiele ausreichen werden, ein Bild der damaligen Lern- und Erziehungsmethoden zu vermitteln. Nun besitzt der Fall Kriegler auf keinen Fall Allgemeingültigkeit für die damalige Zeit, er war die Ausnahme. Ich erwähne dies, damit falsche Schlüsse vermieden werden.

Lassen wir einen Tag beginnen!

Um 07.45 Uhr betrat der Lehrer das Schulhaus. Er kam meistens schon von einer gesungenen heiligen Messe für irgendeinen längst Verstorbenen. Ich übrigens auch. Denn, da wochentags wegen beruflicher Tätigkeit, aber sicher auch wegen fehlender Zuhörer, kein sonstiger Kirchensänger zur Verfügung stand, mussten Reichel Otto und ich, als Musikalischste der Klasse, mit die heilige Messe singen – lateinisch, versteht sich. Dies hörte sich ziemlich einseitig an. Denn der Lehrer ließ die Orgel entsprechend seinem Temperament meistens sehr laut erklingen und sang dazu mit seiner kraftvollen, wenn auch weniger schönen Stimme und beherrschte damit die Kirchenhalle. Unsere beiden Knabenstimmen waren bestenfalls eine gewisse Untermalung. Aber wie gesagt, die heilige Messe galt als gesungen, und dafür bekam der Lehrer ein kleines Honorar von fünf Kronen. Otto und ich taten dies zwangsweise der Ehre wegen.

Nun brauchte der Lehrer sein Frühstück, denn zu den Frühmessen ging er immer mit nüchternem Magen. Heute war ich dazu auserkoren, den Kaffee zu holen. „Hol man Kaffee“, lautete daher die einfache Aufforderung an mich. Bis zur Wohnung des Herrn Lehrer waren es einige hundert Meter. Ich ging also los – und ging ganz gerne, vor allem montags. Die Lehrersfrau war eine hagere freundliche Dame mit einem gewissen Schalk in den Augenwinkeln. Sie hatte für uns Botengänger immer etwas Gutes vom Wochenende übrig; meist ein Stück Torte mit Creme, aus guter Butter bereitet. Und während sie die Frühstückssemmeln in den Tragekorb packte und Kaffee in den Krug goss, verspeiste ich in aller Ruhe mein Stück Torte. „So, Erhard, hier der Korb und hier der Krug mit dem Kaffee. Und weißt Du, mein Mann ist sehr heikel. Wenn einmal eine Fliege in die Suppe gefallen war, musste ich sie wegschütten. Ich will damit sagen, dass Du den Daumen nicht über den Krugrand beugen darfst, sonst ist mein Mann böse auf Dich.“ Ich versprach es, konnte es aber nicht halten. Die Nase des Krugs senkte sich immer weiter nach vorne, sodass der Kaffee auszulaufen begann. Ich war einfach zu schwach für diese Tortur. Kurz entschlossen winkelte ich meinen Daumen über den Krugrand und fühlte bei jedem Schritt den warmen Kaffee an den Finger schwappen.

Die Schule kam in Sicht. Noch verhüllten die großen Kastanien- und Ahornbäume die direkte Sicht zum Klassenfenster. Aber nun wird es Zeit! – Oh Schreck! Mein Daumen war ganz ausgelaugt und so sauber, die Fingerabdrücke waren am Kruginnenrand zu sehen. Mit Spucke auf eine Art Taschentuch waren sie bald entfernt, und auch der

Daumen, der kurz in Straßenstaub gewälzt und soweit wieder gereinigt wurde, dass eine farbliche Übereinstimmung mit den anderen Fingern der Hand wieder hergestellt war, konnte mich nicht mehr verraten.

„Na, hast Du deine Finger in meinem Kaffee gebadet?“ „Nein, Herr Lehrer.“ „Dein Glück, setz Dich!“ Und nun speiste und trank er in aller Ruhe genüsslich seinen Kaffee. Dabei sah er, am Fenster stehend, immer ins Grüne des Schulgartens hinaus. Wir hatten so lange Pause.

Heute hatte er einen guten Tag, was durchaus keine Selbstverständlichkeit war. Nachdem er sich die Hände gewaschen hatte, erscholl der Ruf: „Hofmann, hol man eine Slavia!“ Hofmann Anna war ein lang aufgeschossenes Mädchen, das stotterte, wenn es aufgeregt war. Besonders das „S“ hatte seine Tücken. Während der Lehrer ihr die vierzig Heller für die Zigarette in die Hand drückte, sah er ihr fest in die Augen und fragte: „Wie wirst Du sagen?“ „Eine S-sssssl, selselsel“ … „Na, ist schon gut“, beendete er ihre plagenden Kunststückchen mit dem „S“ und grinste versteckt in sich hinein. Die Klasse grinste mit.

Inzwischen steckte die Slavia im Mund des Lehrers. Er suchte vergeblich nach Streichhölzern. „Hat jemand ein Zündholz?“ Der Grüssel Hans – ein von auswärts zugezogener Gassenjunge – hatte und spendete dem Lehrer sogleich diensteifrig Feuer. „Danke“, sagte er zwischen den Zügen, um dann – bevor Hans die Schulbank wieder erreicht hatte – zu fragen: „Sag’ mal, mein Bürschchen, wozu brauchst Du eigentlich Zündhölzer?“ Diese unerwartete Frage trieb Hans das Blut ins Gesicht. „Komm’ mal her! Zeig’ Deine Finger!“ Die ersten Glieder des Zeige- und Mittelfingers waren zu eindeutig braun. „Du Molch rauchst ja wie ein Alter“, sprach er triumphierend, wie etwa der Bauer Mecke in „Max und Moritz“, als er die beiden im Getreidehaufen erspäht hatte. „Hol’ den Meterstab, Du weißt, was Du zu sagen hast!“ Hans tat, wie befohlen. Vorne an der Tafel, in einer Ecke gelehnt, stand das Vielzweckinstrument. Er schulterte ihn wie ein Gewehr, baute sich vor dem Lehrer auf und sprach das in solchen Fällen übliche Sprüchlein herunter: „Ich bitte den Herrn Lehrer, so freundlich zu sein, mir die verdiente Tracht Prügel verabreichen zu wollen.“ „Na, ich werde so freundlich sein und nachholen, was deine Eltern versäumt haben. Komm’ her, Du Strolch!“ Und schon hatte er Hans über das Knie gelegt und bearbeitete seinen Hosenboden mit dem Meterstab. Hans aber war hart im Nehmen. Er schrie nicht, was den Lehrer nur noch zu größerer Aktivität anspornte. Schließlich war es ihm doch zu anstrengend, mit rotem Kopf und fast außer Atem gab er auf. Trotzdem litt seine gute Laune nicht.

Der Unterricht nahm seinen weiteren Verlauf. Doch nicht allzu lange ging dies ungestört. „Was ist dies für eine schlechte Luft hier drinnen, Ihr Schweine! – Wer hat sich hier schlecht benommen? Fenster auf! Wer war das?“ Niemand meldete sich. „Ernst, geh’ inspizieren!“, schrie er. Ernst war der Sohn eines Asozialen aus dem Gemeindehaus. Er hatte es immerhin schon zur dritten Volksschulklasse gebracht, die er nun auch zum zweiten Mal wiederholte. Der Stumpf- und Blödsinn schaute ihm aus den Augen. Dazu hatte er eine Glatze geschnitten, Sommersprossen, dicke zusammengewachsene Augenbrauen und wulstige aufgeworfene Lippen. Dieser Ernst nahm nun sein Amt auf. Etwa in der Gegend, in der sich die „Duftwolke" entfaltet hatte, begann er seine Inspektion. Er senkte seine Nase zwischen Nacken und Rockkragen des Nächstsitzenden, sog tief Luft ein und verharrte prüfend einen Augenblick, sah dann mit den Augen eines Boxerhundes zum Lehrer hin und schüttelte verneinend den Kopf. Beim Nächsten dasselbe Zeremoniell, das sich nur dann etwas änderte, wenn er dem Übeltäter auf der Spur war. Nach dem Einsenken der Nase zwischen Nacken und Rockkragen wurde zwar auch tief Luft geschnuppert und zum Lehrer aufgeblickt, zur Vergewisserung jedoch die Nase noch einmal abgesenkt – ohne Zweifel, er ist es! Mit Erfolg gewohnter Miene den Lehrer angesehen, und den Zeigefinger der rechten Hand dabei auf den Delinquenten gerichtet, erfüllte Ernst auch diesmal wieder seine schwere Aufgabe. „Bist-Du-noch-nicht-draußen, Du Schwein?!", schreit Alfons mit betont drohender Stimme, während der Ertappte längst im Eilschritt das Klassenzimmer verlässt. Nachdem genügend gelüftet worden ist, werden die Fenster wieder geschlossen. Der Unterricht geht weiter. Der Sünder jedoch wagt sich erst nach der Pause wieder ins Klassenzimmer.

Lehrer Kriegler machte sich – und ehrlich gesagt auch uns – einen Spaß daraus, durchaus normal begabte aber etwas ängstliche Schüler durch Einschüchterung zu dummen, unsinnigen Antworten zu bringen. „Nawratil, wie viel Beine hat die Gans?" „Zwei, Herr Lehrer." Darauf der Lehrer mit todernstem Gesicht: „Denk doch mal nach! – Wie viel?" Nach einigem hilflosen Nachdenken: „Zwei, Herr Lehrer." Langsam geht jetzt der Lehrer in drohender Haltung auf den Schüler zu und mit angehobener Stimme fragt er wieder: „Wiiee vieeel?" Der Schüler nunmehr von Angst ergriffen und ganz eilig: „Drei, Herr Lehrer!" Der Lehrer geht jetzt einen Schritt zurück und zur Klasse gewandt: „Seht Euch doch dieses Rindvieh an, sagt, die Gans hat drei Beine. Und dabei laufen hunderte Gänse am Grundbach herum. Ich habe noch keine mit drei Beinen gesehen. – Na, da kann man ja gespannt sein, was aus Dir einmal wird!"

In einem anderen Fall rutschte dem Schmaler Anton ein Versprecher beim Naturgeschichteunterricht heraus. Er sagte, der Fuchs lege sechs bis sieben Eier im Jahr. Das war natürlich wieder ein gefundenes Fressen für unseren Alfons. Und dabei sollte er gerade bei Anton etwas zurückhaltender sein, denn er ist immerhin ein wichtiges Glied in der geistlichen Musik unseres Lehrers. Er zog den Blasebalg und sollte schon deshalb wohlwollend behandelt werden. Aber auch bei dieser Tätigkeit war Anton nicht immer glückhaft. Es war Anfang der Dreißigerjahre, Hochamt am Ostersonntag. Nicht nur der vollzählige Kirchenchor drängte sich um die Orgel herum, auch zahlreiche

Musiker, wie der Kesselpauker, einige Geiger, Trompeter und der Boutschek Karl mit seiner Flöte waren heute aufgeboten, um den musischen Genuss dieses Gottesdienstes zu verstärken. Nun ist dies bei unserer Orgel so gewesen, dass Luft auf eine gewisse Reserve vorgepumpt werden konnte. Es dauerte dann eine Weile, bis sie verbraucht war und ergänzt werden musste. Schmaler Anton hatte da seine Erfahrung und nutzte die Pumppausen – welch schönes Wort – um einen Blick zum Fußvolk unten im Kirchenschiff zu werfen, in dem die Andächtigen, fein säuberlich nach Männlein und Weiblein getrennt, in den Kirchenbänken saßen. Die Frauen in den linken, die Männer in den rechten Bankreihen ... Ostern war dies besonders sehenswert. Die Bürgertöchter kamen vollzählig und in neuen Kleidern, wie dies bei uns zu Ostern üblich war. Sie sahen daher besonders schön oder gar begehrenswert aus. Anton hatte sicherlich eine der Dorfschönen ins Visier genommen ... Ja, und wenn man so seinen Gedanken nachhängt, Gedanken mit Hoffnungen, wachwerdenden Wünschen, mit minniglichen zeitlosen Träumereien, da kann man leicht das Gefühl für Zeitabläufe verlieren. So auch Anton. Und das war sein Verhängnis! Er hörte nicht, dass Alfons an den Manualen der Orgel wahrhaft schuftete und dabei viele Register gezogen hatte, sodass die Orgel mit dem anderen instrumentalen Anhang das Kirchenschiff im festlichen Fortissimo erzittern ließ – was natürlich Luft kostete, sehr viel Luft! Plötzlich sackten die Orgelpfeifen kläglich ab. Einen Augenblick herrschte entsetzliche Stille, dann schreckte der wütende Schrei „Luft, Bestie" Anton aus seinen Träumereien auf. Ein Sprung zum Blasebalg, und schon hörte man sein eiliges Schnaufen, während zur gleichen Zeit den Andächtigen unten in den Bänken teils ein Schauer des Entsetzens über den Rücken, einem anderen Teil ein verständnisvolles Grinsen andeutungsweise über das Gesicht lief. Nur Pfarrer Hesse verlor nicht die Beherrschung. Er wandte sich würdevoll vom Messbuch ab, warf einen ernsten langen Blick über die Brille zum Chor hoch, um, nachdem die Orgel wieder mit viel Lautstärke brillierte, sich erneut seinen heiligen Handlungen zu widmen. Was der Lehrer nach dem Hochamt seinem Bälgetreter gesagt hat, blieb unbekannt.

Kehren wir wieder zurück zum Hauptberuf unseres Lehrers – in die Schule.

Der Unterricht bestand natürlich nicht überwiegend aus lustigen Veranstaltungen mit allerdings teilweise sadistischen Tendenzen, denn sonst hätten wir ja nichts gelernt. Nein, der Unterricht war sonst sehr präzise aufgezogen und verlief immer autoritär. Vielleicht war dies das Geheimnis, dass wir trotz der vielen Fehlstunden durch Schalkereien und unterrichtsfremde Erzählungen das Lernziel erreichten. „Diskutiert", wie das heute an den meisten Schulen üblich ist, wurde selbstverständlich nicht. Wer sollte denn von wem etwas lernen, der Lehrer oder die Schüler? Ein Thema kann man erst diskutieren, wenn man mindestens die Grundzüge der zu behandelnden Probleme kennt und eine gewisse Lebenserfahrung besitzt. Alles andere ist leeres Geschwätz und Unsinn. Denn zu keiner Zeit konnte das Ei klüger als die Henne sein.

Und diese Urweisheiten leuchten auch ein. Folglich gab es bei Lehrer Kriegler eben keine Diskussion darüber, was gut oder schlecht oder fraglich sein konnte, wenn der Lehrer ein Thema schon genügend erläutert hatte. Und ob ein Thema genügend erläutert worden war, bestimmte er. Ist doch klar! Na also!

Nehmen wir also wieder teil am Unterricht.

„Nawratil, was machst Du da hinten? Komm' an die Tafel! – Schneller, Du ausgeblasenes Gemeindefagott!" Und wehe dem, wenn er nicht augenblicklich schneller kam! Dann lief Alfons ihm entgegen, packte ihn bei beiden Ohren und zog ihn von der Bank aus nach vorne. Schreien und Weinen nützte da nichts, denn der Lehrer war dann nicht mehr in spaßiger Laune, die war seinem cholerischen Wesen nach umgeschlagen in Bösartigkeit und Verärgerung. An solchen Wuttagen konnte man eine Nadel auf den Fußboden fallen hören. Wir wagten kaum vernehmbar zu atmen. Und da konnte es schon passieren, dass er nicht „humorvoll" schikanierte, sondern bösartig. Grundlos brüllte er dann manchmal los: „Ihr wollt Menschen sein? Ihr seid Tiere – Tagediebe – Ihr stehlt dem lieben Herrgott die Zeit!" Oder: „Ich hau' Dir die Schlüssel in den Schädel". Dabei nahm er seinen Schlüsselbund und warf ihn tatsächlich in die Klasse hinein.

Solche kleinen Wutausbrüche gab es sehr oft, und sie sind an sich nicht besonders erwähnenswert, weil sie uns nicht über Gebühr – von der augenblicklichen Angst abgesehen – beeindruckten.

Nun möchte ich noch eine Begebenheit erzählen, die sich zu Beginn des neuen Schuljahres auf dem Turnhof abspielte:

Frühherbst, etwa Mitte September, Unterrichtsfach Turnen. Wir sind auf dem Turnhof zum „Katze-und-Mausspiel" aufgestellt. Es war die bequemste Art des Turnens für den Lehrer, der dabei keine Aktivitäten zu entfalten brauchte. Und so ging er auch außerhalb des Kreises auf und ab, die Hände auf dem Rücken, friedfertig die milde Herbstsonne genießend.

Auf einmal sah er die reifen Zwetschgen, die vom Grundstücksnachbarn, dem Bittner-Bauern, oberhalb der Schulhofmauer sichtbar wurden. Sie waren zwar schon die ganze Zeit da, nur dem Herrn Lehrer war es bisher nicht in den Sinn gekommen, sie für sich zu verwerten. Und diese Erkenntnis kam ihm jetzt. „Wiedner, komm' mal her", rief er. Der Wiedner Fritz, der größte Junge der Klasse, löste sich augenblicklich aus dem Katze-Maus-Kreis und stand jetzt beim Lehrer, um leise gegebene Weisungen entgegenzunehmen. Im nächsten Augenblick war er mit einem Sprung-Klimmzug schon auf der Mauer oben und begann, unberechtigterweise die Zwetschgen für den Herrn Lehrer zu ernten.

Plötzlich schimpfte eine verärgerte Männerstimme von der anderen Seite der Mauer: „Unverschämtheit, am helllichten Tag" und so weiter. Und nun der Lehrer mit größter Empörung dazwischen schreiend: „Wiedner, Du bist wohl wahnsinnig geworden! Was fällt Dir ein! – Na warte, Du Bürschchen, komm' sofort herunter!" Dem erschrockenen Wiedner Fritz blinzelte er dabei zu, was bedeutete, dass dies gar nicht so ernst gemeint sei. Und als nun der Kopf des Bauern über der Mauer sichtbar wurde, entschuldigte er sich, dass er nur kurz einmal in die „Bohemia" („Bohemia" war eine deutsche Prager Zeitung) gesehen habe und dass dies nicht wieder vorkommen werde. Der Schüler erhalte seine gerechte Strafe. Unglaublich, diese Jugend heute!

So beruhigt, verschwand der Bittner-Bauer wieder. Der Lehrer nach kurzer Zeit zu Wiedner gewandt: „Geh' mal schau'n, ist er noch da?" Als dies verneint wurde: „Geh' mal wieder rauf und hol welche von dem rechten Ast da, da sind sie besonders schön blau!"

Diesmal wurde Fritz nicht mehr gestört, und der Herr Lehrer konnte die schönen prallen, leicht grau überhauchten Zwetschgen, eine nach der anderen in seinen immer aufnahmebereiten Mund verschwinden lassen. Die Welt ist schön an so einem Herbsttag! Man sah es ihm an. Der erzieherische Anschauungsunterricht, den seine Schüler dabei erhielten, war dem Lehrer im Augenblick nicht so wichtig.

Lehrer Kriegler führte seine meist derben Späße nicht nur in der Schule durch, er tat dies auch außerhalb des Klassenzimmers, wobei er jedoch sehr genau wusste, wo er sich dies leisten konnte und wo nicht. Es kam aber auch manchmal vor, dass der Aufgezogene schlagfertig antwortete und der Lehrer den Kürzeren zog. Das machte dann natürlich die Runde im Dorf.

Besonders gut gelang dies einmal einem ehemaligen Schüler des Kriegler-Lehrers. Bei einem Spaziergang am späten Nachmittag kam der Lehrer in der Nähe des Meierhofes vorbei. Die Hände auf dem Rücken, summte er gutgelaunt ein Liedchen vor sich hin, als ein Ochsenfuhrwerk mit einem ehemaligen Schüler als Kutscher an ihm vorbeifahren wollte. Interessiert und mit schalkhaften Augen erwartete er den Gruß seines früheren Schülers. „Grüß Gott!" – „Grüß Gott", antwortete der Lehrer. Seinem Dank fügte er gleich noch eine Frage hinzu: „Na, wo fahren denn diese drei Ochsen hin?" Der als dritter Ochse angesprochene Kutscher blieb die Antwort nicht schuldig, er antwortete prompt: „Beim vierten vorbei, Herr Lehrer!" Das spöttische Lächeln erstarb ihm augenblicklich und Röte stieg in sein Gesicht. Es soll ihm die Sprache verschlagen haben, was bei ihm sicher nur selten der Fall war.

Mein Volksschulbesuch näherte sich seinem Ende. Mit Abschluss der fünften Klasse meldete ich mich für die Bürgerschule in Dux an. Aber zunächst stand uns Ende Mai 1931 noch ein schöner Schulausflug bevor. Es gehörte zu den Gepflogenheiten unseres Lehrers, dieses bevorstehende schöne Ereignis gebührend zu besprechen. Und dies tat er mindestens vier Wochen vor dem Ausflug – fast täglich einmal. Er konnte genauso gut und warm von den Schönheiten unserer böhmischen Heimat schwärmen wie im Wutanfall hässlich schreien und schimpfen. Diesmal wird es mit der Bahn bis Aussig, von dort mit einem Elbedampfer nach Herrnskretschen und dann zu Fuß in das Elbesandsteingebirge, in die Edmundsklamm, die Wilde Klamm und zum Prebischtor gehen. Natürlich kommt auch zu diesem Schulausflug wieder ein Teil der Eltern mit – mein Vater war auch mit von der Partie.

Unsere Ausflüge waren immer die Krönung eines Schuljahres. Und hier verdient Herr Kriegler durch seine ausführliche und überzeugende Einführung in die Naturschönheiten der zu erwandernden Gebiete volles Lob und Anerkennung. Er gab uns die Freude an der Natur mit auf den weiteren Lebensweg. Sicher auch deswegen konnte ihm keiner ernsthaft böse sein. Denn er war trotz der Auswüchse im Unterricht, wie ich sie plastisch auszumalen mich bemüht habe und wie ich sie noch zahlreich fortsetzen könnte, nach damaliger Auffassung ein guter Lehrer. Keiner seiner Schüler erlitt seelischen Schaden.

Heute, ziemlich ein halbes Jahrhundert nach meiner Volksschulzeit, seien einige Bemerkungen erlaubt. Fast alle ehemaligen Mitbewohner meines Heimatortes, mit denen ich das Thema Kriegler-Lehrer angeschnitten habe, brachen in Gelächter aus, und jeder wusste sogleich über ihn etwas zu erzählen. Bei keinem hatte ich den Eindruck, dass er dessen „Lehrmethoden“ im Nachhinein verurteilen möchte. „Bei ihm hat man wenigstens etwas gelernt“, war die allgemeine Reaktion. Seine Schalkereien, wenn auch manchmal mit sadistischen Zügen, empfand man als Unterrichtswürze, die auch heute noch keiner seiner ehemaligen Schüler missen möchte. Ich selbst hatte zu ihm nach meinem Übertritt in die Bürgerschule jeden persönlichen Kontakt verloren.

Beim Zusammenbruch 1945, als Russen und vor allem Tschechen ihre Schreckensherrschaft aufgerichtet hatten, nahm er sich, wie viele tausend andere Sudetendeutsche, das Leben. Er schnitt sich die Pulsadern durch.

Aber noch sind wir nicht bei diesem trüben Kapitel der Vertreibung angelangt. Zunächst ging es also in die Bürgerschule nach Dux.

In Dux

Dux, ein Kreisstädtchen mitten im Braunkohlenrevier, fast am Fuße des Erzgebirges gelegen, mit der Strobnitz – dem höchsten Berg des Bezirks – im Rücken, war trotzdem nach Süden hin mit schlechter Luft verseucht. Aufgelassene Tagebaue dampften und rauchten ihre beißenden Schwefelgase in die Atmosphäre, und man beeilte sich, an der Stätte dieser Luftverpestung schnell vorbeizukommen. Und dennoch empfand ich diese Kohlestadt Dux, die schon einen tschechischen Bevölkerungsanteil von circa vierzig Prozent hatte, als ein schönes Städtchen. Es hatte irgendwie seinen Reiz. Vielleicht waren es auch die Bewohner, die etwas Anheimelndes ausstrahlten. Die Deutschen kämpften um die Erhaltung ihrer Muttersprache. Vielleicht machte sie das so sympathisch. Nur der, der jemals für die Erhaltung seiner deutschen Lebensart eintreten musste, und zwar außerhalb der schützenden Grenzen des deutschen Vaterlandes, weiß, wie schwer es ist, Deutscher zu sein und zu bleiben. Man kann daher vor den Auslandsdeutschen, ob sie nun an der Wolga, in Wolhynien, Siebenbürgen oder sonst wo in einem fremden Staatswesen lebten und jahrhundertelang ihre Muttersprache bewahren konnten, nur den Hut in Hochachtung ziehen und sich ganz tief verbeugen. Auf die gelegentliche harte Aussprache dieser Menschen kommt es dabei nicht an. Sie sind oft bessere Deutsche als viele von denen, die sich heute als Richter über diese Menschen erheben wollen oder sie wegen ihrer Aussprache belächeln oder gar als Ausländer ablehnen. Gegenwärtig kann es schon verdächtig sein, das Wort Deutsch oder Deutschtum auszusprechen, wenn man nicht gleich als ewig Gestriger angeprangert werden will. Wir Sudetendeutsche waren schon immer stolz darauf, zum großen deutschen Volk zu gehören und dies nicht erst, seit es einen Hitler gab. Sein Fleiß, seine technische Begabung und seine großen kulturellen Leistungen zogen uns an. Und die deutsche Duxer Bevölkerung vertrat in allen Lebensbereichen ihr Deutschtum. Daher wohl meine Sympathie mit den Duxern.

Also, das schöne Dux mit Schloss und Schlosskirche des Grafen Waldstein, bei dem Casanova als Bibliothekar seine letzten Lebensjahre fristete, mit dem Barbarateich, dem daran anschließenden Walther-von-der-Vogelweide-Park, dem schön gelegenen Stadtpark und der Grenze – einem Laubwald, in dem wir in den Mittagspausen oft unsere Studien trieben – sollte für die nächsten drei Jahre eine Art zweite Heimat werden. Unsere Bürgerschule lag unmittelbar am Barbarateich, dazwischen lediglich ein Sportplatz, der auf der rechten Seite von der schönen evangelischen Kirche begrenzt war. Die unmittelbare Nähe des Wassers ließ allerlei Betätigungen zu, wie Kahnfahren, Karpfen füttern, Muscheln sammeln, Kalmusstangen brechen, im Schilf herumstrolchen – und im Winter Schlittschuhlaufen. Dazu noch gratis der belebende Geruch des Wassers. Wir liebten daher unsere Bürgerschule, obwohl wir täglich elf Kilometer zu Fuß gehen mussten. Und gerade dieser Schulweg auf der Kaiserstraße, einer Hauptstraße, die vom fränkischen Marktredwitz quer durch Nordböhmen in nordöstliche Pachtung bis nach Aussig führt, war das Schönste für uns auswärtige Schüler. Zu zweit oder zu dritt marschierten wir auf der von Obstbäumen flankierten Straße, den Rucksack mit unseren Schulsachen und den Mittagsbroten auf dem Rücken, täglich die fünfeinhalb Kilometer nach Dux und zurück. Dabei gab es immer etwas Interessantes zu erzählen oder zu beobachten, wie Maikäfer von den Bäumen zu schütteln oder Schmetterlinge zu fangen. Dazu boten die blühenden Rotkleefelder die beste Gelegenheit. Überhaupt die Frühlingszeit hatte es uns angetan. Wenn die Obstbäume beiderseits der Straße in Blüte standen, die Kleefelder gleichfalls blühten und die Getreidefelder sich anschickten, die Ähren emporwachsen zu lassen, war die schönste Zeit gekommen für unsere tägliche Wanderung nach Dux. Dabei wurden natürlich auch Geschichten erzählt. Spukgeschichten, Coopers Lederstrumpf-Geschichten und, nicht zu vergessen, die weniger blutrünstigen Indianergeschichten von Karl May. Mein Freund Müller Erich verfügte über eine ausgesprochene Karl-May-Bildung und verstand es, das Gelesene fesselnd wiederzugeben, sodass wir manchmal bedauerten, schon zu Hause zu sein.

Auf diesem Schulweg konnte man aber auch seinen Phantastereien nachgehen und sich „Erfindungen" überlegen. So hatte ich eines Tages die bahnbrechende Idee zum Bau eines Autos ohne Treibstoff. Ich überlegte nach allen Seiten, es stimmt, es müsste klappen. Und mit gespannter Freude kam ich nach Hause und erzählte sogleich meine „Erfindung". Boutschek Karl, der im Hause meiner Mutter aufgewachsen war und der immer oder meist bei uns zum Mittagessen blieb – er war immer arbeitslos, gehörte praktisch schon mit zur Familie –, hörte sich meine Darstellung ruhig an, allerdings mit einem zweifelnd-spöttischen Lächeln.

„Also, ein Auto mit Fahrgestell und Getriebe wie jedes andere Auto auch. Als Antriebskraft wird ein Elektromotor installiert, der nebenbei einen Dynamo in Gang setzt und dieser wiederum den Elektromotor – ist doch klar. Der Strom müsste eben entsprechend transformiert werden", so erläuterte ich. Boutschek Karls spöttisches Lächeln wurde zum schallenden Gelächter: „Wenn doss ginge, dann hätten doss schunn andere erfunden – do worten se nich auf Diech, haha-ha." Dieses schlagende Argument leuchtete auch mir ein, meine Ernüchterung war vollkommen.

Jedenfalls, der Schulweg ließ immer Zeit, sich für andere Dinge zu interessieren. Die paar Autos, die uns passierten, störten nicht. Ich möchte diese Schulwege nach Dux in meinem Leben nicht missen.

Die Fachlehrer der Duxer Bürgerschule waren in ihren Persönlichkeiten recht unterschiedlich, aber durchweg nette, kultivierte Leute. Auch vom Wesen her waren sie echte Pädagogen. Kriegler-Lehrer-Typen gab es hier nicht, und sie wurden trotzdem oder gerade deswegen von uns geachtet und respektiert. Auch Prügel gab es nur einmal in diesen drei Jahren, wenn man von den nicht ganz seltenen Ohrfeigen des Katecheten Pflaume, der wegen einer eingesetzten silbernen Stirnplatte zum Jähzorn neigte, absieht. Nein, ausgesprochene richtige Prügel verabreichte unsere zarte kleine Deutschlehrerin, die May. Ihr war zu Ohren gekommen, dass ein Schüler beim Abfischen des Barbarateiches ein Blesshuhn gefangen und mit einer Schnur um den Hals zu Tode geschleudert hatte. „Dir werde ich die Tierquälerei ein für alle Male austreiben", zischte sie ihn zornig durch die zusammengebissenen Zähne an. Dabei schwang sie einen langen, elastischen Rohrstock herzhaft über die nackten Beine des Schülers, der dabei wahre Tänze aufführte. Vielleicht half diese Bestrafung. Von uns wurde er noch zusätzlich einige Tage mit Verachtung bestraft.

Wir hatten das große Glück, in den Fächern Naturgeschichte und Naturlehre – dies entspricht etwa Biologie, Chemie und Physik – Herrn Fachlehrer Fischer zu bekommen, der selbst ein engagierter Naturfreund und Naturschützer war. Er brachte uns den Unterrichtsstoff mit praktischen Versuchen und Anschauungsmaterial so nahe, dass er bei uns Schülern regstes Interesse weckte. Was Kriegler-Lehrer ab und zu vielleicht unbewusst begonnen hatte, setzte er gezielt fort, nämlich Freude an der uns umgebenden Natur zu wecken, sei es an den Lebewesen, den Pflanzen oder den Mineralien. Er nahm auch in Kauf, sich Phantasievögel schildern zu lassen, die der eine oder andere seiner Schüler beobachtet haben wollte und die er beim besten Willen nicht erkennen und keiner Vogelart zuordnen konnte. Ob er nur so tat? Jedenfalls, diesem Lehrer verdanke ich viel Schönes, unter anderem, dass mir durch seine Anleitung, auch in meinem späteren Leben, Dinge sichtbar wurden, an denen andere Menschen achtlos vorübergehen.

Insgesamt trugen die drei Jahre Bürgerschule entscheidend dazu bei, dem jungen Menschen den Horizont zu öffnen. Diese Bürgerschulzeit möchte ich mit dem Hinweis beenden, dass die Möglichkeiten eines Lehrers, auf die heranwachsenden Generationen Einfluss zu nehmen, in jeder Hinsicht sehr groß sind und er durch sein Beispiel die Entwicklung des künftigen Menschen maßgeblich mitgestalten kann wie kein anderer. Ich glaube nicht, dass die heutigen mit allen technischen Geräten ausgestatteten Schulen den gleichen positiven Einfluss auf die Schüler ausüben können. Denn maßgebend ist und bleibt die Person des Lehrers, der durch sein Vorbild und sein Engagement auf die Schüler einwirkt, und zwar dauernd einwirkt! Und gerade deshalb müssten bei der Einstellung eines Lehrers besondere Kriterien, die seinen Charakter, seine Person betreffen, unbedingt beachtet werden.

Meiner Deutschlehrerin May muss ich doch noch einige Zeilen widmen, denn sie war es, die mich zusammen mit einigen anderen Schülern einmal mit in ihr Wochenendhaus ins Erzgebirge für einige Tage mitgenommen hatte. Dieses kleine Bauernhaus, ein geduckter Fachwerkbau, mit Schindeln gedeckt, stand in Mootzdorf. Unvergesslich ist mir hier der erwachende taunasse Gebirgsmorgen geblieben. Nur zwei Krähen unterbrachen mit ihren schnarrigen Stimmen diese fast absolute Ruhe.

Die frische harzige Morgenluft labte unsere von Kohlenabgasen geplagten Lungen. Im Osten begannen sich die Konturen des Waldes gegen die aufgehende Sonne abzuzeichnen. Schon damals regte sich in mir der Anbeter eines erwachenden Frühlings- und Sommermorgens. An jedem Sprichwort – und sei es noch so abgedroschen – ist ein wahrer Kern. Die Morgenstunde hat eben doch Gold im Munde. Der Zauber eines solchen goldenen Morgens gibt jedem, der diese Stunde empfinden kann, Zufriedenheit, Aussöhnung mit der Umwelt (wenigstens auf Zeit) und das Glücksgefühl, in dieser schönen Welt leben zu dürfen. Es geht mir dann ähnlich, wie bei der Betrachtung des klaren Sternenhimmels, wenn ich auch den Morgen inniger und lebensbejahender empfinde. Denn der Sternenhimmel ist etwas Ehrfurchtgebietendes, bei dessen Anblick der Versuch, sich die Unendlichkeit des Weltalls vorzustellen, die Nichtigkeit des Menschen auf dieser Welt unumstößlich zum Bewusstsein kommt. Was sind sie denn, diese aufgeblasenen Götter und Weltverbesserer der menschlichen Gesellschaft, die daherschreiten, als wären sie die Herren dieser Welt! Winzige Staubkörner! Materie, die auf Zeit zum Leben erweckt ist, um dann wieder in alle Winde zerstreut zu werden.

Ich persönlich habe „der May" indirekt auch noch für meine neue Heimat – das schöne Frankenland – zu danken. Es war wohl beim Deutschunterricht über Viktor von Scheffel, dass sie von dem westlich von Böhmen liegenden schönen Frankenland schwärmte. Als mir nach meiner Rückkehr aus der Gefangenschaft das feuchte, windige holsteinische Klima nicht zusagte – bei aller Schönheit dieses Landes – besann ich mich auf Franken aus der Schulzeit. Ich habe es nicht bereut.

Nun kommt eine ganz andere Zeit ins Gespräch, die man oft übergeht. Ich sehe dafür keinen Grund. Ich schreibe die Wahrheit, wie ich alles erlebt, gefühlt und empfunden habe. Ich habe absolut nichts zu verbergen.

Wir schreiben das Jahr 1933. Es kam jene Zeit, die im Leben aller Menschen in Europa Veränderungen bringen sollte.

Ich erfuhr die Machtergreifung Adolf Hitlers von einem tschechischen Schüler. Dies trug sich so zu: Etwa von November bis einschließlich März fuhr ich mit dem Zug nach Dux in die Schule. Ich stand also auch an dem 31. Januar 1933 auf dem Preschener Bahnhof und wartete auf den Zug – die tschechischen Schüler der Nachbarorte ebenfalls. Wenn wir auch sonst kaum miteinander sprachen, an diesem Tag war das anders. Neben mir stand Simandl, ein Nationaltscheche, und sah sorgenvoll in Richtung der Gleise, aus der der Zug kommen musste. Er begann ein Gespräch, mehr zu sich selbst als zu mir: „Is sich Hitler Rajchskanzler wurn." Und nun erklärte er mir mit seinem Kuchlböhmisch, warum dies so gefährlich sei. Schon einige Tage später brauchte ich seine Aufklärung nicht mehr. Ich wusste nun schon sehr genau, wer Hitler und die Nationalsozialisten waren, welches Glück für Deutschland, zum Beispiel durch die Beseitigung der Arbeitslosigkeit, von ihm abhingen, dass die

Knechtung durch den Versailler Vertrag beseitigt werde und so weiter. Der Rundfunk sagte uns alles. Unsere Achtung vor dem großen deutschen Vaterland wuchs immer mehr. Weg waren die Bedenken, die unsere Familie gegen die Nationalsozialisten hatte. Aus der Zeit der vorangegangenen Reichspräsidentenwahl war uns noch aus der Rundfunkübertragung einer Reichstagssitzung der grässliche Zwischenruf des Abgeordneten Straßer von der NSDAP in Erinnerung. Bei der Erwähnung des Namens Hindenburg schrie dieser Mensch: „Hundepeitsche, Hundepeitsche!" Einem so verdienten Mann mit der Hundepeitsche zu drohen, das konnten keine kultivierten Menschen sein! Aber heute hörte sich dies ja ganz anders an, alles zum Wohle des deutschen Volkes. Nur die eingefleischten Sozis – sie sollten sich schämen deswegen – wollten nichts von der neuen Zeit wissen. Jeder Tscheche ist erst Tscheche und dann erst Sozialdemokrat oder Agrarier. Pfui! So war die allgemeine Tendenz gegen politisch Andersdenkende. Ich erinnere mich noch an die „Freiheit", die schon einmal zitierte Sozialdemokratische Parteizeitung. Sie brachte Berichte über die Einrichtung von Konzentrationslagern und dass dort den politischen Gegnern in das kurz geschnittene Haar Hakenkreuze einrasiert werden und über viele andere Schikanen. Aber ganz besonders prägte sich bei mir eine Karikatur der „Freiheit" ein. Sie befand sich auf der ersten Seite und war dick überschrieben mit: „Hitler bedeutet Krieg", und die darunter befindliche halbseitige Karikatur zeigte ein großes Schlachtfeld mit zerrissenen Stacheldrahtverhauen und zerstreut herumliegenden Totenköpfen. „Die sullten halt nich su hetzen. Er (Hitler) socht doch immer wieder, er will kenn Krieg, er will doss Gute für Olle und er rufft immer den Allmächtigen on; er konn nischt Schlechtes wulln." So höre ich meine gute Mutter zu den zitierten Darstellungen sprechen. Es führt kein Weg daran vorbei – die Begeisterung von uns außerhalb der deutschen Grenzen wohnenden Deutschen erfasste uns alle. Die einen aus nationalen Gefühlen, die anderen aus der Tatsache heraus, dass es im Deutschen Reich wieder Arbeit und Brot gab, was besonders unseren deutschen Arbeitslosen von den herrschenden Tschechen verwehrt wurde. Die Ausstrahlung der neuen Zeit war sehr stark und wurde durch die eifrig gehörten Rundfunksendungen laufend stärker. Die Tschechen hatten die NSDAP in ihrem Staatsgebiet verboten und ihre Funktionäre unter Briefzensur gestellt. Einige Zeit nach diesem Verbot gründete ein Turnlehrer aus Asch, namens Konrad Henlein, eine neue Partei, die Sudetendeutsche Heimatfront, abgekürzt SHF. Sie hatte unter dieser Firmierung keine lange Lebenszeit, denn die Tschechen nahmen an dem militärischen Wort „Front" Anstoß, und so wurde die Partei umgetauft in „Sudetendeutsche Partei". Sie wurde zum Sammelbecken der Sudetendeutschen, wie heute etwa die „Südtiroler Volkspartei" ein Sammelbecken für die gegen ihren Willen in den italienischen Staat gepressten Südtiroler ist. Nicht anders kann man die Entwicklung bei uns sehen. Wir wollten nach dem Schweizer Vorbild eine Selbstverwaltung, wenn uns schon der Anschluss an das deutsche Vaterland nach dem Zusammenbruch Österreich-Ungarns verwehrt worden war. Die Bürger der Tschechoslowakei setzten sich damals aus sechs Millionen Tschechen, dreieinhalb Millionen Deutschen, zwei Millionen Slowaken, einer Million Ungarn, der Rest Polen, Karpatenukrainer und andere Splittergruppen zusammen. Der österreich-ungarische Vielvölkerstaat, der heute eine gute Grundlage für die Schaffung eines geeinten Europas abgegeben hätte, wurde zerstört und an seiner Stelle mehrere kleine Vielvölkerstaaten gegründet, nur unter anderen, aber keineswegs besseren Vorzeichen.

Es gibt keine Tschechoslowaken, sondern nur Tschechen und Slowaken. Die Slowaken strebten damals gleichfalls nach Unabhängigkeit, da auch sie von den Tschechen bevormundet und unterdrückt wurden. Zwischen Tschechen und Slowaken besteht völkisch etwa so ein Unterschied wie zwischen Deutschen und Holländern. Wäre es da bei politischer Klugheit nicht die beste Lösung gewesen, den Status der Tschechoslowakei nach dem Vorbild der Schweiz in einen Bundesstaat umzuwandeln? Aber die Tschechen sind eines der nationalistischsten Völker der Welt und waren damals vom Größenwahn besessen. Sie wollten durch rigorose Tschechisierung einen Nationalstaat schaffen. Aber die Brocken, die sie sich zu schlucken vorgenommen hatten, waren zu groß und unverdaulich.

Nicht zuletzt dieser Größenwahn führte dazu, dass die Sudetendeutsche Partei zur stärksten im tschechischen Staat wurde. Zunehmend merkte man etwa ab den Jahren 1936, dass die erstrebte Autonomie nur noch Vorwand für den erhofften Anschluss an das deutsche Vaterland sein konnte. Arbeitslose aus Böhmen gingen als Fremdarbeiter auf Arbeitssuche nach Sachsen – und fanden sie. Sie wurden Wochenendpendler. Obwohl sehr oft nur als Autobahnarbeiter eingesetzt, verdienten sie immerhin so viel, dass sie leben konnten, und zwar besser als viele unserer in Lohn und Brot stehenden Arbeiter im eigenen Staat.

Deutschland ist in der sozialen Gesetzgebung schon immer vorbildlich in der Welt gewesen. Der Drang zum Anschluss an das Reich verstärkte sich also nicht nur aus nationalen, sondern auch aus wirtschaftlichen Gründen. Über dieses Thema ist sicher viel geschrieben worden, besonders auch von Fachleuten, die sich wissenschaftlich mit den Ereignissen und den Gründen, die dazu führten, befasst haben.

Ich will mich daher auf mein eigenes Erleben im Rahmen meines Elternhauses beschränken. Vater war jedenfalls nicht zu bewegen, der Sudetendeutschen Partei beizutreten, obwohl man ihn wiederholt daraufhin ansprach, weil man „solche Leute" jetzt gut gebrauchen könnte. Zwei Gründe hatte er für seine Haltung:

1. Die „Henlein-Partei" sei eine Beamtenpartei. Die aber wollten billig essen, und er als Landwirt wolle seine Produkte möglichst teuer verkaufen. Also könnten seine Interessen nicht von ihr vertreten werden. Er sagte es noch ein wenig drastischer.

2. Er sei als Bauer an seinen Grundbesitz gebunden. Und wenn er ihn behalten wolle, müsse er loyal zum tschechischen Staat stehen. Er könne nicht „über die Grenze schielen" wie einer, der seine sieben Sachen im Rucksack mitnehmen könne.

An dieser Einstellung änderte sich nichts, obwohl seine Parteianhänger nach und nach dem „Bund der Landwirte" den Rücken kehrten.

In der Familie waren wir mit Ausnahme von Bruder Franz und Vater und dem Nachzügler Kurt, der erst 1928 geboren worden war und sowieso nicht „zählte", auf der Seite der Sudetendeutschen Sammlungsbewegung Konrad Henleins. Dadurch änderte sich aber nichts in den persönlichen Beziehungen zu meinem Schulfreund Müller Erich, der auch mein Wanderkumpel war. Er blieb Sozialdemokrat wie sein Bruder, der Gemeindesekretär. Sicher stritten wir manchmal aus politischem Anlass. Diese Auseinandersetzungen waren immer nur von kurzer Dauer und wenig tiefgreifend, sie änderten absolut nichts an unserer Freundschaft. Schließlich marschierten wir beide noch zwei Jahre lang nach Brüx in die Handelsschule.

Die „Berufsberatung" durch meinen Vater hatte dies so bestimmt. Sie spielte sich wie folgt ab: „Horch emol Junge, de Birgerschule gieht jetz bald zu Ende, woss willste denn mol war'n?" „Ich denke Musik studieren in Prag", war meine Antwort. Dabei dachte ich keineswegs an ernste Musik, sondern an Tanzmusik. Mir schwebte vor, etwa ein Tanzorchester wie Jack Hilton zu haben, und dieses nicht nur zu dirigieren, sondern auch wie er, vor dem Orchester zu steppen. Eine Jugendspinnerei! – Das sagte ich meinem Vater natürlich nicht. Die Antwort kam trotzdem ziemlich prompt und war von realistischem Sachverstand geprägt: „Nee, mei Liewor, do ward nischt draus! Erschtns kust't doss e Vermegn, doss Konservatorium in Prag, und doss hommor nich – und zweitens: Kinstler warsde kenner und Battelmusikanten gibt's schunn genug. Du fährst mit'n Franz noch Brix in de Handelsschule onmelden. Du warst Beomter."

So einfach war die Berufsberatung damals, ohne psychologische Tests, ohne Analyse der künftigen Entwicklung des vorgesehenen Berufs auf dem Arbeitsmarkt. Allein ausgehend von den eigenen finanziellen Möglichkeiten, nicht auf fremde oder gar staatliche Hilfe aufbauend, sondern nur ein klein wenig von dem Wunsche beseelt, dass es dem Sohne besser gehen solle als dem Vater. Damit war gemeint, einen Beruf zu wählen, der vom Wetter unabhängig ist, also im Sommer im angenehm Kühlen und im Winter im angenehm Warmen und noch dazu das ganze Jahr im Trockenen ausgeübt werden kann. Und wenn er (der Beruf) noch mit einem regelmäßigen monatlich gleichbleibenden, also kalkulierbarem Einkommen verbunden ist, was kann der Mensch noch mehr wollen?

Vielleicht muss ich noch erläuternd sagen, dass bei uns zu Hause – wie im alten Österreich schon – das Wort „Beamter" nicht nur für die Staatsdiener galt, sondern schlechthin für alle Büroberufe.

In Brüx

Also fuhr ich nach Brüx, bestand die Aufnahmeprüfung, und von September 1934 ab strampelten wir – Müller Erich und ich – mit dem Fahrrad täglich 26 Kilometer, 13 Kilometer hin und 13 Kilometer zurück. Die Öffentliche Städtische Handelsschule war schon etwas für damalige Zeiten! Die allgemein bildende Bürgerschule mündete hier in eine strikt auf kaufmännische Berufe ausgerichtete Spezialausbildung. Hier unterrichteten auch Professoren – wie im alten Österreich. Und wehe, wenn wir einmal eine andere Anrede als „Herr Professor" gewählt hätten! Nein, hier unterrichteten Professoren, keine gewöhnlichen Lehrer, und wir waren demzufolge Studenten. Wir waren sogar zum Tragen einer Studentenmütze berechtigt, welche einen schwarzen Lackschirm hatte, aus dunkelgrünem Samtstoff gefertigt und, je nach der Klasse, mit einer oder zwei Silberborten um den Mützenrand versehen war. Mein Bruder Franz trug diese Mütze noch mit Stolz. Er war einmal sehr verärgert, als ein Dorfblödel mit Anspielung auf seine Mütze ihn fragte, ob er in die Kälberschule des Liptitzer Meierhofes gehe.

Auch über meinen Handelsschulbesuch muss ich ein wenig plaudern. Ich werde mich aber kurz fassen.

Hier gab es auch einen Lehrer mit ganz speziellen persönlichen Eigenschaften, die keiner seiner ehemaligen Schüler vergessen wird. Ich denke an Professor Klaußner.

Zuvor noch einige Sätze zum allgemeinen Teil. Brüx war damals eine Stadt von circa 30.000 Einwohnern, davon rund vierzig Prozent Tschechen, es lag schon an der Sprachgrenze. Es gab nur eine deutsche Handelsschule hier, sodass auch einige tschechische Schüler und Schülerinnen sie besuchten. Müller Erich und ich landeten in einer Mädchenklasse, weil die männliche erste Klasse überfüllt war. So behalf man sich, die dreizehn jüngsten männlichen Schüler in die noch aufnahmefähige Mädchenklasse zu stecken. Von den Kleinsten hier war ich der Größte. Mit Bruno Schösser aus Tschausch saß ich in der vorletzten Bank der Jungenreihe. Die übrigen zwei Bankreihen waren mit Mädchen oder besser gesagt, jungen Damen, belegt. Die Älteste immerhin schon 21 Jahre. Damen waren sie sicher dem Alter nach, aber sonst – Oh je! Auch auf der Straße … ein kleines Mündchen, schön angemalt, Augenbrauen nachgezogen, dezent duftend. Aber in der Klasse? Einige wenigstens, waren schlimmer als Gassenbuben. Sie schrien und rannten um die Bankreihen herum, bespuckten sich – ich will ja keine Namen nennen, aber die Waltraud war die Schlimmste! Wir hatten aber auch fast wirkliche junge Damen, auf alle Fälle recht nette Mädchen in der Klasse, mit gutem Benehmen und aus gutem Hause. Alle waren sie fast voll entwickelt oder dabei, sich zu entwickeln. Ich hatte von meinem Sitzplatz aus einige schöne Aussichten so halbschräg von hinten her, besonders wenn die eine oder andere Schülerin sich beim Unterricht bequem setzte und einen engen Pullover trug. In diesen Fällen war der Stand der Entwicklung immer besonders gut erkennbar. Wir Jungen waren damals gerade in der Pubertät, ein dummes Alter, darum lassen wir das lieber.

Unter den dreizehn Jungen waren auch zwei Tschechen, einer davon mit einer deutschen Mutter. In den anderen Bänken saßen drei sehr nette Tschechinnen, und dies nicht nur vom Aussehen her. Ich sehe sie noch vor mir, die Berkl Dagmar, die Hase Roswitha und die Lepeda. In diesem zweijährigen Handelsschulbesuch gab es weder von der einen noch von der anderen Seite auch nur ein einziges Mal nationale oder andere Gehässigkeiten. Für mich ist dies – auch im Zusammenhang mit meinen späteren Begegnungen mit anderen Völkern, nicht zuletzt den Russen – ein Beweis dafür, dass sich die Völker untereinander schon vertragen würden, gäbe es keine Volksverhetzer und Scharfmacher.

Aber nun zur Sache, dem Unterricht. In Deutsch musste ich einmal meine erste Redeübung halten, welche auch benotet wurde. Deutschunterricht erteilte der damalige Rektor H. W. Baudis, der sich auch schriftstellerisch betätigte und der, wie wir sehr bald merkten, das Mittelhochdeutsche besonders liebte. Von der Statur her war er ein zartes Männchen mit grauem Spitzbart und einer fistelnden Stimme. Insgesamt aber bot er das Erscheinungsbild eines Wissenschaftlers. Ich war nun dran, die Redeübung zu halten. Sie musste mindestens zehn Minuten dauern – eine lange Zeit, wenn man auf die Uhr schaut. Ich hatte mir das Thema „Die Ursachen der Wirtschaftskrise" ausgesucht. Darin sprach ich von der Überproduktion und der schnellen technischen Entwicklung als Hauptursachen der damaligen Wirtschaftskrise.

Ich begann also: „Die Wirtschaftskrise hat ihre Ursachen ..." Unterbrechung durch den Rektor, der sich als Zuhörer in die letzte Bank gesetzt hatte. Ich hörte seine hohe Fistelstimme: „Wie bitte?" Dabei schnitt er ein Gesicht, als müsste er Schmerzen leiden und klappte gleichzeitig mit der rechten Hand seine rechte Ohrmuschel zum besseren Hören nach vorne. Ich wiederholte den Anfang meiner Rede – mit dem gleichen Erfolg. Wieder hielt er mir das Ohr hin. Als der Rektor sah, dass ich den offenbaren Fehler nicht kapierte, winkte er bemitleidend ab, wie etwa: „Machen Sie weiter, ist ja doch Hopfen und Malz verloren!" Ich sprach dann ungestört und fließend zu Ende. Der Schlusssatz lautete: „Wir aber können nichts anderes tun, als zu hoffen, dass diesen Bemühungen (zur Beseitigung der Arbeitslosigkeit) Erfolg blühen möge und dass wir das, was wir in unserer Schule lernen, in einer blühenden Wirtschaft zum Nutzen der Allgemeinheit und zum eigenen Nutzen anwenden dürfen." Ich bekam meinen Einser.

Die Ursache für die Unterbrechungen durch den Rektor erfuhr ich später, als er ein Erlebnis, das er in der Eisenbahn hatte, zum Besten gab. Es ging dabei um vorhandenes oder nicht vorhandenes Sprachgefühl. Im Zug saßen unserem Rektor zwei Bergarbeiter gegenüber, die von ihrer Schicht nach Hause fuhren. Der eine eröffnete das Gespräch wie folgt: „Haite hom' de Ziege ower wiedor Vorspeetung!“ Darauf der andere: „Do pock se halt bei dn Hernern!“ Und diese dialektbedingte sprachliche Eigenart beziehungsweise das gute Sprachgefühl des zweiten Bergmannes erweckte Anerkennung und fast Bewunderung bei unserem Rektor. Mir dämmerte nun, warum ich bei dem Wort „Wirtschaftskrise“ gleich zwei Mal das Ohr hingehalten bekam. Sicherlich hörte sich meine Krise wie „ Griese“ an, denn wir haben leider viel Gemeinsamkeit mit dem sächsischen Dialekt. Wir singen zwar nicht so, aber bei uns gibt es halt auch nur ein „D“, ein „B“, also nichts Hartes, nichts Weiches, eben nur eine Sorte davon. Umlaute haben wir grundsätzlich nicht, und Unterschiede zwischen „i“, „ie“ und „y“ gibt es einfach auch nicht. Warum kompliziert, wenn es einfach geht!

Aber nun zu unserem Stern: Herrn Professor Klaußner! Von seinen Studenten wurde er schlicht „Der Spuk“ genannt. Warum er diesen Spitznamen trug, war nicht eindeutig feststellbar. Es könnte genauso möglich sein, dass sein temperamentvolles Hin- und Herflitzen vor den Klassenbänken – also wie eine Art Spuk – zu diesem Namen führte, wie auch – und dies ist wahrscheinlicher –, dass er als Gebissträger mit schnellem temperamentvollem Sprechen eine zu feuchte Aussprache hatte. Denn es ist unbestritten, dass die Schüler in den ersten Bänken während seines Unterrichts wiederholt nach dem Taschentuch greifen mussten, auch dann, wenn keine Kältewelle dazu zwang. Also „Spuck“ von „spucken“ abgeleitet.

Professor Klaußner mochte etwa 165 Zentimeter groß gewesen sein, von untersetzter Statur, ein Mittfünfziger, die linke Schulter ließ er herabhängen und zog dafür die rechte in gleicher Weise hoch. Diese Haltung schien im Zusammenhang mit einem mäßigen Buckel zu stehen. Auf diesem etwas verschrobenen Oberkörper saß ein ziemlich wuchtiger Kopf mit einer krummen Hakennase. Dafür zierte dieses Haupt ein dichter, buschiger Haarkranz – grau, versteht sich. Eine große Hornbrille mit Ringgläsern verkleinerte die Augen. Professor Klaußner kleidete sich etwas nachlässig, aber keinesfalls unsauber. Oft hing der Hemdkragen auf einer Seite etwas über den Revers seines Rockes, wobei der Krawattenknoten unter die gegenüberliegende Hemdkragenspitze verrutscht war. Was kümmern schon solche Lappalien einen geistig hochstehenden Menschen, der anderes im Sinn hat als kleinliche Putzsucht!

Und wahrhaftig, der Spuck war eine geistige Kapazität, er war ein Rechenwunder, das heute ohne weiteres sein Geld mit Fernsehauftritten verdienen könnte. Aber gehen wir der Reihe nach! Professor Klaußner unterrichtete bei uns kaufmännisches Rechnen und Staatsbürgerkunde. Vielstellige Zahlen mit ebensolchen mehrstelligen Zahlen zu multiplizieren, dividieren, oder ähnliche Rechnereien erledigte er blitzschnell im Kopf. Zur Kontrolle ließ er auf der Tafel mitrechnen. Und wenn die beiden Resultate mal nicht übereinstimmten, dann war der Fehler immer dem Tafelrechner unterlaufen, dessen Ergebnis sowieso immer viel später vorlag. Und dass wir ihn dann mit echtem Erstaunen und Bewunderung lauthals lobten, ist verständlich. Unverständlich ist aber, warum geistig so wendige Menschen meist sonderbare Käuze sind, die nicht merken, wann die Bewunderung echt ist und wann sie in Veräppelung abgleitet. Und unsere Mädels, besonders die Krüger, verstanden es mit frommem Augenaufschlag, den Spuck auf den Arm zu nehmen. Hier einige Kostproben:

Krüger: „Herr Professor, Sie haben eine ganz tolle Ähnlichkeit mit einem großen deutschen Dichter", dabei grübelnd, als überlegte sie, mit wem. Sie wusste natürlich längst, dass dies seine Schwachstelle war. „Sie sollen meinen Unterricht nicht stören", dabei stieg dem Geschmeichelten sogar eine zarte Röte in die nicht mehr ganz straffen Wangen. „Naja, man sagt, ich sähe Gerhart Hauptmann ähnlich. Aber vielleicht wissen Sie gar nicht, wer das ist?" – „Oh ja, wirklich! Herr Professor, es ist unglaublich, diese Ähnlichkeit. Sie könnten fast der Zwillingsbruder sein!" Die tiefe Bewunderung der Krüger ist nicht zu übersehen, als sie den Dialog fortsetzt: „Herr Professor, Sie dichten doch auch?" Nun erhob sie sich langsam, setzte ihr verführerischstes Lächeln auf, zu dem sie fähig war und fragte jetzt mit unschuldsvoller Miene, dabei jedes Wort langsam betonend: „Kööönnten Sie uns nicht etwas vortragen?" Nach anfänglichem, scheinbarem Sträuben gab er, der inzwischen lautstark fordernden Klassen nach. Er entnahm seiner Brusttasche einige zusammengefaltete Manuskripte, die er für solche Notfälle offenbar immer bei sich trug, und begann in Reimen und mit ausgeprägtem Wortgeklingel aus den abgefassten Werken zu lesen: „Der Studiosus". Dies hörte sich etwa so an: „Kaum ist die Schule aus, marschiert der Studiosus zum Schulhaus raus; Und hier erwartet die liebliche Maid – ihn im schönen Sommerkleid." Und so weiter in diesem Stil. Die Klasse brüllte Beifall und amüsierte sich köstlich, was Herrn Professor Klaußner zu einer Zugabe veranlasste. Nun folgte das „Valutenmärchen". Es handelt von einer dicken Fleischersfrau, die in ihrer Ladenkasse allerlei Münzen in verschiedenen Währungen sammelt und die nun beginnen, untereinander ihre Lebensgeschichten zu erzählen. Alles in Reimen! Die Klasse schreit vor Vergnügen und spornt den Spuck durch bewunderndes Juh- und Jäh-Rufen immer mehr an. Aber schließlich wird es ihm doch zu laut: „Juh- und Jäh-Rufen ist verboten! Wenn Sie sich wundern, dann wundern Sie sich leise!" „Aber Herr Professor, das können Sie uns doch nicht antun!" Die Krüger ist in Hochform und schießt die größte Frechheit ab, die sie auf Lager hat. Fast leise, mit gespielter Verschämtheit himmelt sie ihn an: „Sie sind ja sooo schööön, Herr Professor", haucht sie. Die übrige Klasse reduziert ob dieser Frechheit für einen Augenblick ihre Lautstärke und wartet auf die Reaktion. Scheinbar verlegen, aber doch geschmeichelt und sogar freudig erregt, nahm er diese Liebeserklärung für echt hin, wenn er auch erwiderte: „Wer weiß, zu wem Sie das gestern Abend gesagt haben, und nun sind Sie noch in der Übung und sagen heute das gleiche zu mir." „Nein, Herr Professor, ich meine es wirklich ehrlich" und so weiter. So ging es die ganze Stunde fort. Mir tat Spuck bei so viel Verspottung fast leid. Mein Nachbar und ich wandten uns bei dieser Situation dem Seeschlachtspiel zu.

Schlachtschiffe, Kreuzer, Zerstörer und U-Boote waren auf dem karierten Papier schnell eingezeichnet, und unter der Schreibplatte begann der Kampf. Die Ohren waren dabei für die Geräusche der Klasse verschlossen. Gerade als ich ein Linienschiff versenkt hatte und gesenkten Blickes die weitere Strategie auf dem Schlachtfeld überdachte, schrie Spucks Stimme laut meinen Namen, sodass ich hochfuhr: „Steiniger und Schösser, was machen Sie da? – Die beiden schlafen da hinten wie zwei Säcke. Und dabei bin ich der Mann mit der lautesten Stimme aus ganz Brüx. Wenn die Fenster offen sind, hört man mich auf dem ersten Platz". Und so sprach er weiter, bis das Glockenzeichen ertönte. Die Stunde war wieder einmal zu Ende, ohne dass wir einen Federstrich getan hatten. „Schreiben Sie noch schnell auf! Hausaufgabe, Seite 112, Beispiele 1–3." Und mit einigen langsamen Schritten, die unvermittelt schneller wurden, verließ er in der gewohnten Weise das Klassenzimmer.

Aber so war es nicht immer. Er bot noch andere Möglichkeiten, uns zu unterhalten, allerdings nicht immer nur auf seine Kosten. Dies sah doch etwas anders aus, zum Beispiel so: „Ich werde heute in Staatsbürgerkunde prüfen. Jeder bekommt drei Fragen. Eine nicht beantwortet ergibt eine drei, zwei nicht eine vier, drei nicht eine fünf." Sechser gab es bei uns nicht.

„Schnelzer, was gehört zu einem Staatswesen?" Pause – dann zögernd: „Das Staatsvolk" – Pause. „Schneller, schneller, schneller!" Die gute Irmgard hatte weder gelernt, noch im Unterricht aufgepasst. Nun versuchte sie es mit der echt weiblichen Waffe, den Tränen. „Nun sehen Sie, die Tränen rinnen. Aber bei mir nützt das nichts. Die Mädchen sind ja so falsch wie die Schlangen. Sie winden sich, drücken dabei auf die Tränendrüse, bis Wasser überläuft, das sind dann die Tränen. Was glauben Sie, wie viel Tränen ich in meinem Leben schon gesehen habe? Setzen Sie sich hin auf den Hosenboden und lernen Sie was! Die Handelsschule ist kein Institut für Dumme! Und wenn Sie nicht wollen, wird Ihr Platz in der zweiten Jahreshälfte leer sein. Durch meine Hände sind schon viele tausend Schüler und Schülerinnen gegangen. Die sind alle etwas geworden. Aber sie haben auch gelernt! Ich bekomme heute noch Karten und Briefe aus aller Welt, zum Beispiel aus Indien." – „Juuj" – „Australien" – „Jääääsis" – „Hören Sie auf mit den Zwischenrufen." Und nun weiter fortfahrend: „Wie gesagt, die haben alle etwas gelernt, und deswegen haben die es auch zu etwas gebracht. Also setzen Sie sich hin und lernen Sie auch etwas!" Damit war die Schnelzer für heute entlassen, die Tränen durften wieder versiegen. Professor Spuck aber blätterte langsam in seinem Notenbüchlein, um ein neues Opfer zu suchen. Dabei hatte er die Brille auf die Stirne hochgeschoben, das Büchlein hielt er kaum zehn Zentimeter von den Augen entfernt. In der Klasse herrschte ausnahmsweise atemlose Stille.

Endlich fällt ein Name, gottlob nicht meiner! „Lawitschka, für Sie gilt das gleiche! Ich frage Sie jetzt einige Begriffe aus dem Bereich der zwischenstaatlichen Beziehungen. Denken Sie kurz nach und antworten Sie sofort! Wenn Sie gelernt haben, muss die Antwort herausgeschossen kommen." Lawitschka Fritz, ein netter, schlanker Junge, immer zum Scherzen aufgelegt, zwei Grübchen auf den Wangen, hatte nur einen Fehler: Er stotterte, wenn er aufgeregt war. Und dies, sollte ihm jetzt zum Verhängnis werden. Ich konnte ihn beobachten, wie er um Haltung rang. Spuck führte jetzt langsam seinen rechten Zeigefinger zum Kinn, ließ seinen Blick ebenso langsam und bedeutungsvoll vom Fußboden zur Decke gleiten, nahm jetzt Lawitschka ins Visier und fragte: „Was heißt – Exterritorialität?" „Oh je!", dachte ich. Fritz setzte nun an: „Ex-ex-Exterri-territerri-tor-tor …" Mit der Miene, als hätte er wieder einen Sünder ertappt, unterbrach er Lawitschkas Anstrengungen mit einer neuen Frage, mit einer sprachlich keineswegs leichteren. „Hören Sie auf!", rief er dazwischen. „Beantworten Sie mir wenigstens diese Frage: Was heißt – Reziprozität?" „Rezi-Rezi-Rrrezipr-pr-pr." Auch jetzt unterbrach ihn Spuck wieder, diesmal zu einer längeren Ansprache. Er war sichtlich erregt. Seinen bisher starr auf das Opfer gerichteten Blick ließ er wieder zur Decke schweifen, um dann vor den vorderen Bänken in der für ihn typischen Bewegung – herabhängende linke Schulter und beide Arme bei jedem Schritt vor- und rückwärts pendelnd – endlich mit seiner Strafpredigt zu beginnen: „Wenn jemand einen Sprachfehler hat, dann lasse ich dies gelten. Aber Lawitschka hat keinen Sprachfehler! Unlängst ging ich zufällig in der Stadt hinter ihm – er sah mich nicht. Er war in Begleitung einiger Mädchen. Und siehe da, dort sprach er wie ein Buch, die anderen kamen gar nicht zu Wort! Und hier will er mir was vorspielen?! – Bendel, was glauben Sie, warum er jetzt stottert?" Die Bendel stand langsam auf und zuckte verlegen mit den Schultern. Spuck gab selbst die Antwort: „Weil er durch das Rezi-Rezi-Pr-Pr-Pr-"– dabei zählte Spuck an den Fingern mit bis fünf –„fünf Sekunden Zeit zum Nachdenken gewinnt. Hätte er gelernt, brauchte er dies nicht. Aber er hat nicht gelernt! – Setzen Sie sich hin und lernen Sie etwas! Das nächste Mal lasse ich das nicht mehr so durchgehen!" So war er – der Spuck. Und was mich angeht, müsste ich ihm eigentlich böse sein, denn er gab mir im Abgangszeugnis in „Kaufmännischem Rechnen" eine Vier. Die einzige Vier im Zeugnis! Und ich meine zu Unrecht. Das meint zwar jeder in der gleichen Situation, aber bei mir stimmte es wirklich. Für diese Beurteilung gab wohl folgendes den Ausschlag:

In der zweiten Klasse, etwa Juni herum, in irgendeiner Pause, schlenderte auch Spuck durch die Hausgänge der Handelsschule. Plötzlich hielt er vor Müller Erich an: „Müller, Sie sind doch vom Land?" „Ja, Herr Professor." „Was ist denn Ihr Vater?" „Pensionierter Bergarbeiter." „Haben Sie ein Haus?" „Nein." Kurze Pause. „Wer ist denn noch vom Land?" „Der Steiniger." „Der Steiniger soll kommen!" Ich kam. „Steiniger, Sie sind vom Land?" „Ja, Herr Professor." „Was ist denn Ihr Vater?" „Landwirt." „Haben Sie ein Haus?" „Das ist' ne Frage, wie kann einer ohne Haus Landwirt sein?", dachte ich, aber antwortete: „Ja." „Einen Garten?" Das „Ja" sagte ich jetzt schon langsamer, denn mir schwante der Sinn dieses Interviews. Und schon folgte seine entscheidende Frage mit einer gewissen Spannung im Gesicht: „Was wächst denn da drin?“ Darauf ich: „Gras.“ Nun warf Spuck gestikulierend die Arme hoch und rief: „Als ob ich Gras möchte! Ich bin doch keine Ziege! Ich bin nämlich Blumenfreund; haben Sie keine Blumen?“ „Nein, Herr Professor, wir haben nur einen Bauerngarten mit Obstbäumen.“ Und ich dachte dabei an die Teerosen, die Onkel Alfred aus Teplitz-Schönau mitgebracht hatte und die in diesem Jahr das erste Mal so richtig zu blühen begannen. Meine Antwort nahm er mir scheinbar nicht ab. Die „Vier“ hätte bestimmt mein Abgangszeugnis nicht geziert, hätte ich unseren Garten ausgeräubert. Aber schließlich besitzt Brüx so viele Blumengeschäfte mit vielen Blumen, dass sie zum Verkauf angeboten werden. Und ehrlich gesagt bin ich auch Blumenfreund.

Beenden wir das Kapitel Professor Klaußner. Mit ihm ist es ähnlich, wie mit Kriegler-Lehrer gewesen, nur mit umgekehrter Wirkung. Während Kriegler sich und die Klasse immer zu Lasten irgendeines Schülers amüsierte, ging es bei Professor Klaußner meist zu seinen eigenen Lasten, immer aber war er beteiligt.

Professor Klaußner soll Jude gewesen sein, was uns nicht berührte, denn wir kannten keinen Judenhass. Unsere Familie kaufte, solange ich denken kann, bei Juden ein, und wir waren immer zufriedene Kunden. Professor Klaußner überlebte das Dritte Reich und soll nach dem Krieg in Ost-Berlin Aufenthalt genommen haben.

Natürlich hatten wir auch noch andere Lehrer. Sie waren ohne Besonderheiten, zum Beispiel die „Lore“, Frau Professor Herkl.

Sie unterrichtete in Buchhaltung und Korrespondenz. In beiden Fächern hatte ich Zweier und war mit ihr zufrieden. Sie war eine ausgeglichene Dame ohne für uns erkennbare Schwächen. Beim angestrengten Nachdenken zwinkerte sie ein wenig mit den Augenlidern, das war aber auch schon alles.

Dann hatten wir Herrn Professor Dr. Hampel in Geographie und Warenkunde. Eine straff aufrecht gehende, gepflegte, gut aussehende Erscheinung in den mittleren Jahren. Er war immer solide und doch modisch gekleidet – kurz, ein Gentleman. Und dies nicht nur in seinem Äußeren, sondern auch in seinem Verhalten uns gegenüber. Er fiel nur einmal aus der Rolle, und das war, als mein Freund Müller Erich die sich steigernden Ermahnungen zum Ruhigsein, die von „Ruhe bitte“ bis zum „Schnauze halten“ führten, überhörte. Diese erzwungene Entgleisung war ihm aber sichtlich peinlich und zuwider. Er ging auf Müller zu: „Sie da, stehen Sie mal auf! Sagen Sie mal, worauf reagieren Sie denn eigentlich?“ „Auf Mundhalten.“ „Neiiin, Sie reagieren ja nicht einmal auf Schnauze halten!“ Und mit rotem Kopf wandte er sich ab. Peinlich, peinlich war ihm dies – besonders vor den Damen!

Ich glaube, diese Erinnerungen sollten genügen. Ich möchte mich von der Handelsschule jetzt verabschieden. Vielleicht noch einige Sätze aus der Entlassungsansprache unseres Rektors H. W. Baudis, unserem Deutschlehrer. Seinen guten Wünschen auf unseren Weg ins berufliche Leben fügte er noch eine warme Empfehlung hinzu, sie lautete: „Von Ihrem ersten selbstverdienten Geld sollten Sie sich ein Buch kaufen, ein gutes Buch! Überhaupt sollten Bücher Ihr ganzes Leben begleiten. Sie sind es, die Ihr Wissen und Ihren Horizont erweitern werden. Nur durch ständiges Lesen und Lernen werden Sie den beruflichen Konkurrenzkampf – um den niemand herumkommt – gut bestehen, denn – und daran hat sich bis heute nichts geändert – Wissen ist Macht."

Ich befolgte allerdings diesen Rat nicht – leider! Statt eines Buches kaufte ich mir vom ersten selbstverdienten Geld eine Schallplatte mit dem Slow-Fox „Ungeküsst sollst Du nicht schlafen geh'n" von Robert Stolz. Wie schandbar!

Am 28. Juni 1936, also zu Peter und Paul, fuhr ich mit meinem Abgangszeugnis in der Tasche auf meinem Fahrrad nach Hause. Das Gefühl, nicht wieder in die Schule und in den Pausen büffeln zu müssen, löste in mir eine Art Befreiung und sogar Glücksgefühl aus.

Ich habe während meiner ganzen Schulzeit nur zweimal zu Hause gelernt, sonst immer nur in den Pausen oder vor Unterrichtsbeginn. Das eine Mal musste ich mich in Geographie mit Asien befassen und das zweite Mal tschechische Vokabeln stucken. Ich verfügte gottlob über eine ausgezeichnete Merkfähigkeit und gute Auffassungsgabe, die es mir ermöglichten, das mit Interesse Gehörte zu erfassen und zu registrieren.

Mein wichtigstes Nebenfach war Stenographie. In allen späteren beruflichen Situationen, ob im Kaufmännischen oder als Beamter habe ich Stenographie immer bestens gebrauchen können, aber nicht ein einziges Mal Tschechisch! Und dafür habe ich die meiste Zeit vergeuden müssen. Darum tut es mir heute noch leid. Diese Zeit wäre für Englisch oder Französisch besser angelegt gewesen.

Dies war also meine Schulzeit. Und bevor ich in mein berufliches Leben überleite, möchte ich meiner Eltern gedenken, die mir in der damaligen, für sie bestimmt nicht leichten Zeit, eine von Not freie Jugend ermöglichten.

Nun sollte es für mich in den Ernst des Lebens hinausgehen. Irgendwo eine Arbeitsstelle zu finden war in dieser Zeit der Arbeitslosigkeit sehr schwer. Die staatlichen Stellen waren für uns Deutsche so gut wie verschlossen, und die Industrie litt weltweit Not.

Aber Vater hatte wieder vorgebaut, so gut er konnte. In seiner Eigenschaft als Mitglied des Aufsichtsrates der Lagerhausgenossenschaft in Bilin hatte er mit dem Direktor schon ein Wort gesprochen, sodass wir eines Tages mit dem Fahrrad nach Bilin strampelten. Schon auf der Verladerampe kam uns ein untersetzter Herr mit glatt zurückgekämmten grauen Haaren und Ansatz zu einem Bäuchlein entgegen. Wir machten einander bekannt. Der Herr mit der heiseren Stimme war der Direktor. Er gab mir ganz offen zu verstehen, dass er mein Zeugnis von der Handelsschule nicht benötige, denn ich müsste jetzt sowieso alles neu erlernen – falls ich eingestellt werde. Einige Tage später kam mein Einstellungsbescheid als Praktikant, ohne jegliche Bezahlung. Den letzten Satz dieses Ausbeuterbriefes kenne ich noch auswendig: „Bei zufriedenstellender Betätigung wird Ihnen eine Zusicherung in Aussicht gestellt.“ So ein schlechtes Deutsch! Was für eine Zusicherung? Finanzielle Zuwendung meinten die wohl! Aber was blieb mir anderes übrig als anzunehmen, um nicht auf der Straße zu liegen oder Knecht beim Bruder zu werden. Bis zum 1. August 1936 also! Vier Wochen hatte ich noch frei.

Ein neuer Lebensabschnitt beginnt …

Das Jahr 1936 war ein nasses Jahr, das einzige dieser Art in meiner alten Heimat. Sonst waren die Sommer immer heiter, dazwischen mal ein Wärmegewitter, dessen Regen wiederum für die Kartoffeln und Rüben äußerst notwendig war. Kamen die Gewitter aus dem Westen, also aus der Richtung von Brüx – unserer Wetterseite –, dann verliefen sie harmlos, das heißt ohne Hagelschlag. Anders die Gewitter aus der Richtung Biliner Borschen, diese waren meist schwer und manchmal auch von Hagelschlag begleitet.

In solchen gottlob seltenen Fällen musste sich die ganze Familie in der Mitte der Wohnküche aufhalten, an keine Wand anlehnen und auch die Nähe des Ofens meiden. Hier sei die Blitzgefahr am größten. Mutter wusste genau Bescheid. Wenn das Unwetter draußen tobte, sprach kaum jemand. Alle waren besorgt und geängstigt, denn ein einziges Unwetter konnte ja die Arbeit und damit das Brot für das ganze Jahr zunichtemachen. Ich entsinne mich noch genau an solch ein schlimmes Gewitter, das ich als Kind zu Hause erlebt hatte. Die Steiniger-Großmutter fürchtete Gewitter nicht. Sie stand unter der offenen Haustür und genoss offensichtlich die enthemmten Naturgewalten. Plötzlich ein Feuerstrahl, ein Knall – alles zu gleicher Zeit. Bei uns hat es eingeschlagen, das war allen klar. Vater eilte zur Haustür, um nachzusehen. Wawi drehte sich in aller Ruhe um, ohne besondere Erregung, und mit verwundert lächelndem Gesicht erklärte sie: „Do – gerode vor mir hott's eingeschlogen; wie e Guldstickl log dor Blitz do – zu mein'n Fissn." Und tatsächlich! Auf der vor der Haustür eingelassenen großen quadratischen Quarzplatte war ganz deutlich ein etwa fünfkronenstück-großer heller Fleck zu sehen. Das war glücklicherweise das einzige, was von dem Blitz übriggeblieben war. Meine Großmutter hatte ohne jegliche Schockwirkung diesen Blitz aus einem Meter Entfernung überstanden. Wie dies möglich war – andere Menschen hätten mindestens Verbrennungen davongetragen – ist ein Rätsel geblieben. Aber das Gewitter war noch nicht zu Ende, das Schlimmste kam noch – der Hagelschlag. „Um Gottes Willen, Schlusen (Hagel)!", sprach meine Mutter und sonderte sich ins Schlafzimmer ab. Ich hörte sie inbrünstig laut aus einem Buch beten. Danach holte sie aus dem „Stübl", einer Art Vorratskammer, wo sich der Backofen, der Kartoffeldämpfer, sowie Mehl und Schrot für das Vieh befanden, die Erbsichel. Jetzt öffnete sie die Haustür und warf die Erbsichel wie einen Bumerang in das Unwetter hinaus. Es dauerte keine zwei Minuten mehr, und der Hagelschlag hörte auf. Der Hagel geht meist strichweise, und er hätte sowieso aufgehört, aber für meine gute Mutter war damit der Glaube an die Kraft der Erbsichel nur bestätigt worden.

Am Morgen kam die Sonne wieder hinter dem Donnersberg herauf, und eine herrliche saubere Luft erfreute unsere Lungen. Das Leben war schön. Der Hagelschlag hatte nicht viel Schaden angerichtet, zumal unsere Felder hauptsächlich in den südlichen Flurbereichen lagen, die vom Hagel verschont blieben. Die Gänse marschierten wackelnd hintereinander zum Tor hinaus in Richtung Bach; die Hühner rannten quer über den Hof, hinter zum Mist, wo der Hahn thronte und voller Lebenskraft mit geschlossenen Augen sein „Kikeriki" schrie. Die Welt war für Mensch und Tier wieder in Ordnung.

Wenn ich an die Sommerzeit zu Hause denke, sehe ich blauen Himmel, weiße Wolken, Sonnenschein und Hitzeflimmern über der Landschaft liegen und empfinde die warmen duftenden Abende. Manchmal herrschte aber auch eine bedrückende Schwüle, die nachts meist von einem Wärmegewitter abgelöst wurde. Sicher, es gab nach solch einem Gewitter manchmal auch einen Dauerregen, einen sogenannten Landregen. Nach drei bis vier Tagen war er aber vorbei. Dann schien wieder die Sonne, wie dies ja zum Sommer gehört. Regenzeit war bei uns etwa ab Mitte Oktober bis November, Dezember. Und nicht wie dies jetzt der Fall ist, dass regenlose Zeiten von vierzehn Tagen Dauer Seltenheitswert haben. Nur eben das Jahr 1936 war eine Ausnahme, es war das einzige nasse Jahr in meiner Jugend. Das Getreide begann in den Puppen zu wachsen, wodurch großer Schaden entstand. Die Qualität des Korns wurde dadurch sehr gemindert, und meiner Mutter sind die selbstgebackenen Brote immer auseinandergelaufen.

In diesem Jahr also – genau am ersten August 1936 – trat ich in meinen Beruf als kaufmännischer Angestellter ein. Ich hatte keinerlei Vorstellung, was mir blühen würde. Meine kaufmännische Lehrzeit galt nach dem erfolgreichen Besuch der Handelsschule gesetzlich als absolviert und sogar auch die Gehilfenzeit, wenn ich dies richtig in Erinnerung habe. Ich sollte aber bald Klarheit bekommen.

Direktor Bayer stellte mich den Angestellten des Lagerhauses vor, zuletzt einem Herrn Anfang der Vierzig. „Das ist Herr Buchhalter Knobloch. Nehmen Sie ihm die Arbeit ab! Jaja, der wird sich freuen." Ich hatte wohl etwas ungläubig gelächelt. Und zu Herrn Knobloch gewandt: „Donath, da bringe ich Dir den jungen Steiniger; weise ihn ein!" Damit war ich auf meinen künftigen Arbeitsplatz entlassen.

Buchhalter Knobloch sah mich über seine Hornbrille an und reichte mir die Hand. Er hatte ziemlich kurz geschnittenes gescheiteltes Haar. Und als er aufstand, merkte ich, dass er gehbehindert war. Wie ich später erfuhr, hatte er von Geburt an ein Hüftgelenksleiden, wobei das rechte Bein erheblich verkürzt war. Dadurch entstanden beim Gehen mit dem gesamten Oberkörper halbe Drehbewegungen und bei jedem zweiten Schritt Absenkungen, was ihm bei der Fortbewegung eine sich halb um seine eigene Achse drehende und wippende Gestalt gab. Herr Knobloch war sicher schon seines Leidens wegen etwas mürrisch. Er sprang mit den dienststellungsmäßig unter ihm stehenden Angestellten, aber auch mit den Kunden, den Bauern, nicht gerade zimperlich um – wie ich sehr bald feststellen konnte. Dementsprechend durfte ich als Neuling und Anfänger kaum eine bessere Behandlung erwarten. Seine Umgangssprache bestand aus sudetendeutschem Schriftdeutsch, also zur Hälfte etwa echtes Schriftdeutsch, zum anderen Teil mit böhmischem Mittelgebirgsdialekt vermischt. Dialekte können breit, deftig, nachlässig sein, wenn sie auch manche Dinge so treffend charakterisieren, wie dies in der Schriftsprache gar nicht möglich ist. Und der Mittelgebirgsdialekt war in seiner Klangwirkung zudem noch ordinär – bei aller Liebe zu ihm. Buchhalter Knobloch beherrschte ihn also ganz gut, denn er stammte aus Kostenblatt im Mittelgebirge.

„Sie homm Handelsschule?" „Ja". „Dann könn' Se auch Zinsrechnen?" „Ja". „Ower warten Se mol, schreim Se mor erseht mol die Inventuraufstellung mit der Gewinn- und Verlustrechnung ab." Dies war mein erster Arbeitsauftrag.

Mein Schreibtisch befand sich unmittelbar hinter Herrn Knobloch. Das Büro hatte drei helle Fenster und machte keinen unfreundlichen Eindruck. Nur der Treppenaufgang zum Direktionszimmer, der durch unseren Raum ging, störte. Im Nachbarzimmer war die Kasse mit Publikumsverkehr untergebracht. Die Verbindungstür stand immer offen, sodass wir in der Buchhaltung jede Unterhaltung nebenan mithören mussten. Also hieß es für mich, die Ohren von innen zu verschließen.

Ich setzte mich also an den Schreibtisch und begann meine erste Amtshandlung, eine Inventurabschrift. Nun muss ich erläutern, wieso es mitten im Jahr eine Inventurabschrift geben konnte. Ganz einfach: Unser Geschäftsjahr wurde den Bedürfnissen der Landwirtschaft angepasst, das heißt, wenn die Bauern mit der Ernte beschäftigt sind, ist für uns in der Landwirtschaft Lagerhaus- und Betriebsgenossenschaft die ruhigste Zeit für Jahresabschlüsse und Inventuren; unser Geschäftsjahr lief daher vom 1. Juli – 30. Juni. Ich schrieb also ab, ohne aufzublicken. Mich interessierte nicht, was um mich herum vor sich ging. Nur so viel hatte ich mitbekommen, dass unsere Bücher, meterlange dicke Schwarten, in einem feuersicheren Panzerschrank fein säuberlich nebeneinander standen. Mit Durchschreibesystem, wie ich dies zuletzt in der Handelsschule gelernt hatte, ist hier also nichts, stellte ich bei mir fest. In einen modernen Betrieb war ich somit nicht gekommen, weder von der arbeitstechnischen noch von der personellen Seite her. – Meine Abschrift war fertig. Ich raffte mich auf und schritt wacker auf diesen komischen Kauz zu.

„Zeign Se mol her!" Er riss mir dabei meine Aufstellung fast aus der Hand und vertiefte sich sofort in das Werk. „Na, falsch kann da wohl nichts sein, denn abschreiben kann ich ja doch schon", dachte ich bei mir. Da schob Herr Knobloch seine Brille auf die Stirne hoch, zeigte im selben Augenblick auf eine Stelle meiner Abschrift, fuchtelte mir mit dem vorgestreckten Zeigefinger der anderen Hand dicht vor der Nase herum und sprach dabei ziemlich unwirsch: „Mein guter Monn! Laworwarsehte und Sauerkraut kucht mor nich in enn Dubbe! Schreim Ses noch mol!" – Ich glaube, mir zitterten die Knie vor Angst, und ich wagte jedenfalls nicht zu fragen, was denn falsch sei. Denn, dass man Leberwürste und Sauerkraut nicht in einem Topfe kocht, war auch mir klar. Nur der tiefere Sinn blieb mir verborgen. Also, schrieb ich den ganzen Sims noch einmal ab, genauso wie vorher – falsch! Und genauso wie vorher, mit den gleichen „Begleiterscheinungen" der fuchtelnden Hand vor der Nase bekam ich wieder zu hören, dass man „Laworwarschte und Sauerkraut nich in enn Dubbe" kocht, diesmal ergänzt mit den Worten, dass Antisekt ein Schädlingsbekämpfungsmittel und Ceresan eine Pflanzenbeize sei. Diese beiden Artikel gehörten nicht in eine Rubrik. Das war des Pudels Kern, jetzt wusste ich's.

Als ich später die nunmehr richtige Abschrift ablieferte, war die Mittagspause gekommen. Der Kassierer, Wenzel Müller, hatte draußen alles mitbekommen und nahm sich jetzt meiner liebevoll an. Ich muss doch etwas verstört gewesen sein. Er versuchte mich zu trösten: „Der hat Sie gleich so angefahren, aber das meint er nicht so. Sonst komme ich immer mal nüber (gemeint war in die Buchhaltung) und mache Witze. Aber heute hatte ich gar keine Zeit dafür!" Der Müller Wenz war ein wahrhaft edler, friedfertiger und immer hilfsbereiter Kollege. – Er kam leider aus dem Krieg nicht wieder.

Am Nachmittag – ich möchte nicht in die Details gehen – wurde der Herr Müller zum Buchhalter gerufen. Genau jener Herr Müller, der mich mittags getröstet hatte, erhielt jetzt selbst eine Abreibung von Herrn Knobloch, die im Tonfall keineswegs sanfter war. Er bekam sein Fett eher in gröberer Weise als ich am Vormittag ab. Nun war der Müller Wenz an sich ziemlich klein; jetzt war er noch kleiner, obwohl er sich am Türrahmen angelehnt hatte und sich auf die Zehenspitzen stellte. Sein Fehler: Er hatte einen Kassenbeleg nicht in die dafür vorgesehene Schale gelegt. „So eine Nachlässigkeit, wie können dann Buchhaltung und Kasse übereinstimmen?" – „Ja, wenn ich nicht wäre!", hatte er sicher dabei gedacht. Eine gewisse Selbstdarstellung war unserem Buchhalter schon wichtig, damit der Betrieb auch weiß, was er an ihm hat.

Jedenfalls der für mich niederschmetternde Eindruck des ersten Arbeitstages milderte sich von Tag zu Tag. Ich will es vorwegnehmen, Buchhalter Knobloch war im äußeren Auftreten ein raubauziger, aber insgesamt ein gutmütiger und grundanständiger Mensch – ein Arbeitstier, wie ich es in meinem späteren Leben nicht wieder kennengelernt habe. Er war vor allem kein Intrigant. An ihn denke ich auch heute noch mit Hochachtung.

Wenn man das Wesen eines Menschen erst kennt, sieht alles ganz anders aus. Allmählich hatte ich mich eingearbeitet, und es fing an, mir zu gefallen. Meine Hauptaufgabe wurde es, die verkauften Waren in das Warenausgangsbuch einzutragen. Von hier aus erfolgte tageweise der Übertrag in das Journal und die entsprechende Belastung auf die Saldo-Konten, zu Deutsch, auf die Kundenkonten. Außerdem hatte ich als Jüngster gleich früh die Post aus dem Schließfach zu holen und zwischen 30.000 und 50.000 Kronen von der Landwirtschaftlichen Bezirksvorschusskasse oder der Deutschen Agrarbank mittels Barscheck abzuheben. Das Geld lag neben der Post in der Aktentasche – eines Sechzehnjährigen. Mein Weg führte an einer langen Gärtnereimauer mit sehr wenig Begängnis (Betrieb) vorbei. Besonders bei Nebel wäre es eine Kleinigkeit gewesen, mir die Aktentasche samt dem Geld abzunehmen.

Mein Interesse an der Arbeit wurde bald belohnt. Nach fünf Monaten unentgeltlicher Arbeit wurden mir – man staune – 100 Kronen monatlich, das waren umgerechnet 12 Reichsmark, zugebilligt. Kollege Preis erhielt 150 Kronen. Wir beide wurden ganz schön ausgenutzt. Alle anderen Angestellten des Lagerhauses hatten für damalige Verhältnisse normale bis gute Bezahlung.

Zwei Jahre später bekam ich, mit Wirkung ab Januar 1938, 300 Kronen monatlich, Preis 350. Das waren umgerechnet 36 Reichsmark beziehungsweise 40 Reichsmark. Man kann aber so nicht rechnen, denn es muss die seinerzeitige Kaufkraft dazu in Beziehung gesetzt werden. Und da war dies in Tschechiens Zeiten eine durchaus angemessene Bezahlung für einen Achtzehnjährigen. Ein halbes Jahr nach dem Anschluss des Sudetenlandes verdiente ich monatlich 180 Reichsmark brutto, beziehungsweise 153,50 Reichsmark netto. Dagegen war nichts einzuwenden.

In der Hauptsaison – im Winter, besonders um Weihnachten herum – musste ich auch bei der Verrechnung des angelieferten Getreides aushelfen und bekam dadurch einen Einblick in die Qualitätsunterschiede des Getreides, wie Hektolitergewicht, Glasigkeit, Klebergehalt und so weiter. Diese Kenntnisse wurden mir sehr nützlich, als ich bei Kriegsausbruch von einem zum anderen Tag den zur Wehrmacht kurzfristig eingezogenen Lagerhalter unserer Nebenstelle in Liebshausen vorläufig vertreten musste.

Als Neunzehnjähriger hatte ich hier einen kaufmännischen Lehrling und dreizehn Lagerarbeiter zu führen, beziehungsweise zu beaufsichtigen. Dies wäre nicht das Schlimmste gewesen, sondern die echte Verantwortung, die mit diesem Posten unbestritten verbunden war. Bei dem Filiallager handelte es sich um eine stillgelegte Brauerei ohne die allernotwendigsten technischen Einrichtungen, wie zum Beispiel Elevatoren. Es musste also alles Getreide manuell bewegt werden. Dementsprechend musste ich bei der Getreideanlieferung aus der neuen Ernte – besonders bei mit Mähdreschern geerntetem Getreide – unerhört aufpassen, dass das Korn auch lagerfähig war, also nicht feucht. Sonst entstehen Verklumpung, Verstockung und schließlich Schimmel und damit in die Tausende gehende Schäden. Es gehörte schon Mut dazu, wenn die hochbeladenen Wagen eines Meierhofs vor dem Tor standen, und ich sie nach Überprüfung des Getreides wieder nach Hause schicken musste. Sich als Neunzehnjähriger gegen handfeste Männer durchzusetzen, war nicht leicht. Aber ich hatte durch den Direktor des Lagerhauses volle Rückendeckung.

Meine UK-Stellung (Befreiung vom Kriegsdienst wegen Unabkömmlichkeit) wurde aufgehoben. Die deutsche Wehrmacht hatte sich vorgenommen, mich bald aus dieser Mittelgebirgsidylle in Liebshausen herauszuholen. Zuvor muss ich noch einmal zurückblenden in das Jahr der Sudetenkrise, in das Jahr 1938. Diese Zeit kann und will ich nicht übergehen. Es soll die politische Entwicklung vorwiegend aus familiärer Sicht auf den nachfolgenden Seiten geschildert werden.

Die Sudetenkrise

Politisch spitzte sich die Lage immer mehr zu. Die Sudetendeutsche Partei war inzwischen zur stärksten Partei im tschechischen Staate aufgestiegen; sie schluckte praktisch alle übrigen deutschen Parteien bis auf kümmerliche Reste. Aber mein Vater blieb hart. Bis zu dem Tag, an dem Gustav Hacker, der Führer des „Bundes der Landwirte", von einem Gespräch bei Hitler zurückkam und der Parteivorstand in einer dramatischen Sitzung in Prag beschloss, geschlossen in die Henleinpartei überzutreten. Mein Bruder Oskar hatte dies schon lange heimlich getan, und ich trat der Partei nach Erreichung meines achtzehnten Lebensjahres, also im April 1938, bei. Ich sehe meinen Vater mit der Parteifahne und Parteikasse zum Vorsitzenden der Ortsgruppe der Sudetendeutschen Partei, einem ehemaligen Fahnenträger der Sozialdemokraten, gehen. Mutter sah ihm mitfühlend nach: „Das ist ein harter Gang für Vater." – Vater selbst trat meines Wissens der Henleinpartei nicht bei.

Die politischen Spannungen zwischen Deutschen und Tschechen wuchsen 1938 dank der Unnachgiebigkeit des damaligen Präsidenten Benesch. Andererseits hatte Hitler in einer Rede unter anderem gesagt: „Die Welt möge wissen, dass zehn Millionen Deutsche außerhalb unserer Grenzen nicht mehr schutzlos sind." Wie üblich, waren auch diesmal bei der Hitlerrede die Straßen leergefegt. Ähnlich wie heute bei einem Fußballländerspiel. Mit diesen zehn Millionen waren die Österreicher und erstmals die Sudetendeutschen offen angesprochen worden. „Hobt dors gehert, hobt dors gehert", ging es freudig von Mund zu Mund. In Bilin liefen die Leute nach dieser Rede spontan auf den Marktplatz und sangen das Deutschlandlied. „Aber nicht lange haben wir Deutschland gespielt", sagte am nächsten Tag unser Lohnbuchhalter, „denn die tschechische Staatspolizei kam angerückt." Für eine Autonomiegewährung durch die Tschechen war es nun zu spät. Jeder wusste das, nur die Tschechen nicht. Sie ergötzten sich vielmehr an den in tschechischen Geschäften ausgestellten Landkarten, worin die Länder der Verbündeten eingezeichnet waren. Vor allem die riesige Sowjet-Union ließ ihre Armmuskeln schwellen. „My nedáme ani krok" – „Wir geben keinen Schritt", heißt dies zu Deutsch.

Es folgte im Mai 1938 die erste Teilmobilisierung der tschechischen Armee. Die bewaffnete tschechische zivile Heimwehr patrouillierte nachts durch die deutschen Ortschaften. Die Verteidigungsanlagen, ein gestaffeltes Betonbunkersystem entlang der tschechisch-deutschen Grenzen, ging auf den Höhen südlich unserer Gemeinde. vorbei und wurde beschleunigt in verteidigungsfähigen Zustand versetzt. Von hier aus konnte man praktisch bis zum Erzgebirge alles einsehen und mit entsprechenden Waffen bestreichen.

Auf meinem Weg zur Arbeitsstätte wurde ich eines Morgens im Mai auf einer kleinen Brücke vor Bilin von bewaffneten tschechischen Zivilisten angehalten und kontrolliert. Was sie suchten weiß ich nicht. In meiner Aktentasche hatte ich neben meinem Frühstücksbrot DIN-A5-Bögen mit aufgeschriebenen Schlagertexten. Bei der Sendung „Und abends wird getanzt" stenographierte ich den Text mit und schrieb ihn am anderen Tag mit der Schreibmaschine. Kollege Preis tat das Gleiche. Wir verglichen dann immer die Richtigkeit der Texte. – Diese Schlagertexte bekam nun der Tscheche in die Hand und buchstabierte vor sich hin. Er hatte gerade den Tango: „Es kann zwischen heute und morgen so unsagbar vieles gescheh'n" und so weiter. Und dies schien ihm verdächtig. „Podivej Franto!" Und nun guckte auch der Franto in dieses verschwörerische Dokument. Als er dann aber Tango und auf der nächsten Seite Foxtrott gelesen hatte, schwanden die Hoffnungen, einen Geheimkurier mit dem Fahrrad geschnappt zu haben. Ich durfte die Fahrt zum Lagerhaus fortsetzen.

Es folgte die Zeit, in der man die weißen Strümpfe, Zeichen der Zugehörigkeit zum deutschen Bevölkerungsteil, besser auszog, vor allem, wenn man durch gemischtsprachige Orte hindurch musste – wie ich, zum Beispiel, durch Briesen. Es konnte passieren, dass man dann verprügelt wurde. Es war schon eine spannungsgeladene Zeit!

Österreich war inzwischen unter dem Jubel der Bevölkerung „heimgekehrt", wenn man dies heute mancherseits auch verschämt verleugnet. Wir merkten es von Monat zu Monat mehr, unsere Sache war Angelegenheit des Deutschen Reiches geworden. Dementsprechend verschlechterte sich das Verhältnis zwischen Deutschen und Tschechen zunehmend. Ich will und kann gar nicht auf die große allgemeine Situation damals eingehen, als nur darauf, was sich in der kommenden Zeit in meinem engsten Gesichtskreis abspielte.

Viele Sudetendeutsche waren längst über die Grenze gegangen. Es gab hier Gaststätten, die man auf tschechischem Staatsgebiet betrat und durch die Hintertür auf sächsischem Gebiet verließ. Solche Flüchtlingsschleusen wurden damals mit vorgehaltener Hand von Mund zu Mund weitergegeben. Die Stimmung wurde ständig gespannter, auch in unserem Dorf.

Eines Nachts zogen randalierende Tschechen von Haus zu Haus und rissen die noch von der letzten Parlamentswahl vorhandenen Plakate der Sudetendeutschen Partei von den Wänden. Wir hatten inzwischen August, und der grauenvollste Monat September stand vor der Tür. Die tschechischen Zeitungen ereiferten sich in Hass und Beschimpfungen, wie zum Beispiel: „... mit deutschen Köpfen werde man die Straßen pflastern". Eingeschüchtert schlich man sich in diesen Tagen zur Arbeitsstelle. Manche Menschen blieben ganz weg. Man spürte, so konnte es nicht weitergehen.

Wir bekamen Besuch. Tante Marie mit Cousine Blanda aus Tetschen-Bodenbach kamen aufs Land, wo es sicherlich ruhiger sein werde. Onkel Loos blieb in Tetschen. Als nun eines Nachts wieder einmal gelärmt und an den Türen deutscher Bewohner geklopft wurde, standen wir alle in Eile auf, um über unseren Hof, durch unseren

Garten, hinter die Scheune ins freie Feld flüchten zu können. Vater deckte mit dem schussbereiten Jagdgewehr – einer Schrotflinte – unseren Rückzug. Aber die Gefahr ging noch einmal an uns vorbei. Als wir uns dann wieder ins Haus begaben, hingen mir Büstenhalter und Höschen meiner Cousine aus der Manteltasche heraus. Bei der überstürzten Flucht sind diese Dinge da hineingekommen. Lachend gab ich diese Fremdkörper nun der Eigentümerin zurück. Und meine Tante, die sonst stets lustig war und durchaus kultiviert redete, schimpfte aus lauter Ärger im kraftvollen heimatlichen Dialekt: „Mir blööden Rindviecher mir! Gehen aus dem ruhigen Tetschen weg, hierher zu dem Plebs ins Industriegebiet. Dies muss mir passieren!"

Aber es kam noch schlimmer. Eines Nachts klopfte es auch bei uns. Vater und Mutter standen bewaffneten Zivilisten in der Haustür gegenüber. In gebrochenem Deutsch forderten sie, dass mein Bruder Franz sofort mit dem Schlüssel zum Gemeindeamt mitzukommen habe. Sein Name wurde auf einer Liste abgehakt. Nur schnell, mit einem Hemd, Hose, Schuhen und Rock bekleidet, verließ er uns; es musste schnell gehen – und er kam nicht wieder. Ausgerechnet ihn, der keiner Partei angehörte, der allen Menschen, ohne Unterschied ihrer Herkunft und Nationalität, nur Gutes tat, wenn er im Gemeindeamt helfen konnte, ihn nahmen die tschechischen Faschisten mit. Wie wir später erfuhren, transportierte man ihn, zusammen mit über fünfhundert Geiseln aus Bilin und dem Biliner Bezirk, in einen Brauereikeller im tschechischen Unhost. Sie sollten alle ersäuft werden, „wenn es los geht", so ließen die Bewacher sie das wissen.

Die inzwischen angeordnete Mobilisierung der tschechischen Armee zwang auch meinen Bruder Oskar zum Einrücken. Er hatte bei den Dragonern in Komorn, Slowakei, gedient. Viele Tränen vergoss Mutter in diesen Tagen und Wochen. Wir warteten sehnsüchtig auf den Einmarsch der deutschen Truppen. „Warum die nur nicht kommen?!, die sind gar nicht so stark, wie sie sich immer hinstellen", meinte Mutter.

Die Bunkerlinien auf der Höhe unseres Ortes waren inzwischen vom tschechischen Militär besetzt, und wir trauten uns nicht mehr auf die Felder. Schützengräben wurden ausgehoben, Stacheldrahtverhaue gezogen, Panzerabwehrkanone (Pak) in Stellung gebracht und alle männlichen Wesen laufend zu Schanzarbeiten geholt. Unser Ort lag mitten in der Hauptkampflinie.

Um nicht noch den letzten Sohn im wehrfähigen Alter zu verlieren, schickte mich Mutter nach Maria-Ratschitz zu meiner verheirateten Schwester Mimi. Sie versteckte mich in einer kleinen Kammer. Alle Rundfunkgeräte mussten längst auf den Gemeindeämtern deponiert werden, sodass wir keinen Kontakt zur Außenwelt hatten. Aber Mimi war informiert. Sie wusste jemanden in der Nachbarschaft, der ein Zweitgerät besaß und die politische Entwicklung mit verfolgte. Nun erfuhr ich auch von der dramatischen Hitlerrede: „Hier stehe ich, auf der anderen Seite Herr Benesch. Ich rufe der Welt zu: Krieg oder Frieden." und so weiter. Welch Hoffnungsschimmer war dies für uns damals! Die Ausgabe der „Brüxer Zeitung“ bestand nur aus einer dicken Überschrift: „Hitlerrede“, alles andere war weiß – konfisziert. Dies sagte uns genug. Wir waren also nicht aufgegeben, unserem Schicksal überlassen. Und genau so erfuhr ich auch in meinem Stübchen von der Münchener Konferenz mit dem anschließenden Abkommen über die Abtretung der Sudetendeutschen Gebiete. Parolen gab es auch gleich dazu. So hieß es, die Tschechen gäben das Brüx-Duxer-Kohlegebiet nicht freiwillig her und so weiter. Wahrscheinlich sollte dies die eigenen Landsleute beruhigen.

Ich aber machte mich bei dieser sich zu unseren Gunsten wendenden Lage zaghaft auf verschlungenen Wegen nach Hause. Unterwegs wurde ich gewarnt: „Sein Se fein vorsichtig, die hulln de Lajte schunn wieder zum Schanzen.“ Aber sie holten mich nicht.

Von Franz und Oskar wussten wir nach wie vor nichts. Ich ging zum Hanslitschek Nand, meinem Friseur, zum Haare schneiden. Zu meiner Überraschung zeigte er mir so ganz nebenbei eine Fotografie aus dem Jahre 1923, glaube ich. Das Bild zeigte einen Demonstrationszug in Teplitz-Schönau mit Transparenten „Wir fordern Anschluss an das sozialistische Deutschland.“ Der Traum eines Anschlusses der Sudetendeutschen war also durchaus keine nazistische Idee, ganz einfach eine deutsche. Wir wollten Deutsche unter Deutschen sein und frei leben können, sonst nichts. Und da dies Hitler ermöglichte, war er damals halt unser Mann, und nur deshalb! Ist dies so schwer zu verstehen? Nicht Hitler, Deutschland war und bleibt unser Anliegen!

Nun kam der 9. Oktober. Wir brauchten Reisig zum Schmücken der Häuser; dazu mussten wir in den Ganghofer Tannenwald, vorbei an den noch besetzten Bunkerlinien. Die tschechischen Soldaten taten uns nichts. Es waren sowieso meist Slowaken und Ungarn, die selbst auf ihre Freiheit warteten. Dafür steckten unsere Deutschen in der Slowakei.

Nun kam der 10. Oktober 1938, der Tag unserer Befreiung. Zusammen mit Wiskotschil Wilhelm gingen wir im Sonntagsstaat die Hauptstraße entlang, die unsere Befreier kommen mussten. Von Bruch und Oberleutensdorf her konnten wir schon das Glockenläuten hören, mit denen die deutschen Truppen begrüßt wurden. Die Häuser waren geschmückt und beflaggt, und da kamen sie auch schon anmarschiert. Wir trauten unseren Augen nicht – tschechisches Militär! Betreten blieben wir stehen. Ein Tscheche riss die Fahne von einem Haus herunter und verpackte sie in sein Marschgepäck.

Unmittelbar hinter der marschierenden tschechischen Kompanie fuhren Kradschützen – die sahen aber ganz anders aus! Andere Stahlhelme, alles in Grau gehalten – der Hoheitsadler mit dem Hakenkreuz – Mensch Deutsche! Dieses Glücksgefühl weiß nur der zu beschreiben, der unter der Geisel einer Fremdherrschaft leben und um sein Leben bangen musste. Oder derjenige, der aus politischen Gründen verfolgt wurde und seinen Tod erwarten musste. Ihnen wird es im Konzentrationslager ähnlich ergangen sein, wenn sie von den Soldaten der ehemaligen Feindmächte befreit worden sind. Und diese nazistischen Unmenschlichkeiten müssen die guten Seiten, die ohne Frage auch bestanden haben, insgesamt in Frage stellen. Aber fahren wir fort, wie es am 10. Oktober 1938 bei uns weiter aussah.

Zum Jubeln war es noch zu früh, denn der tschechische Kompanieführer widersetzte sich der Entwaffnung seiner Truppen. Zwei deutsche Pak-Geschütze rauschten an uns vorbei und sicherten die Straße nach Osten hin. Zur gleichen Zeit erschollen deutsche Kommandos, deutsche Soldaten brachten blitzschnell Maschinengewehre in Stellung. Jetzt traten die ersten tschechischen Soldaten mit erhobenen Händen aus der Reihe und riefen dabei: „Magyar, Magyar". Nun ergaben sich auch die übrigen Soldaten, sie wurden entwaffnet und konnten darin ungehindert weiter in Richtung Demarkationslinie marschieren.

Und wir waren frei! Ohne Angst leben zu können, seine Muttersprache frei gebrauchen, war im Augenblick einfach unfassbar. In allen Ämtern werden Deutsche sitzen. Die Grenze nach „draußen" besteht nicht mehr. Wir können nach Bayern, ins Rheinland, nach Sachsen, bis hinauf nach Ostpreußen.

Das Münchener Abkommen war eine echte Befreiung, kein Unrecht, wie man dies heute hinzustellen versucht. Wem soll denn Unrecht geschehen sein? Den Tschechen? Es kam kein Quadratmeter tschechischen Bodens an das Reich. Nur Gebiete mit überwiegend deutscher Bevölkerung wurden angeschlossen. Dies ist die reine Wahrheit. Alles andere ist zweckbedingter Unsinn. Und dieses von Sudetendeutschen seit uralten Zeiten bewohnte Gebiet ist ausschließlich von unseren Vorfahren erschlossen, kultiviert und industrialisiert worden. Diese Industrie in den deutschen Bezirken ist es, die den Tschechen in ihrer Volkswirtschaft nun fehlt und die deren künftige Existenz in Frage stellen wird.

Aber wie ging es in Langugest, meinem Heimatort, weiter? Langugest war dank der Tätigkeit von Sekretär Müller ziemlich bis zuletzt noch stark sozialdemokratisch geblieben. Man glaubte nicht, dass Russen und Westmächte den Anschluss akzeptieren würden. Und nun verabschiedete sich Müller noch vor dem Einmarsch vor dem Gemeindeamt von seinen Genossen und ging mit seiner Familie zunächst nach Prag und später nach Norwegen. Für ihn und seine Familie begann damit ein einziger langer Leidensweg. Er stellte sich daher bei der Besetzung Norwegens den deutschen Truppen und – da er keine Menschenleben auf dem Gewissen hatte – wurde er ohne jede Auflage in seine Heimat entlassen. Aber der Pöbel brauchte sein Opfer. Als die Familie hier ankam, zog ein Haufen Randalierender hinterher und beschimpfte und bespuckte sie. Ich war zur Arbeit und hatte dies selbst nicht gesehen. Mutter berichtete mir über diese Schande. Der neue Bürgermeister berichtete nun an die Kreisleitung, dass „dieser Mensch" durch seine Anwesenheit die öffentliche Ruhe und Ordnung störe, sodass man ihn schließlich ins Konzentrationslager Buchenwald schickte. Bei einem Fronturlaub besuchte ich die alte Mutter von Müller. Wenn ich früher mit Erich zum Skilaufen ins Erzgebirge wollte, übernachtete ich bei den Müllers; ich war also hier zu Hause. Und so besuchte ich bei meinem Fronturlaub die alleinstehende Frau. Meine Frage nach Franz wurde ausweichend beantwortet, es gehe ihm „gut" im Konzentrationslager, er säße in der Buchhaltung. Und mein Freund Erich war zur gleichen Zeit Soldat in Russland. Diese Tatsachen dämpften die Liebe zum deutschen Vaterland. Die Schattenseiten des Regimes begannen nach und nach sichtbar zu werden.

Sekretär Müller bekleidete nach dem Krieg in der DDR einen hohen Verwaltungsposten. Es gehörte mit zu seinen ersten „Amtshandlungen", meine Eltern, die nach der Vertreibung in Sachsen-Anhalt ansässig geworden waren und in ärmlichsten Verhältnissen leben mussten, zu besuchen.

Was machten die anderen Langugester nach dem Anschluss? Sie strömten in die Parteigliederungen. Die ehemaligen Sozialdemokraten verlebten sicherlich die ersten Tage in banger Erwartung. Aber nichts tat sich. Es dachte kein Mensch daran, die braven Arbeiter ins Konzentrationslager zu bringen. Wohl auch deshalb versuchte sich jeder irgendwie zu engagieren, anzupassen, um die neuen Machthaber seiner Loyalität und Mitarbeit zu versichern.

Es war Ende Oktober, es kann auch schon Anfang November gewesen sein, als der Aufruf erging, zu einer Massenkundgebung nach Dux zu marschieren, hier solle Innenminister Franke sprechen. Ich marschierte mit. Schneetreiben! – „Ob's stürmt oder schneit" wurde unterwegs x-mal gesungen und der „Schöne Westerwald" dazu. Die wässrigen Schneeflocken nässten unsere Kleidung, Schneewasser lief über Stirn und Nase, der Wind trieb diese nasse Kälte bis in die Knochen. „Du blöder Kerl, diesen Quatsch machst Du aber nicht mehr mit", waren meine Gedanken über den absolut unsinnigen Marsch. – Es war der erste und letzte dieser Art.

In Dux auf dem Marktplatz standen wir frierend stundenlang angetreten, so kam es mir vor, bis endlich Minister Franke einige bedeutungslose Sätze sprach. Beim „Heil-Rufen" spürte ich ganz deutlich im nassen Nacken den Luftzug, wenn mein Hintermann für den nächsten Schrei Luft holte. „Erhebende Gefühle" hatte ich bei dieser Kundgebung absolut keine.

Ich war jung und hatte wenig Sinn für Heimabende oder um zackige Marschlieder mit lebensverachtendem Inhalt zu lernen oder mit einem Rucksack voller Ziegelsteine Geländespiele zu machen. Neuerdings sprach man sogar davon, dass die neue deutsche Tanzmusik sich auf dem breiten Lande künftig auf Märsche, Rheinländer, Walzer, Ländler und Volkstänze beschränken werde. Diese Ankündigung dämpfte bei mir augenblicklich die damals vorhandene Begeisterung. Die Schattenseiten der Befreiung schienen sich, wie bereits gesagt, auch in dieser Hinsicht anzudeuten.

Warten wir ab, es ist noch nicht aller Tage Abend. Um es vorher zu sagen, dieser gewiss bestehende Gedanke bei übereifrigen Hinterwäldlern setzte sich nicht durch. Im Frühsommer 1939 war ich in Dresden in der „Mücke“, einer wunderschönen Freitanzdiele mit Springbrunnen und von unten beleuchtetem Glasboden, und hier wurde geswingt und eine Tanzmusik gemacht, ganz nach meinem Herzen. Das „Negergehopse“ hatte sich schon zu sehr durchgesetzt.

Ich wollte im privaten Leben frei sein, wandern und tanzen gehen, kurzum tun, was mir Spaß machte. Aber nicht wandern im Gleichschritt.

Eines Abends war Mitgliederversammlung der Sudetendeutschen Partei, die erste und letzte, an der ich teilnahm. Hier hatte ich nur ein Formblatt zu unterschreiben und war damit automatisch Bewerber für die Mitgliedschaft in der NSDAP. Solch ein Glück! Wir bekommen sogar noch niedrige Parteinummern, ab 800.000, hieß es. So bin ich in die Partei hineingekommen. Diese Unterschrift wird mir in späteren Jahren viel Kummer bereiten – in der sowjetischen Gefangenschaft. Ich hatte sie verschwiegen, weil es beim Zusammenbruch 1945 hieß, Parteigenossen würden erschossen oder kämen in die Bleibergwerke von Kolyma. Beides stimmte nach meinen Beobachtungen nicht. Wenn man aber erst einmal etwas verschwiegen hatte und später damit herauskam, wurden die Russen misstrauisch und vermuteten eine Nazigröße oder Beteiligung an irgendeinem Verbrechen. Und dies Sich-Verbergen-Müssen wie ein Schwerverbrecher – bei den zahlreichen Lebensläufen, die wir in der Gefangenschaft immer wieder schreiben mussten – hat mich veranlasst, mich im Leben nie wieder um eine Parteimitgliedschaft zu bewerben. Bis jetzt habe ich es gehalten. Dies bedeutet aber nicht, dass ich ein unpolitischer Mensch bin.

Bevor ich das Kapitel Befreiung abschließe, muss ich noch einmal zurückblenden, zum Sommer 1937 und Spätherbst 1938. Der Direktor des Lagerhauses schickte mich eines Tages in seine Wohnung, um hier einer seiner Töchter mit dem Wechsel- und Scheckrecht ein wenig nachzuhelfen; sie besuchte die Handelsschule. Dabei lernte ich die Familie kennen. Dies führte dazu, dass ich mit den beiden Schwestern auch öfter Ausflüge unternahm, zum Beispiel nach Komotau zum Alaunsee oder ins Elbetal zur Baumblüte, Dubitzer Kirchlein und so weiter.

Nach den Nachhilfestunden gab es immer Tee mit Rum und Appetitsbrote dazu, die ich in dieser lukullischen Zusammenstellung, wie sie Frau Bayer anbot, nicht wieder gegessen habe. Dabei kam es zu Unterhaltungen, was zu gegenseitiger Sympathie führte. – Ich erwähne dies deswegen, weil die nun folgende Tragödie und meine Einstellung dazu verständlicher wird.

Der Anschluss des Sudetenlandes im Oktober 1938 wurde durch eine Volksabstimmung besiegelt. Ich bezweifle auch nicht die Echtheit des amtlichen Abstimmungsergebnisses von 97 Prozent oder so ähnlich. Wir waren nun mal dafür, als Deutsche unter Deutschen zu leben. Die Lektion, die uns die Tschechen erteilt hatten, war zu eindeutig. Bei dieser Volksabstimmung, bei der nur mit „Ja“ oder „Nein“ abzustimmen war, kreuzte Direktor Bayer offen – also vor den Augen des Wahlausschusses – den kleinen Kreis mit dem „Nein“ an. Ob dies eine Reflexhandlung seiner inneren Gesinnung war, was durchaus denkbar gewesen wäre, oder eine gewisse Geistesabwesenheit, ist nicht klar geworden. Eine bewusste Nein-Stimme konnte es nicht gewesen sein, denn so dumm konnte niemand sein, dies offen zu zeigen. Aber die Folgen dieser Handlung waren für die Familie katastrophal.

Am nächsten Tag wusste dies schon ganz Bilin, der Lagerhausdirektor stimmte gegen den Anschluss, geradezu provokativ. Alle Bittgänge zum Kreisleiter und zum Bezirksbauernführer nutzten nichts. Den Irrtum nahm man ihm zunächst nicht ab. Direktor Bayer wurde vom Dienst suspendiert. Er durfte das Lagerhaus nicht mehr betreten. Seine Ehefrau und Töchter waren geächtet, jeder mied sie, kein Mensch sprach mit ihnen. Man wollte mit diesen „Volksfeinden“ nicht gesehen werden. Ich aber verkehrte weiter in der Familie, bei der in jener Zeit die Tränen nicht versiegten. Übrigens sprach man mich zu Hause, in Langugest, auch darauf an, dass ich immer noch mit Müller Erich verkehre – „die Leute reden darüber“. „Die Leute können mir den Buckel herunterrutschen“, entgegnete ich. Mir war das gleich. Erich Müller, seine Eltern und Brüder waren rechtschaffene Menschen. Dass sie eine andere politische Gesinnung hatten, änderte nichts an meiner Einstellung zu ihnen. Gottlob, so waren auch meine Eltern und Geschwister.

Aber nun weiter zu Herrn Bayer. Wochen später gab es schließlich ein Rehabilitationsverfahren, bei dem man die ungewollte Nein-Stimme anerkannte und Herrn Bayer wieder in Amt und Würden einsetzte. Mir hat man meine Treue zur Familie in diesen schweren Wochen anerkannt. Aus heutiger Sicht glaube ich fest, dass die Nein-Wahl durch unbewusste Reflexe einer vorhandenen inneren Abwehr zustande gekommen ist, denn Herr Bayer war ein Gegner oder zumindest kein Freund der Volksgemeinschaft, der Verbrüderung jedes mit jedem.

Was hatte sich durch den Anschluss bei uns zu Hause geändert? Natürlich waren wir glücklich, dass wir deutsche Staatsbürger geworden waren und dass Franz und Oskar gesund zurückgekommen sind. Sonst normalisierte sich das Leben in der Familie. Nur bei Vater traten einschneidende Änderungen ein. Er war nicht mehr gefragt für öffentliche Ämter. Er behielt nur noch den Vorsitz im Ortsschulrat. Sonst brauchte man ihn nicht. Man brauchte keine „Komunalpoleticker“ mehr, es wurde alles befohlen, und zwar von Leuten, die zum Befehlen und Gehorchen besser geeignet waren als mein Vater. Ich hatte aber nicht den Eindruck, dass Vater darunter litt. Im Gegenteil, es war nichts mehr zum Kämpfen da, weil alles in eine Richtung marschierte, und ein alter Marschierer ist er halt nie gewesen, mein Vater.

Der im September 1939 begonnene Krieg stimmte Vater sehr ernst. „Alles, nur keinen Krieg! So einfach ist das nicht. Die anderen schießen auch“, so waren sinngemäß seine Bedenken. Aber die Blitzsiege in Polen und Frankreich und der Nichtangriffspakt mit Russland beruhigten zunächst auch die Skeptiker. Als Folge davon bekamen wir ein Polenmädchen, die Helga, und zur Feldarbeit einen kriegsgefangenen Franzosen und einen Serben. Sie aßen das Gleiche und am gleichen Tisch wie wir. Diese menschliche Haltung meines Elternhauses wird bei der Vertreibung mit gleicher menschlicher Haltung der Polin und des Franzosen vergolten werden.

Die Deutsche Wehrmacht ließ nun nicht mehr lange auf sich warten. Zwei Jahre dauerte meine persönliche Freiheit, dann brauchte man für Neuaufstellungen Soldaten. Es sollen neun Jahre meines Lebens für diesen unseligen Krieg verschwendet werden und zwar fast ausschließlich in Russland. Die normalerweise schönsten Jahre eines jungen Lebens, die vom 20. bis 30. Lebensjahr, werde ich mich im Baltikum, den Wolchowsümpfen, um Leningrad und am Ladogasee, und dann noch viereinhalb Jahre im südlichen Westsibirien herumtreiben, herumquälen, bluten, hungern und frieren, entsetzlich frieren …

Mein Elternhaus in Langugest im Kreis Bilin, Nordwestböhmen, aufgenommen im Jahr 1964.

Bilin mit dem Borschen, einem 538 Meter hohen Klingsteinfelsen.

Erzgebirge – der Ort Neuhammer im Winterkleid.

Typische Erzgebirgshäuschen mit Schindeldach.

Elbetal: Die Elbe bei Wannow, kurz vor Aussig.

Das Prebischtor im Elbsandsteingebirge,
unmittelbar an der böhmisch-sächsischen Grenze.

Vulkankegel des Böhmischen Mittelgebirges
(rechts der Rosenberg).

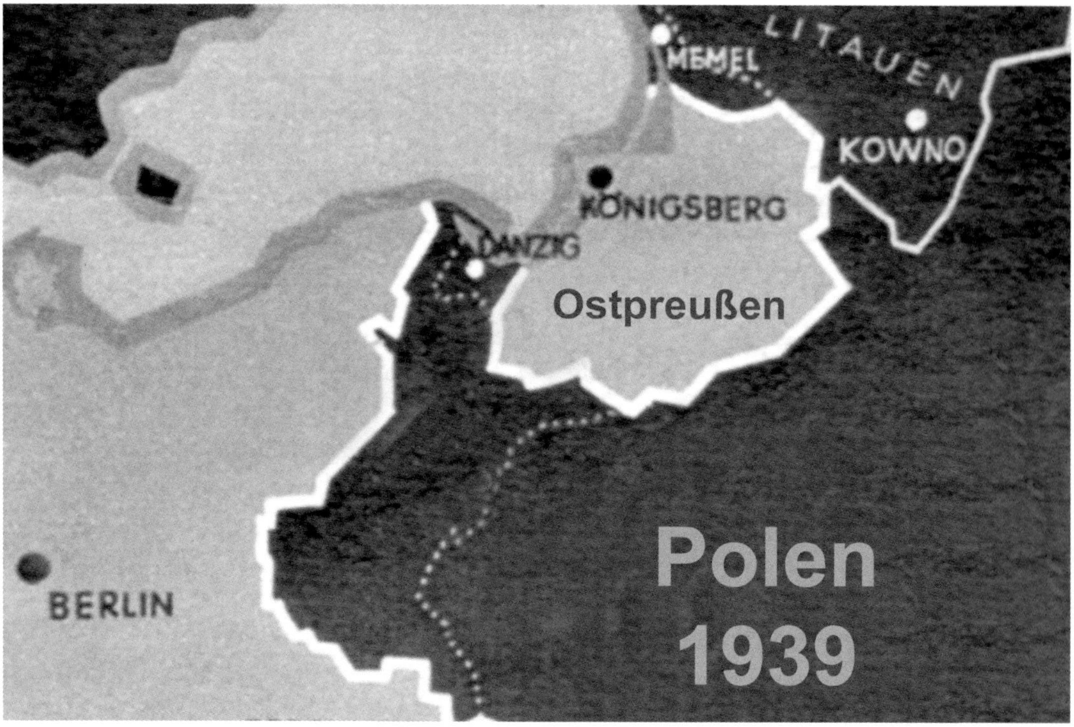

Landkarte von Ostpreußen aus dem Jahr 1939. Nur auf festgelegten Korridoren durch Polen war Ostpreußen und Danzig auf dem Landweg zu erreichen. Memel gehört auf dieser Karte noch zu Litauen.

Im März 1939 wurde das Memelland als letztes von Deutschen besiedeltes Gebiet ohne Kampfhandlungen in das Deutsche Reich eingegliedert.

Die Auffahrt zur Königin-Luise-Brücke
in Tilsit um 1941.

Die Königin-Luise-Brücke in Tilsit
mit dem Memeler Hinterland.

Tilsit in Ostpreußen an der Memel,
von der Luisenbrücke aus aufgenommen.

Sandige Feldwege
im Memelland.

Nidden auf der Kurischen Nehrung
vom „Schwiegermutterberg" aus aufgenommen.

Kurenkähne an der
Kurischen Nehrung.

Frühjahr 1941: Befehlsempfang einer Einheit der 61. Infanteriedivision.

Ausritt in Memel. In der Mitte Major Gottfried Weber, der Kommandeur des I. Bataillons/Infanterieregiment 162.

Ein unbekannter Leutnant des Infanterieregiments 162 bei einer Ansprache.

Rast am Wegesrand während einer Übung im Frühjahr 1941.

Der Spieß der Kompanie hat für seinen tapferen Einsatz das Eiserne Kreuz II. Klasse erhalten.

Häuserzeile in Memel, das heute Klaipeda heißt.

Der Hafen von Memel: An der Kaimauer haben auch zwei Kriegsschiffe festgemacht.

Eine Kompanie des Infanterieregiments 162 beim Exerzieren.

Geburtstagsfeier im Mai 1941: Der Offizier in der Mitte hat Kompanieangehörige zu einem Glas Rotwein eingeladen.

Soldaten des Infanterieregiments 162 beim Ausgang in Suwalki. Sie stehen vor der jüdischen Synagoge, deren Glasscheiben zerbrochen sind.

Der Marktplatz von Suwalki auf dem die Bauern aus dem Umland regelmäßig ihre landwirtschaftlichen Erzeugnisse verkauften.

Ausgang in Suwalki in Polen nahe an der Grenze zu Litauen gelegen.

TEIL II

Ich werde Soldat in Beraun

Nun ist es also soweit! Mit meinem Einberufungsbefehl in der Tasche und dem nötigsten Gepäck im Koffer sitze ich im Zug nach Prag mit dem Zielort Beraun. Es ist der 12. Oktober 1940. Als Zweiter in der Familie werde ich nun zum Waffendienst gerufen. Franz hatte als Artillerist schon den Frankreichfeldzug hinter sich; und ich glaubte damals, ich käme für England zu spät. Denn wofür sollte man sonst noch Soldaten brauchen? Alle anderen Gegner waren besiegt, und mit der Sowjetunion haben wir einen Nichtangriffspakt. – Meine Angst, zur Bewährung als Held zu spät zu kommen, war also begründet.

In Prag hatte ich zwei Stunden Aufenthalt. Gerade Zeit genug, um mir einen persönlichen Eindruck von der unter Karl IV. besonders geförderten und vor allem von Peter Parier deutsch geprägten Stadt zu verschaffen. Wie gesagt, es konnte nur ein Eindruck sein, mehr aber auch nicht. Und schon ging es weiter nach Beraun.

Hier angekommen, marschierte ich weisungsgemäß zur Kraftfahrkaserne. „Ein Trost, allzu viel laufen wirst du nicht", dachte ich, zumal ich ja zur Nachrichtentruppe, der Infanterienachrichtenersatzkompanie 21, einberufen worden war. Dies sollte schon der erste Irrtum sein. Denn zwischen Nachrichtentruppe und Truppennachrichten – zu Letzteren gehörte ich – bestand ein riesengroßer Unterschied. Zur Nachrichtentruppe zählten die Verbände, die die Nachrichtenverbindungen zwischen den Führungsstäben der Wehrmacht bis herab zur Division sicherzustellen hatten, das heißt, vorderste Linie war für Divisionsnachrichtenleute im Regelfall der Regimentsgefechtsstand. Die Truppennachrichtenleute waren Infanteristen mit dem „Blitz" auf dem Ärmel und hatten die Verbindungen vom Regimentsgefechtsstand zu den Bataillonen und von hier zu den Schützenkompanien sicherzustellen. Die anderen waren motorisiert, wir aber mussten unser Gerät auf dem Rücken schleppen. Welch gewaltiger Unterschied, ganz abgesehen von den Möglichkeiten der Feindeinwirkungen!

Der zweite Irrtum war genau so gründlich – von wegen Kraftfahrkaserne! Das stand nur auf dem Schild draußen dran. Das ziemlich einzige motorisierte Fahrzeug in der Kaserne schien der Verpflegungswagen zu sein. Die Täuschung oder besser gesagt die Enttäuschung war vollkommen.

Ich war noch gar nicht richtig durch das Kasernentor gekommen, als ich schon laufen sollte. Offenbar machte sich ein Unteroffizier seinen Spaß daraus, die Neuankömmlinge auf Trapp bringen zu wollen. „Was schleichen Sie so durch die Gegend, Mann? Laufen Sie schneller, Mensch. Was glauben Sie, wo Sie hier sind? – Ihnen werde ich bald schon Beine machen, verlassen Sie sich drauf!" – Der Auftakt war ziemlich furios, stellte ich bei mir fest, und meine patriotische Grundeinstellung wollte nicht so recht in dieses erste Bild meiner beginnenden Vaterlandsverteidigung passen.

Nachdem ich endlich in eine Rekrutenstube eingewiesen worden war, lief alles seinen Gang. In Abständen kamen weitere künftige Kameraden an, und es ging zu wie in jeder anderen Kaserne. Ich kann mir daher Einzelheiten sparen, sonst würde mein Bericht zu Lebzeiten nicht mehr fertig. Also „Klamottenempfang" wie: Stahlhelm, Gewehr, Gasmaske, Erkennungsmarke. – Wie offen man über den Zweck der Erkennungsmarke aufgeklärt wird, beeindruckte mich, und die Vorstellung, irgendwo einmal als zur Unkenntlichkeit zerfetzter Held zu enden, war nicht dazu angetan, meine sich ohnehin einschleichenden Zweifel am Ehrendienst der Nation zu verringern. „Komm, Lehrjahre sind keine Herrenjahre; da muss jeder durch!", bekämpfte ich diesen Anflug düsterer Gedanken.

Am dritten Tag begann allmählich der Dienst nach Plan. Am gleichen Tage wurden wir einem akustischen Testverfahren unterzogen und in Fernsprecher und Funker aufgeteilt. Ich kam zu den Funkern und musste dementsprechend in eine andere Stube umziehen. Es war der erste von vielen folgenden Umzügen, später nannten wir dies Stellungswechsel, die im Laufe der kommenden Jahre folgen sollten.

Als Funker hatte ich es in der Ausbildungszeit besser. Während die Fernsprecherkameraden mit der schweren Kabelrolle auf dem Rücken durch das Gelände wetzen mussten, saßen wir gemütlich in der warmen Stube und lernten das Morsen. Es machte Spaß, und der „Unbill" der ersten Tage war vergessen.

Nur – was sind das für Menschen hier? Zwei, drei Sachsen habe ich schon kennengelernt. Es waren Schlagerfreunde wie ich; wir machten zusammen einen Hot und imitierten dabei die Instrumente mit Nasenzischen und Kehlkopftönen. Dies meist bei der Drillichzeugwäsche am Abend im Waschraum. Aber die anderen, Verschlossenen, mit der harten Sprache, das sollen Ostpreußen sein. Und wenn sie untereinander sprechen, versteht man überhaupt nichts. Seltsame Menschen! Sie bleiben für sich, reden nicht viel und beäugen einen misstrauisch von der Seite. Diese hier waren aus Elbing und Braunsberg. – Ich erinnere mich dunkel an den Geographieunterricht über Ostpreußen. Davon waren mir noch die Kornkammer Deutschlands, der Tilsiter Käse und die hervorragende Pferdezucht im Raum Trakehnen in Erinnerung geblieben. – Ich wusste nicht, dass meine künftige Feldtruppe hauptsächlich aus „solchen Leuten" bestehen würde, und schon gar nicht, dass ich auch für den Rest meines späteren Lebens auf sie nicht verzichten musste.

Hier in Beraun blieb ich circa sechs Wochen, um dann zum Feldtruppenteil abgestellt zu werden. Einzelheiten dieser sechswöchigen Ausbildung kann ich mir sparen, vielleicht mit einer Ausnahme, und die trug sich so zu: Ich hatte mir in Beraun eine Gitarre gekauft, um uns das Rekrutenleben etwas zu erleichtern. Meine

„Position“ wurde dadurch gleich ein wenig gestärkt. So hörte zum Beispiel unser Stubenältester, Oberschütze Gillhard, gerne den Schlager „Das Licht geht aus, heimlich zieht die Liebe ein ...“, und ich sang ihn hingebungsvoll, fast mit einer „Rudi-Schuricke-Stimme“ – immer vor der Abmeldung der Stube. Davon bekam auch mein Zugführer, ein kleiner drahtiger Unterfeldwebel aus Braunsberg, Wind. Es war derselbe Unterfeldwebel Großmann, der mich beim letzten Antreten fragte: „Sie da, im dritten Glied! Sie sehen so blass aus; Sie müssen sich mal ausscheißen!“ „Jawohl, Herr Unterfeldwebel, ausscheißen.“ Dieser alte Soldat aus dem Hunderttausendmannheer hatte Recht. Die Umstellung auf Feldküchenessen brachte bei mir eine Verstopfung von vier bis fünf Tagen mit sich. Als dann das befreiende Ereignis eingetreten war, verlor sich auch meine Blässe. Das körperliche Wohlbefinden stieg, ich hatte die Umstellung auf die neuen Verhältnisse überstanden. – Aber davon wollte ich eigentlich nicht sprechen, sondern von dem Sonntagmorgen, als wir damit beschäftigt waren, im Waschraum unsere Klamotten vom Geländedreck zu befreien und wieder appellfähig zu machen.

Unterfeldwebel Großmann lag zur gleichen Zeit noch in seinem Bett und rief nach seinem Putzer: „Alois, mein Putza! – wollt Ihr Indsmänner (Instandsetzung) euren alten Unterfeldwebel am Sonntagmorgen alleine lassen? Hol'mal den Mann mit der Klampfe!“ Damit war ich gemeint. So ging ich, was blieb mir anderes übrig. „Holen Sie Ihre Klampfe und singen Sie mir was vor!“ „Allein geht das schlecht, wenn aber der Sänger dabei wäre ...“ „Alois, der Sänger soll auch kommen!“ Rudi Sänger aus Grimmetschau in Sachsen fluchte: „Die blöde Sau, ich habe anderes zu tun, als dem was vorzusingen.“ Aber schließlich – Befehl war Befehl, das hatten wir schon mitgekriegt. Alois, der „Putza“ musste unters Bett und mit dem Rücken den Unterfeldwebel, das heißt dessen Matratze, durch Hochheben und Absenken schaukeln. Rudi Sänger fächelte dem Unterfeldwebel am Kopfende mit einer Zeitung Luft zu, und gemeinsam sangen wir: „Schlaf ein, mein blond Engelein.“ Unterfeldwebel Großmann schloss dabei genießerisch die Augen und meinte: „Jetzt fehlt nur noch ein nacktes Weib, rothaarig und geil.“ Ja, das war unser Sonntagsvergnügen in Beraun! Aber nicht immer war das so. Nachdem wir das Grüßen gelernt hatten, durften wir auch auf die Straße und ins Kino.

Anfang Dezember 1940 wurden wir feldmarschmäßig eingekleidet und verladen. Ich hatte meine Gitarre unter dem angezogenen Mantel versteckt und marschierte im mittleren Glied zum Tor hinaus, ohne dass der Gitarrenschmuggel entdeckt wurde.

Nachts des gleichen Tages war es dann soweit, der Zug setzte sich langsam in Bewegung. Über Bayern ging es nach Frankreich hinein, Nancy, Le Mans und Rennes waren unsere Stationen. Es regnete ununterbrochen. In Quimper, einem bretonischen Städtchen, blieben wir auf dem Bahnhofsgleis stehen. Wir waren gespannt auf unsere Feldtruppe. Ihr werde ich bis Januar 1945 angehören.

Beim Regimentsnachrichtenzug des Infanterieregiments 151 der 61. ostpreußischen Infanteriedivision

Ich weiß nicht mehr genau die Einzelheiten, wie und wer uns vom Bahnhof Quimper abholte. Nur so viel, dass wir durch eine Toreinfahrt in einen Hinterhof gelangten und hier antreten mussten. Ein paar Gefreite und Obergefreite, ein Unteroffizier und ein Feldwebel als Ranghöchster begrüßten uns, zurückhaltend zwar, aber nicht unfreundlich. Der Feldwebel, ein schmächtiges, blasses, fast zartes Bürschchen, blauäugig, die blonden Haare – wie ich später feststellen konnte – streng militärisch auf Streichholzlänge geschnitten, gab den Ton an. Sein Käppi saß vorschriftsmäßig zwei Finger breit oberhalb der Augenbrauen, nicht ein bisschen schick oder keck zur Seite gerückt. Die Stimme unseres unmittelbaren Vorgesetzten klang hell, fast weich und überschlug sich öfter, wenn militärische Härte demonstriert werden sollte.

Aber jetzt nahm er den Ersatz erst einmal – wie es schien – ganz wohlgefällig in Augenschein. Bei mir und meiner Gitarre blieb er stehen: „Sie sind wohl viel gewandert?" „Jawohl." – „Gut so!" Offenbar meinte er, ich werde Wander- und Volkslieder zur Gitarre singen. Er wird enttäuscht gewesen sein, wenn er später von mir nur Schlager der damaligen Zeit gehört haben wird.

Unser Zugführer war insgesamt nicht unsympathisch und nötigte uns trotz einer gewissen Komik, die von ihm manchmal ausging, schon damals allen Respekt ab.

Wir werden nun in das im Hinterhof liegende Gästehaus des Hotels „Pascal" einquartiert. Zimmer mit sechs Betten und ein Kamin, den wir auch einmal mit vom Hotel organisiertem Holz in Betrieb genommen hatten. Es war unbestreitbar ein Privileg, das wir hier als Rekruten zugebilligt bekamen.

Unsere weitere Ausbildung lag in den bewährten Händen der Obergefreiten und Gefreiten des Regimentsnachrichtenzuges, die wir natürlich streng mit „ Sie" anreden mussten. Sie waren die „Alten", die Polen und Frankreich mitgemacht hatten; sie waren nun unsere Ausbilder und damit Vorgesetzten.

Zunächst erfolgte die Aufteilung des Ersatzes zum Regimentsnachrichtenzug und den Bataillonsstaffeln. Mit fünf anderen Kameraden kam ich zu den Funkern des Regimentsnachrichtenzugs, ohne Frage wieder Glück für mich, dessen Wert erst im Felde erkennbar wurde. Mit meinen neuen Kameraden werde ich gute vier Jahre zusammen sein. Es lohnt sich daher eine kurze Personenbeschreibung.

Da war zunächst Werner Zahn, mein Nachbar im aufgestockten Nebenbett: Groß, schwarzhaarig, mit einem Auge schielte er ein wenig, besonders bei angestrengtem Nachdenken – er wirkte fast ein wenig südländisch. Er stammte aus Rößel in Ostpreußen und sprach ein akzentfreies Deutsch mit einer Rachen-R-Betonung. Auf jeden Fall war Werner ein ruhiger, verträglicher und insgesamt ein grundanständiger

Kamerad. Er wurde nicht einmal böse, als ich ihm die Schalen von einem Kilogramm Apfelsinen, die ich am Abend vor dem Schlafengehen verdrückt hatte, unter das Kopfkissenbrett schob.

Dann käme Gustav Wachnowski, genannt Pat: Schlank, gelbliche Hauttönung, langes, nach rückwärts gekämmtes schwarzes Haar, dessentwegen er öfter angeekelt wurde – Ostpreuße aus Neidenburg, mittlere Reife, friedfertig und grundanständig.

Grundanständig waren sie alle, meine Kameraden, natürlich mit gewissen individuellen Varianten. Schließlich stammten wir ja von verschiedenen Eltern und Stämmen. Werner Zutraun war Abiturient, ein dunkler Typ, könnte Südländer sein, sah rassig aus, stammte aus Zoppot. Er war hochintelligent, ließ jedoch seine bildungsmäßige Überlegenheit den Nichtabiturienten gegenüber fühlen. Alles in allem war Werner ein braver Soldat, der nur den einen „Fehler“ hatte, dass er die gelegentlichen Schikanen der Obergefreitenhierarchie nicht als gottgegeben hinnehmen wollte und später, zusammen mit dem ihn unterstützenden Pat Wachnowski, uns andere Neulinge zum „passiven Widerstand“ aufwiegelte. Dies brachte uns wiederholt Strafexerzieren ein. Die andere Partei hatte und musste schließlich den längeren Arm haben.

Und zuletzt der schöne Werner Haferbier aus Sachsen. Wie schon gesagt, gesund und gut aussehend, dazu sehr „helle“ – wie alle Sachsen – und auch sonst recht munter. Auf Anhieb war er sympathisch, vielleicht nicht immer ganz aufrichtig.

Unsere Obergefreitenausbilder stammten alle drei aus Ostpreußen. Bruno Paukstadt, Theologiestudent aus Tilsit, der übrigens einen wunderschönen Bariton singen konnte, Viktor Presch aus dem Ermland, der in privaten Dingen etwas verschlossen war, sonst aber Humor hatte und ein braver, zuverlässiger Soldat war; und als Krönung unserer Funkerausbilder wäre Ernst Skambraks, Friseur aus Königsberg, zu nennen. Ernst war ein hoch aufgeschossener Brillenträger, immer Unsinn im Kopf, ein Spaßvogel und Vortragskünstler, vor allem in Wirtinversen war er unschlagbar. Er hatte sofort guten Kontakt mit uns jungen Soldaten und wurde von zuständiger Stelle wegen des „Duzens“ zurückgepfiffen. So streng waren da noch die Bräuche!

Auf der anderen Seite unseres Hausflurs in Quimper waren die Fernsprecher untergebracht. Werner Zutraun sagte über diese: „Seht Euch vor, vor denen da drüben! Da scheinen falsche Fuffziger darunter zu sein; vor allem dieser kleine Krumme“. Der „kleine Krumme“ war gar nicht so krumm, er hatte ein bisschen Rundrücken. Damit war Wolfgang von Ulardt gemeint, ein Danziger. „Der kann einem vor Falschheit kaum in die Augen sehen“, meinte Werner Zutraun. Der erste Eindruck trügt nicht immer, aber in diesem Fall trog er. Wolfgang wirkte und war zunächst auch etwas verschlossen, wie übrigens viele Ostpreußen; war man aber erst einmal warm geworden mit ihnen, so gab es keine Zuverlässigeren als diese. Das galt in besonderem Maße für Wolfgang, was sich in allen späteren Situationen des Krieges und im privaten

Bereich bestätigen wird. Später kam noch einer zu unserem Club, der zurzeit in Saint Malo zur Brieftaubenstation abgeordnet war. Seine Statur war breitschultrig, mittelgroß; er hatte eine etwas auffällige Nase mit einem „Pultdach" auf der Spitze. Oberhalb der Fußgelenke müssen seine Beine einen besonderen Bewegungsablauf gehabt haben, denn seine Stiefel waren an dieser Stelle einmalig verformt, sodass ich sie unter Tausenden herausgefunden hätte. Dies ist auch kein Wunder, denn Heinz Schimanski, Abiturient aus Königsberg, wurde mein Funktruppführer während der ersten zwei Jahre des Russlandfeldzuges. Ich hatte also genügend Zeit, ihn zu studieren. Er war ein Spötter, dabei äußerst gewissenhaft, hochmusikalisch und sehr sprachbegabt – er sprach perfekt Französisch. Er konnte auch hervorragend zeichnen, vor allem Frauen in französischer Aufmachung, am liebsten ohne oder in leichter Bekleidung nach Art von Wolfgang Friese. Mit Hingabe sang er französische Lieder und Schlager, wie „J'attendrai" mit allen Strophen. Auch tief in Russland kam noch sein überschwängliches Bekenntnis „Ich liebe Frankreich!", worauf Wolfgang dies mit einem Grinsen entkräftete: „Die französischen Weiber liebst Du!" – Wolfgang und Heinz werde ich noch öfter vorstellen und zitieren.

Vielleicht noch eine Aufzählung der mannschaftsmäßigen Ausstattung eines Regimentsnachrichtenzuges, denn heute sieht dies ja bei der Truppe ganz anders aus. Da wäre zunächst der Zugführer – ein Offizier. Dann gehören ein Zugfeldwebel, fünf Unteroffiziere, die sich auf vier Funktrupps, zwei Fernsprechbautrupps und einem Vermittlungstrupp verteilen, dazu. Hinzu kommen noch einige ZbV-Leute (Zur besonderen Verwendung). Wenn ich dies richtig in Erinnerung habe, dann insgesamt 33 Mann. Weitere Personenbeschreibungen spare ich mir für später, von Fall zu Fall auf.

Zunächst aber waren wir seit Anfang Dezember in der Bretagne, in Quimper, einem schönen bretonischen Städtchen und führten hier für einen in Ausbildung stehenden Soldaten ein relativ schönes Leben. Auf alle Fälle kein Vergleich mit Beraun. Eine Reichsmark war hier zwanzig französische Franc wert, und was konnte man 1940 dafür noch alles kaufen! Ein Kilogramm Apfelsinen kosteten 18 Franc, eine Flasche Martell 60 Franc. Samstag und Sonntag gingen wir gruppenweise französisch essen ins Hotel „Pascal" oder ins „Mädchenpensionat". Ein Menü bestand dort aus einer Vorspeise, wie zum Beispiel Miesmuscheln, einem ersten Gang, wie beispielsweise Kartoffeln mit gebackener Leber, einem zweiten Gang, wie zum Beispiel Kotelett mit Pommes Frites, und einem Nachtisch, wie zum Beispiel Obst. Dazu ein Viertel Rotwein. Alles zusammen kostete umgerechnet 95 Pfennige. Waren das Zeiten! Hier in Quimper herrschte, durch den Golfstrom und die westliche Lage bedingt, ein mildes Klima, sodass schon ab und zu eine fünf bis sechs Meter hohe Dattelpalme zu sehen war. Die bretonischen Frauen und Mädchen in ihren Trachten mit den je nach Familienstand unterschiedlich großen, aber immer blütenweißen gestärkten Häubchen, gehörten mit in das Landschaftsbild. Zur Landschaft gehörten auch die typisch aufgeschichteten Steinmauern, die die Felder vor den Seestürmen schützen sollten, und auch die umsäumenden Hecken und Bäume. Die Bäume waren häufig mit Efeu, Misteln und anderen pflanzlichen Schmarotzern bis in die Kronen hinauf umrankt. Ein unvergleichlich schönes Bild entstand dann, wenn diese Landschaft vom orangeroten Abendhimmel überflutet wurde und silhouettenhaft die bizarren Baumformen wie mit Tusche in diesen Himmel hineingezeichnet wurden. Vergessen will ich auch nicht die zweirädrigen Kastenwagen, die hier zu Hause sind, genauso, wie die wunderschönen Steinkirchen und Kirchlein ein Stück bretonischen Lebens darstellen.

Durch Quimper führt der Kanal Odet; er erreicht den vor unserer Tür liegenden Atlantik, der mit seinen Wellenbergen seit ewiger Zeit die felsigen Steilküsten der Bretagne bestürmt. Hier in diesem Raum hatte unsere 61. Infanteriedivision die Küstensicherung übernommen. Die Bataillone unseres Regiments lagen in den Räumen Audierne – Douarnenez, schönen Fischerstädtchen mit herrlichem Sandstrand, trotz der felsigen Steilküsten rundum. Wir bekamen noch Gelegenheit, den westlichsten Punkt Frankreichs, die Pointe du Raz, kennenzulernen. Es war am 1. oder 2. Februar 1941. Die zerklüftete Felsküste mit den vorgelagerten, wie Felsburgen aus dem Meer herausragenden kleinen Inseln sind beeindruckend und unvergesslich für jeden, der diese Landschaft mit dem in haushohen Wogen schäumenden Ozean einmal sah. Ein riesiger Keil gleißenden Sonnenlichts zerteilt das Meer und lässt die sich im Gegenlicht bewegenden Menschen wie vergoldete Schattenbilder erscheinen. Die Größe der Landschaft zwingt jeden Betrachter in ihren Bann.

Ich hatte an der Pointe du Raz ein Erlebnis ganz besonderer Art:

Die felsigen Steilhänge verlockten mich dazu, in dem Felsengelände ein wenig herumzuklettern und in eine querliegende große Felsspalte hineinzukriechen. Ziemlich am Ende dieses Felseinschnittes erkannte ich im Dämmerlicht eine Art Pflanzentiere – ich nannte sie so. Sie waren am Felsgrund „festgewachsen“, hatten etwa drei bis vier Zentimeter hohe, etwa ein Zentimeter dicke, graurote „Stiele“. Darauf saß eine Art Krone, circa zwei bis drei Zentimeter breit, mit gelben schuppenartigen, hornähnlichen Schalen. Diese erstmalige Bekanntschaft mit dem Meer faszinierte mich, und ich schnitt einige dieser Pflanzentiere mit dem Taschenmesser ab, um sie später genauer zu untersuchen. Ich war gerade dabei, sie in meinem Brotbeutel verschwinden zu lassen, als ich von oben Pat meinen Namen schreien hörte. Ich konnte gerade noch den auf mich zukommenden riesigen Wellenberg erkennen und sofort reagieren. Im Reflex klammerte ich mich mit den Händen und Füßen an den Felsboden und mit dem Rücken drückte ich mich gegen die Decke der Felsenspalte. Als mich gleich darauf die Riesenwelle erreichte, hatte sie aber nicht mehr die Kraft, mich herauszuschlagen. Noch eine zweite derartige Welle musste ich über mich ergehen lassen, bevor ich mit affenartiger Geschwindigkeit und klitschnass wieder die höheren

Felsregionen erreichte. „Die Angst beflügelt den eilenden Fuß", kam mir das Zitat aus der „Bürgschaft" in den Sinn. Aber erst, als ich mich am offenen Feuer eines einzeln stehenden Steinhauses trocknen ließ und die eben erlebte Bekanntschaft mit dem Meere überdachte. Die überstandene Gefahr änderte nichts an der Feststellung, dass die Bretagne ein schönes, herbes und zugleich liebliches Land ist. Aber noch waren wir da! Und wir wollen uns noch ein wenig umsehen. Dazu muss ich wieder einmal zurückblenden.

Es war einige Tage nach unserer Ankunft in Quimper. Wir bekamen Frontzulage und hatten somit alle zehn Tage 21 Reichsmark, das sind 420 Franc zur Verfügung. Trotzdem kam Werner schon gleich, um uns anzupumpen: „Mensch, ich hob den Puff g'funden – mei Geld is schunn olle. Wer borcht mor zehn Mark?" Die Schilderungen veranlassten uns Funker, diesen Betrieb in der Gartenstraße 4 gemeinsam anzusehen. Es war für uns alle der erste Besuch dieser Art Luststätte, und ich gestehe, es war doch recht beeindruckend für eine relativ unverdorbene junge Seele.

Wir betraten ein im Halbdunkel liegendes Lokal, vorbei an der Puffmutter, die gleich am Eingang das Bier abzapfte, und suchten uns einen abseits gelegenen Ecktisch, um aus dem Hintergrund den Betrieb beobachten zu können. Die Luft bestand aus Rauch, Bierdunst und Parfüm, sie war zum Schneiden. Trotzdem konnte man eine Gruppe Männer der Organisation Todt, dort Wehrmachtsangehörige und eine Gruppe von der Marine erkennen. Letztere war dabei, den freien Busen eines Mädchens zu bearbeiten. Eine andere, teilweise von zartem Tüll umhüllte Dame, amüsierte die Kameraden, indem sie „Kunststückchen" vorführte, die zu schildern ich mit Rücksicht auf eventuelle Leserinnen doch besser unterlasse. Zwischendurch kreischten einige andere Kundschaft suchende Mädchen, die dabei mit sinnlichem Augenaufschlag ihre Reize anboten. „Du, Kamerad, komm!" und sie luden unmissverständlich ein, ihre Gunst zu beanspruchen.

Fritz Kesch, an unserem Tisch, hatte plötzlich ein Mädchen auf dem Schoß sitzen. Sie versuchte, ihn mit den üblichen Tricks zu animieren. Röte stieg in sein Gesicht, und man sah förmlich, wie dem braven Kameraden aus Lötzen die Schauer den Rücken hinunterliefen. Aber er blieb hart. Und so verließen wir mit einer Ausnahme geschlossen wieder die Erste-Hilfe-Station für sexuell in Not Geratene. Es waren meist verheiratete „ältere" Männer, die, ans tägliche Brot gewöhnt, von dieser Einrichtung Gebrauch machten. Aber sicher auch nur ein Bruchteil aus diesem Personenkreis. Wir Jünglinge waren noch zu anständig oder zu feige. Schließlich ist dies auch eine Angelegenheit der Moral und der Scham, womit ich mich keinesfalls zum Moralisten aufspielen möchte.

Wir entdeckten das „Café de Paris" mit hübschen freundlichen Bedienungen und einer Dreimannkapelle. Sie wurde öfter von unserem Kradmelder Reinhold Kind und seinem Akkordeon verstärkt. Reinhold spielte phantastisch sowohl die deutschen, als auch die englischen und amerikanischen Schlager, wie Dinah, Karawan, Komm' zurück, Mitternacht am Lido und so weiter. Hier ging es durchaus fast gediegen zu, wenn angeblich auch ab 22.00 Uhr dieses Lokal für Offiziere reserviert gewesen sein soll. Das störte uns nicht. Wir tranken dort gerne eine Tasse Kaffee oder einen Ballon (Bier). Mehr wollten wir ja nicht.

Reinhold Kind erfreute uns noch öfter während des Russlandfeldzuges mit seiner Musik, sofern dies die Situation zuließ. Mit ihm, dem ausgesprochenen Jazzmusiker, hatten wir auch in anderer Weise noch unseren Spaß. Er schlug nämlich die große Pauke bei der Regimentsmusik. Wenn dann Reinhold beim Standkonzert die Brille nach Art des armen Poeten auf der Nase sitzen hatte, den Bauch scherzhaft etwas nach vorne schob und dann bei der Marschmusik mit gleichen Armbewegungen und Grimassen im Takt auf Pauke und Tschinellen haute, dann blieb bei den Zuschauern kein Auge trocken. Schon deswegen versäumten wir nicht, die Standkonzerte unseres Musikkorps unter der Stabführung von Stabsmusikmeister Grothe zu beehren. Reinhold war Rheinländer und soll das einzige Kind wohlhabender Eltern gewesen sein. Obwohl Abiturient, hatte er nicht den Ehrgeiz, Offizier zu werden. Er blieb als Melder bei uns im Regimentsstab bis 1943. Dann ging auch kein Weg mehr an ihm vorbei. Die hohen Offiziersverluste machten ihn zwangsweise zum Offiziersanwärter. Aber schon während seiner Bewährungszeit in der Schützenkompanie wurde der Sehbehinderte als vermisst gemeldet. Vielleicht ist er in Gefangenschaft geraten und hat sie überlebt. Ich weiß es nicht, ich hoffe dies nur.

Weihnachten 1940 war gekommen, mein erstes Weihnachtsfest außerhalb des Elternhauses. Gegen 16.00 Uhr marschierten wir gemeinsam in die herrliche gotische Kathedrale von Quimper zum Feldgottesdienst, der von den Divisionspfarrern beider Konfessionen abgehalten wurde. 34 Jahre später sah ich diese Kathedrale wieder. Dies war zum Todestag des französischen Staatspräsidenten Pompidou, für den gerade ein festlicher Trauergottesdienst abgehalten wurde.

Bevor ich auf unsere Weihnachtsfeier eingehe, muss ich das Bild unseres Feldwebels Schumacher ein wenig zurechtrücken. Denn er war trotz seines schmächtigen äußeren Erscheinungsbildes ein Soldat, der von einer bei ihm nicht vermuteten Energie und Willenskraft beseelt war. Er wurde daher auch von den Alten, die ihn noch als Gefreiten kannten, absolut respektiert. Begegnete man ihm in der Stadt und unsere Hände flogen mit „Zack“ an die Käppi, dann grüßte er in gleicher Weise zurück. Nicht so leger, wie ich dies von allen anderen Vorgesetzten gewohnt war.

Oder ein anderes Beispiel: Er führte uns einmal mit dem Obergefreiten Skambraks bei einer Geländeübung den gefechtsmäßigen Aufbau des Funkgeräts Dora 2 vor. Es war nicht allein das schnelle Tempo, mit dem dies geschah und das uns imponierte, sondern vor allem die Tatsache, dass er sich dabei mit in den größten Dreck hineinwarf. Er forderte nichts von uns, was er nicht selbst zu tun bereit war oder tun konnte. Er wollte uns Vorbild sein und war es. Man musste ihm dies abnehmen. Aber nun endlich zur Weihnachtsfeier 1940, die nach dem gemeinsamen Abendessen anberaumt war. Pat sollte dabei auf der Geige das „Stille-Nacht-heilige-Nacht-Lied" spielen – ganz allein, ohne Begleitung. Er hatte wohl vor zig Jahren mal Geigenunterricht gehabt, und so war es für ihn eine Selbstverständlichkeit, dass er uns diesen Genuss nicht vorenthalten wollte. Wir saßen nun alle in festlicher Erwartung um den Lichterbaum. Pat hob die Geige zum Kinn, seine Finger zitterten leicht – später heftiger –, und dementsprechend hörte sich auch der Geigenklang an. Es war ein jämmerliches Gekratze und Gejaule, das allem anderen ähnlicher war als dem schönsten deutschen Weihnachtslied. Wir konnten uns das Lachen nicht verbeißen, zum Mindesten war bei dem Versuch, ernst zu bleiben, ein verbissenes oder leichtes vergnügliches Grinsen nicht zu vermeiden. Nicht aber bei Feldwebel Schumacher! Er saß da, unbeweglich mit todernstem Gesicht, als hörte er die Fünfte von Beethoven. Er blieb auch ernst, als er sich bei dem rotgesichtigen Pat für die musikalische Weihnachtsdarbietung bedankte und seine Festansprache an uns hielt.

Nach dieser offiziellen Feier ist mir noch bestens in Erinnerung, dass wir den Glühwein bei der Feldküche in Kannen und Eimern abgeholt haben. Ich verstand kein Wort von dem, was mir die Leute hier von unserem Tross zuriefen. Es waren ostpreußische Landbewohner, die untereinander ihr Platt sprachen. Ich hielt sie damals für Flamen oder Holländer, jedenfalls nicht für Deutsche. Aber dies änderte sich im Laufe der Monate und Jahre, sodass „eck verstone konnt, wat vertellt wordn es". Als wir schon in unseren Betten lagen und uns noch ein wenig unterhielten, kam Willi Gerk in unsere Stube; er war einer von „de Forersch". Er war voll des süßen Weins und sah mit verschleiertem Blick von einem zum anderen, bevor er sein Herz ausschüttete. Dabei rannen die Tränen. „Kameraden, es wird schrecklich werden", weiter kam er nicht. Gemeint war das kommende Jahr mit der Invasion in England. Das Regiment hatte im Sommer schon an Verladeübungen auf Fischerkähnen teilgenommen. Bei Willi war es nicht nur Katzenjammer, wie er sich im Suff manchmal einzustellen pflegt, sondern echte Sorge um unsere Zukunft. Wie sagte doch Oberleutnant Rapreger bei seinem kurzen Besuch unserer Feier? „Das Jahr 1941 wird uns vor große Aufgaben stellen. Und darauf freuen wir uns, denn wir wollen ja etwas erleben." Oberleutnant Rapreger, unser Regimentsadjutant, war in Erscheinung und Auftreten eine Offiziersfigur wie aus einer Heeresdienstvorschrift oder einem Propagandafilm.

Willi aber hatte trübe Ahnungen, er sollte die nächsten Weihnachten nur kurze Zeit überleben. Damals ahnten wir allerdings noch nicht, dass Russland unser Angriffsziel sein würde. Auch dann noch nicht, als wir Anfang Februar 1941 verladen wurden und in Ostpreußen ausstiegen. „Labium, utstiege", begrüßte uns im Viehwagen zusammengedrängte und frierende „Franzosen" der Aufsichtsbeamte vom Bahnhof Labiau.

In Ostpreußen

In Ostpreußen herrschte noch tiefer Winter. Ein halber Meter Schnee bedeckte das Land, und über die Felder und Straßen fegte ein eisiger Wind. Wir marschierten mit eingezogenen Köpfen in Richtung Groß-Scharlack, einem etwa neun Kilometer von Labiau entfernten Gut. In der zum Gut gehörenden kleinen Schule fanden wir Unterkunft. Oh, war die Umstellung schwer! Wehmütig dachten wir an das warme Klima der Bretagne mit den großen, fast warmen Regentropfen und an die Hotelzimmer mit Kamin, die uns dort aufgenommen hatten. Auch mit dem zusätzlichen Einkaufen und Genießen war es vorbei.

Das Gut hier hatte etwa 2.000 Morgen Land zu bewirtschaften und war von einem Dutzend ebenerdiger und geduckter Häuschen und Stallungen umgeben. Dies war unsere neue Bleibe auf Zeit. Menschen sah man kaum, dabei bin ich heute sicher, dass sie uns schon damals scheu von ihren Fenstern aus beobachtet haben.

Eines Tages schaute uns ein kleiner breitschultriger Mann in Arbeitskleidung, mit verbeulter Schirmmütze auf dem Kopf zu, wie wir unsere Kochgeschirre am Dorfbrunnen säuberten. Schließlich sprach er uns an: „Eck hev jehört, doss Soldotes järne Bratkartoffels ete“ (wenn mein Ostpreußisch nicht ganz astrein ist, bitte ich um Nachsicht). Und als dies mit einem zustimmenden Blick von uns bejaht wurde, sprach er weiter: „Hejt owend bei mi, eck bänn der Järtner Witt und wohn do bowe“. Dabei zeigte er in die Richtung seines Häuschens. Es ist unglaublich, aber in diesem kleinen Häuschen fanden wir tatsächlich alle Platz zum Bratkartoffelessen. Eine riesige tiefe Schüssel voller knuspriger Bratkartoffeln, zur Gänze bedeckt mit „Spirjel“ (knusprig gebratene Schweinebauchscheiben), standen für uns schon bereit. Ich bezweifle, ob unser französisches Essen im Mädchenpensionat besser geschmeckt haben kann! Die kleine rundliche Frau Witt, ehemals Gutsköchin, gab uns später noch öfter Gelegenheit, ihre Kochkunst zu bewundern. Schon zum nächsten Sonntag hatten wir Funker eine Einladung zum Windbeutelessen. Den ganzen Regimentsnachrichtenzug konnten diese gastfreundlichen Menschen nicht ständig bewirten. Wir revanchierten uns mit einem 20 Reichsmarkschein pro Kopf, denn Bargeld war knapp bei den Witts, wie überhaupt bei allen Gutsarbeitern.

Dies war der erste Kontakt mit der „verschlossenen“ ostpreußischen Landbevölkerung. Damit aber nicht genug! Gärtner Witt sorgte auch für Zerstreuung in unserer Freizeit. Er räumte sein Treibhaus, einen 5 x 12 Meter großen massiven, mit Wellblech gedeckten Bau soweit aus, dass wir Platz zum Tanzen hatten. Für Musik sorgten Werner mit seinem kleinen Akkordeon und ich mit der Gitarre. Dazwischen kam dann auch mal ein etwa fünfzehnjähriger Einheimischer mit seiner diatonischen Harmonika zum Zug. Und unser „Café Wellblech“, wie wir es nannten, machte uns und den Einheimischen Spaß. Der Kontakt mit diesen einfachen Menschen vollzog sich mit Natürlichkeit und Anstand von beiden Seiten. Die Ermahnung des inzwischen zum Leutnant beförderten Feldwebel Schumacher, den Mädchen nicht den Kopf zu verdrehen, weil wir den Landjungen überlegen seien, war überflüssig, denn wir waren von Natur aus anständig.

Anfang April war die Idylle von Groß-Scharlack zu Ende. Ich musste mich meiner Gitarre entledigen, denn es schien diesmal ernst zu werden. Wahrscheinlich bekommen wir freien Durchzug durch Russland nach Persien, um die Engländer hier hinauszuwerfen. Die Gitarre schenkte ich Gärtner Witts Tochter, der „jongn Fru mit'm Kinnerjesicht". Am Abend vor unserem Abmarsch spendierte der Gutsherr ein Abschiedsessen – Bratkartoffeln mit Grützwurst. „Wat, dissem billijn Negerbimmel?!", empörte sich Gärtner Witt. Die Tochter rief errötend „Papa!" dazwischen, sodass ich annehmen musste, Gärtner Witt habe nicht gerade etwas Salonfähiges gesagt.

Am nächsten Abend marschierten wir los von Groß-Scharlack. Jung und Alt begleitete uns ein Stück des Weges und ließen uns dann mit mehr gedachten als gesprochenen guten Wünschen weiterziehen.

Wir aber bewegten uns in Nachtmärschen in Richtung Nordosten. Mir gefiel dies ganz gut, denn Laufen bereitete mir keine Schwierigkeiten. Dazu die stimmungsvollen Silhouetten des Tannenwaldes, der uns – vom Mondlicht überflutet – meistens begleitete. Stille, herrliche Stille! Die anfangs gesungenen Soldatenlieder waren längst verstummt. Das „Ohne-Tritt-Marsch" führte bald wieder zum Gleichschritt zurück, weil man in der Monotonie des Gleichschritts und der gleichen Körperbewegungen einfach leichter und damit kräftesparender marschieren kann. Man brauchte auf nichts zu achten und konnte seinen Gedanken oder Träumereien nachhängen. Die Geräusche der marschierenden Truppe werden nicht mehr bewusst wahrgenommen. Nur ab und zu das plötzliche Schnauben unserer schweren Grauschimmel am Funkwagen hinter uns brachte die Gegenwart zurück und gab uns gleichzeitig das Gefühl einer unauflösbaren treuen Freundschaft. Diese braven Pferde verdienten ein eigenes Kapitel. Sie litten und starben wie die Menschen, denen sie echte Kameraden geworden waren.

Wir kamen nach Schillen und hatten hier einige Tage Aufenthalt. Hier übten wir auch gleich wieder im Gelände unsere Funkverbindungen unter simulierten einsatzmäßigen Bedingungen. Ich gehörte damals zu Bruno Paukstadts Trupp. Unteroffizier Paukstadt fand beim Stellungswechsel garantiert eine Wirtschaft oder Apotheke mit Ausschankberechtigung, um hier einen Doppelten zu verinnerlichen. Er war überhaupt ein netter, ausgeglichener Mann und Menschenfreund, dem die „Schändlichkeiten" mancher Rekrutenausbilder zutiefst zuwider waren. „Leben und leben lassen" war seine Devise.

Ich feierte hier in Schillen meinen 21. Geburtstag; es war der 8. April 1941. Diese Feier bestand darin, dass ich mir an diesem dienstfreien Tag in einem Hotel am Platze einen Birnenlikör leistete. Dabei schrieb ich meinen Eltern einen netten Brief, in dem ich mich für alle mir zugekommene Güte bedankte, denn ich war jetzt ja großjährig geworden und in meinen Entscheidungen unabhängig, glaubte ich. Dabei war ich im Grunde jetzt und in den kommenden Jahren immer fremdem Willen bedingungslos unterworfen. Was hatte denn die soldatische Ausbildung für einen anderen Sinn, als die unbedingte Unterordnung mit bedingungslosem Gehorsam unter Ausschaltung aller subjektiven Regungen oder gar Handlungen zu erreichen. Daher auch die verächtliche Abtötung oder mindestens Unterdrückung ziviler Neigungen und Umgangsformen während der Ausbildungszeit. Das Wort „Herr" war geradezu ein Schimpfwort oder gar eine Verhöhnung geworden. Wenn es zum Beispiel hieß: „Meine Herren, werden Sie ja nicht aufsässig, sonst werde ich Ihnen die Hammelbeine langziehen". Oder: „Meine Herren! Sie stecken jetzt in preußischen Grenadierstiefeln! Dies ist eine Verpflichtung! Eine Verpflichtung, sich die Ehre, preußischer Soldat, deutscher Soldat zu sein, erst zu verdienen. Daher wollen wir nicht zögern und gleich damit beginnen! – Marschmarsch, hinlegen, Sprung auf" und so weiter. Immer wieder von vorne.

Die länger dienenden Ausbilder auf der Obergefreiten- beziehungsweise Unteroffiziersebene, die im Zivilberuf irgendeine handwerkliche Tätigkeit erlernt hatten oder gar Ungelernte waren, genossen es jetzt, Abiturienten und ihnen Nahestehende durchs Gelände zu scheuchen. Zu unseren Ausbildern gehörte später auch der Obergefreite Salecker, ein Tilsiter. Er wird in späteren Jahren noch eine tonangebende Rolle im Regimentsnachrichtenzug spielen. Bisher war er nicht besonders in Erscheinung getreten. Vom Äußeren her war bei ihm alles rundlich, daher wurde er immer nur „Der Dicke" genannt. Ärgerte oder drangsalierte er uns unberechtigterweise, dann wurde daraus einfach: „Die dicke Sau". Ich selbst nannte ihn nie so, weil er mir irgendwie sympathisch war und ich bei ihm nichts auszustehen hatte. Er hatte Humor und „verdöste" (nahm gerne aufs Korn) gerne. Wenn es mich betraf, äppelte ich zurück, was er mit einem verlegenen Grinsen ohne weiteres einsteckte. Irgendwie mochten wir einander. Ein Beispiel: Im Gelände in Zweiergruppen aufgestellt standen wir da und lernten wieder einmal, was Zielen heißt. Ich sprach gerade „… über Kimme und Korn so einzurichten …" Unteroffizier Salecker dazwischen: „Passen Sie ja auf, dass ich Ihnen nicht gleich in der Kimme erscheine!" Ich darauf nur mit einem unzweideutigen Grinsen: „Jawohl, Herr Unteroffizier", der er inzwischen geworden war. Meine Antwort ließ keinen Zweifel darüber, welche Art Kimme ich damit gemeint hatte. Meine Kameraden lachten unverfroren, und er lächelte unsicher mit.

Auch einer unserer Gefreiten war auf Grund seiner Verpflichtung zum Berufsunteroffizier inzwischen befördert worden. Bei ihm fühlte man einige Komplexe gegenüber seinen Untergebenen zu deutlich. „Er hätte auch eine andere Schule besuchen können, wenn seine Eltern dazu in der Lage gewesen wären" und so weiter.

Kurzum, es bereitete ihm manchmal sichtlich Vergnügen, uns seine Macht spüren zu lassen und uns Ostpreußen auch von der Erde her näher zu bringen. Dabei war er selbst Rheinländer. Die Widerspenstigen Zutraun und Wachnowski wurden öfter mit „Geländesondereinlagen“ bedacht. Nach solchen Schleifereien, die aber nicht allzu häufig vorkamen, berieten wir am Abend in der Unterkunft vom Bett aus, wobei Werner Zutraun das Wort führte: „Kinderchen, lasst Euch nicht verrückt machen! Die strotzen doch geradezu vor Komplexen und Unsicherheit! Und wenn sie noch so schreien: ‚Laufen Sie!‘ – Laufen ja, aber schön langsam, wir können eben nicht schneller. Nicht stehen bleiben, das wäre Befehlsverweigerung! Den Gefallen tun wir ihnen nicht! Wenn wir uns einig sind, können sie uns gar nichts anhaben.“ – Und diese nächtliche Verschwörung war offenbar an der Tür belauscht worden. Wir bekamen es am anderen Tag zu spüren. Hoch zu Pferd saß er, der Peiniger mit Silberblick, und schleifte uns zwei Stunden durchs Gelände. Und dies einige Wochen vor der großen Bewährung in Russland! Am Schluss dieser körperlichen Belehrung legte er uns nahe, uns bei den betreffenden Herren in geeigneter Weise zu bedanken. „Wenn Sie nicht anders wollen, ich halt's durch.“ Wir taten nichts. Derartige Erziehungsmethoden waren unserer unwürdig.

Am 20. April 1941 ging es im Divisionsverband auf der Königin-Luise-Brücke in Tilsit über die Memel. Ich ahnte damals nicht, dass ich so quasi an der Haustür meiner späteren Frau vorbeimarschierte ... Bei diesem Aufmarsch bekam ich erstmals eine visuelle Vorstellung davon, wieviel Tausend Männer so ein Verband umfasst. Ihre infanteristische Stärke war ja leicht zu errechnen, aber nicht das, was darum herum noch alles dazugehörte.

Durch die Schneeschmelze war die Memel weit über die Ufer getreten. Wir marschierten jetzt auf wieder befreiter deutscher Erde – ins Memelland hinein. Hier hatte ich auch den längsten Marsch durchzustehen, den ich als Soldat jemals zu absolvieren hatte. Er ging über sechzig Kilometer. Am Morgen erreichten wir unser Quartier beim Bürgermeister. Wir wankten vor Müdigkeit und Schmerzen nur so hinein, aber Blasen auf den Füßen hatte ich nicht.

Längeren Aufenthalt nahmen wir dann erst wieder auf dem Gut Matzigen. Die kleine Schule war auch hier wieder unser Quartier. Das nahe gelegene Heydekrug ist mir nicht nur wegen Sudermann, dessen spannende Erzählungen ich gerne gelesen habe, in Erinnerung geblieben, sondern wegen einer trüben Erfahrung. Ich hatte in Frankreich schon einmal den Martell (Cognac) über Maßen genossen und nicht vertragen, sodass ich noch nach Jahren keinen Martell riechen konnte. Und hier, in Heydekrug, hatte es mir der Doppelkorn angetan. Heinz hatte mich überlistet. Ich weiß noch genau, als ich auf dem Nachhauseweg, bei klarem Mondenschein, mich ins Gelände setzen und umschichtig nach vorne und hinten abstützen musste, denn „es“ ging von beiden Seiten. Mir war sterbenselend. Es hatte aber sein Gutes. Ich habe mich nie mehr im Leben so blödsinnig besoffen, denn ich kannte jetzt meine Grenze. An Heydekrug habe ich aber auch eine schöne Erinnerung. Von hier aus ging eine Dampferfahrt zur Kurischen Nehrung, die uns das Regiment noch vor Beginn des Russlandfeldzuges ermöglichte. Wir sahen ein Stück von der Schönheit dieser herben, ursprünglichen Landschaft des Memellandes. Unser Dampfer fuhr über das Haff nach Nidden. Hier die riesigen Dünen mit dem Tal des Schweigens, auf der anderen Seite der Nehrung, die Ostsee. Mit einiger Fantasie konnte man sich ausmalen, welche herrlichen Urlaubsmöglichkeiten sich hier für den ruhesuchenden Menschen boten: Sand, Sonne, Wasser, blauer Himmel, Bergkiefern und viel Ruhe. Das sanfte schwappende Rauschen und Gluckern der Ostsee verstärkt den beruhigenden Einfluss dieser wunderbaren Landschaft. Und dazu noch den immer frischen Fisch in den zahlreichen Restaurants Niddens!

Wenn in späteren Jahren ostpreußische Menschen stolz von ihrer schönen geraubten Heimat schwärmen werden, dann ist dies sicher nicht nur die Gloriole des Gehabten und nicht mehr Erreichbaren, sondern echter Schmerz um ein Stück verlorenen wunderbaren Landes.

Wir aber müssen weiter. Langsam schieben wir uns nach Norden zur Grenze vor. Wir bewegen uns nur noch nachts und stehen jetzt ostwärts Memel. Die Straßen des Grenzlandes sind – wo dies erforderlich war – gegen Feindeinsicht getarnt.

Leutnant Schumacher verlässt uns. Er wird Ordonnanzoffizier bei unserem III. Bataillon. Bataillonsführer ist Hauptmann Rooch. Leutnant Schumacher wird es hier nicht leicht haben. Er wird durch eine harte Schule gehen und sie absolvieren.

Wir bekamen als neuen Zugführer den bisher beurlaubten früheren Zugführer des Regimentsnachrichtenzugs, Leutnant Dr. Walther Hubatsch aus Tilsit. Die Alten des Regimentsnachrichtenzugs kannten ihn und sprachen seinen Namen mit ernsten Mienen und Respekt aus. Wir hatten bis zum Beginn des Russlandfeldzuges noch einige Wochen Zeit, um uns etwas kennenzulernen. Das äußere Erscheinungsbild unseres neuen Zugführers sah etwa so aus: mittelgroß, schlank, gestraffte Haltung. Sein Gesicht hatte feine und zugleich energische Züge, die sich nur selten zu einem Lächeln bereitfanden. Insgesamt war er von der Sache her ein überzeugter, strenger Vorgesetzter und Soldat mit großem Ernst.

Mir gelang es nicht sofort, seine Sympathien zu erwerben, dies kam folgendermaßen: Bei einem Dienstunterricht über die gerätemäßige Ausstattung irgendeiner Truppeneinheit meldete ich mich als Einziger bei der Frage nach der Bezeichnung eines Fahrzeuges zu Wort. Meine völlig unmilitärische und geradezu naive Antwort lautete: „Panjewagen." Dies war kein Geistesblitz, nein! – Das bisher in froher Erwartung auf mich gerichtete Gesicht meines Zugführers begann sich augenblicklich beleidigt zu verfinstern. Unter dem Gelächter der übrigen Kameraden entgegnete er mir barsch und verächtlich: „Jaja, da werden wir Sie drauf setzen und losfahren lassen." Ich stellte mir dies bildlich vor, es gefiel mir nicht. Natürlich, Panjewagen gab es bei uns nicht, nur Heeresdienstfahrzeuge – leider! Denn unsere schweren stahlblechernen Fahrzeuge erwiesen sich bei den schlechten russischen Wegeverhältnissen, vor allem während der Schlammperioden, als völlig unzweckmäßig, sodass wir im Verlaufe des Russlandfeldzuges teilweise und zeitweise auf Panjewagen umgestiegen sind.

Die unmittelbaren Tage vor dem Einsatz sind einer Rückerinnerung wert. Jeder Zweifel über unser Vorhaben war nunmehr ausgeschlossen. Beim Regimentsstab lagen Landkarten von Litauen, Lettland und Estland – unserem Einsatzgebiet. Feldwebel Kiausch zeigte uns eine Heeresinformationsschrift mit abgebildeten sowjetischen Waffen, die im Finnlandfeldzug erbeutet worden waren. Sie waren durchweg veraltet und primitiv. „Die werden sich wundern", meinte er dazu. – Aber gewundert haben wir uns sehr bald schon, denn die Russen verfügten über eine ausgezeichnete moderne Bewaffnung, die in vielen Fällen unserer überlegen war, zum Beispiel die Panzerwaffe, von den vielen Typen moderner und gut funktionierender Handfeuerwaffen der Russen ganz zu schweigen. Die zahlenmäßige und zum Teil technische Überlegenheit des Feindes mussten unsere Soldaten durch Mut, Kampfgeist, Opferbereitschaft, also immer unter verstärktem Einsatz ihres Lebens ausgleichen und sogar eine Überlegenheit herbeiführen. – Also hier hatte sich Feldwebel Kiausch geirrt. Auf der Brücke eines kleinen Grenzflüsschens stand ein nicht mehr ganz junger Soldat unseres Pionierzuges. Die Arme hatte er auf das Brückengeländer gestützt und sah nachdenklich ins Wasser. Ich stellte mich daneben und sah gleichfalls den Baumstämmen entgegen, die von der Grenze her als Lieferung von drüben angeschwommen kamen. „Die Russen liefern noch schön brav", meinte ich. Darauf andere: „Jojo, et ware Veele schlope gone, Kamerad, wenn disse Stämme nich mehr kome." – Mir war nicht wohl bei dieser ernsten Prophezeiung.

Am anderen Abend ließ Hauptmann Dr. Pankow, übrigens Zahnarzt aus Cranz, die Stabskompanie unter Ausstellung von Wachtposten zusammentreten, um den Führerbefehl vorzulesen: „... In dieser schweren Sorge wende ich mich an Euch, meine Soldaten und bitte Euch, den aktiven Schutz des Reiches zu übernehmen." – Es war dann noch von der „gigantischsten Front aller Zeiten" die Rede und so weiter. Hauptmann Dr. Pankow empfahl jedem, der noch etwas nach Hause schreiben wollte, dies gleich zu tun, da in den nächsten Tagen dazu keine Zeit sein würde.

Wir vom Regimentsnachrichtenzug wurden nun für den bevorstehenden Einsatz eingeteilt. Ich kam als zweiter Mann zu Theo Rösler. An Schlaf war nicht mehr zu denken, denn schon um Mitternacht marschierten wir beide in den Bereitstellungsraum des III. Bataillons. Die Offiziere des Bataillonsstabes ließen sich von der Bäuerin des Hofes noch Spiegeleier braten. Wie kann man da noch essen? Mir lag der Magen wie ein Bleiklumpen im Leib. Die Zivilbevölkerung verließ mit einem Teil ihrer Habe auf dem Rücken das Einsatzgebiet beziehungsweise ihre Häuser.

Der Angriff beginnt

Punkt 03.15 Uhr schlug unsere Artillerie los. Die Nacht dröhnte von den Schlägen der Abschüsse. Ein leichtes Morgengrauen deutete sich an. Beklemmung und Angst überfielen mich, mein Magen drehte sich um. Ich bemühte mich, diesen Zustand niemanden merken zu lassen. Sicher wird es anderen ähnlich ergangen sein; es sind ja nicht alle Menschen zu Helden geboren. Zeit zum Nachdenken gab es nicht mehr, denn kaum zehn Minuten nach Beginn der Kampfhandlungen mussten wir unser Gerät aufnehmen und dem Bataillonsstab in das Morgengrauen folgen. Zu meinen moralischen Beschwernissen kamen die körperlichen. Der Zubehörtornister mit seinen 44 Pfund, dazu die feldmarschmäßige Ausrüstung mit dem irrsinnigen Karabiner, der uns immer nur behinderte, zogen und drückten an allen Körperteilen. Meine um den Hals hängende Agfa-Isolette (Klappkamera) schlenkerte gleichfalls bei jedem Schritt hin und her. In dieser Aufmachung ging es immer querfeldein in die dämmrige, taunasse, von Nebelschwaden verhangene fremde litauische Landschaft hinein. Keine Straße, kein fester Weg! – Die ersten Kugeln tschirrten mir um die Ohren. Unwillkürlich zog ich den Kopf ein, was sowieso Unsinn ist, denn es wäre längst zu spät gewesen. Ich merkte bald die Eigenart dieses Bataillonsführers. Er marschierte nicht circa 500 Meter in der Mitte hinter seinen Angriffsspitzen, sondern mitten in der Angriffsspitze. Die führungstechnischen Überlegungen der anderen interessierten ihn nicht. Er musste sehen, was sich an der Spitze tut. Seine Kampfordnung sah daher so aus: Ein Minensuchtrupp an der Spitze, dann ein Zug Infanterie in Schützenkette und mitten drin der Bataillonsstab, zu dem wir abgestellt sind. Gefechtsmäßiges Verhalten mit unserem schweren Kasten auf dem Buckel ist unmöglich.

Schon am ersten Tag bemerkte ich auch, dass unser Dora-2-Gerät keine ideale Erfindung war. Es eignete sich mehr dafür, den sich damit herumschleppenden Funker körperlich und seelisch schachmatt zu setzen. Zudem hatte dieses Gerät nur eine maximale Reichweite von vierzehn Kilometern, dies aber nur bei Sichtverbindung, das heißt, auf dem Meer oder einer Ebene, und auch dies nur im Tastverkehr. Bei Sprechfunkverkehr konnte man schon zufrieden sein, wenn man bei drei Kilometern eine Verständigung erreichte. „Regimentsfunker zu mir! Geben Sie durch: Haben Linie XY überschritten, schwacher Feindwiderstand, greifen weiter in Richtung Z an. Sehen Sie zu, dass Sie bald Verbindung haben. Wir gehen in diese Richtung weiter vor, notfalls lasse ich Ihnen einen Melder am Ende der Plaine zurück, der sie dann führen wird." – Wir verschlüsselten und bekamen zum Glück gleich Verbindung; das Regiment hatte noch nicht Stellungswechsel gemacht. Kaum war das „arsk" durch, hatten wir den Kasten schon wieder umgehängt, um den Anschluss nicht zu verlieren, denn aus dem Wald schossen Heckenschützen. Nun suchten wir das Bataillon. Wir brauchten nur dem Kampflärm nachzugehen, um wieder aufschließen zu können. So schleppten wir uns Stunde um Stunde durch das Gelände. Der Morgennebel hatte sich längst verzogen, und nun ging es an brennenden strohgedeckten, armseligen Katen und Bauerngehöften vorbei, die schon bei der ersten Leuchtspurgarbe wie Zunder zum Himmel loderten und mit ihren schwarzen Rauchwolken den Weg des Krieges markierten.

Als wir uns in ziemlich erschöpftem Zustand wieder einmal bemühten, dem Bataillonsstab zu folgen und ich dabei war, die von mir zu schleppenden Klamotten wie Gewehr, Gasmaske, Stahlhelm, Funktornister, Spaten zurechtzurücken und so schon recht „die Schnauze voll am ersten Tag" hatte, hörte ich eine bekannte Stimme von oben her sagen: „Aah, Propagandakompaniemann Steiniger, prima!" Leutnant Schumacher, der Ordonnanzoffizier, blickte lächelnd zu mir herab und wünschte mir gute Aufnahmen. Ich hatte bisher nicht ein einziges Mal geknipst, ich war einfach zu erschöpft dazu! Ob dies mit dem Propagandakompaniemann Ironie war in Anbetracht meines für jeden erkennbaren Zustandes? – Endlich erreichten wir am Nachmittag eine gutausgebaute Landstraße. Die ersten russischen Gefangenen kamen uns entgegen, und nun schoss die russische Artillerie mit einem oder zwei Geschützen Streufeuer auf unseren Nachschubweg. Rums, Rums, detonierten 12,2-cm-Geschosse; Splitter surrten durch die Gegend. Ich dachte in diesem Augenblick an meinen Vater, ganz kurz und ganz flüchtig zwar, aber immerhin! Er sagte einmal zu mir: „Das ist nicht so einfach, die haun mir zusamm! Die anderen schissen aa! In Deiner Nähe brauch nehr eene eenziche Granate grepieren, dorbei sull Dir gor nischt possieren, dann bisde geheilt vum Krieg fier olle Zeiten." – „Vater, Du hast recht", dachte ich mir. Mit einem anderen Gedanken streifte ich auch noch ganz kurz den Schlager: „Ich möcht' ein kleines Mäuschen sein, dann schlich ich in Dein Kämmerlein … Ich würde nicht schleichen, sondern flitzen – ins Mauseloch aber! – „Pfui, bist du ein Held, kaum kracht es paarmal in der Nähe, dann fliegt das Herz in die Hosen. Mit solchen Leuten können wir den Krieg nicht gewinnen", setzte ich mein eiliges gedankliches Selbstgespräch fort.

Die Feuertaufe hatte ich also gleich am ersten Tag des Russlandfeldzuges hinter mir. Den Respekt vor der Artillerie wurde ich auch in späteren Zeiten nicht mehr los. Man sollte wirklich nicht denken. Es brauchte ja nur irgendeiner, irgendwann, irgendwo die bereits eingerichtete Kanone abzuziehen und schon kann es einen ganz unvorbereitet treffen. Fliegerbomben können nur fallen, solange die Flugzeuge am Himmel surren, und man kann sich zu decken versuchen. Nicht aber bei der Artillerie! Nur so ganz nebenbei hört man es leise: „bumbumbum", und im nächsten Augenblick kommen sie wütend schreiend angerast, die Granaten, um in nächster Nähe zu krepieren, oder – wenn man Glück hat – mit einem sssslup rumsrumsrums noch hundert Meter weiter zu fliegen, um dann vielleicht einen anderen Kameraden zu treffen. Die größere Splitterwirkung geht in Schussrichtung. Glück braucht der Mensch im Krieg,

Eine Infanterieeinheit der 61. Infanteriedivision auf dem Vormarsch im Juni 1941.

Russische Grenzsperren an der litauischen Grenze.
Die Sperren bestehen aus mehrfachen, hintereinander angeordneten Stacheldrahthindernissen.

Grenzkämpfe in Litauen im Juni 1941.
Häuser stehen in Flammen.

Eine Rauchsäule zeigt den Weg
zur Front.

Die Sowjets hatten mancherorts Panzersperren aus in den Boden gerammten Baumstämmen errichtet.

Diese Infanteristen haben die erste Feindberührung überstanden.

Marscherleichterung für die Infanteristen: Wenn keine unmittelbare Gefahr drohte, durfte in der Sommerhitze der Helm abgenommen werden.

Das Foto zeigt ein russisches Geschütz und davor im Straßengraben die völlig zerstörte Zugmaschine. Die Zugmaschine muss mit Munition beladen gewesen sein, was den Grad der Zerstörung erklärt.

Das erfolgreichste Panzerabwehrgeschütz (3,7-cm-Pak) in der Panzerschlacht bei Piezai/Litauen vom 24. bis 26. Juni 1941. Richtschütze an der Pak ist der Gefreite Heinze.

Ein abgeschossener russischer BT-5 Panzer wird von Infanteriekolonnen umgangen.

Oberleutnant von Burgsdorf und Leutnant Baltruschat vom Infanterieregiment 151.

Oberst Walter Melzer, Kommandeur des Infanterieregiments 151 (stehend) und sein Nachrichtenzugführer Leutnant Dr. Hubatsch.

Feindberührung wird erwartet. Daher tragen die Infanteristen ihren Helm auf dem Vormarsch!

viel Glück, unwahrscheinlich viel Glück! Also ein Held werde ich nicht, dessen bin ich sicher. Das Eiserne Kreuz wird meine Brust nicht zieren, dachte ich. Hauptsache kein hölzernes Kreuz mit Stahlhelm drauf! Jeder Mensch hat nur ein Leben, an dem er naturgemäß hängt. Aber im Krieg gilt dies nicht, es darf nicht gelten! – Ich war bei einem Halt am Straßengrabenrand vor Erschöpfung eingeschlafen. Am Abend wurden wir abgelöst. Wir kamen zum Regimentsstab zurück.

Am nächsten Tag durften wir Erholungsbedürftigen auf den Zweitsitzen neben den Fahrzeugbegleitern unserer Nachrichtenfahrzeuge aufsitzen. – Das Regiment kam zügig voran, obwohl sich der Widerstand der Russen von Auffangstellung zu Auffangstellung stetig verstärkte. Werner Zahn, der Fahrzeugbegleiter unseres Funkwagens, genoss diese Kriegssituation offensichtlich. „Der Russe ist ein hervorragender Rückzugstaktiker; schon im Ersten Weltkrieg war er Meister darin", stellte Werner sachkundig fest, wenn wir wieder einmal eine dem Gelände klug angepasste Auffangstellung, die von unseren braven Soldaten genommen werden musste, passierten. Wir machten in den nächsten zwei Tagen kaum Gefangene, und auch an Kriegsmaterial blieb nur ab und zu ein defekter Lkw oder ein Raupenfahrzeug für Mannschaftstransport liegen. Die Motorisierung der Russen war auch das Geheimnis ihrer guten hinhaltenden Kampfführung. Sie konnten sich schnell aus dem Kampf lösen und gewannen durch den motorisierten Rückzug Zeit zum Ausbau einer neuen Auffangstellung. Zudem verfügten sie über verhältnismäßig ausgeruhte Soldaten für die Verteidigung.

Schon am zweiten Tag des Feldzuges kamen unsere Trosse oft ins Stocken. Die russische Artillerie streute die Vormarschstraße wieder ab. Ich saß neben Feldwebel Kiausch am Straßenrand. Ein dumpfer Abschuss – und im selben Augenblick drückte mich Feldwebel Kiausch in den Straßengraben, gerade noch rechtzeitig genug, um den surrenden Splittern der in drei bis vier Metern neben dem Grabenrand explodierenden Granate zu entgehen. Die „Alten" hatten uns die Erfahrung voraus. Sie konnten oft schon nach dem Klang des Abschusses beurteilen, ob das Geschoss in gefährlicher Nähe einschlagen würde oder weiter weg. „Ja, Jungchen, Sie müssen den Kopf schon weiter herunternehmen, wenn's knallt", meinte der Feldwebel. Er hatte mir sicherlich das Leben gerettet oder mich vor einer Verwundung bewahrt.

Der Widerstand der Russen wurde härter. Der Halt für die Trosse, die sich hinter der vorgehenden Infanterie bewegten, dauerte länger. „Das ist ja schlimmer als in Frankreich", hörte ich den einen oder anderen Alten sagen. Die ungewöhnlich langen Feuerstöße der schweren Maschinengewehre belehrten uns, dass die Situation bei den vorgehenden Schützenkompanien nicht immer einfach ist. In diesen Tagen fiel als erster Offizier unserer Stabskompanie Leutnant Kragen, Führer des Pionierzuges. Er war einer der aus dem Hunderttausendmannheer hervorgegangenen Offiziere, sympathisch, wenn er auf seinem Rappen dahergeritten kam. An dieser Stelle möchte ich allgemein sagen, dass die Offiziere unseres Regiments, die ich im Laufe der Jahre kennenlernte oder gekannt habe, untadelige, vorbildliche Soldaten waren, soweit ich dies aus meiner Sicht beurteilen kann. In der ganzen Zeit begegnete mir nur ein Mann, der seine Schützenlöcher in großer Eile selbst grub und dem man anmerkte, dass er lieber weiterlebte als den Heldentod zu sterben. Mir war er sympathisch. Aber die Armee konnte solche Offiziere aus begreiflichen Gründen nicht gebrauchen. Ich habe sonst keinen deutschen Offizier kennengelernt, der Angst zeigte oder auch nur eine Sekunde feige war. Hochachtung habe ich vor allem vor den Offizieren der Schützenkompanien; sie waren zugleich Vorgesetzte und Kameraden der ihnen unterstellten Soldaten und mussten in jeder Situation Vorbild sein. Sie sind verantwortlich für ihren Abschnitt und können es sich nicht leisten, im Schützenloch liegen zu bleiben, wenn das Trommelfeuer auf die Stellungen hämmert. Sie müssen ihren Abschnitt im Auge behalten, um erforderlichenfalls Gegenmaßnahmen einzuleiten. Dementsprechend sind die Verluste im Offizierskorps der Infanterie ungewöhnlich hoch gewesen. Die Verleumdungen der Nachkriegszeit durch gezielte Publikationen der Siegermächte und ihrer Helfer im besetzten Deutschland ist unwahres, übles Machwerk und Verunglimpfung. Offiziere und Mannschaften unserer Wehrmacht – jedenfalls in meinem Blickfeld – waren selbst in hitzigsten Gefechtslagen nicht unfair, soweit dies im Krieg überhaupt möglich ist. Jeder täte gut daran, vor der eigenen Tür den Unrat wegzuräumen. Außerdem wird immer von „Hitlers Soldaten" gesprochen. Ich und wir alle haben uns nie als Hitlers Soldaten, sondern als deutsche Soldaten gefühlt. Ich spreche es aus, was andere Menschen vielleicht nur denken, denn als ehemaliger Obergefreiter der Deutschen Wehrmacht werde ich wohl kaum in den Verdacht kommen können, ein „ewiger Militarist" zu sein. Ich schreibe meine Empfindungen und Erlebnisse während des Krieges unverblümt auf, auch wenn manche für mich persönlich unrühmlich und wenig schmeichelhaft sind. Ich will meinen Kindern meine Wahrheit hinterlassen, also weder eine Verherrlichung noch eine Verunglimpfung der Soldaten des Zweiten Weltkriegs. Die brutale Wahrheit eines Krieges ist für sich schon schlimm genug. Es gibt keine deutsche Familie, die nicht mindestens einen Kriegstoten zu beklagen hat. Die Kriegsverbrecher saßen und sitzen ganz woanders, am wenigsten in der ehemals Deutschen Wehrmacht.

Aber kehren wir zurück, zu den Angriffshandlungen des Juni 1941. Am Abend des 24. Junis waren wir dabei, uns im Raum südlich Piezai in einem aufgelockerten Wald- und Wiesenstück für die Nacht einzurichten, als wir in gar nicht zu großer Entfernung schweres Motorengebrumm vernahmen. Ohne Zweifel Panzer! Von Mund zu Mund erging alsbald der Befehl, Panzerdeckungslöcher zu graben. Die Russen hatten eine Panzerdivision in den Kampf geworfen, und wir verfügten über keinen einzigen Panzer. Dafür standen in ausreichendem Maße 3,7-cm-Paks zur Verfügung. Dieses Gebrumm auf der anderen Seite gab einem das Gefühl des schutzlosen Ausgeliefertseins, wenn sich so ein Ding erst einmal in die Nähe verirrt hatte. Aber die darauffolgenden zwei Tage zeigten uns, wozu Bewahrung der Ruhe, eiserne Disziplin und entschlossener Kampfeswille fähig sind. Lila Rauchzeichen, die nun öfter am Tage zu sehen waren, bedeuteten Panzerwarnung, und der Ruf „Panzerjäger nach vorne" pflanzte sich wie eine Kettenreaktion vom Kampfort bis zu der in der Marschkolonne befindlichen Panzerjägereinheit fort. Dabei räumten die Trossfahrzeuge die linke Fahrbahnseite für die vorziehenden Panzerjäger. Was unsere 14. Kompanie und Teile der Panzerabwehrabteilung 161 in diesen drei Tagen geleistet haben, sind echte Heldentaten. Es gibt die Helden wirklich, nur meistens überleben sie nicht lange.

Die russischen Panzer wurden damals tatsächlich im wahrsten Sinne des Wortes gejagt. Unsere 3,7-cm-Pak zog auf den leichten Höhen beiderseits der russischen Rückzugsstraße bis zu den Panzern vor, ging blitzschnell in Stellung, und bevor sich die russischen Panzer in eine entsprechende Kampfposition bringen konnten, wurden sie bereits unter Feuer genommen, wenn auch nicht jedes Geschoss den Stahl durchschlug. Zum Glück waren es „nur" 26-Tonnen-Panzer, die unsere Pak gerade noch schaffte. Die später verwendeten Panzernahkampfmittel waren damals noch unbekannt, wenn man von der geballten Ladung absieht. Über zwanzig Panzer wurden am ersten Tag der Schlacht abgeschossen. Aber dies war erst der Auftakt. Ich kannte die Gesamtlage der Division nicht. Ich merkte aber aus der Nervosität im Regimentsstab, dass das Regiment zu einer Rundumverteidigung gezwungen war und sich die Lage – wie es so heißt – krisenhaft zuzuspitzen begann. Pionierzug und Reiterzug waren als letzte Reserven bereits infanteristisch eingesetzt. Hauptmann Dr. Pankow: „Leutchen kommt, schafft Munition nach vorne." Und die Art, wie er es sagte, ließ erkennen, dass die Lage ernst war. Aber schließlich schaffte unsere Divisionsartillerie Luft, dass der Angriff in Richtung Piezai wieder aufgenommen werden konnte. – Gegen Abend zogen wir nach. Die einbrechende Dunkelheit und das harte, trockene Knallen der Paks und der Panzergeschütze mit den hin- und herflitzenden Leuchtspurgeschossen der Panzer verlieh der ganzen Szenerie etwas schauerlich Schönes. Aber es war kein Spiel- oder Kriegsfilm, sondern blutiger Ernst, und Menschen mussten sterben.

Der Kampf hielt die ganze Nacht über an. Wir übernachteten in einem Warenlager, das unter anderem kistenweise litauischen Wodka gestapelt hatte. Auch dies gehört zu den Kriegserinnerungen!

Am anderen Morgen, am 27. Juni, ging der Vormarsch kämpfend weiter. Wir zogen an den abgeschossenen Panzern vorbei, und ich blickte mit einem halben Auge in den einen oder anderen Panzer hinein. Die toten Russen saßen in ihren Kampfwagen, nach vorne übergefallen, die Uniform zerfetzt, blutgetränkt; angetrocknete Blutrinnsale im Gesicht und an den herabhängenden Händen. Die Augen entweder durch die Lider verschlossen oder offen und stumpf in die innere Endlosigkeit gerichtet, das Gesicht wächsern. Ich wurde still und nachdenklich. Wie viele Kameraden von uns werden so oder noch schlimmer aussehen! Wir sahen sie nicht, sie waren schon abtransportiert.

Besonders beeindruckte mich der gleich am Ortsausgang auf der linken Straßenseite liegende Panzer. Er war schon auf unsere Pak aufgefahren und hatte deren Schutzschild eingedrückt, bevor er in letzter Sekunde – offenbar von der Unterseite her – abgeschossen worden war. Ob die Panzerjäger dieses Abenteuer überlebt haben? – In diesen drei Tagen sind über 80 Russenpanzer um Piezai herum vernichtet worden. Davon schoss der Gefreiter Heinze von unserer 14. Kompanie allein zehn Panzer innerhalb von 20 Minuten ab.

Die nächsten Tage ging der Vormarsch in Richtung litauisch-lettische Grenze weiter in Richtung Mietau, Riga.

In diesen Tagen war es, dass sich der Regimentsstab etwas zu weit nach vorne gewagt hatte und überraschend auf russische Panzer stieß. Nun musste auch unser nicht mehr ganz junger rundlicher Oberst Melzer samt Adjutanten ein Getreidefeld entlangrobben, was er sicherlich lange nicht mehr geübt hatte, um aus der Gefahrenzone zu kommen. Es war sehr heiß, und der Herr Oberst wischte sich nach überstandener Gefahr gerade den Schweiß von der Platte, als ihm ein gefangener Russe zur Vernehmung vorgeführt wurde. Dieser sprach ihn dabei immer mit „Towarischtsch Kommandant" an. Der Oberst nach einigem Überlegen: „Will der mir damit eine Ehre antun oder mich verscheißern?" – Sicherlich ersteres, denn zum Verscheißern dürfte ihm nicht zumute gewesen sein.

Beim weiteren Vormarsch kamen wir an die Stelle, an der unsere Luftwaffe offensichtlich den Rest der im Rückzug begriffenen Panzerdivision überrascht und zerschlagen hatte. Am Morgen schon hörten wir in der Ferne das unverkennbare Bersten von Bomben. Und so schaurig, wie sich dies anhörte, sah es auch aus. Links und rechts der Rückzugstraße, auf den großen Wiesen, lagen die zerstörten Panzer, die sich sternförmig in alle Richtungen geflüchtet hatten. Die Bomben erreichten sie dennoch. Zwischen den Panzern zerstörte Versorgungsfahrzeuge und tote Russen. Direkt am Straßenkreuz, auf einem Erdhügel, lag ein toter Russe auf dem Rücken, die Beine auseinander gespreizt und angewinkelt, als wollte er ein Sonnenbad nehmen. Ihm fehlte der Kopf; nur der Unterkiefer mit der Zunge hingen noch am Hals. Sehnen und Muskelfleisch waren mit geronnenem Blut verklebt. Der fehlende Kopf ist wohl mit einem Bombensplitter ins benachbarte Roggenfeld geschleudert worden. – Wie anders sieht doch der Heldentod in Wirklichkeit aus! Ich stellte die heroischen Gestalten der Kriegerdenkmale im Geiste daneben – und behielt meine Gedanken für mich. Ich ahnte damals schon, dass der Heldentod noch schlimmer aussehen kann.

Etwa am 28. oder 29. Juni 1941 überschritten wir die lettische Grenze. Man merkte dies sofort vom Grenzstein ab. Die Landschaft konnte man jetzt fast gepflegt nennen, auf alle Fälle aber sauber und kultiviert. Die bisherigen schmutzigen grauen

General Siegfried Haenicke, Kommandeur der 61. Infanteriedivision, fährt im Juli 1941 stehend in seinem Pkw an bespannten Kolonnen seiner Division vorbei.

Weitere Fahrzeuge des Divisionsstabes im Sommer 1941 in Lettland.

Infanteristen der 61. Infanteriedivision gehen durch ein Kornfeld in Lettland vor.

Ein leichter Schützenpanzerwagen einer zeitweilig benachbart eingesetzten Panzerdivision im Juli 1941.

Auch Sturmgeschütze begleiten den Einsatz der Infanteristen der 61. Infanteriedivision.

Immer wieder sind auch bei der 61. Infanteriedivision Verluste zu beklagen.

Der Kommandeur des I. Bataillons/Infanterieregiment 162, Major Gottfried Weber (rechts im Bild) im Gespräch mit zwei seiner Kompaniechefs.

Ein schön geschmücktes Doppelgrab von Gefallenen des I. Bataillons/Infanterieregiment 162 im Sommer 1941.

Kameraden gedenken am Grab ihres am 29. Juli 1941 gefallenen Kameraden, dem Gefreiten Gerhard Grewe von der 7. Kompanie/Infanterieregiment 162.

Lettische Zivilisten versammelten sich nach dem Abzug der Sowjets vor einem Kloster und lauschen den Anordnungen der neuen Machthaber.

Die Stadtgrenze von Riga, der Hauptstadt von Lettland, ist erreicht!

Vereinzelt flammen Kämpfe in Riga auf. Vor einer Sammelstelle für Früchte steht ein verlassener russischer T-26 Panzer.

Vor dem Bahnhof von Riga hatten die Sowjets Flugabwehrkanonen (Bofors 40 mm in Lizenz gefertigt) aufgebaut, die von der Deutschen Wehrmacht erbeutet wurden.

Einmarsch des Infanterieregiments 162 in das Zentrum von Riga.

Erschöpft haben die Männer des Infanterieregiments 162 das befohlene Tagesziel Riga erreicht.

Im Schatten eines Wohnhauses in Riga wird Rast gemacht.

Das lettische Freiheitsdenkmal in Riga ragt hoch empor.

In einer Seitengasse von Riga hat die Feldküche mit der Essensausgabe begonnen.

Der mit Blumensträußen geschmückte Sockel des lettischen Freiheitsdenkmals. Nach der Vertreibung der Sowjets haben lettische Freiheitskämpfer die Wache übernommen.

Das lettische Nationaltheater in Riga wurde nach dem Abzug der Sowjets mit den Fahnen von Lettland geschmückt.

Ein Park in Riga nach Abzug der russischen Besatzer.

Lehmhütten der litauischen Bauern wurden von der Grenze ab durch saubere, mit Ölfarbe gestrichene Holzhäuser abgelöst. Das Getreide stand meist unkrautfrei und in bester Qualität auf dem Halm. Ein sauberes Land, das wir jetzt in Besitz nahmen. Wir fühlten uns wie zu Hause, und unsere Stimmung war gut. Die Menschen hier begrüßten uns als Befreier. Dies ist auch kein Wunder! Denn das Land ist seit dem zwölften Jahrhundert altes deutsches Kulturland gewesen, seine Städte sind deutsche Gründungen aus dem Mittelalter. Der deutsche Ritterorden hatte es erschlossen, leider nur ungenügend mit deutschen Menschen kolonisiert. Die Erschließung des Landes plante und leitete ausschließlich die deutsche Oberschicht. Dies blieb auch so, als Kurland, Livland und Estland etwa ab Mitte des sechzehnten Jahrhunderts nacheinander unter polnische, schwedische und zuletzt russische Oberhoheit kamen.

Und diese deutsche Vergangenheit trat uns jetzt auf Schritt und Tritt entgegen. Unser Zugführer, Leutnant Dr. Hubatsch, hatte offensichtlich Geschichte studiert. Er, Werner Zahn, wie überhaupt alle gebildeten Ostpreußen, lebten hier förmlich auf. Denn ihre Heimat war von jeher räumlich und geschichtlich besonders eng mit diesem ehemals deutschen Ordensland verbunden.

Wir folgten nun der Vorausabteilung des ersten Armeekorps in Richtung Riga. In Mietau ging es an einem eroberten sowjetischen Militärflugplatz vorbei. Hier standen sie, die silbrigen, wendigen, aber zu langsamen Hummeln, die Ratas – sowjetische Jagdflugzeuge. Sie hatten ausgekämpft. Wir zogen weiter in Richtung Riga. Überall begegnete man ihnen, den Zeugen deutschen Pioniergeistes und deutscher Aufbauleistung. Wir freuten uns auf Riga, die Stadt, die 1201 von einem deutschen Bischof gegründet worden war. Heute nannte man es das Paris des Ostens.

Unser Divisionsstab war schon nach Riga vorgeprescht und hatte sich am diesseitigen Dünaufer einquartiert. Der Vorausabteilung war es gelungen, trotz Sprengung der Dünabrücke, am jenseitigen Ufer Fuß zu fassen und einen Brückenkopf zu bilden. Doch unsere Vorfreude auf das schöne Riga wurde plötzlich gedämpft:

Etwa zehn Kilometer vor der Stadt mussten die Trosskolonnen anhalten. Kampflärm beiderseits der Straße, vor allem in den Sumpfwäldern links Infanteriefeuer und schwerer Artilleriebeschuss. Rechts der Straße war die eigene Artillerie in Stellung gegangen und feuerte aus allen Rohren. Versprengte Russen in Regimentsstärke verwehrten uns den Einmarsch nach Riga. Sie mussten nun unter spürbaren eigenen Verlusten buchstäblich zusammengeschlagen werden. Der Divisionsstab in Riga war von den versprengten Russen und diese wieder von uns eingeschlossen.

Am Abend konnten wir schließlich in Riga einrücken. Das bisherige schöne Sommerwetter war kurzfristig von einem Gewittertief unterbrochen worden. Aber nun schien wieder die Sonne. In Sturmbooten setzten wir über die Düna in den nördlichen Stadtteil. Die Ruinen der mehrstöckigen zerbombten Prachthäuser längs des Dünaufers empfingen uns mit ihren leeren Augen. Auf dem stehengebliebenen Teil der gesprengten Brücke standen drei, vier abgeschossene deutsche Panzerspähwagen und leichte Panzer. Sie hatten die Brücke schon fast passiert, als sie in die Luft flog. Direkt am Brückenkopf war eine Batterie schwerer russischer Flugabwehrkanonen (Flaks) in Feuerstellung. Die langen Rohre ragten in den Himmel, an einem Mündungsdämpfer hing eine Lumpenpuppe, vermutlich vom lettischen Selbstschutz angebracht.

Wir sahen ihn jetzt viel, den Lettischen Selbstschutz. Er hatte sich aus Teilen der ehemaligen Armee und aus Zivilisten gebildet. Sie schafften nun auf ihre Art Ordnung im befreiten Riga. Wir Funker wurden in der großen Wohnung eines lettischen Juden untergebracht. Der Wohnungsinhaber schien krank zu sein. Er saß immer in einem großen Ledersessel seines Herrenzimmers. Manchmal versuchte er mit uns ins Gespräch zu kommen und zu politisieren, wofür wir allerdings wenig Sinn hatten. Wir wollten die zwei Tage unseres Rigaaufenthalts nutzen, um uns die Stadt anzusehen.

Das Erscheinungsbild Rigas ist das einer deutschen Stadt gewesen. Ich konnte mir vorstellen, mit welcher Begeisterung mein Zugführer alle die historischen deutschen Bauwerke wie Petrikirche, Schwarzhäupterhaus, Rathaus aus der Nähe sehen würde. Sicher nicht ohne Schmerz, denn sie wiesen starke Zerstörungen auf. Wir, ein Teil der Funker des Regimentsnachrichtenzugs, marschierten geschlossen in ein Hotel und aßen – Kaviarbrote. Es war der erste echte Kaviar in meinem Leben und – ich gestehe es freimütig – auch der letzte. Der Preis für diesen mäßigen Genuss erscheint mir unangemessen hoch.

Auf dem Rückweg zu unserer Unterkunft fiel mir ein Zug Menschen auf, die die Straße belebten. Einige Männer waren gefesselt und wurden an einer um den Hals befestigten Kette geführt. Die Opfer müssen führende Kommunisten oder Juden gewesen sein, ich weiß es nicht. Ich weiß nur, dass an dieser Art Befreiungsfeier kein deutscher Soldat beteiligt war. Es war der Mob der Straße, der bei Umstürzen immer oben zu schwimmen pflegt und der sich durch Grausamkeiten an Andersdenkenden Liebkind bei den Siegern machen will: Niederes, gemeines Gesindel! Vielleicht werden die gleichen Leute knapp vier Jahre später, als die Russen von einem Teil der Bevölkerung wieder als Befreier gefeiert wurden, versprengte deutsche Soldaten auf die gleiche Art zu Tode quälen. Ich hatte nun Verständnis für die Sorgen unseres Gastgebers, der sicher das gleiche Schicksal befürchten musste.

Und was sollte ich oder was konnte ich dagegen tun? Ich, ein kleines, den strengen Militärgesetzen unterworfenes Sandkorn? Einfach nicht daran denken und das Denken den Vorgesetzten überlassen! So hatte man das uns beigebracht. Und alle, die sich heute als Richter über die damalige Generation aufspielen, hätten unter den damaligen Umständen das gleiche getan wie wir: nämlich nichts, und die Augen verschlossen. Alle anderen Behauptungen und Vorhaltungen sind heute billig. Es war schon dunkel, als wir ins Quartier kamen. Am nächsten Tag, dem 4. Juli, marschierten wir weiter nach Nordosten ohne Feindberührung. Es ging über Segewold, Wolmar, über die estnische Grenze nach Walk und Fellin. Auch die feindlichen Flieger ließen uns in Ruhe. Aber sengende Hitze setzte uns zu, sodass wir oft die an der Vormarschstraße gelegenen Bauerngehöfte aufsuchten, um unseren Durst zu stillen. Die Brunnen mit dem kühlen, köstlichen Wasser waren manchmal vergiftet. Daher hielten wir uns lieber an die Milch, die uns die estnischen Bauersfrauen aus ihren großen im Brunnen hängenden Milchkannen anboten. Diese gekühlte Milch war erfrischend und ein wahres Labsal, einfach herrlich zu genießen. Die Folgen allerdings waren weniger schön. So kam es nun sehr häufig vor, dass der eine oder andere Kamerad urplötzlich aus dem Glied ausscherte und im Gelände neben der Vormarschstraße unaufschiebbare Dinge zu verrichten hatte. Wie die Osterhasen saßen sie da – mit roten Köpfen und herausquellenden Augen. „Enteritis" nennt der Arzt diese Krankheit; der Landser nennt sie „Flotter Otto". Die „Krankheit" war aber harmlos und bald wieder vergessen. Für die Zukunft war man gewarnt.

Die Vormarschtage waren trotz der sengenden Hitze – bis zu vierzig Grad – und der zu bewältigenden Kilometer fast angenehm, weil sie kampflos waren und wir nachts durchschlafen konnten. Die Bevölkerung verhielt sich uns gegenüber freundlich und begrüßte uns als Befreier. Vor allem dann, wenn sie um Angehörige trauerte, die von den Russen verschleppt worden waren.

Eines Tages fanden wir eine russische Gitarre mit sieben Saiten. Eine Saite entfernt und entsprechend umgestimmt: wir hatten wieder ein Begleitinstrument, das wir auch sofort in Gebrauch nahmen. Der Regimentsnachrichtenzug marschierte geschlossen und sang: „Heidemarie, wenn wir am Rhein marschieren …" Der Kübelwagen unseres Regimentskommandeurs verlangsamte seine Fahrt, als er an unserer Marschkolonne vorbeifuhr. „Heil Nachrichtenzug"– „Heil Herr Oberst", brauste es ihm entgegen. Oberst Melzer schmunzelte und war offensichtlich zufrieden mit uns. „Stimmung gut in der Truppe", dachte er sicher. Der Nachrichtenzug und sein Führer standen beim Kommandeur in gutem Ansehen. Wir Funker durften an sich auch mit uns zufrieden sein, denn wir hatten während der bisherigen Vormarschzeit, neben den Meldern, allein die Verantwortung für die funktionierende Nachrichtenübermittlung. Die Fernsprechbautrupps wären mit dem Bau und Abbau der Leitungen gar nicht nachgekommen. Unsere Funktrupps sind nur mit zwei Mann besetzt gewesen, die rund um die Uhr im Einsatz bleiben mussten, denn der zweite Mann war zum Ver- und Entschlüsseln notwendig, aber auch als Wache am Gerät, wenn der Funktruppführer zur Abgabe oder Entgegennahme eines Funkspruchs den Kommandeur beziehungsweise dessen Adjutanten aufsuchen musste. Der Nachrichtenzugführer ordnete für die Nacht öfter den Leitungsbau zu den Bataillonen an, um den übermüdeten Funkern einige Stunden Schlaf zu ermöglichen. Natürlich auch für die Bataillonskommandeure, die sich gerne wieder einmal des Feldfernsprechers bedienten. Vor allem der Führer unseres III. Bataillons war davon sehr abhängig. Wir Regimentsfunker waren beim I. und II. Bataillon immer gerne gesehen, und die Nachrichtenstaffelführer dieser Bataillone, Oberfeldwebel Schilwa beim I., Oberfeldwebel Reuter beim II. waren stets nett und ausgesprochen aufmerksam zu uns, sodass wir uns hier auch zu Hause fühlten. Das III. Bataillon hielt es mehr mit den Fernsprechern. Dies lag am Bataillonsführer; er wollte die Lage lieber besprechen. Offensichtlich fiel es ihm nicht leicht, sich auf das Wesentliche, und zwar in Stichworten, zu konzentrieren, wie dies beim Funkverkehr notwendig war. Und wir gingen auch ungern zum III. Bataillon. Man hatte so ein ungutes Gefühl, nämlich das Gefühl, hier dem Tod näher zu sein. Bei den anderen Bataillonen kam der Gedanke gar nicht auf. Sicher lag dies auch an der eingangs geschilderten Art, das Bataillon zu führen und den dadurch erhöhten Risiken auch für uns. Aber sicher trug auch die unpersönliche Art des Bataillonsführers uns gegenüber zu diesem Eindruck bei. Den Fernsprechern war er besser gesonnen.

Wir hatten als Nachrichtenleute sehr oft Kontakt zu den Bataillonskommandeuren und bekamen dadurch manches mit, was für fremde Ohren nicht bestimmt war. Während des Vormarsches war ich häufig bei unserem I. Bataillon und in der Wolchowstellung beim II. Bataillon. Aber davon später. Major Budnick vom I. Bataillon/Infanterieregiment 151 verehrten wir sehr. Wir bekamen mit, dass er Leute nicht leichtfertig in den Tod schickte, dass er seine Kompanieführer bei erteilten Einsatzbefehlen immer zur Vorsicht mahnte: „Zonewitz" oder „von Saint-Paul, seien Sie vorsichtig, wir wissen nicht, was in dem Wäldchen drin steckt." Diese beiden Kompanieführer hatte der Major offensichtlich besonders ins Herz geschlossen. Und dieses Gefühl, nicht nutzlos „verheizt" zu werden, teilt sich der Truppe mit. Unteroffiziere und Mannschaften haben ein feines Gespür dafür.

Vor Reval waren wir einmal Zeugen – oder besser gesagt Lauscher – eines anderen Gesprächs, das allerdings nicht mehr ganz nüchtern geführt wurde. Bataillonsgefechtsstand war der Leuchtturm. Die russische Schiffsartillerie feuerte eine Salve nach der anderen, ohne den Leuchtturm zu treffen. Sicher sollte die beginnende Einschiffung der Kampfeinheiten gedeckt werden. Der Sieg kündigte sich für uns an, und aus diesem Grunde hatte wohl auch der Bataillonsstab I schon ein Fläschchen getrunken. Es war Abend. In der Gesellschaft des Kommandeurs befand sich auch jener Offizier, der im Einsatz seine Angst um sein Leben nicht verbergen konnte. Von ihm sprach ich schon eingangs. – Wir hörten nun, wie Major Budnick, entgegen seiner sonstigen Gewohnheit, laut wurde, sodass wir im Nachbarraum liegende Regimentsfunker alles mitbekommen konnten, wenn wir wollten. Wir konnten verstehen, als er schrie: „Herr, Sie passen nicht in mein Bataillon! Sie sind ein Frauenheld und Schürzenjäger!" Ich weiß nicht, wie diese Unterhaltung weiterging. Heinz würde sicher noch mehr zu erzählen wissen. – Ich erwähnte dies, um die Sauberkeit dieses Soldaten auch auf diesem Gebiet zu unterstreichen. Für mich war dieser damals schon nicht mehr ganz junge Kommandeur das Idealbild eines gesetzten Soldaten, der trotz soldatischer Pflichterfüllung Mensch geblieben war und diese Menschlichkeit nie vergessen hat. Er opferte nicht von sich aus Soldaten, wenn der Einsatz voraussehbar ohne besonderen Erfolg geblieben wäre und nicht in die Gesamtkonzeption der Angriffshandlungen gepasst hätte. Das vielbegehrte Ritterkreuz schien seine Entscheidungen nicht zu beeinflussen.

Aber lassen wir diese Wertvorstellungen beiseite, sie ergaben sich oft aus den ständig wechselnden Situationen im Krieg; ganz bestimmt aber aus den subjektiven Empfindungen des einzelnen, je nachdem, an welcher Stelle er bei der Einheit eingegliedert war …

Wir müssen weiter. Die Tage ohne Feindberührung gingen zu Ende. Das Städtchen Fellin, das wir erreichten, hatte kurz vorher einen deutschen Luftangriff aushalten müssen, bevor es von unseren Truppen erobert wurde. Hier bestand noch die Möglichkeit, in der unbeschädigt gebliebenen Likörfabrik einzukaufen. Der Kurs: eine Reichsmark war zehn Rubel wert. Der Liköreinkauf war der erste und letzte dieser Art, denn von nun an hatten wir wieder blutigen Krieg, der zunehmend härter werden sollte.

Über die große Lage – auch im Divisionsverband – erfuhren wir meistens nicht viel. Aber wir erfuhren jetzt, dass die Vorausabteilung unseres Armeekorps aufgelöst worden war, weil die mitgeführte Infanterie zur Bekämpfung der vor uns liegenden russischen Motorverbände nicht ausreichte.

Die Esten mit ihren blau-schwarz-weißen Fahnen begrüßten uns als Befreier, wie vorher die Letten. Es gab estnische Freiwillige, die in Hilfskorps zusammengefasst wurden und unter der Oberaufsicht eines deutschen Offiziers, aber unter der Führung eines estnischen Kommandeurs, Sonderaufgaben übertragen bekamen, die die Kenntnis der Landessprache voraussetzen; zum Beispiel die Ausschaltung der aus dem Hinterhalt operierenden versprengten russischen Soldaten.

Estland war landschaftlich gegenüber Lettland hügeliger und herber, aber gerade deshalb noch schöner. Nach Norden hin war es zunehmend mit Steinblöcken durchsetzt, die sicherlich noch Überbleibsel der Ablagerungen aus den Eiszeiten waren, also Geröllablagerungen aus Skandinavien. Mir persönlich gefiel dieses Land noch besser als Lettland. Die estnischen Küsten vom Finnischen Meerbusen bis herum zur Rigaer Bucht, die ich im späteren Verlauf des Krieges noch kennengelernt habe, verstärkten den positiven Eindruck dieses Landes noch bei Weitem. Ich möchte mich nicht in Überschwänglichkeit ergießen, wenn ich sage: „Es ist ein Jammer, dass uns Ostpreußen und das Baltikum für immer entzogen sein werden, auch als Touristen."
Um den 11./12. Juli herum erreichten wir Pilistvere. Hauptmann Michalik und seine

Reiter (Regimentsreiterzug) mussten zur Säuberung einiger Getreidefelder eingesetzt werden, aus denen wir beschossen worden waren. Hier also erwartet uns die nächste Widerstandslinie: vor Poltsamaa. Ich habe die Details nach 38 Jahren nicht mehr alle in Erinnerung. Ich sehe aber noch die eingefriedete, weiß gestrichene Kirche von Pilistvere vor mir, in der wir unsere Nachrichtenfahrzeuge in Deckung brachten, denn die russische Artillerie nahm das ganze Aufmarschgebiet unseres Regiments unter Feuer, und zwar in einer Konzentration, wie wir dies bisher noch nicht kennengelernt hatten. Im Gebiet um Pilistvere herum kamen wir an einer Stelle der Vormarschstraße vorbei, an der drei zusammengeschossene Lkw unserer Vorausabteilung lagen, die in einen Hinterhalt geraten waren. Die dazugehörigen Soldaten fanden wir massakriert unter den Bäumen des linken Straßengrabens – Augen ausgestochen, Geschlechtsglieder abgeschnitten. Die Leichen waren bereits in Verwesung übergegangen. In den Augenhöhlen und unter dem Fleisch der Augenbrauen bewegten sich die Würmer. Stahlhelme und Ausrüstungsgegenstände lagen wirr dazwischen. Ich sehe dieses grauenvolle Bild noch heute vor mir. Die Russen machen keine Gefangenen, hieß es. Verwundete würden sowieso gleich umgebracht, weil sie nur Ballast für die kämpfende Truppe seien. Die Genfer Konvention fand hier keine Anwendung. Diese unglaubliche und unmenschliche Wahrheit wurde uns spätestens hier bewusst. Sanitätskraftwagen, weithin sichtbar mit großflächigen roten Kreuzen auf weißem Grund versehen, wurden – wie es schien – mit Vorliebe unter Feuer genommen. Die gnadenlose Grausamkeit dieses Krieges wurde uns immer klarer. Auf Grund dieses Anschauungsunterrichts verbreitete sich bei allen Soldaten die Überzeugung immer fester, auf der Seite der Menschlichkeit zu kämpfen und dass es für uns nur den Sieg oder den Tod geben könne. Die Angst um das Leben wich von da ab mehr und mehr der Erkenntnis, dass dies nicht so wichtig sei, wenn nur den Lieben zu Hause diese Grausamkeiten erspart blieben. – Von den Übergriffen, die bestimmte deutsche Kommandos in den besetzten polnischen und russischen Gebieten auf ihr Gewissen geladen hatten, wussten wir wirklich nichts. – Jedenfalls setzte sich damals ein gewisser Sarkasmus an die Stelle der Angst ums eigene Leben.

Poltsamaa

Aber nun weiter, Poltsamaa ist in meiner Erinnerung nach der Schlacht um Piezai der zweite größere Meilenstein im Russlandkrieg. Hier lernte ich das Rauchen!

Heinz Schimanski und ich hatten Einsatzbefehl zum I. Bataillon/Infanterieregiment 151 und mussten schon auf dem Weg zum Bataillonsgefechtsstand häufig von der Straße herunter und in Deckung gehen. Die starke russische Artillerie hielt unsere Nachschubstraße fast ständig unter Beschuss. Und wenn sie mal schwieg, dann war es die „Ratsch-bumm", eine 7,62-cm-Kanone mit rasanter Flugbahn, die das Störungsfeuer fortführte. Sie wurde für uns zu einer gefürchteten Waffe, weil es gegen sie absolut keine Reaktionsmöglichkeit gab. Das Geschoss beziehungsweise die Explosion war zuerst da und dann erst der Abschuss zu hören, daher auch der Name Ratsch für Explosion, Bumm für Abschuss. Damit schossen die Russen auch auf den einzelnen Mann. Es traten Verluste auch bei den Trossen und den im Gelände auseinandergezogenen Gefechtsfahrzeugen, und den Besatzungen der 13. und 14. Kompanien ein. Dabei fiel der Gefreite Heinze von der 14. Kompanie, jener Held, der innerhalb von zwanzig Minuten zehn Feindpanzer bei Piezai abgeschossen hatte. Soldatenschicksal!

Wir hatten uns inzwischen beim I. Bataillon/Infanterieregiment 151, und zwar ziemlich schnell, in die Erde gebuddelt und das gemeinsame Schützenloch mit kleinen Stämmchen, Strauchwerk und Rasennaben gegen Splitterwirkung abgedeckt. Auch unser Funkgerät hatte seinen Platz am Fußende unter der Erdoberfläche, nur die Antenne schaute heraus. So „abgedunkelt" fühlten wir uns sicherer, als wenn wir die russischen Granaten salvenweise unmittelbar über unser Schützenloch hinwegzischen hätten hören müssen. Die Russen vermuteten den Bataillonsgefechtsstand direkt am Waldrand. Aber Irrtum! Zum Glück lagen wir im Roggenfeld, etwa zwanzig bis dreißig Meter vom Waldrand entfernt. – Trotzdem! Das Konzert der in unmittelbarer Nähe wütend heranzischenden und berstenden Granaten zehrt an den Nerven. Immer wieder dasselbe: Schschssst…rumsrumsrums und zur gleichen Zeit das bösartige, vielstimmige Auseinanderstieben der messerscharfen Granatsplitter, bis dann schließlich die letzten sich um die eigene Achse drehenden Splitter mit einem Wszwszwszwszwszt – blubb, blubb, blubb ihren zerstörerischen Weg irgendwo in der Nähe, auf dem Felde oder in einem Baumstamm, beendeten. Der schwarze Rauch verzog sich … Und wenn dann der Ruf „Sanitäter" nicht zu hören war, konnte man zufrieden sein. Manchmal aber blieben die Getroffenen stumm, sie konnten nicht mehr rufen.

Das erste Opfer in unserer unmittelbaren Nähe war der Verpflegungswagen. Er hatte den Fuhrweg entlang des Waldrandes genommen. Jetzt lagen die toten Pferde direkt hinter unserem Schützenloch. Die Hitze trieb ihre Leiber auf, und aus den Wunden quoll stinkende Brühe. Wer könnte schon diesen Aasgeruch vergessen, dem man in diesen Wochen des Vormarsches ständig begegnete! Heinz und ich verließen unser Schützenloch nur in den dringendsten Fällen. Wir hatten die Fernsprechleitung durch Funk zu überlagern und brauchten nur auf Empfang zu gehen, wenn die Leitung gestört war, sodass die Verbindung zum Regiment immer sichergestellt war. Und dies ist unsere Aufgabe gewesen.

Unsere Notdurft verrichteten wir unter den gegebenen Umständen – ich möchte sagen in angemessener Eile – im Granattrichter hinter den Pferdeleibern. In diesem Schützenloch vor Poltsamaa geschah es dann auch, dass mir Heinz die Zigarettenschachtel hinhielt, mit der Aufforderung: „Nimm', es beruhigt!" – Und ich nahm. Es war wieder einmal zu der Zeit, als sich die russische Artillerie in unserem Abschnitt austobte. In diesen zehn Tagen bin ich zum Gewohnheitsraucher geworden. Die Zigarettenkippen, die wir rundum in der Erde unseres Schützenloches ausdrückten, glichen einem schlechten Mosaik. Sie waren Zeugen einer nervenaufreibenden Ohnmacht …

Die Tage vor Poltsamaa brachten unseren Truppen fühlbare Verluste. Ich sehe noch den Abtransport eines Schwerverwundeten, blutdurchtränkte Notverbände, mühsam hebt er leicht seinen Kopf und mit schmerzverzerrtem wächsernen Gesicht ruft er: „Herr Hauptmann, schlagen Sie die Russen; auf nach Moskau!" Weiter reichten wohl seine Kräfte nicht mehr, der Kopf sank erschöpft auf die Bahre zurück. Auch unser Regimentsnachrichtenzug hatte seine ersten Verluste erlitten. Feldwebel Kiausch verlor im Kirchhof von Pilistvere ein Bein. Und beim III. Bataillon/Infanterieregiment 151 krepierte eine Granate am Rande des Schützenlochs, in welchem drei Kameraden vom Bautrupp des Regimentsnachrichtenzugs Deckung gesucht hatten. Horst Salomon, unser begeisterter Handballspieler vom Postsportverein Danzig war tot. Granatsplitter zerschnitten streifenförmig von den Beinen her seinen Körper. Auch die beiden anderen, Alois Weiß und Max Herrmann, erlitten schwere Verwundungen. Sie werden nicht die letzten bleiben, das spürte man damals schon. Und dabei hatte unser Nachrichtenzug im Polen- und Frankreichfeldzug meines Wissens keine Verluste erlitten, obwohl unser Regiment auch hier in schwere Kämpfe verwickelt war. In Polen in den Kämpfen um Mlawa, Pultusk und Praga, und im Westfeldzug war es unter anderem an der Erstürmung des Forts Eben Emael und Dünkirchens beteiligt.

Nach zehn Tagen fiel Poltsamaa fast kampflos. Unteroffizier Presch mit Hans Weikert hatten uns abgelöst. Wir kamen zum Regimentsgefechtsstand zurück. An einem Bach in Poltsamaa konnten wir endlich unsere Bärte und den Dreck von Körper und Kleidern entfernen. Erstmals haben wir jetzt unsere Wäsche gewaschen, was später aber vom Tross besorgt wurde. Heinz Schimanski genoss besonders das Eincremen seines Gesichts mit seiner Marke 4711 Sparta-Creme. Dieses Fast-Zeremoniell ließ ihn auch in schlimmer Zeit die Verbindung zur sonst gewohnten Körperkultur nicht ganz vergessen. Das „Pultdach" auf seiner Nasenspitze glänzte, seine Augen funkelten zufrieden, und wohlgefällig betrachtete er sich im kleinen Handspiegel. Doch sein maskuliner Sexappeal – womit Wolfgang Heinz immer aufzog – blieb ohne Reizauslösung, da Frauen fehlten. Dabei hatte Estland so schöne Mädchen! Aber eben nicht für den Frontkämpfer. Denn wo geschossen wird, geht es auch für die vielgeplagte Zivilbevölkerung zuerst ums Überleben. Für andere Dinge gibt es keine Zeit und keinen Sinn. Den Lohn erntet die Etappe.

Die Wochen, die nach Poltsamaa folgten, muss ich mit einigen Sätzen abtun, ich würde meinen Bericht sonst nicht zu Ende bringen. Es ging öfter kreuz und quer durch Estland, und immer floss Blut, vermischt mit Schweiß und Dreck. Manchmal, wenn ich in den kühlen, moosigen estnischen Wäldern einige Augenblicke ausruhen und den Blick vom Waldrand aus über das sommerliche Land gleiten lassen konnte, versuchte ich mir vorzustellen, wie schön es hier sein würde, wenn nicht an allen Ecken und Enden der Tod lauerte, wenn es keine Geschützabschüsse und keine berstenden Granaten gäbe, kein Maschinengewehrgeknatter, keine brennenden Gehöfte, keine Kühe auf der Weide mit zerschossenen Beinen und schmerzverdrehten Augen, oder die ungemolken an Milchbrand zugrunde gehen, – wenn einfach Frieden wäre. Was bliebe, wäre göttliche Ruhe, das Hitzeflimmern über der sommerlichen Landschaft, das sanfte Rauschen des Waldes, das Gesumme von Insekten und der zarte Duft der Sommerblüher, vermischt mit der würzigen Seeluft, die auch im küstennahen Binnenland unverkennbar ist. – Ein Moosbeerenzweig streichelte mir das Gesicht ... Die wütende Explosion einer Granate brachte mich wieder in die raue Wirklichkeit zurück. Eine unserer 10,5-cm-Haubitzen hatte viel zu kurz geschossen. Vermutlich tat ein Artillerist zu wenig Pulverringe in die Kartusche. War es Einbildung oder Wirklichkeit? Mir kam es vor, als hätten unsere Granaten eine bedeutend kräftigere Brisanz als die russischen. Gottlob, es blieb bei diesem einen Schuss, die anderen gingen wieder zum Feind hinüber.

Estland war zum Nebenkriegsschauplatz geworden. Starke Panzerverbände und motorisierte Einheiten hatten die estnisch-russische Grenze in Richtung Leningrad überschritten. Unser Armeekorps sollte die noch starken Feindkräfte im estnischen Raum vernichten. Diese Aufgabe in unserem Frontabschnitt war bekannt. Natürlich sind uns auch die Sondermeldungen mit dem ersten Erfolgsbericht über die Tausende vernichteter Flugzeuge und Panzer, Millionen Gefangener aus den großen Kesselschlachten des Mittel- und Südabschnitts bekannt geworden. Auch, dass man die gesamte Kampfkraft der russischen Armeen nur noch auf 25 Divisionen schätzte. – Der Zusammenbruch des russischen Widerstandes schien eine Frage von Tagen oder Wochen zu sein. – Und doch hatten wir manchmal das Gefühl, wir haben keine Reserven mehr. Wie könnte man uns sonst seit dem 22. Juni ununterbrochen im Einsatz belassen, ohne einen Tag Ablösung? Im Gegenteil! Es verstärkte sich der Eindruck, als wäre unsere Division die einzige in Estland, die alles zu erledigen hatte. Manchmal führte uns ein Kommando von der Front weg, um versprengten russischen Einheiten nachzuspüren. Ich erinnere mich an ein derartiges strapaziöses Unternehmen in der Nähe des Peipussees: Sand, Kiefern, Hitze, hügeliges Gelände mit Wacholdergestrüpp, dazwischen Getreidefelder, und Marschieren – bis zum Umfallen Marschieren. Die gemeldete russische Einheit hatte sich längst wieder verzogen, als wir ankamen. Heinz und ich sollten den Situationsbericht ans Regiment durchgeben. Wir saßen unter einer Kusselkiefer auf dem von der Sonne aufgeheizten Sandboden, schweißgebadet und völlig erschöpft. Wir verschlüsselten den Spruch. Heinz: „Zeppelin-Ida." Ich: „Gustav–Siegfried." Heinz: „Emil-Ludwig." – Pause – keine Antwort, ich war eingeschlafen. „Komm', schlaf nicht!" vernahm ich weit weg Heinzens gleichfalls schläfrige Stimme. Und so ging die Verschlüsselung schleppend weiter. Nun musste ich Heinz wecken, der mir seinerseits die Antwort mit dem Buchstabenpaar schuldig geblieben war. Die Erschöpfung war zu groß. Schließlich wurde das Unternehmen abgeblasen, wir kamen zum Regiment zurück.

Im Truppenverband ging es wieder in nordwestliche Richtung, auf Reval zu, denn im Raum Wesenberg war der Durchstoß zum Finnischen Meerbusen gelungen und dadurch die russische Front in Estland gespalten.

Je mehr wir uns der estnischen Hauptstadt näherten, umso mehr verstärkte sich der Widerstand. Eineinhalbdecker, Ratas und Flaks unterstützten die russischen Einheiten dabei. Wir hatten unser Funkgerät wegen des besseren Empfangs meistens auf dem Dachboden eines Bauernhauses aufgebaut, sodass uns manchmal so ein Anderthalbdecker zum Greifen nahe überflog. Heinz mehr zu sich selbst als zu mir sprechend: „Junge, Junge, man könnte dem Kerl den Funktornister in den Balg knallen, so niedrig fliegt diese freche Sau. – Aber trotzdem, ich bin froh, dass ich kein Russe bin! Was haben die für Feuerschläge unserer Artillerie auszuhalten?!" Er hatte Recht! Wie sahen sie auch aus, die in Gefangenschaft geratenen russischen Soldaten! Heruntergekommen, verdreckt, unrasiert, Glatze geschnitten. Im Jutesack auf dem Rücken hatten sie meist nur ein Stück Brot, ein Stück von einem Zuckerhut abgeschlagenen Zucker – und wenn es hoch kam – ein Stück Hering. Dafür hatten sie den Rest des Sacks voller Infanteriemunition, soviel sie nur schleppen konnten. Sie sahen zum Fürchten aus. „Mein Gott, wenn die auf Deutschland losgelassen würden!" – Wir ahnten nicht, dass kaum zwei Jahre später unsere Kameraden von Stalingrad, erschöpft, verhungert und ausgefroren, noch erbärmlicher aussehen würden.

Aber bleiben wir im August 1941. Wir bezogen die Bereitstellungsräume für den Großangriff auf Reval. Narwa, die estnische Grenzstadt an der Narwa, war gefallen und die hier freiwerdende Division zu uns gestoßen. Rechter Nachbar wurde die eben genannte 254. Infanteriedivision und links von uns die 217. Infanteriedivision. Wir also in der Mitte. Ich erinnere mich noch an ein Straßenschild mit der Aufschrift: „Talinn 51 Kilometer." Wir bekamen unseren ersten Ersatz. Bubi Büchs aus Paderborn als Funker, Bubi Reimann aus Lauban, Kurt Tausch aus Sagan und Fritz Krebs aus Königsberg füllten die Lücken bei den Fernsprechern des Regimentsnachrichtenzuges. Die paar Tage bis zum Großangriff auf Reval ließen wir es uns ganz gutgehen. Ernst Skambraks mimte den Koch. Einmal gab es Hühnerbrühe und gebratenes Hühnchen mit Salzkartoffeln. Dazu eine feine Sahnesoße und Gurkensalat. Natürlich aßen wir kultiviert an einem im Freien gedeckten Tisch. Die Bauersfrau hatte uns die Teller geliehen. Am anderen Tag jonglierte Ernst mit zwei Pfannen zugleich Plinsen durch die Luft. Seine belebende heitere Art lockerte die Stimmung. Es war gut, dass er bei uns war. Nur Alkohol dürfte es für ihn nicht geben. Dieser bösen Leidenschaft sollte er zwei Jahre später sein Unglück – oder Glück – verdanken. Wie man will. Aber nehmen wir die Ereignissen nicht vorweg!

Reval

Am 20. August 1941 trat die gesamte Front zum Angriff auf die estnische Hauptstadt an. Zur Unterstützung unserer Divisionsartillerie war eine Batterie 21-cm-Mörser und 8,8-cm-Flak zugeteilt worden – natürlich auch Jagdflieger. Die Russen hatten die gesamte verfügbare Zivilbevölkerung zum Bau von Feldstellungen und Grabensystemen aufgeboten, und wir konnten uns ausrechnen, was wir zu erwarten hatten. Wir konnten sicher sein, dass das vorhandene Verteidigungspotential maximal genutzt würde. Besonders die für den direkten Beschuss in die Feldstellungen eingebauten Flaks, Paks und Panzer werden uns schwer zu schaffen machen. Letztere hatten die Russen bis zum Turm in die Erde eingegraben. Dadurch boten sie wenig Ziel und hatten andererseits bestens ausgesuchtes Schussfeld für die Verteidigung. – Ich möchte Wiederholungen vermeiden und mich nur auf die Wiedergabe solcher Eindrücke und Erlebnisse beschränken, die für mich bei diesem Angriff neu waren oder aus meiner Sicht besonderer Erwähnung wert sind.

Gleich am ersten Tag dieses Großangriffs kamen wir an die Stelle, an der unsere Aufklärungsabteilung 161 aus einer Nebenstraße heraus auf die nach Reval führende Hauptstraße stieß, die von einigen zurückflutenden russischen Lkw benutzt wurde. Das sofort eröffnete Pak-Feuer brachte die Vernichtung von Mensch und Material. Ein grauenhaftes Bild bot sich unseren Augen und zeigte das unendliche Leid, welches dieser Krieg auch für diese Menschen bedeuten musste. Unter den verbrannten, buchstäblich braun gerösteten russischen Soldaten befand sich auch ein Mädchen, vermutlich eine Sanitäterin. Die nacktgebrannte Leiche lag mit angewinkelten Beinen auf der Seite, den flachen englischen Stahlhelm auf dem Kopfe, aus dem After hing geformter Kot bis auf den Rasen hinab. Der Schließmuskel hatte beim Eintritt des Todes seine Funktion aufgegeben. Es ist dies eines jener Bilder, die sich in mein Gedächtnis eingebrannt haben und die ich im ganzen Leben nie vergessen werde.

Unser Funktrupp erhielt Einsatzbefehl zum I. Bataillon. Es regnete leicht. Das Funkgerät hatten wir nach einem Stellungswechsel in einem Torfstich, hinter den zur Trocknung aufgestellten Torfziegeln, aufgebaut und gerade Verbindung zum Regiment aufgenommen. „Was, Sie haben Verbindung zum Regiment? Kann ich über das Regiment die Feuerstellung der 21-cm-Mörser erreichen?“ Kurzum, es war der Vorgeschobene Beobachter der Mörser ohne Verbindung zu seiner Batterie. Wir sprangen also ein. Und als wir die verschlüsselten Werte an unser Regiment abgesetzt hatten, dauerte es kaum mehr als zehn Minuten, bis die schweren Brocken über uns hinweg orgelten und ihr Ziel in Panzerbereitstellungen auf dem Hofe einer Zellulosefabrik und dem Flugplatz in Reval erreichten. Eine riesige Explosion in der Zellulosefabrik und die Entwicklung einer großen schwarzen Rauchwolke wurden sichtbar. – Der Regen hörte auf, schönes Wetter kündigte sich wieder an.

In den nächsten Tagen gelangten wir in den Bereich der alten deutschen Befestigungen aus dem Ersten Weltkrieg: große graue Betonbunker. Die Verbindungsgräben waren verfallen und mit Gras bewachsen, aber sie gaben einem geduckt vorgehenden Infanteristen noch ausreichend Schutz. Neuralgische Punkte dieser alten deutschen Verteidigungsanlagen waren die gelegentlichen Unterbrechungen der Laufgräben. Und auf diese Stellen hatten sich die eingegrabenen russischen Panzer und Paks eingeschossen. Ihre rasanten Geschossbahnen ermöglichten zwar keine Volltreffer in den Graben hinein, aber die auf die Grabenränder genügten auch schon. Ich war immer froh, wenn ich den unvermeidlichen Sprung über das deckungslose Gelände hinter mich gebracht hatte. Noch schnell abgetastet, ob alle Glieder am Körper unverletzt sind und weg von hier, hinein in den alten Betonbunker. Er gab Schutz …

Der Kampflärm verdichtete sich, und die weißen Wölkchen der russischen Flaks bedeckten zu Hunderten den blauen Himmel. Ganz hoch oben konnte man im Dunst eine Staffel Heinkel He 111 oder der Junkers Ju 88 erkennen. Aber die konzentrierte Flakabwehr machte einen gezielten Bombenwurf wohl unmöglich. Aus Hunderten Flakgeschützen aller Kaliber wurde gefeuert. Die Schiffsansammlungen im und vor dem Revaler Hafen blieben von unseren Bomben verschont. Flakartillerie in dieser Konzentration habe ich im gesamten Russlandfeldzug nie wieder erlebt.

Nun griff auch die russische Schiffsartillerie zunehmend in die Kämpfe ein. Trotzdem stiegen die Gefangenenzahlen täglich. Viele Sowjetsoldaten kamen uns mit erhobenen Händen entgegen und riefen dabei: „Njet Ruski, Ukrainski" in der Hoffnung, als Urkrainer bevorzugt behandelt zu werden. Sicher hatten unsere über den feindlichen Linien abgeworfenen Flugblätter dies versprochen. „Feindpropaganda" nennt man so etwas. Ihr ist jedes Mittel recht, um den Feind zu schwächen – leere Versprechungen!

Auf unserem Weg zum neuen Bataillonsgefechtsstand begegneten wir zwei estnischen Mädchen in russischen Uniformen, mit flachen englischen Stahlhelmen und umgehängten Verbandskästen. Im Mundwinkel hing eine Zigarette. Wir sahen uns dieses Kuriosum, Mädchen bei der Infanterie, etwas näher an – Heinz dabei mit spöttischem, ironischem Lächeln. Die eine hatte ihr Gesicht auf der linken Hand abgestützt und sah uns ängstlich und zugleich feindselig entgegen. Sicher erwartete sie jeden Augenblick ihren Tod oder zumindest eine Vergewaltigung, wie dies entsprechend der Propaganda der anderen Seite jetzt wohl kommen müsste. Da nichts dergleichen geschah und ihr Heinz stattdessen eine deutsche Zigarette anbot, wich die mutig versteckte Angst vor den bösen Deutschen sichtlich. Eine verlogene Propaganda – und das ist sie immer – schürt den Hass der Völker und ist die Grundlage vieler Gräuel in einem Krieg.

In diesen Tagen tauchten Gerüchte auf und verbreiteten sich rasch von Mund zu Mund, es seien verwundete Deutsche aus den Händen der Russen befreit worden, die sowohl ärztlich versorgt als auch gut behandelt und verpflegt worden waren. Man hatte sie in Bauernhäusern untergebracht. Auch der in deutsche Hände gefallene kleine Koffer eines Unterleutnants mit blütenweißen gebügelten Hemden war geeignet, das bestehende grausige Bild über die Russen zu korrigieren und die Hoffnung zu wecken, dass auf der anderen Seite auch Menschen mit menschlichen Regungen stehen. – Damals wusste ich noch nicht, welch elendes Leben einem Großteil der russischen Gefangenen in deutscher Hand bevorstand. Sie bekamen nicht die gleiche Behandlung wie die Engländer und Franzosen, die in Deutschland im Allgemeinen nichts auszustehen hatten. Aber mit der Behandlung der russischen Gefangenen war das manchmal grausige Verhalten der Russen nicht zu erklären, denn ihre Soldaten sollten bis zum Tode kämpfen. In ihren Augen waren wir nun mal die Angreifer – „faschistische Landräuber", wie es in der Sprache der Politoffiziere hieß und wie wir uns dies in den ersten Jahren der späteren Gefangenschaft noch oft anhören mussten. Wir fühlten uns damals aber keineswegs angesprochen. Aber war es nicht doch so? Wie nennt man aber das, was die andere Seite nach der „Vertreibung der faschistischen Okkupanten" getan hat? Ostpreußen, Pommern, Schlesien, Sudetenland, die Baltischen Staaten, Bessarabien. War dies alles Befreiung? Hat man die „Befreiten" nach ihrer Meinung gefragt? – Aber die Befreiten bringt man doch nicht um oder verjagt sie aus ihrer Heimat, aus ihrem Jahrhunderte alten Boden, den ihre Vorfahren kultiviert haben? Wenn man glaubwürdig sein will, dann darf man nicht mit zweierlei Maß messen! – „Wehe dem Besiegten" gilt ganz einfach auch heute noch, im zwanzigsten Jahrhundert. Um die Barbarei abzuschaffen, sind angeblich Engländer und Franzosen, später noch die Amerikaner, in den Krieg gezogen. Und was war das Ergebnis dieser verlogenen Heuchelei? Noch nie in der Welt gab es so viele unfreie terrorisierte Menschen wie heute, im Jahr 1981. Unsere so schöne Welt wird leider von zu vielen verlogenen und habgierigen Menschen beherrscht. Und dies zu einer Zeit, in der die bösen Deutschen nichts mehr zu bestimmen haben und nur Satelliten ihrer „Schutzmächte" sind. Trotz der Zerstückelung von Restdeutschland sind die Kriege in der Welt mehr und brutaler geworden. Mit Neid und Missgunst belauern sich die ehemaligen Sieger nun gegenseitig, anstatt in Frieden und eitel Sonnenschein zu leben. Der bis aufs Hemd ausgeplünderte und grausam amputierte Verlierer muss, nachdem er sich mit viel Fleiß wieder eine Existenz schaffen konnte, wiederholt in die Tasche greifen, um den Siegern wirtschaftlich auf die Beine zu helfen.

Ich musste dies zwischendurch mal loswerden. Aber kehren wir zurück in den Raum Reval des Jahres 1941.

Unser neuer Bataillonsgefechtsstand befand sich in einem kleinen ebenerdigen Bauernhaus aus Holz. Nur der massive Ofen bestand aus Backsteinen. Heinz und ich waren dabei, uns hinter dem Haus ein Deckungsloch zu graben, als die Hütte von Krachen, Splittern und Bersten erfüllt und erschüttert wurde. Aus den Fenstern drang

Staub und Pulverdampf. Ein Panzergeschoss hatte die Hauswand durchschlagen und krepierte im Gemäuer des Ofens. Blass, aber unverletzt und ziemlich hastig suchten nunmehr die Kameraden, einschließlich Offizieren, auf unserer Seite ihre Bleibe. Ja, Vorsicht hat mit Feigheit nichts zu tun, und Selbstmord ist kein Heldenmut, sondern Dummheit. Wo das Gelände Schutz bietet, sollte man ihn in Anspruch nehmen.

Am nächsten Tag erneuter Stellungswechsel nach vorne. Während dieses Vorgangs ertönte aus dem kusseligen Waldstück hinter uns „Urrä, Urrä"-Geschrei. „Die Russen greifen an! Alles in Stellung gehen!" Der Funktornister flog vom Rücken, Karabiner entsichert und durchgeladen, in einer Bodensenke ging ich in Stellung. In das Infanteriefeuer mit dem Urrä-Geschrei mischte sich sehr schnell das ratschbummähnliche Artilleriefeuer unserer 10,5-cm-Feldhaubitzen. Nun wussten wir Bescheid. Versprengte Russen stießen auf die Feuerstellung einer unserer Batterien und wollten sie erstürmen. Alle Rohre umgedreht und im direkten Beschuss eingesetzt, zerschlug dieses Unternehmen. Hinter uns herrschte bald wieder Ruhe – Friedhofsruhe! Ich war nicht zum Schuss gekommen, gottlob nicht. – Dies war das erste Mal, dass ich das Funkgerät mit dem Gewehr vertauschen musste.

Nun siedelten wir in den Leuchtturm um. Er hatte dicke, stabile Mauern, und wir fühlten uns trotz des ständigen Feuers der russischen Schiffsartillerie hier unbedingt sicher. Von oben aus konnte man den Hafen beobachten und weit in die Ostsee hinaussehen. Über sechzig russische Schiffseinheiten wurden gezählt: Truppentransporter und Geleitfahrzeuge, darunter der Panzerkreuzer „Kirow".

Am nächsten Tag nun, wir schrieben den 28. August 1941, wurden auch wir Nachrichtenleute mit Handgranaten ausgerüstet, da wir mit Häuserkämpfen zu rechnen hatten. Eine Stielhandgranate steckte in meinem Koppelriemen, die andere im Stiefelschaft. Es sah gefährlich aus. Ärmel hochgekrempelt, marschierten wir los. Der erwartete starke Feindwiderstand, wie er in den vorangegangenen Tagen bestand, blieb jedoch aus. Fast unbehelligt gelangten wir immer tiefer in den Stadtkern. Um 13.30 Uhr schließlich wurde die Hakenkreuzfahne auf dem Rathaus gehisst.

In der Vorhalle des Rathauses trafen Heinz und ich auf die Kameraden der Nachrichtenstaffel des II. Bataillon/Infanterieregiment 151. Unsere Geräte stellten wir auf einen Tisch ab. Draußen auf dem Rathausplatz feierte die estnische Bevölkerung überschwänglich ihre Befreiung und überhäufte unsere Truppen mit Freundlichkeiten. Die Kompanien des Regiments hatten sich zum offiziellen Einmarsch formiert. Ein beeindruckendes Bild, dieser Einzug der Sieger – dieser Schlacht. In meinem Gedächtnis haftet die gute Erscheinung von Oberleutnant Zonewitz, wie er vor seiner Kompanie marschiert, auf dem Kopf die etwas eingebeulte Schirmmütze, das markante männliche Gesicht verbrannt und bestaubt – wie seine Stiefel. Er bot das absolute Spitzenbild des Infanterieoffiziers und Vaterlandskämpfers. Ein bisschen Siegerlaune wollte sich nun auch bei mir einstellen. Während die estnischen Männer auf offenen Lkws,

Fahnen schwenkend, durch die Stadt fuhren, warfen uns die estnischen Mädchen freundliche, aufmunternde Blicke zu, und man konnte öfter die Worte „illus saksa Boys", was so viel wie „hübsche deutsche Jungs" heißt, vernehmen. Aber was hatten wir davon, wir mussten ja gleich wieder weiter.

Eine Frau – etwa Mitte Dreißig – kam zu uns ins Rathaus mit einem großen Teller voller belegter Brote und beteuerte immer wieder ihre Dankbarkeit, dass wir sie von den Russen befreit haben. Sie sprach gut deutsch. Kamerad Knebel vom II. Bataillon, ein Sachse, konnte sich die Bemerkung nicht verkneifen: „Die Engländer hätten Sie aber lieber gesehen als uns Deutsche." Kleine Verlegenheitspause, dann die Dame: „Ja, wenn Sie mich schon so fragen, sicher, – Ja – aber wir sind Ihnen ja so dankbar, dass Sie uns von der schrecklichen Kommunistenherrschaft befreit haben." Knebel beharrlich und etwas bissig: „Na eben, die Engländer wollten Sie eben doch lieber!" Und so ging es noch eine Weile hin und her, was aber der freundlichen Grundstimmung nicht abträglich war.

Und von diesem Zeitpunkt ab fehlt mir ein Teil der Erinnerungen. Es kann sein, dass wir über Baltischport Reval verlassen haben. Mit Bestimmtheit weiß ich aber, dass wir in Reval keine einzige Nacht zubrachten.

Den Bericht über „meinen" Kampf um Reval kann ich nicht beenden, ohne eines lieben Kameraden aus der Heimat zu gedenken, der auf Gut Rae in der Nähe Revals seine letzte Ruhestätte fand.

„Du bist wull aa mit Elwewosser getahft", so sprach er mich an, als ich ihn das erste Mal bei der Nachrichtenstaffel des II. Bataillon/Infanterieregiment 151 einige Wochen zuvor kennenlernte. Es war Heinz Becher aus Teplitz-Schönau, einziges Kind des Inhabers eines Juwelier- und Uhrengeschäftes in der Langen Gasse. Vom ersten Augenblick an bestand gegenseitige Sympathie. Leider nur eine kurze Freundschaft. – Bei einem nächtlichen Stellungswechsel, bei dem sich das II. Bataillon in eine Ausgangsbasis hineintastete, von der her die Russen einen Angriff nicht erwarteten, kam Heinz im Bereitstellungsraum nicht an. Es war eine dunkle regnerische Nacht, und die Russen schossen starkes Artilleriestörungsfeuer. Dabei traf ein Granatsplitter Heinz am Hals tödlich. Bei der Dunkelheit hatte man sein Verschwinden nicht bemerkt. Man fand ihn erst am nächsten Morgen.

Bei meinem ersten Heimaturlaub, im Mai 1942, besuchte ich seine Eltern in Teplitz-Schönau. Sie haderten nicht mit dem Schicksal, sie waren nur von einer unsagbaren Trauer und Trostlosigkeit erfüllt.

Im Raum Lihula, einem kleinen Städtchen, etwas nördlich der Rigaer Bucht gelegen, beginnen meine Kriegserinnerungen wieder. Wir waren in sauberen Holzhäusern untergebracht und nahmen an, der Krieg gehöre für uns der Vergangenheit an und wir würden schlimmstenfalls mit Sicherungsaufgaben an der See betraut werden. So war dies auch gedacht – wenn der Feldzug insgesamt planmäßig verlaufen wäre.

Ist er aber nicht! Und so belehrte uns ein Tagesbefehl unserer Division sehr bald über neue Aufgaben. Etwa so: „Meine Soldaten! Leider kann ich Euch die lange verdiente Ruhe noch nicht gönnen, denn eine kleine, aber wichtige Aufgabe muss noch gelöst werden ..." und so weiter. Und diese kleine, aber wichtige Aufgabe, war die Wegnahme der Baltischen Inseln, wie dies in dem stark untertreibenden Generalstabsdeutsch heißt. Bis dahin wusste ich gar nichts von der Existenz dieser Inseln. Geschweige denn, dass sie noch im Besitz der Russen waren.

Wie sich die „Wegnahme" der Inseln abgespielt hat, will ich in dem nachfolgenden Kapitel erzählen.

Der Kampf um die Baltischen Inseln

„Unternehmen Beowulf" lautete die Tarnbezeichnung für dieses Vorhaben. In der Soldatenzeitung nannten es die Kriegsberichterstatter „Sprung über die See" und Karl Alman in seinem „Landser"-Sonderheft „Inselspringer vor". Darüber hinaus ist das Unternehmen natürlich in der Geschichte der 61. Infanteriedivision von Walther Hubatsch entsprechend gewürdigt worden. Jeder Verfasser tat dies auf seine Art. Während sich Hubatsch mehr oder weniger der Sprache der Generalstäbler bediente und die Gesamtsituation der beteiligten Truppen und deren soldatische Leistungen darstellt, lässt Alman den Leser seiner „Inselspringer" aus der Sicht eines Infanteristen erleben – und ersterben, dass man meint, es war sein eigener Opfergang, den er hier schildert. Er beschönigt nichts und stellt auch nichts schlimmer dar, als es wirklich war. Nur, dass der Kompanietruppenführer die ans Regiment abzusetzenden Funksprüche verschlüsselt haben soll, kann ich ihm nicht abnehmen. Denn die Schlüsselunterlagen waren geheim und nur den Funkern zugänglich. Außerdem hatten wir beim I. Bataillon/Infanterieregiment 151, also bei der ersten Welle, unseren Regimentsfunktrupp mit Pat Wachnowski dabei, der auch den um 05.50 Uhr abgesetzten ersten Funkspruch an uns durchtastete. Aber gehen wir der Reihe nach.

Am 13. September 1941 brachen wir unsere Zelte um Lihula ab. Das Nachrichtengerät war überprüft und die Funktrupps, die zum I. und II. Bataillon abgestellt wurden, waren für diesen Einsatz auf drei Mann verstärkt. Der dritte Mann war Reserve für eventuell eintretende Verluste und hatte im Übrigen Ersatzstromquellen, wie Bleisammler und Anodenbatterien, zu tragen.

Unser Funktrupp blieb diesmal beim Regimentsgefechtsstand, weil wir unseren letzten Einsatz vor Reval beim I. Bataillon hatten. Und aus dieser Sicht will ich mich darauf beschränken, meine Erlebnisse und Eindrücke darzustellen. Ich besitze keine persönlichen Unterlagen über die Kriegszeit und bin daher nur auf mein Gedächtnis angewiesen. Dies gilt auch für alle nachfolgenden Erlebnisse im Russlandfeldzug mit der anschließenden Gefangenschaft. Allerdings entnehme ich ab und zu der „Geschichte der 61. Infanteriedivision" den einen oder anderen Orts- oder Offiziersnamen oder ein Datum, wenn mir diese entfallen sind.

Wir hatten also direkt gegenüber der Insel Moon, die etwa zehn Kilometer vor uns in der Ostsee lag, unsere Bereitstellungsräume bezogen. Neunzig Sturmboote lagen bereit, um die erste Welle und alle weiteren überzusetzen. Auf dem Weg nach „vorne" waren deutlich die Artilleriestellungen zu erkennen, darunter viele Kanonen, über die die Divisionsartillerie ja nicht verfügte. Angefangen von den zerlegbaren Gebirgsgeschützen, die als erste direkte Unterstützung für die landende Infanterie gedacht waren, bis zu den 21-cm-Geschützen, die wir bald hören sollten, waren noch Heeresartillerieeinheiten zur Unterstützung des Unternehmens bereitgestellt worden.

Es herrschte schönstes Herbstwetter. Aber die Nächte wurden schon länger und kühler. Das flache waldlose Gelände um uns herum war mit Steinen und Steinblöcken aller Größenordnungen übersät, dazwischen Wacholdergestrüpp.

Nun lag die Nacht über der Landschaft und hüllte sie ein. Schwappen und Plätschern verriet die Nähe der Küste und eine ruhige See. Drüben, aus dem grauen jenseitigen Dunkel der Insel Moon, blendeten in regelmäßigen Abständen Scheinwerfer auf und tasteten lautlos die See ab.

Die ersten Stunden des neuen Tages, des 14. September 1941, waren bereits verstrichen, als der Morgentau allmählich begann, das trockene Gras dieser Uferlandschaft einzunässen. Mich fröstelte, und ich hängte mir eine Decke um.

Genau um 04.00 Uhr morgens zerriss diese Stille. Aus allen Geschützrohren entlang des Ufergeländes blitzten Stichflammen auf, und mit ohrenbetäubendem Geknalle rauschten die Verderben bringenden Artilleriegeschosse zur Insel hinüber. Im Feuerschein erkannte man silhouettenhaft die hantierenden Geschützbedienungen. – Die Sturmboote mit den Soldaten unseres I. Bataillons und unserem Funktrupp waren lange vor dem Feuerschlag in See gegangen.

„Naja, so schlimm kann es wohl nicht werden“, dachte ich, „wenn auf Ösel nur ein Bataillon Russen sitzen soll“, ich Optimist. – Man hätte eigentlich von alleine daraufkommen können, dass dies nicht stimmen kann, wenn man die Angriffsvorbereitungen mit wachem Verstand gesehen hätte. Es hätte dann auffallen müssen, dass man zur Niederkämpfung eines russischen Bataillons Infanterie mit einigem Drumherum keine verstärkte Division und zusätzliche Heeresartillerie gebraucht hätte! – Diese Parolen! Sie waren einfach da. Musste man uns denn belügen? – Auch im späteren Verlauf des Krieges werden sie uns zum Narren halten, uns, die blindlings Gläubigen und Vertrauenden – und vom Wunschdenken beherrschten …

Die Gegenwart meldete sich wieder. Von unserem Ufer her kam plötzlich Maschinengewehrgeknatter, das aber bald wieder verstummte. Die Sturmboote mit der ersten Kompanie an Bord hatten die Orientierung verloren, waren im Kreis gefahren und landeten nun wieder an der alten Ablegestelle, im Glauben, auf Moon zu sein – bis man den Irrtum erkannte.

Heinz und ich saßen am eingeschalteten Gerät, die Kopfhörer auf, und warteten sehnsüchtig auf das Piepsen unserer Gegenstelle. Rauschen – sonst nichts. Auch unser in regelmäßigen Abständen abgesandter Ruf blieb ohne Erwiderung. Eine Stunde verging – immer noch Stille. Man begann sich Gedanken zu machen: Ganz schön, zehn Kilometer über See. – Sollte unser Gerät trotz der benutzten sieben Antennenstäbe nicht hinüberreichen? Wasser leitet doch gut, hat man uns beigebracht. Kann es aber nicht auch die UKW-Strahlen anziehen und entscheidend schwächen? Ach was, Quatsch! – Vielleicht ist unser Trupp abgesoffen? Dann könnten aber die Kameraden von der Bataillonsstaffel einspringen. Nein, geht nicht! Die kennen ja unsere Frequenz und unser Rufzeichen nicht. Müsste aber herauszukriegen sein, wenn man das Band abgrast. Bis das klappen würde, wäre es zu spät. – Vielleicht sitzen die drüben im Feuer fest und können den Kopf nicht heben, geschweige denn verschlüsseln oder tasten. – Und wenn sie in der Dunkelheit das vorbestimmte Landungsgebiet verfehlten oder abgetrieben sind? Unsinn, das hätte keinen Einfluss auf die Funkverbindung. – Oder war das Wasser am Ufer zu tief, und das Funkgerät oder die Batterien sind nass geworden? Nicht auszudenken! – Diese Fragen quälten uns, ohne dass wir darüber sprachen. – Gibt es ja nicht, in der Deutschen Wehrmacht klappt alles! – Derartige Gedanken haben sicher nicht nur uns in der Zeit des Wartens beschäftigt!

Nun sind fast zwei Stunden vergangen, seitdem die Boote ihren Sprung über die See wagten … Da, unsere Köpfe fuhren herum, alle Sinne lauschten gespannt. Klar und gestochen scharf kam jedes Morsezeichen aus dem Kopfhörer, so, als läge unsere Gegenstelle kaum 500 Meter von uns entfernt. Heinz schrieb den verschlüsselten Text mit bis das Taatitititaa taatitaa kam. Das „Kommen" zeigte das Ende des Funkspruchs an. Heinz schaltete um und gab „e-b-" durch, was „bitte warten" heißt. Er überflog den Schlüsseltext, den er eben aufgenommen hatte – alle Fünfergruppen waren vollständig. Nun gab er zurück: „– r – arsk", was bedeutete: „Richtig verstanden, Betriebsende". Der Funkspruch wurde im Beisein des schon ungeduldig wartenden Zugführers, Leutnant Dr. Hubatsch, flott entschlüsselt. Nun sahen wir klar. Die Kompanien landeten zwei Kilometer südlicher als vorgesehen, und zwar direkt vor dem ausgebauten Feindstützpunkt Kuivastu. Starker Feindwiderstand – sie liegen fest. Dieser erste Funkspruch mit der Uhrzeit 05.50 Uhr ermöglichte nun das Reagieren des Regiments. Das Behaupten dieses kleinen und schmalen Brückenkopfes war für die hier im Abwehrkampf befindliche Handvoll Soldaten eine Existenzfrage geworden. – Endlich erreichte auch Oberleutnant Baltruschat mit seiner Kompanie den Landeplatz und vergrößerte die Schar der Tapferen. Aber auch der Feind hatte sich von der Überraschung gefangen und verstärkte nun laufend seine Abwehr.

Die zweite Welle mit dem II. Bataillon/Infanterieregiment 151 setzte sich jetzt rasch in Bewegung, mit dem Ziel Kuivastu. Es war schon hell geworden, und russische Schlachtflieger kurvten über der See zwischen dem Festland und der Insel. Sie schnurrten und hämmerten mit ihren Bordwaffen auf die wie Zielscheiben schwimmenden Sturmboote. Wer diesen Luftangriffen entronnen war, gelangte nun in den Wirkungsbereich der inzwischen in Stellung gebrachten Flak- und Pak-Geschütze. Wasserfontänen spritzten hoch. Manches Sturmboot wurde buchstäblich aus dem Wasser gehoben, bevor es auseinandergerissen wurde. In Ufernähe kamen dann noch Maschinengewehrfeuer und der Beschuss durch überschwere Granatwerfer (12,2 cm) hinzu. Letzteren begegneten wir hier zum ersten Mal.

Die Verluste an Sturmbooten und Soldaten dieser zweiten Welle waren sehr groß, weil sie am helllichten Tag die gesamte Abwehrkraft ohne jede Deckungsmöglichkeit traf. Und diese großen Ausfälle traten schon ein, bevor überhaupt das Ufer erreicht war! Ganze Besatzungen versanken tot oder verwundet in den Fluten. Und wer von den getroffenen Sturmbooten unverwundet geblieben war, der versuchte sich seiner schweren Ausrüstung zu entledigen und schwimmend eine der kleinen Inseln zwischen Festland und Moon zu erreichen. Die, bei diesem Unternehmen, ausgegebenen Schwimmwesten halfen dabei. – Es sah nicht rosig aus. Auch der Bataillonskommandeur des II. Bataillon/Infanterieregiment 151, Oberstleutnant Driedger, erlitt schwere Verwundungen durch Bauchschüsse.

In dieser Situation kamen die Retter aus der Not, unsere Luftwaffe. Die Messerschmitt Bf 109 räumten mit den russischen Schlachtfliegern auf, und unsere Junkers Ju 88, ein zweimotoriger Sturzkampfflieger, tat dies mit den Feldbefestigungen. Wie auf dem Exerzierplatz flogen sie das Ziel an, kippten in einer schrägen Fluglinie in Zielrichtung ab, klinkten die Bomben aus und zogen im gleichen Winkel wieder hoch. Inzwischen hatten die Staffelkameraden Angriffspositionen bezogen, und die erste Junkers Ju zog zur gleichen Zeit ihren Kreis zum erneuten Angriff auf ein anderes Ziel. Bombenbersten, Rauchpilze schossen hoch und mit ihnen die Balken der getroffenen Feldbefestigungen. Es blieb kein Auge trocken, wie man so sagt. Die Junkers Ju 88 leisteten Maßarbeit, und der Brückenkopf konnte entscheidend vergrößert werden. Ohne die Luftunterstützung hätte das Häuflein der „sieben Aufrechten" auf Moon wohl nicht bestehen können.

Auch Pat Wachnowski verließ nun mit seinem Funkgerät die schützende Friedhofsmauer, hinter der er bisher vor den russischen Kugeln Deckung gefunden hatte. Gottlob, sie war kein schlechtes Omen, wenn auch ein Daueraufenthalt auf der anderen Seite der Mauer zum Greifen nahe lag.

Die Situation unserer Truppen auf Moon hatte sich gefestigt. Nun machte auch das Regiment Stellungswechsel. In der dritten Welle bekam unser Funktrupp ein Boot für sich allein. Stahlhelm auf, in die Bugspitze hinein gehockt, und ab ging die Fahrt. Der Motor heulte auf, und der am Heck stehende Sturmbootführer richtete den Blick nach vorne. Die Hände hielt er auf dem Rücken zur Bedienung des Außenbordmotors. Aus meiner Froschperspektive ergab dies ein zünftiges Bild. Das Sturmboot selbst hatte die Größe eines etwas längeren Kahns, und es dürfte nach meiner Erinnerung kaum mehr als fünf Meter lang gewesen sein.

Die See war unruhig geworden, sie dünte auf, wie die Seeleute sagen. Wir merkten dies an den Wellen, die jetzt das Boot vorne, am Bug, hochhoben und aufklatschen ließen; Wasser spritzte über Bord. Unsere Gesichter trieften. Es sah abenteuerlich und sportlich zugleich aus. Heinz und ich sahen einander an und lachten. Es machte einfach Spaß, diese Seefahrt – aber nicht lange. Als die russischen Anderthalbdecker am Himmel auftauchten und sich auf das Gros der Sturmboote hinter uns stürzen wollten, war der Spaß vorbei. Überraschend schnell aber schwenkten die Russen wieder ab. Die Messerschmitt Bf 109 machte ihnen Beine. Einmal wenigstens waren sie zur rechten Zeit da!

Der Flak- und Pakbeschuss lag nicht mehr so gut wie bei der zweiten Welle. Die Geschosse zischten über unsere Köpfe hinweg und markierten weit hinten in der See ihre Einschläge. Wieder begegneten uns um ihr Leben schwimmende Kameraden, die alle der kleinen rechts liegenden Insel zusteuerten. Sie war mit Bäumen und Strauchwerk bewachsen und bot sicher ausreichenden Deckungsschutz. Leichter verwundete „Schiffbrüchige" klammerten sich an die schwimmenden Reste vernichteter Sturmboote und versuchten so, dem Seemannstod zu entgehen. Hoffentlich halten sie aus, bis sie von den dafür vorgesehenen Kommandos aufgefischt werden können.

Zum Beobachten und Überlegen blieb nun keine Zeit mehr, denn wir hatten Ufernähe erreicht. Das Sturmboot wendete in einer scharfen Kurve, warf uns über Bord und war schon wieder auf Kurs zum Festland. Bis über die Knie stand ich im Wasser, den Funktornister am Henkel über dem Wasserspiegel haltend. Gestolpere auf dem groben Kiesgestein, dabei fiel mir ein Trageriemen in die See. Was sollte ich ohne Trageriemen? Ihn brauchte ich. Mit einer Hand fischte ich in dem vom Sand aufgewirbelten trüben Wasser. Tschirr, tschirr, tschirr! Das Wasser spritzte auf – und ich eilte ans Ufer. Um den Trageriemen kümmerte ich mich nun nicht mehr. Ein Baumschütze mit Schnellfeuergewehr hatte mich aufs Korn genommen – und einen Meter zu kurz geschossen. – Übrigens, ich hatte Ersatztrageriemen aus Jute im Zubehörtornister!

Wir sammelten uns etwas abseits vom Ufer, hier konnten uns die Scharfschützen nicht einsehen. Schließlich schaffte der fortschreitende Angriff unserer Kompanien Luft.

An einem offenen Feuer wurden nun die Kleider getrocknet. Währenddessen liefen die Anlandungen – nunmehr schon völlig ohne Feindeinwirkung – ununterbrochen weiter. Mit Siebelfähren brachte man jetzt auch ständig schweres Gerät und schwere Waffen.

Heinz und ich richteten uns auf einem Heuboden zur Nacht ein. Hier lagen auch schon Landser von anderen Einheiten.

Am nächsten Morgen war meine Agfa-Isolette, ohne sich abzumelden, verschwunden. Einfach so! Naja, die Deutsche Wehrmacht zog halt alles zum Kriegsdienst ein, was Arme und Beine hatte – auch Gauner und Diebe. Pech, was ist zu machen?! Es gibt Schlimmeres, gerade im Krieg. Vergessen wir also die brave Agfa-Isolette!

Dies war nun der Auftakt für den Kampf um die strategisch so wichtigen Baltischen Inseln. Es war ein sehr gewagtes Unternehmen, Sturmboote, die zur Überquerung von Flüssen und Seen gedacht und konstruiert sind, für ein Landeunternehmen auf offener See einzusetzen. Dies war neu bei der Deutschen Wehrmacht. Und es klappte! Die kleine Insel Moon hatten wir nach zwei Tagen fast freigekämpft. Nur in dem unübersichtlichen Kusselgelände beiderseits vor dem beginnenden Öseldamm hielten russische Einheiten unser erstes und drittes Bataillon noch auf. Dies hört sich so einfach an, aber es kostete noch manchen braven Kameraden das Leben, bis man den Rücken frei hatte, um über den Damm zu gehen. Auch dies spricht sich wieder so leicht aus, „über den Damm zu gehen". In Wirklichkeit rechnete man mit einer verlustreichen militärischen Operation, auf deren Gelingen vom Führerhauptquartier ein Ritterkreuz ausgesetzt worden war.

Der vier Kilometer lange Damm verband die Insel Moon mit der Hauptinsel Ösel. Er war schnurgerade angelegt und bestand aus Gesteinsaufschüttungen in der Breite einer Straße. Zur See hin war er beiderseits mit Eisengeländern gesichert. – Ohne Frage zweckmäßig – in Friedenszeiten. Aber ohne jede Deckung für den angreifenden Soldaten. Die Gunst der Stunde musste wieder auf unserer Seite sein, wenn der Übergang ohne sehr große Opfer gelingen sollte. Und so war es!

Es ist fast unbegreiflich, dass der Damm ohne größere Verluste, im Handstreich genommen werden konnte. Hauptmann Dr. Pankow, der bisherige Kompaniechef unserer Stabskompanie, übernahm für den schwerverwundeten Oberstleutnant Driedger das II. Bataillon und wagte sich mit der siebten Kompanie auf den Damm. Dieser war zwar an verschiedenen Stellen gesprengt worden, was aber keinesfalls ein Hinderungsgrund für die vorgehende Infanterie bedeutete. Im Gegenteil, hierdurch hatte man gewisse Deckungsmöglichkeiten. Viel wichtiger war, dass sich der Feind am anderen Dammende nicht zur wirksamen Verteidigung einrichten konnte. Einige russische Maschinengewehre und Paks an geeigneter Stelle postiert, hätten das Unternehmen sehr verlustreich gestalten können, wie man sich leicht vorstellen kann. – Aber da kamen sie wieder, unsere braven Junkers Ju 88 und die Messerschmitt Bf 109. Letztere verjagten die russischen Schlachtflieger, die unsere vorgehenden Truppen auf dem Damm angriffen, und die Junkers Ju 88 hielten durch ihre Bombenangriffe am jenseitigen Ufer und um den Ort Orissaare alles nieder, was gefährlich werden konnte. Mancher russische Schlachtflieger kippte nach einem Feuerstoß aus der Messerschmitt Bf 109 nach vorne über und, eine Rauchfahne nach sich ziehend, schnurgerade ins Meer. Die Wellen glätteten sich, der Rauch verzog, es gab ihn nicht mehr.

Die Luftaufklärung meldete weiße Fahnen im Ort Orissaare. Schon am Nachmittag marschierten wir im Regiment in langer Kolonne über den Damm. Gefangene besserten die gesprengten Stellen aus und machten den Damm wieder befahrbar. In einem langen Zug kamen uns russische Gefangene entgegen, die den vorgerückten Bataillonen schon auf der Insel in die Hände gefallen waren. Darunter viele Offiziere, auch im Rang von Obersten.

In einem verlassenen Unterstand erbeuteten wir ein Koffergrammophon und russische Schallplatten. Dies gehört uns, das war klar! Es kam auf den Funkwagen. Meine Gitarre hatte das Zeitliche gesegnet, sie hatte sich vor Reval, durch den Regen bedingt, in ihre Bestandteile aufgelöst; sie war im wahrsten Sinne des Wortes aus dem Leim gegangen. Nun hatten wir Ersatz.

Orissaare lag noch unter dem Beschuss der russischen Artillerie, aber der Brückenkopf war schon beträchtlich erweitert. Alles lief mit Präzision ab. Vor allem die Zusammenarbeit zwischen Heer und Luftwaffe ist hier sicher vorbildlich gewesen.

Unser Funktrupp wurde wieder dem I. Bataillon zugeteilt. Im Vormarsch passierten wir jetzt das Gebiet, in dem Walter Flex im Ersten Weltkrieg gefallen ist und seine Ruhestätte fand. Unser Bataillon kam zügig voran. Dazwischen hörten wir so etwas läuten, dass im Norden der Insel ein mit zwei Lastenseglern durchgeführtes Luftlandeunternehmen nicht sonderlich gut verlaufen sein soll. Es handelte sich um eine Sondereinheit, die Brandenburger, die den Auftrag hatten, die störenden Küstenbatterien auszuschalten. Es sollen nur wenige überlebt haben. – Bei uns aber klappte alles ausgezeichnet. Wir bewegten uns schon im mittleren Bereich der etwa neunzig Kilometer langen und fünfzig Kilometer breiten Insel nach Südwesten zu. Viel flaches Land, von Wacholderbüschen überzogen und mit hellen Gesteinsbrocken übersät. Die Bevölkerung lebte hier sicher vom Fischfang und vom Fremdenverkehr. Der landwirtschaftliche Nutzeffekt kann hier nicht sehr groß gewesen sein und dürfte sich in der Viehhaltung erschöpft haben. Trotzdem empfanden wir es schön hier, was sicherlich auch dem herrlichen Herbstwetter zuzuschreiben war.

Bereits am 20. September hatten wir das Gebiet vor Arensburg erreicht. Arensburg war das einzige Städtchen und zugleich der Hauptort der Insel. Die Luftaufklärung stellte fest, Arensburg habe geflaggt und die Bevölkerung erwarte uns.

Der Morgen kündigte sich wieder so schön an, wie sich der gestrige Abend verabschiedete. Das Regiment schickte Lkws, damit das Ziel schneller erreicht werden konnte. Die Motoren wurden angeworfen, und los ging die Fahrt. Sie führte uns durch eine herbe vergoldete Insellandschaft, und die Sonne begann, die noch frische Morgenluft zu erwärmen. Wir waren in Hochstimmung. Sanft senkte sich die Straße in Richtung Arensburg, das wir am südlichen Horizont schon erkennen konnten. In diese freudige Erwartung und in das Geräusch des Fahrtwindes hinein mischte sich plötzlich ein wohlbekanntes böses Gezwitscher – es kam nicht aus Vogelkehlen. Die Bremsen quietschten, und mit einem Satz suchte jeder im Straßengraben Deckung. – Unmittelbar vor der Stadt hatten die Russen eine gut ausgebaute und bestens getarnte Auffangstellung errichtet. Heftiges Maschinengewehr- und Granatwerferfeuer empfing uns, und unsere Schützenkompanien hatten es gegen den zunächst unsichtbaren Gegner nicht leicht. Während sie ein Maschinengewehrnest nach dem anderen ausräumten, hockten wir mit eingezogenen Köpfen im Straßengraben. Oben, auf der Straße, standen zerschossene Kübelwagen. Die dazugehörigen Insassen, Zahlmeister mit Gefolge, saßen mit verstörten Gesichtern neben uns. Infanteriefeuer war ihnen fremd und ungewohnt. Davon werden sie sicher noch ihren Enkelkindern erzählen, was sie hier alles auszustehen hatten. Wir grinsten uns schadenfroh ins Fäustchen. Sie hatten vernommen, Arensburg sei feindfrei. Aber nun schnell hinein in die Stadt, zum Beutemachen oder was weiß ich, was sie hier zu finden hofften. Keinesfalls aber russische Infanterie!

Schließlich war der Widerstand gebrochen, und wir erreichten zu Fuß die Stadt, wie es sich für einen Infanteristen geziemt. Aber die Vorfreude auf das Städtchen wurde gedämpft. Links der Straße, auf dem Wiesenkusselgelände lagen gefallene Kameraden. Einige so, wie sie der Tod ereilt hatte, andere mit einer Zeltplane zugedeckt, nur die Stiefel sichtbar. Nichts regte sich mehr, kein Atmen, kein Stöhnen, nichts – tot. Von der See her wehte sanft eine Brise und spielte im Haar der Toten; Gräser neigten ihre Rispen zu einer leisen Klage. Vor einer Stunde noch voller Leben, jetzt alles zu Ende. Ihre Augen nahmen nichts mehr wahr, der Übergang ins Totenreich war vollzogen. Die Körper werden auskühlen, erstarren, sich auflösen, zerfallen, bevor sie noch richtig begannen, ihr Leben zu leben. Die Toten kennen keine Sorgen und Probleme mehr, und sie wissen nichts von den Tränen, die ihre Mütter um sie vergießen werden. Ein Denkmal wird ihnen gesetzt werden, in der Seele, aber nur von jenen, die sie liebten. Das Vaterland? Nein, das offizielle Vaterland kaum, es wird sie eher verleugnen, es schämt sich fast seiner Kriegstoten. Das ist die traurige Wahrheit.

Eine kleine Stadt mit Kopfsteinpflaster, schmalen Straßen und überwiegend aus Holzhäusern bestehend, nahm uns nun auf. Nur die aus der Zeit des Ritterordens stammende wuchtige Burg überragte die Dächer der niedrigen Häuschen. Die Stadt war von den Kampfhandlungen verschont geblieben, wenn man von einigen an der Peripherie in Mitleidenschaft gezogenen Häusern absieht.

Für unser Regiment war der Kampf auf Ösel zu Ende, so glaubten wir. Die Halbinsel Sworbe „säubern" die Hundertzwoundsechziger. So war dies vorgesehen. Die Russen hatten sich in die lange, bis in die Rigaer Bucht hineinragende Halbinsel zurückgezogen.

Unser Ruhequartier lag etwas außerhalb des Städtchens. Oberst Melzer, seit Reval Ritterkreuzträger, hatte seinen Kampfauftrag erfüllt und gönnte seinen Soldaten die längst verdiente Ruhe.

Heinz und ich waren wieder beim Regimentsnachrichtenzug und ließen es uns entsprechend den Umständen gutgehen. Dabei war wieder von besonderem Genuss, sich ungestört in Ruhe waschen und rasieren zu können. Dann holten wir unser Beutestück, das Koffergrammophon, vom Funkwagen herunter und spielten die in durchaus guter Qualität vorhandenen russischen Platten einmal durch. Meist waren es russische Volkslieder mit gemischtem Einzel- und Chorgesang, der für unsere Ohren recht fremdartig und doch irgendwie faszinierend, fast geheimnisvoll klang; Schwermut war mit Wildheit gemischt. Heinz imitierte spöttelnd einige Lieder, besonders die mit den schreienden, grellen weiblichen Stimmen. – Daneben gab es auch einige Platten mit Tanzmusik im Stil der Zwanzigerjahre, zum Beispiel „Die blonde Inge". Aber auch hier, bei den Tanzplatten herrschte die russische Klangfarbe – Moll – sehr vor, besonders bei den langsamen Tänzen.

Unsere Freude über die ruhigen Tage wurde bald getrübt. Zunehmend wehte Schlachtengebrummel von der fernen Front herüber. Das Artilleriefeuer verstärkte sich von einem Tag zum anderen. Dazwischen konnte man ganz deutlich das Wummern der Abschüsse und das Bersten der schweren Brocken der Festungsartillerie von Abruka heraushören. Diese kleine Insel befand sich immer noch in russischer Hand. Wir hatten ein ungutes, mulmiges Gefühl. Und dies trog nicht.

Eine Woche war uns vergönnt. Jetzt mussten wir die stark angeschlagenen Hundertzwoundsechziger ablösen. Sie kamen nicht vorwärts und verbluteten sich vor den Erdbunkern der Russen. Sie hatten auf der ganzen Halbinsel tiefgestaffelte Verteidigungslinien errichtet, die teilweise untereinander mit Laufgräben verbunden waren.

Heinz und ich marschierten diesmal zum III. Bataillon. Die schwersten Kämpfe auf Ösel sollten unseren Soldaten jetzt noch bevorstehen.

Die Halbinsel Sworbe ist mit dem Inselkörper Ösels durch einen mehrere Kilometer langen und nur etwa zwei Kilometer breiten Flaschenhals verbunden, der beiderseits von je einer Uferstraße, einer östlichen und einer westlichen, durchzogen ist. Hierauf hatte sich die schwere russische Artillerie von Abruka eingeschossen. Auch nachts lag Störfeuer auf diesen Straßen. Und wir mussten sie passieren. Die Erde zitterte bei ihren Einschlägen – und nicht nur die Erde. Schließlich erreichten wir unsere Ausgangspositionen ...

An einem der letzten Septembertage lief unser Angriff an, es ging immer durch vermintes Gelände. Die russischen Schützenminen befanden sich in Holzkästchen, die von unseren Minensuchgeräten nicht erfasst wurden. Wir gingen daher fast auf Zehenspitzen, jedenfalls sehr vorsichtig, wie auf rohen Eiern, bis wir wieder auf feste Wege kamen, die möglichst schon begangen worden waren.

Die Zivilbevölkerung hatte in diesem Abschnitt besonders viel zu leiden. Jedes Dorf ging in Flammen auf, kein Haus blieb stehen. Überall krähte der rote Hahn des Krieges. Aus Schutt und Asche ragten nur noch die gemauerten Schornsteine gespenstisch in den Himmel. Die Bewohner der Dörfer waren in die Wälder geflohen und hausten hier wie die Waldmenschen. Aber auch hier ließ sie der Krieg nicht immer ungeschoren, und mancher verlor noch das nackte Leben.

Wir erreichten schließlich Anseküla, und der Widerstand verstärkte sich. Nun musste Bunker für Bunker erstürmt werden. Dabei halfen der Infanterie die Pioniere des Pionierbataillons 161 mit ihren Flammenwerfern. Die erkannten Schießscharten wurden mit Maschinengewehrfeuer niedergehalten, mit dem Flammenwerfer, geballten Ladungen und Handgranaten dann die Erdbunker erstürmt, bis sich die lebenden Fackeln ins Freie stürzten und der Rest sich ergab. Ein Gefreiter erhielt bei diesen Aktionen das Ritterkreuz. Es war der Gefreite Schulz aus Litzmannstadt. Seine Verwegenheit erschien geradezu unglaublich, vor allem, weil er dabei immer unverletzt als Sieger hervorging. Er räumte – oft ganz allein – Bunker um Bunker aus. Er war so davon besessen, dass er sogar weitermachte, als sein Flammenwerfer in Brand geschossen worden war. Er wälzte sich im Rasen, bis die Flammen an seinen Kleidern erstickten, und griff die Bunker nunmehr nur mit Pistole und geballten Ladungen an – immer mit Erfolg.

Schulz wurde vom Bataillonskommandeur zum Tross geschickt, um diesen kostbaren Mann nicht zu schnell zu verlieren. Ein Kommentar hierzu ist wohl nicht erforderlich. Es gibt tatsächlich Helden, denen es offenbar nichts ausmacht, Held zu sein. Aber auf lange Sicht bleibt es keinem Infanteristen erspart, zu fallen, verwundet zu werden oder in Gefangenschaft zu geraten. Andere Alternativen gibt es nicht, sie wären die rühmliche Ausnahme.

Unser Angriff wurde zunehmend von Luftwaffe und vor allem Artillerie unterstützt. Dabei hatte ich folgendes Erlebnis.

Eine von starken Feindkräften besetzte wichtige Straßengabel sollte durch einen Artilleriefeuerschlag sturmreif geschossen werden. Das Regiment befahl, auf einer festgelegten Linie zu verharren und den Feuerschlag unserer gesamten Artillerie um 13.00 Uhr abzuwarten. Unser Bataillon, das „berüchtigte" III. unter Hauptmann Rooch, hatte diese Linie offenbar überschritten, ob bewusst oder unbewusst, ist mir nicht bekannt. Heinz und ich hatten unser Funkgerät etwa 100 bis 150 Meter hinter den vordersten Linien aufgebaut. Wir lagen in einem schönen Tannenwaldstück, wie dies auf Ösel relativ selten zu finden war. Heinz, in Erwartung des Feuerschlags, begann wieder einmal mit seinen tiefschürfenden Betrachtungen: „Ich möchte kein Russe sein", und sah mich dabei vielsagend und mit dem Kopfe nickend an, „was die jetzt wieder aufs Dach kriegen werden!" Weiter zum Besprechen und Überlegen der Lage kamen wir nicht, denn in diesem Augenblick setzte der Feuerschlag unserer Artillerie aus allen Rohren ein. Ein Feuerschlag in einer Massierung, wie ich ihn von unserer Seite nur noch in den Abwehrschlachten am Ladogasee erlebt habe. „Wstwstwstwstwst, flutschten die Geschosse über unsere Köpfe hinweg, um in bedrohlicher Nähe unter einem fortdauernden Gekrache zu bersten. Ein unglaubliches Inferno spielte sich unmittelbar vor uns ab. In Sekundenschnelle hatten wir die Situation erkannt und gehandelt. Entweder wurde zu kurz geschossen, oder das Bataillon war zu weit vorgerückt. Das Stromkabel aus dem Gerätetornister herausgerissen und das Gerät geschnappt, war eine Handlung und nach hinten losgerast die zweite. Mit dem heraushängenden Kabel blieb ich im Gezweig eines Strauches hängen. Ein Ruck, der Strauch gab nach, die Flucht ging weiter. In diesem Moment kam Oberleutnant Wippern vom Bataillonsstab angelaufen – wir nannten ihn wegen seiner langen Beine „Fieseler Storch" – und schrie: „Sie, Funker Sie, geben Sie durch: Feuerschlag in eigene Linie!". Aber bis wir aufgebaut und Verbindung aufgenommen hatten, war der Feuerschlag planmäßig abgelaufen. „Mein Gott, wird dies Tote geben – und dies von der eigenen Artillerie!", dachten wir. Nichts dergleichen! Das Bataillon meldete keinen einzigen Verwundeten aus dieser Aktion. Der Feuerschlag lag genau zwischen den Kompanien und dem Bataillonsgefechtstand. Der Bataillonsstab floh nach hinten und die Kompanien nach vorne; und die Russen vor den Kompanien. Viel Aufwand – ohne Erfolg. Diesmal gottlob! So erfolglos war der Feuerschlag dann aber doch nicht, denn die Straßengabel war auf die geschilderte Weise in unseren Besitz gekommen, und damit war das Ziel dieser Aktion erreicht.

Der Angriff wurde weiter vorgetragen. Wir hatten das Dorf Vintri hinter uns gelassen. Wir schrieben den 3. Oktober 1941. Der Widerstand der Russen schien noch keineswegs gebrochen. Erst am nächsten Tag, dem 4. Oktober, brach er in sich zusammen. Erst gruppenweise, dann in einem nicht enden wollenden Strom kamen uns die Russen entgegen. Offiziere auf kleinen Pferdchen reitend, dabei schleiften sie die Füße fast auf dem Boden. Es war ein ungewohntes Bild, diese Reiter. Es war zu Ende. Vereinzelt hatten sich russische Offiziere das Leben genommen. Eine Handgranate abgezogen und sich mit dem Brustkorb daraufgelegt, oder sie schossen sich einfach eine Kugel durch den Kopf. Die zugesagte Hilfe ist nicht eingehalten worden. Alle Notrufe nach Moskau mussten ungehört bleiben. Woher sollte zu dieser Zeit die Hilfe auch kommen! – Unser Abhörtrupp hatte den Funkverkehr belauscht. Jetzt haben sie aufgegeben.

Gegen Mittag erreichten wir die Südspitze der Halbinsel mit dem Leuchtturm. An einer russischen Feldküche stand ein schwarzhaariger fetter Koch und verteilte russische Konserven an deutsche Soldaten. Er drängte auch mir eine auf; ich nahm sie widerwillig. Aber diese Rindfleischkonserve war erstklassig gewürzt. Es war mit Lorbeerblatt und Pfefferkörnern eingedost worden. Unsere faden Rindfleischkonserven konnten damit jedenfalls nicht konkurrieren.

Flussdurchquerung eines Gespannes
im Juli 1941 im Baltikum.

Rast am Wegesrand im Sommer 1941
in Lettland.

Ein Stoßtrupp des Infanterieregiments 162 hat im Juli 1941 einige Beutewaffen eingebracht, die nun stolz präsentiert werden. Dabei ist auch das bekannte russische Maxim-MG auf Räderlafette, ein leichtes MG, ein leichter Granatwerfer, Gewehre und anderes Kriegsmaterial.

Ein Oberfeldwebel des Stoßtrupps demonstriert, wie das Maxim-MG zum Feuern gehalten wird.

Infanteristen der
61. Infanteriedivision haben russische Kriegsgefangene
eingebracht.

Sammeln von gefangenen russischen Soldaten durch Infanteristen der 61. Infanteriedivision unmittelbar nach dem Kampf.

Soldaten des Infanterieregiments 162 rasten im Sommer 1941 am Wegesrand. Ihre Gesichter sind staubbedeckt. Ganz rechts im Bild ein Sanitäter, der an seiner Rotkreuz-Armbinde zu erkennen ist.

Ein durch das Infanterieregiment 162 abgeschossener sowjetischer T-26 Panzer in einer Ortschaft im Sommer 1941.

Das Infanterieregiment 162 vor einem Angriff auf einen Flugplatz in Estland. Ein Späher (rechts oben) beobachtet die Lage.

Gefangene Russinnen in Militärmänteln, die vom Infanterieregiment 162 eingebracht wurden.

Der Kampf hat wieder viele Opfer gekostet. Ein Unteroffizier knöpft einen gefallenen Kameraden in eine Zeltbahn ein.

Weitere Gefallene des Infanterieregiments 162 werden zusammengetragen, während eine Grube ausgehoben wird.

Hauptmann Gottfried Weber nimmt sichtlich bewegt von seinen toten Soldaten Abschied und steigt dazu sogar in die Grube hinab.

Panzer und Spähwagen treffen auf Soldaten des Infanterieregiments 162 und besprechen die Lage.

Beerdigungszeremonie für gefallene Soldaten des Infanterieregiments 162, die vom Feldlazarett mit einem Kleinlaster zum Friedhof gefahren wurden.

Der Kampf um Estland im Spätsommer 1941 hat der 61. Infanteriedivision viele Gefallene beschert.

Rasch gezimmerte Holzkreuze erinnern an die gefallenen Kameraden.

Lange Reihen von Gräbern säumen die Vormarschstraßen.

Unmittelbar nach dem Kampf heben Soldaten für ihre sechs gefallenen Kameraden ein Grab am Wegesrand aus.

In Decken oder Zeltbahnen gewickelt liegen die Gefallenen in einem Grab. Solche Bilder durften eigentlich nicht gemacht werden.

Ein weiteres Grab von drei gefallenen Kameraden.
Dieses Grab ist mit Blumenschmuck versehen.

Soldaten des Infanterieregiments 162 nehmen Abschied
von ihren gefallenen Kameraden.

Doch auch lustige Momente gab es, als sich dieser Spähtrupp mit allerlei blühendem Buschwerk tarnte.

Soldaten des Infanterieregiments 162 beim Plausch mit einheimischen Mädchen irgendwo in Estland.

Hier werden mit Staub bedeckte Soldaten des Infanterieregiments 162 von herbeigeeilten Frauen mit Wasser und Obst versorgt, was die Soldaten dankbar annehmen.

Ausgehobene russische Stellungen mit Stacheldrahtverhau.

Heldenschicksal:
Das Grab des Gefreiten Heinze zwischen Kameradengräbern.
Die Gefreiten Paul Heinze und Georg Baumgart fielen durch Artilleriebeschuss im Juli 1941 vor Poltsamaa.

„Jausenzeit“: Leutnant Baltruschat und sein Feldwebel vom I. Bataillon/Infanterieregiment 151 in Estland 1941.

Der Regimentsgefechtsstand auf einem estnischen Bauernhof während des Vormarsches: Generalleutnant Siegfried Haenicke, Kommandeur der 61. Infanteriedivision (neben dem Tisch sitzend), Oberst Walter Melzer, Kommandeur des Infanterieregiments 151 (an der Wand sitzend mit Telefonhörer in der Hand), Oberleutnant Rapreger, Hauptmann Dr. Pankow und Leutnant Heckler.

Ein nebliger Morgen zieht auf. Die Soldaten haben auf freiem Feld in ihren Zelten übernachtet.

Aus fast sicherer Entfernung beobachten Angehörige des Regimentsgeschäftszimmers aus einer Turnhalle das brennende Reval. Mit dabei sind Oberfeldwebel Pawlzig und Feldwebel Noack.

Die Alexander-Newski-Kathedrale in Reval, das heute Tallinn heißt.

Das brennende Reval Ende August 1941.

Einzug der Infanterie in Reval,
wo das Leben scheinbar unbeeindruckt weitergeht.

Ein Lautsprecherwagen der Wehrmacht informiert die estnische Zivilbevölkerung
über die Lage in Reval.

Eine estnische Lehranstalt bei Reval.

Kaum waren die Sowjets vertrieben, als bereits estnische Frauen und Männer am estnischen Freiheitsdenkmal Blumen niederlegten.

Estnische Zivilisten bei einem Plausch am Wegesrand. Sie sind sichtlich froh, dass die Sowjetherrschaft beendet wurde. Ihre Hoffnungen auf mehr Selbstständigkeit sollten jedoch von den Deutschen enttäuscht werden.

Panzer stoßen weiter in Richtung Leningrad vor. Es wird bereits herbstlich, denn die Soldaten haben ihre Mäntel angezogen. Es sollte aber noch sehr viel kälter werden!

Weitere Gräber des Infanterieregiments 162
am Wegesrand.

Ein Doppelgrab zwischen zwei Telegrafenmasten
in Estland.

Die Sturmbootablegestelle für die Eroberung der baltischen Insel Ösel. Von hier aus bestiegen die Soldaten des Infanterieregiments 151 die Sturmboote.

Zwei Sturmboote im Einsatz auf hoher See befinden sich auf dem Weg zur Insel Moon.

Der Funktrupp, der den schicksalshaften Funkspruch um 05.50 Uhr aufnahm, nach der Landung des I. Bataillons/Infanterieregiment 151 im Dorf Kuivastu auf der Insel Moon (H. Schimanski, Fritz Krebs und der Verfasser, Erhard Steiniger).

Die schöne Katharinenkirche auf der Insel Moon.

Major Dr. Werner Pankow, Ritterkreuz am 20. September 1941 als Führer des II. Bataillons/Infanterieregiment 151.

Der vier Kilometer lange, von den Russen gesprengte Öseldamm, der von der 7. Kompanie des Infanterieregiments 151 genommen wurde. Die Soldaten sind dabei, den Damm auszubessern.

Die Bataillonskommandeure des Infanterieregiments 151 im Gespräch – von links nach rechts: Hauptmann Rooch, Hauptmann Dr. Werner Pankow, Leutnant Dr. Hubatsch und andere.

Zu Fuß, mit Pferdewagen und auf Fahrrädern ist das Infanterieregiment 151 auf dem Vormarsch nach Kärdla, dem Hauptort auf der Insel Dagö. Vorne rechts im Bild sieht man Leutnant Heckler.

Generalleutnant Siegfried Haenicke, Kommandeur der 61. Infanteriedivision.

Der spätere Generalmajor Gottfried Weber, ausgezeichnet mit dem Eichenlaub zum Ritterkreuz.

Der Schlusspunkt des Unternehmens auf Ösel

Ich habe den Namen des kleinen Ortes in der Nähe des auf der südlichsten Spitze von Sworbe befindlichen Leuchtturms vergessen. Hier erlebte ich einen der ergreifendsten Gottesdienste meines Lebens. Er wurde in einem Holzkirchlein improvisiert. Es war eine evangelische Kirche. Die Pfarrfrau nahm die Stelle ihres nach Russland verschleppten Mannes ein. Nun bestieg sie die Kanzel und schilderte mit ergreifenden Worten ihr Leid und das der estnischen Bevölkerung, welches ihnen die Russen zugefügt hatten. Sie sprach sehr gut deutsch. Ein deutscher Soldat setzte sich an das Harmonium und begann Kirchenlieder zu spielen. Jetzt betraten kleine Gruppen von Landsern langsam und andächtig das Gotteshaus, so wie sie aus dem Kampfe kamen: verstaubt, verschwitzt, Stielhandgranaten in Koppel und Stiefelschaft steckend, die Rockärmel hochgekrempelt. Den Stahlhelm hatten sie abgenommen. Da standen sie nun mit gebeugten Häuptern, das Haar ungeordnet, strähnig schweißverklebt und beteten in tiefer Andacht zu ihrem Gott. Ob sie für ihr Leben dankten oder Gottes Schutz für die Zukunft erflehten? Sicher beides. Es waren viele Rheinländer und Westfalen unter ihnen. Was tut es, wenn die Kirche evangelisch ist. Gott ist überall anwesend und überall gleich, wenn man ihn sucht ... Durch die hellen Kirchenfenster flutete das Sonnenlicht und erfasste die Gruppe der Andächtigen vor dem Altar. Ich nahm dieses Bild mit in mein Buch der unauslöschbaren Erinnerungen.

Der Kampf um Ösel war zu Ende. 11.000 Gefangene wurden gemacht. Hunderte Kanonen, Panzerfahrzeuge, Lkw, Maschinengewehre, zahlloses Ausrüstungsmaterial fielen der Wehrmacht in die Hände. Jetzt wussten wir es ganz sicher: Ein russisches Bataillon konnte dies hier nicht gewesen sein. Eine Division oder mehr dürften der Sache schon näher kommen!

Wir marschierten zurück nach Arensburg. Ernst Skambraks hatte wohl wieder den richtigen Riecher, denn wir Funker waren beim Schlachthofverwalter einquartiert. Das estnische Ehepaar mit Großmutter und einer Cousine nahm uns sehr gastfreundlich auf. Die sehr nette, charmante Frau kochte hervorragend, fast so gut wie sie aussah. Genauso liebenswürdig war der Herr des Hauses, der die Dinge heranschaffte, die uns seine Frau zubereitete. Wir gaben uns alle Mühe, einen guten Eindruck zu hinterlassen. Außerdem hinterließen wir zwanzig Reichsmark pro Kopf, womit diesen guten Leuten am Anfang sicher sehr geholfen war.

Werner Zutraun charmierte sehr – und wie es schien, erfolgreich – um die etwa fünfundzwanzigjährige Cousine herum. Und die humorvolle Oma wunderte sich über die estnischen Mädchen, die quasi noch gestern mit Russen spazieren gingen und heute schon am Arm der Deutschen hingen. „Eine Schweinerlei – aber scheene Schweinerlei", meinte sie in ihrem estnischen Deutsch. Zu Arensburg gehört noch eine andere schöne Erinnerung – die geräucherten Aale! Werner Haferbier hatte eine

Fischräucherei ausfindig gemacht, in der man für zwei Reichsmark drei große, noch triefende, warme Aale bekommen konnte. So frisch habe ich nie wieder welche gegessen. Mehr als ein zwanzig Zentimeter großes Stück war beim besten Willen nicht zu schaffen. Dies führte zwar zu gewissen Reaktionen in den Verdauungsorganen, aber missen möchte ich diese Erinnerung an die Arensburger Aale denn doch nicht.

Leider mussten wir das gastliche Städtchen bald wieder verlassen. Etwa eine Woche nur hatte man uns Ruhe gegönnt, dann ging der Marsch zum Norden der Insel, denn auf Dagös saßen noch die Russen …

Die Eroberung von Dagös

Die Eroberung Dagös war für unser Regiment keine ernsthafte Aufgabe, zumal die Hundertsechsundsiebziger die Hauptlast der Landeoperationen zu tragen hatten. Diese wurden am 12. Oktober in den frühen Morgenstunden etwas nördlich, auf der Ostseite des Südteils der Insel, durchgeführt. In gleicher Höhe, nur auf der Westküste, ging die Aufklärungsabteilung unserer Division an Land. Der Widerstand war nicht sehr groß, kein Vergleich jedenfalls mit der Landung auf Moon.

Gegen Mittag war unser Regiment an der Reihe. Es ging wieder in die Sturmboote hinein, ohne die wir offenbar nicht Fuß fassen konnten. Aber die Fahrt verlief ruhig, die See war es auch. So hatten wir bald den Soela-Sund überquert, und landeten auf die gleiche Weise wie auf Moon, das heißt, wir wurden einfach ins Wasser geworfen. Wie sollte es auch anders sein, denn Anlegestellen gab es nicht. Unser Problem war es, wieder trocken zu werden. Da uns kein Feind belästigte, konnten wir unsere Uniformen in aller Ruhe an großen Feuern trocknen – einigermaßen wenigstens. Dies war auch dringend notwendig, denn die Nacht brachte den ersten Frost und eine leichte Schneedecke, die allerdings bei Sonnenaufgang wieder verschwand.

Der nächste Tag zeigte sich dann wieder als ein schöner Herbsttag, an dem sich für uns auch nichts Aufregendes ereignete. Auch an den folgenden Tagen nicht. Dass die Aufklärungsabteilung vor Bunkeranlagen festlag, war nicht so tragisch zu nehmen, weil unsere Kompanien weiterhalfen. – Ich möchte an dieser Stelle nochmals hervorheben, dass ich hauptsächlich meine Erlebnisse, das heißt, aus meinem Blickfeld schildere. Das schließt nicht aus, dass an anderen Frontabschnitten unseres Regiments schwer gekämpft werden musste, während ich relativ ruhige Zeiten hatte und umgekehrt.

Um die Insel so schnell wie möglich feindfrei zu machen, stellte unser Regiment eine kleine Vorausabteilung zusammen. Von uns wurde dazu die 7. Kompanie unter Leutnant Krüger abgestellt. Dazu kam vom Regimentsnachrichtenzug ein Funktrupp zur Sicherung der Nachrichtenverbindung Leutnant Dr. Hubatsch: „Schimanski, Sie und Ihr Trupp melden sich bei Leutnant Krüger!“ „Jawohl, Herr Leutnant.“ „Gerät, Unterlagen alles in Ordnung?“ „Jawohl, Herr Leutnant.“ „Gut, dann ab dafür!“ – Obwohl mir wegen der Zugehörigkeit zur Vorausabteilung anfangs in der Magengegend wieder mulmig werden wollte, konnte ich mir ein Lächeln nicht verkneifen. Die Worte „Sie und Ihr Trupp“ hatten es mir angetan. Der „Trupp“ war ich nämlich ganz alleine, ich, der zweite Mann. Denn den Schimanski hatte er ja schon mit dem „Sie“ angesprochen.

Nun ging es los in Richtung Kärdla, den Hauptort an der Nordspitze der Insel. Wir „schlichen“ uns mit unseren Motorfahrzeugen durch dichten Wald, auf Waldwegen voran – zum Glück ohne Feindberührung. In einer Försterei, es kann auch ein Einödhof gewesen sein, verbrachten wir die Nacht. Dieses Unternehmen erschien mir kleinem Gefreiten recht unsinnig. Denn wir hätten bei Feindberührung – und die wäre immer aus dem Hinterhalt gekommen – weder Schussfeld noch Entfaltungsmöglichkeit gehabt.

Mit der Erreichung Kärdlas ging unser Auftrag gottlob zu Ende. Eine schwere feindliche Küstenbatterie, die von der Halbinsel Tahkuna aus Kärdla und das Gebiet rundherum unter Feuer hielt, machte mir einige Sorgen. Ich übernachtete damals in einem Haus, dessen Fensterscheiben bei jedem Einschlag in der näheren Umgebung scheußlich klirrten. Die Nacht war kalt und von Schneegestöber begleitet. Ich hatte ein Dach über dem Kopf, die Kameraden von den Schützenkompanien nicht. Der Winter hatte sich angemeldet.

Beim Angriff am nächsten Morgen wurden die russischen Verteidigungslinien durchbrochen. Zum letzten Widerstand sammelten sich die Russen auf der Halbinsel Tahkuna. Als wir am nächsten Tag erneut zum Angriff antraten, erlosch die Kampftätigkeit unter ähnlichen Auflösungserscheinungen, wie wir sie auf Sworbe erlebt hatten. Nur alles im kleineren Maßstab. Der Kampf um die Baltischen Inseln war damit zu Ende. Als letzten traurigen Eindruck von dem geschlagenen Gegner behielt ich ein russisches Lazarett in Erinnerung. Es war vollgestopft mit Verwundeten, die ohne ausreichende ärztliche und medikamentöse Versorgung waren. Besonders für diese Menschen ist es grauenvoll, nicht zum Sieger zu gehören, weil man seiner Gnade oder Ungnade hilflos ausgeliefert ist – und der Tod oft die einzige Erlösung sein muss. Die deutschen Soldaten werden dies am eigenen Leib noch oft erfahren müssen.

Schon einen Tag später, am 21. Oktober 1941, wurde die Division nach Ösel zurückgeführt, diesmal wieder auf Siepelfähren. Unser Traum vom Ende des Krieges war ausgeträumt. Wir wurden nicht Besatzungstruppe auf den Baltischen Inseln, sondern Einsatzreserve der 18. Armee. Die Division hatte sich im Raum Narwa zu sammeln. An der nördlichen Uferstraße Estlands, am Finnischen Meerbusen entlang, ging es in einigen Tagesmärschen in Richtung Narwa. Linker Hand von uns die See. Sie bot sich in diesen Tagen als eine blauschwarze, düstere Masse dar, die sich am nahen Horizont mit dem wolkenverhangenen Himmel unter einem Dunstschleier konturlos vereinigte. Es schien, als würden selbst die im Seewind auf und ab wogenden Möwen beim Anblick dieser Düsternis ihren heiseren Schrei unterdrücken. Und dennoch! Irgendwo gefiel mir auch dieses dunkle Bildnis der Natur; es gehörte mit zu unserer Welt. Umso schöner war es dann, wenn wir in warmen estnischen Wohnhäusern übernachten konnten; sie verfügten über eine natürliche Behaglichkeit. Hier hörte ich auch zum ersten Mal das anheimelnde Summen eines Samowars. Diese angenehmen Momente, wenn auch umgeben von einer trüben Natur, ließen mich dennoch auf ein gutes Ende hoffen – das es nicht geben wird. Aber Optimismus und Siegeszuversicht waren befohlen, und so marschierten wir dem Sieg weiter entgegen. Und ehrlich gesagt, es durfte nichts anderes geben, schon gar nicht für uns Sudetendeutsche. Was würden die fanatisierten Tschechen für ein Blutbad anrichten! Nein, der Führer wird es schon machen. Dann sind ja die Japaner auch noch da! Die Italiener? Vierzig Millionen Finnen wären als Verbündete besser gewesen. Aber sonst – sonst haben wir den Rest der Welt zum Feind. Vor allem, die bedeutendste Großmacht der Welt – die Juden haben wir uns zu erbittertsten Gegnern gemacht. Dieser Wahnsinn! Sie werden sich mit Recht wehren, dort, wo sie es können – in den USA, und werden letzten Endes diesen Krieg entscheiden. Quatsch, nicht daran denken, nur dem Führer vertrauen!

Narwa taucht schemenhaft aus der Dunkelheit auf. Die Stadt wird beherrscht von den beiden mittelalterlichen Burgen, die das Zusammentreffen zweier Welten symbolisieren: Der viereckige Turm der Hermannsfeste diesseits der Narwa und der runde Turm der Feste Iwangorod am östlichen Narwaufer. Zwei Tage lang werden wir in der Hermannsfeste Unterkunft beziehen. Trübe, ölfunzelähnliche Beleuchtung empfing uns. Hier in Narwa stieß auch Feldwebel Hofer, ein Tilsiter, zum Regimentsnachrichtenzug. Er übernahm einstweilen die Stelle des Zugfeldwebels.

In diesen dunklen Novembertagen nahmen wir Abschied von der offensiven Kriegsführung, soweit es den Nordabschnitt betrifft. Das Gesetz des Handelns werden uns von nun an die Russen aufzwingen. Zwar liefen noch Angriffsoperationen einiger motorisierter Einheiten und Panzerverbände in Richtung zum Fluss Swir, um eine Verbindung zu den Finnen herzustellen und damit Leningrad endgültig einzuschließen, aber es wird nicht mehr dazu kommen. Die Klosterstadt Tichwin fällt noch ohne großen Feindwiderstand in deutsche Hände. Dann greift General Winter auf Seiten der Russen ein. Dreißig Grad Frost und mehr ändern von Grund auf die militärische Lage, nicht nur bei uns oben im Norden. Die deutschen Truppen sind für einen russischen Winter nicht ausgerüstet im Gegensatz zu den hervorragend darauf vorbereiteten Russen. Offenbar rechnete die Wehrmachtsführung nur mit ihren Blitzkriegen, die man im Sommer abwickelt. Aber das zwanzigste Jahrhundert ist mit dem siebzehnten nicht vergleichbar, denn im Dreißigjährigen Krieg und auch in den späteren Kriegen noch schloss man den Winter für Feldzüge aus. Aber heute?

Was sich bei diesem Opfergang der deutschen Soldaten in meinem kleinen Gesichtskreis abspielte, will ich im dritten Kapitel in einigen wesentlichen Bildern erzählen.

TEIL III

Nach dem gescheiterten Unternehmen „Barbarossa“

Der Winter 1941/1942

Zur großen Lage war so viel bekannt geworden, dass das Oberkommando der Wehrmacht versuchen wollte, vor Wintereinbruch an allen Fronten die entscheidenden Schlachten zu führen. Dies bedeutete Angriff um jeden Preis.

Bei uns im Nordabschnitt strebte man die Vereinigung mit den finnischen Truppen am Swir an, um damit auch noch die letzte Lücke im Einkreisungsring um Leningrad zu schließen. Die Stadt Tichwin spielte dabei eine besondere Rolle. Sie wurde von unseren vorstoßenden Panzern noch am 10. November ohne allzu großen Feindwiderstand besetzt.

Walther Hubatsch schreibt in der Geschichte der 61. Infanteriedivision zu diesem Zeitabschnitt: „Der Winter hatte dann freilich den spät begonnenen Operationen ein baldiges Ende bereitet; in der zweiten Novemberhälfte wurde der Feinddruck auf diese weit vorgetriebene Stellung immer stärker. Die Kämpfe vollzogen sich in ausgedehntem Sumpfgebiet und unergründlichem Morast, der jeden Einsatz motorisierter Verbände vereitelte. Eine schmale, von der Organisation Todt gebaute Nachschubstraße, konnte nur im Einbahnverkehr befahren werden; rechts und links des Knüppeldammes waren Panzerkampfwagen abgeglitten und versanken immer tiefer im zähen Schlamm.“

Dies etwa war die Situation, als unsere Division den im Raum Tichwin in schweren Abwehrkämpfen befindlichen Panzerverbänden zu Hilfe kommen sollte. Die Frontlage war so brenzlig geworden, dass die Bataillone unseres Regiments mit der Junkers Ju 52 in den Einsatz geflogen werden mussten. Der Regimentsstab folgte mit den motorisierten Teilen des Regiments. Unser Nachrichtenzug saß bei der 14. Kompanie auf den kleinen offenen Zugmaschinen unserer 3,7-cm-Pak auf. Empfindliche Kälte mit Temperaturen um zwanzig Grad war hereingebrochen, sodass wir uns gegen den Fahrtwind mit Decken einmummen mussten. Es ging über Kingisepp – Krasnogwardeisk – Tosno – Ljuban – Tschudowo. Von hier ab waren es noch circa 130 Kilometer in nordöstliche Richtung bis nach Tichwin; jetzt immer durch Sumpfgelände. Wir passierten langgezogene im Frost erstarrte Dörfer. Das Sumpfgebiet zwischen Wolchow-Fluss und Ladogasee dehnte sich auch in nordöstliche

Richtung aus. Es war von kleineren und größeren Erd- und Sandinseln durchsetzt. Auf ihnen befanden sich die Siedlungen. Wo der karge Boden dies einigermaßen zuließ, lebten die Menschen von dem, was er hergab. Sonst dürften die Sumpfwälder als Erwerbsquelle ein spärliches Dasein ermöglicht haben.

Bei den Siedlungen, die wir nordöstlich des Wolchow passierten, handelt es sich um Dörfer mit den typischen nordrussischen Holzhütten: Balken auf Balken gelegt, die Fugen mit Moos und Lehm abgedichtet, und oben drauf ein Schindeldach. Die Wohnräume lagen – wenn man so will – im Hochparterre und waren über eine Holztreppe erreichbar. Der Raum zwischen Dach und Wohnraumdecke diente zur Aufnahme von Heu und Gerätschaften. Der sehr wichtige Kellerraum musste frostsicher sein und befand sich dementsprechend immer tief genug im Erdboden. Er war von der Wohnstube aus durch eine Luke im Fußboden erreichbar. In ihm wurden die bescheidenen Lebensmittelvorräte wie Kartoffeln, Kraut, eingelegte grüne Tomaten, aufbewahrt.

Die „Tapeten" der Wohnräume bestanden aus alten Zeitungen. An Stellen, an denen diese fehlten, entblößten die Wände ihren naturbelassenen Zustand – also die Holzbalken wurden sichtbar. In den Fugen zwischen den Holzbalken drängten sich oft zu Hunderten Kakerlaken und Wanzen. Die wichtigste Einrichtung des Hauses war der gemauerte Ofen. In das Ofenloch schob man die Töpfe zum Kochen der Suppe, und auf ihm, dem Ofen, fand meist die ganze Familie zum Schlafen Platz. Er und der Keller stellten also die unentbehrlichsten Einrichtungen eines solchen russischen Hauses dar.

An der Decke der Wohnstube steckte in einem Eisenring eine Stange, die mit ihrem längeren Ende etwas herabhing. Daran war, an vier Stricken, eine Kiste befestigt – das Kinderbettchen. Hieran hatte man wiederum eine Schnur gebunden, mit deren Hilfe die Mutter von ihrem Liegeplatz aus die Kinderschaukel bei Bedarf in Bewegung setzen konnte. – Böse Zungen meinten, für die kleinen Russen begänne schon hier die Ausbildung zum Fallschirmspringer. – Alle diese Einrichtungen waren einfach, aber immer zweckmäßig.

Charakteristisch für jedes Dorf war der Ziehbrunnen. Er war mit Holzbohlen eingefasst. Auf einem gegabelten Stamm lag eine lange schwenkbare Stange, die am unteren kürzeren Ende mit einem schweren Stein oder einem Traversenstück beschwert war. An dem langen gegen den Himmel ragenden Ende der Stange hing ein Seil mit dem Schöpfeimer oder auch nur einem Haken zum Einhängen des Eimers. Dieser Dorfbrunnen war jetzt, im Winter, von glattgerundeten Eismassen umgeben; bei starkem Frost dampfte er.

Solch ein Dorf bot einen armseligen, manchmal aber auch einen romantischen Anblick. Seine Hütten waren jetzt im Winter begehrt; sie gewährten Schutz gegen die sich steigernde Kälte. Die einheimische Bevölkerung lief in wattegefütterten zerfransten Kleidern herum oder war mit alten Kitteln und Kopftüchern vermummt. Am Ende dieses Lumpenbündels sahen zwei Filzstiefel hervor – unansehnlich, aber zweckmäßig wie alles hier. Die Russen sind unerreichte Meister in der Improvisation, die lebensrettend sein kann. – Und doch! Welch ein Unterschied zum Baltikum! Uns schien es, als hätten wir mit den Baltischen Staaten die westliche Zivilisation hinter uns gelassen. Ein ganz anderes, feindseliges, fremdes und armes Land empfing uns mit seiner erstarrenden winterlichen Sumpflandschaft. Und diese erstarrende Sumpflandschaft war die große Gefahr für unsere vorgestoßenen Verbände. Denn der in nordöstliche Richtung verlaufende Angriffskeil hatte eine Länge von 130 Kilometern, und der Sumpf zu beiden Seiten war durch den Frost passierbar geworden; diese offenen Flanken mussten abgeschirmt werden. Schuster, Schneider und alles andere Personal, das bei den Trossen irgendwie entbehrt werden konnte, wurde infanteristisch eingesetzt, um die Versorgungswege der in Tichwin kämpfenden Truppen offenzuhalten. In dieser Situation kamen die Kompanien unserer Division sozusagen im fliegenden Einsatz als Retter in höchster Not. Aber diese Hilfe war nur ein Tropfen auf den heißen Stein.

Ausgefroren und mit steifen Gliedern erreichten wir an dem schon sehr früh hereinbrechenden Abend ein Dorf zur Übernachtung, oder besser gesagt, um den Beginn des nächsten Tages abzuwarten.

Mondlicht gleißte über den Ort und brach sich in zahllosen Eiskristallen zu einem magischen Licht, welches der winterlichen Kälte etwas von ihrer Grimmigkeit zu nehmen schien. Aus den Schornsteinen kräuselte weißer Dunst kerzengerade zum Himmel empor – manchmal auch mit etwas Rauch vermischt. Es waren Kondenswölkchen, die sich beim Zusammentreffen von erwärmter und sehr kalter Luft entwickeln. Diese werde ich von nun an viele Winter zu sehen bekommen.

Wir verteilten uns auf die umliegenden Häuser. Mit anderen Kameraden betrat ich einen dunklen Raum. Nur das flackernde Feuer aus dem Backofenloch erleuchtete gespenstisch die Szenerie vor dem Ofen. Hier hatten es sich drei Soldaten der Panzerwaffe bequem gemacht. Ihre Oberkörper dem Feuer zugeneigt, starrten sie unentwegt in die Glut. Erst jetzt wandten sie sich langsam zu uns um: „Wo kommt Ihr her?“, fragte einer von ihnen. Und als wir Auskunft gegeben und unser Ziel genannt hatten, drehten sie sich wieder desinteressiert dem Feuer zu, und einer sprach mit monotoner, fast schauerlich klingender Stimme: „Tichwin? – Tichwin, das ist die Hölle!“ – und alle drei schwiegen wieder vor sich hin. Nur das Prasseln und Lummern des verbrennenden Holzes und sein flackerndes Licht belebten den Raum. Langsam gewöhnten sich die Augen an die Umgebung. Jetzt bemerkten wir, dass auch noch russische Zivilisten anwesend waren. Sie lagen auf dem Backofen, nur Füße und Lumpen waren erkennbar. Wir richteten uns den Umständen entsprechend für die Nacht ein, setzten uns einigermaßen bequem und versanken in einen traumlosen

Dämmerzustand, den ungute Ahnungen noch mehr verdüsterten ... Geschäftigkeit draußen vor der Tür, vor der unser Fahrzeug stand, brachte uns am anderen Morgen in die Gegenwart zurück. Das Kühlwasser war eingefroren. Die Kraftfahrer entzündeten ein Feuer unter dem Motor, um das Fahrzeug startklar zu bekommen. Der neue Tag war angebrochen.

„Aufsitzen", erscholl das Kommando. Kurze Zeit danach setzte sich die Wagenkolonne in Bewegung. Wie am Vortage – in Decken vermummt – ging die Fahrt in Richtung Tichwin weiter – in einen frostigen Morgen hinein. „Tichwin? Tichwin, das ist die Hölle!", klingt es in mir wie eine trübe Prophezeiung nach. Die Füße steckten heute warm. Wir hatten sie nach den Erfahrungen des Vortages ebenfalls in Decken gehüllt. Sie waren durch die gut sitzenden Lederstiefel am meisten gefährdet, denn es fehlte der Zwischenraum für die wärmende Luft.

Die Lkw rumpelten über den Knüppeldamm, eine Straßenart, die uns die nächsten zwei Jahre nicht verlassen wird. Es handelt sich dabei um Wege und Fahrstraßen, die aus aneinandergereihten und untereinander verbundenen Fichten- und Birkenstämmen in mühseliger Arbeit errichtet werden. Sie sind in den Sumpfgebieten die einzige Möglichkeit, die Versorgungswege zur Front einigermaßen passierbar zu halten. Aber dies gelingt zum Beispiel in den Schlammperioden des Frühjahrs und Herbstes nicht immer.

Trotz der Kälte, die sich in den Morgenstunden noch verschärfte, beobachtete ich aufmerksam unseren Weg. Er verlief zeitweise durch eine verhältnismäßig schmale Schneise, die in den Sumpfwald gehauen war. Zu beiden Seiten der Fahrbahn sah man – öfter als uns lieb sein konnte – Panzer bis über die halben Ketten im gefrorenen Sumpfmodder liegen. Deutsche Panzer! Dazwischen auch mal eine 8,8-cm-Flak, jede mit vielen weißen Ringen um das Geschützrohr – Zeichen ihrer Siege. So etwas kannten wir nicht, jedenfalls nicht in diesem Umfang. Und wenn wir dann bei einem Halt immer wieder von Landsern gefragt wurden, ob „hinten" noch offen sei, dann wurde uns allmählich bewusst, welche Situation uns erwartete.

Lange schon hatte sich die nähernde Front bemerkbar gemacht. Nun konnten wir ganz deutlich Abschüsse und Einschläge unterscheiden. Unmittelbar vor Tichwin, an einer Straßengabel, stand ein abgeschossener russischer 52-Tonner. Waren dies Ungetüme, so etwas hatten wir noch nicht gesehen! Die mit unserer 3,7-cm-Panzerkanone erledigen zu wollen, wäre reinster Größenwahn gewesen. Nur die im Erdkampf eingesetzte 8,8-cm-Flak war ihm gewachsen, sie brachte diese Stahlriesen dutzendweise zur Strecke. Ihr ist es wohl mit zu verdanken, dass es nicht schon im ersten Winter zur totalen Katastrophe kam. Tichwin war erreicht. Es bestand überwiegend aus Holzhäusern, aber besseren, als die von mir eingangs geschilderten. Sie waren innen sauberer verarbeitet und außen sehr oft mit Holzschnitzereien versehen. Unbeschädigt war wohl kaum noch ein Haus hier. Zerschossen oder abgebrannt lagen sie vor uns.

Ziemlich im Nordwesten der Stadt erhob sich ein weißgetünchter großer Ziegelbau mit mehreren Zwiebeltürmen, ein Kloster. Dorthin mussten wir, denn hier wurde der Regimentsgefechtsstand eingerichtet.

Vom wolkenlosen, aber weißlich-rötlich verhangenen Frosthimmel schien eine müde Sonne herab und beleuchtete die glattgefahrenen schneebedeckten Straßen der heimgesuchten Stadt. Wir wurden jetzt abgesetzt und mussten den Rest des Weges zum Kloster zu Fuß gehen. An vielen Straßenabzweigungen standen gehäuft Metallfähnchen, die taktischen Zeichen der hier eingesetzten Einheiten, um den Weg zu den Gefechtsständen kenntlich zu machen. Der Ort wirkte wie ausgestorben. Nur ab und zu flitzte ein Kradmelder oder ein Kübelwagen an uns vorbei. „Hamm die's aber eilig!" – Und da kamen sie schon angeheult und angezischt, die Granaten, immer salvenweise. Die Russen konnten die Stadt einsehen und beschossen jedes erkannte Ziel. Jetzt wussten wir, warum man es hier so eilig hatte.

Im Kloster nahm uns Leutnant Dr. Hubatsch in Empfang: „ Richten Sie sich darauf ein, alle fünf Minuten ein Volltreffer auf dem Klosterhof." Hannes Seifert aus Litzmannstadt war gleich bei der Ankunft hier gefallen. Er lag jetzt draußen im Klosterhof bei den vielen anderen Opfern. Hannes war ein ruhiger, in sich gekehrter Mensch, der nicht viel Kontakt mit den anderen Kameraden hatte, ihn aber auch nicht suchte. Jetzt trat er ein in das ungeheure Heer der Kriegstoten.

Die Russen wussten, dass sich in dem einzigen massiven Klosterbau Gefechtsstände eingenistet haben würden. Daher das ständige Störungsfeuer mit Artillerie und überschweren Granatwerfern. Aber die Klostermauern waren dick, man konnte sich in ihnen sicher fühlen. Hier hatte auch ein ziemlich großes Verpflegungslager Unterschlupf gefunden.

Wir konnten uns aber nicht weiter umsehen, denn Heinz und ich packten unser Funkgerät zusammen und marschierten dem bereits verlegten Fernsprechkabel entlang, an der äußeren Klostermauer vorbei, zum III. Bataillon/Infanterieregiment 151. In der großen Igelstellung Tichwin lag es mit der Front nach Osten zu und hatte seinen Gefechtsstand auf einer sanften Höhe. Wir merkten sehr bald, dass wir selbst die Eingekreisten waren. Im weiten Rund gingen die Leuchtkugeln in den Nachthimmel hinauf, krepierten die Granaten und die Raketen der Salvengeschütze. Dort, wo der abgeschossene 52-Tonner stand, befand sich die Straßengabel Masterskaja, die einzige Stelle, wo noch eine Verbindung nach hinten führte. Daher bei unserer Ankunft immer die bange Frage, ob „noch offen" sei.

Gemeinsam mit unserem Störungssuchtrupp bekamen wir einen Erdbunker zugewiesen, in dem am Vortag ein Oberleutnant durch Panzerbeschuss gefallen war. Wir begannen daher gleich am nächsten Morgen, die Beschädigungen auszubessern und die Bunkerdecke zu verstärken. Dazu holten wir uns vom nächsten Haus Balken, legten sie über die Bunkerdecke und gossen eimerweise Wasser aus dem nahen

Brunnen darüber. Bei den herrschenden 30 Grad Frost war es sofort gefroren und ergab zusammen mit den gestapelten Holzbalken einen besseren Schutz. Wir bildeten uns das jedenfalls ein. Ein Kanonenöfchen war noch vom Vorgänger vorhanden, Brennholz lieferten die umliegenden Häuser. Dabei entdeckten wir ein Klavier, das Heinz, Wolfgang und ich bald in den Bunker geschafft hatten. Ich konnte ein wenig klimpern, daher das Interesse an dem Instrument. Jetzt dichteten wir noch die primitive Brettertür vor dem Eingang mit einer Decke ab. So wurde es allmählich erträglich.

Von unserem Standort aus konnten wir einen Teil der Stadt übersehen. Allerdings sahen wir nichts von der dennoch vorhandenen vielfachen Übermacht der Russen. Sie bestand aus den neu herangeführten sibirischen Divisionen, die für den Winter hervorragend ausgerüstet waren; ganz abgesehen davon, dass ihre Soldaten das Leben in der extremen Kälte von klein auf gewöhnt waren.

Rund um Tichwin hatte man 36 Batterien Artillerie ausgemacht neben vielen Granatwerfern, und erstmals auch eine Anzahl von Salvengeschützen, den berüchtigten Stalinorgeln – die Russen nannten sie „Katjuscha". Die Stalinorgel funktionierte etwa wie unsere Nebelwerfer; die Geschosse sind kleinere Raketen. Die Abschussrampen sind auf Kraftwagen montiert und daher sehr beweglich. Sie feuern in unmittelbarer Frontnähe ab und machen meist sofort Stellungswechsel, um der Ortung unserer Artillerie zu entgehen. Es können 36 und mehr Schuss in einem Zug abgefeuert werden. Das hört sich etwa so an: Wuit- wuitwuitwuit und so weiter, nur alles ganz schnell. Dann hört man ein Rauschen in der Luft, und wenn man dann immer noch nicht Deckung genommen hat, kann es ernst werden. Denn mit der gleichen Schnelligkeit wie die Abschüsse erfolgen, treffen die Einschläge logischerweise im Zielgebiet ein. Allerdings ziemlich in die Tiefe gestreut. Ich lag später vor Leningrad und im Raum Birsen, im Kurland, zweimal mitten drin in so einem Feuerhagel – und blieb unverletzt. Ich glaube, die moralische Wirkung ist größer als die tatsächliche. Ein Artilleriegeschoss ist meines Erachtens weit gefährlicher. Wir bekamen in Tichwin aber nicht nur die Stalinorgel erstmals zu hören, sondern auch die deutsche „Brüllende Kuh" oder auch „Stuka zu Fuß" genannt. Dies ist eine Rakete größeren Kalibers, die meist im Einzelfeuer abgezogen wurde. Das „Wuit" hörte sich dementsprechend lauter, langgezogener und kräftiger an. Man sagte, diese Raketen seien teilweise mit Pressluft gefüllt gewesen und zerrissen bei der Detonation in einem bestimmten Umkreis die Lungenbläschen. Diese Toten seien durch das Blutgerinnsel am Mund zu erkennen gewesen. Die Russen hätten deswegen schon mit Gas gedroht, falls diese Waffe weiter eingesetzt werde. Was davon Wahrheit oder Legende war, vermag ich nicht zu beurteilen.

Die Frostschäden, die der strenge Winter bei Mensch und Material verursachte, führten hart am Rande einer Katastrophe vorbei. Nur mit größten Opfern konnten die Fronten einigermaßen stabilisiert werden. Auch in unserem Frontabschnitt nahmen die Verlustmeldungen durch Erfrierungen immer mehr zu. Sie waren in diesen Dezembertagen stets höher als die Toten und Verwundeten durch Feindeinwirkungen. Mit ihrer Ausrüstung waren unsere Truppen bestenfalls einem schlechten mitteleuropäischen Winter gewachsen, aber keinem russischen. Mit einem Paar Strickhandschuhen, einem Ohrenschützer und einem Stoffmantel kann man 30 bis 35 Grad Frost im Freien auf die Dauer nicht überstehen. Und doch musste gehalten werden, gehalten um jeden Preis. Am schlimmsten ging es den Füßen – ohne Filzstiefel. Trotz Bewegung und Aufstampfen reichte die Durchblutung nicht aus. Dem Kältegefühl folgte ein Kribbeln, bis dann eine blitzartige scheinbare Wärmeaufwallung auch dieses beseitigt – man fühlt nichts mehr. Bei den Zehen begann es, und wenn man jetzt nichts dagegen unternehmen konnte oder unternahm, ging der „Vereisungsprozess" weiter. Zehen und nicht selten die ganzen Füße froren zu Eisklumpen und mussten im Lazarett sehr oft ganz oder teilweise amputiert werden. Die großen Schmerzen setzen erst ein, wenn das gefrorene Gewebe in warmer Umgebung aufzutauen beginnt. Ich habe die hier, in Tichwin, von Erfrierungen heimgesuchten Kameraden zwar nicht ins Lazarett begleitet, aber ich habe das Jammern und Stöhnen – Tag und Nacht – meiner Kameraden im Gefangenenlager Ossiniki, in Sibirien noch deutlich in den Ohren. Sie hatten sich beim Schneeschippen während des Austretens Erfrierungen zugezogen. Nachdem man ihnen die toten, mit faulendem Gewebe umgebenen Finger abgezwickt hatte, wurde es besser. Sie kamen in ein Lazarett.

Aber hier in Tichwin quälte der Frost nicht nur die Menschen und Pferde, auch Waffen und Kriegsgerät fielen ihm zum Opfer. Er zerriss die Wasserkühlungen, die Motoren, ließ Eisenbahnschienen bersten, das Waffenöl erstarren, sodass die Waffen versagten – und von ihnen hing das Leben der Soldaten ab. Maschinengewehrschützen halfen sich dann beispielsweise damit, dass sie das Maschinengewehrschloss mit der eigenen Körperwärme funktionsfähig hielten. – Not macht erfinderisch!

Bei den hohen Verlustzahlen durch Erfrierungen der ohnehin aus den Angriffskämpfen der vergangenen Monate stark geschwächten Kompanien schien es absehbar, dass der Zusammenbruch der Front kommen musste. Und dies bereitete uns Sorgen.

Der 6. Dezember, der Nikolaustag, war gekommen. Eine rote Kerze mit ein bisschen Lametta stand auf dem Funktornister. Wir hatten auch Post bekommen. So erfuhr ich von Mutter, dass Bruder Oskar ganz in meiner Nähe eingesetzt sein soll. Er liege vor Leningrad. Nach den Schilderungen, was er alles erlebt hat in der kurzen Zeit, war er bei der Schützenkompanie – der Arme. Mutter hatte jetzt jede Woche drei Briefe zu schreiben. Franz lag irgendwo im Südabschnitt, nach wie vor saß er in einer Schreibstube bei der Artillerie. Für Oskar konnte ich nur hoffen, dass er bald verwundet würde und wegkäme. Dies wäre das kleinere Übel von den nach meinen bisherigen Beobachtungen gegebenen Möglichkeiten eines Infanteristen. Am nächsten Abend, also am 7. Dezember, bekamen wir Befehl, uns einen Handschlitten zu besorgen. Wir brauchten ihn für den Rückzug aus Tichwin. Wir glaubten, nicht richtig gehört zu haben. Die deutsche Wehrmacht geht zurück! Es war deprimierend und befreiend zugleich, weil wir unsere Kessellage zu gut kannten. Ich weiß nicht mehr, wo ich den Schlitten her hatte, aber ich hatte einen. Am späten Nachmittag schossen die Russen aus allen Rohren auf Tichwin, anscheinend auch mit Phosphorgranaten, denn die Stadt brannte – auch noch am Abend. Sie beleuchtete unseren Rückzugsweg.

In der Nacht sammelten wir uns am Kloster. Hier gab es Aufregung, die Zahlmeister standen mit gezogenen Pistolen vor dem Verpflegungslager. Sie sprengten es lieber in die Luft, als es den Landsern zu überlassen. Geht die Dienstpflicht soweit? Ich glaube nicht. Zu strenge Dienstauffassung zur unrechten Zeit kann zu solchen Grotesken führen.

Schließlich schlichen wir uns an den brennenden Häusern vorbei. Die Russen merkten nichts. Unsere Stimmung war gespannt und gedrückt zugleich. Da und dort saßen an der Rollbahn Landser mit stroh- oder lappenumwickelten Füßen. Sie stöhnten, und manchen rannen die Tränen vor Schmerzen.

Die Witterung hatte umgeschlagen und brachte Schneefall und Frostmilderung, sodass die Absetzbewegungen witterungsmäßig etwas leichter wurden. Wir erfuhren, dass der Rückzug in Etappen bis zum Wolchow gehe, wo wir ausgebaute Stellungen vorfinden würden. Ein großer Brückenkopf bis Luk sollte gehalten werden, um den nächstjährigen Angriffsoperationen als Ausgangspunkt zu dienen. Wir bekamen in diesen Tagen unser Tagesziel gesagt und mussten sehen, wie wir dorthin gelangten.

Einmal war unser Regiment als Nachhut eingesetzt, und es kam sehr darauf an, dass wir den Anschluss nach hinten nicht verpassten. Heinz und ich standen an der Rollbahn und sahen zu, wie so ziemlich die letzten Lkw an uns vorbeifuhren. Wie hypnotisiert starrte er die rollenden Fahrzeuge an, ohne Anstalten zu machen, sich auf eines hinaufzuschwingen. Ich beschwor ihn: „Mensch, nichts wie weg! Worauf wartest Du? Willst Du bei den Russen bleiben?“ Er antwortete nicht und stierte weiter auf die zurückflutende Fahrzeugkolonne. Er war wie geistesabwesend. Ich machte kurzen Prozess. Auf den nächsten Lkw, der gerade halten musste, stemmte ich mein Funkgerät hoch und kletterte über die Rückwand ins Wageninnere. Heinz folgte jetzt notgedrungen. Nun zischte er mich wütend an: „Wenn Du mir das noch einmal machst, knall' ich Dir'n paar vor'n Latz!“ Er beruhigte sich jedoch bald wieder, mein Funktruppführer. Mir schien es, als sei ihm vorübergehend die „Führereigenschaft“ abhandengekommen. Dies war in unserer gemeinsamen zweijährigen Zeit die einzige ernsthaftere Meinungsverschiedenheit.

An einem anderen Rückzugstag waren wir wieder einmal bei den letzten Truppen, die einen Ort räumten. Es mochte um 16.00 Uhr nachmittags gewesen sein, stockfinstere Nacht und doch hell erleuchtet. Pioniere waren dabei, alle Häuser des Dorfes mit Benzin in Brand zu stecken – auf höheren Befehl. Dem Feind sollte jede Unterkunftsmöglichkeit genommen werden, um sein schnelles Nachrücken zu verhindern.

Die Kälte hatte wieder zugenommen. Vor ihren brennenden Häusern standen alte Leute und Frauen mit Kindern an der Hand und auf dem Arm. Sie weinten und klagten. Eine Frau wies auf ihre Kinder und flehte: „Malinki, Malinki" (die Kinder, die Kinder). Ich kam mir vor wie in einem bösen Traum. Das ist doch nicht möglich, diesen Menschen bei dieser Kälte das Haus über dem Kopf anzuzünden! Es war diesmal nicht einmal der Auswuchs eines einzelnen, sondern genereller Befehl. Dieses Bild der Unmenschlichkeit war wieder eines von jenen, die sich mir unvergesslich eingeprägt haben: Brennende Hütten im klirrenden Nachtfrost mit jammernden Frauen und Kindern davor! Ich war halt ein Weichling, nicht hart wie Kruppstahl, denn sonst hätten mir derartige Gedanken gar nicht kommen dürfen. Befehl ist Befehl. Bei einer disziplinierten Armee ist das so. Es wird eben notwendig gewesen sein! Aber wo bleibt da die Menschlichkeit, das Mitgefühl mit den Schwächeren, Wehrlosen?

Dennoch gab es die Menschlichkeit – beim kleinen Landser: Einige Tage später wurde unser Funktrupp zu einem Zug Infanterie abgestellt, der im Raum Luk, etwas abseits von der Rückzugsstraße, Sicherungsaufgaben zu erfüllen hatte. Zu diesem Zeitpunkt stand schon fest, dass der Brückenkopf Luk aus mehreren Gründen nicht zu halten war, zumal bei der aus Frankreich zugeführten 215. Division schwere Einbrüche erfolgt waren. Der Befehl heute lautete, bis zu einem bestimmten Zeitpunkt dieses kleine Dorf zu halten und beim Absetzen die Häuser anzuzünden.

Mit dem Zugführer, einem Unteroffizier, und einigen seiner Leute saßen wir in einem sauber gehaltenen Haus, das von einem alten Ehepaar und einer Frau in den mittleren Jahren mit zwei Kindern bewohnt war. Sie nahmen uns freundlich auf. Der Samowar summte auf dem Tisch. Draußen schien die Sonne auf eine glitzernde Winterlandschaft. Alles sah recht ruhig und friedlich aus. Die Frauen boten uns Tschai (Tee) in Porzellantassen an. Wir nahmen an und bedankten uns dafür.

Nun war der Zeitpunkt zum Abrücken gekommen; Waffen und Geräte wurden aufgenommen. „So, und jetzt soll ich den Leuten das Haus über dem Kopf anzünden. Ich bring das nicht fertig!", sprach der Unteroffizier mehr zu sich selbst. „Abmarsch!" Es gab keinen einzigen unter seinen Soldaten, der widersprochen hätte.

Am späten Abend standen wir unterwegs irgendwo in einer Waldschneise an einem großen Lagerfeuer, die in den Tagen des Rückzugs überall aufloderten. Vorne wurde man geröstet, die hintere Partie tiefgefroren. Dazwischen, also in der Mitte des Körpers etwa, gab es abwechselnd Kälte- und Wärmeschauer. Es war schwer in diesen Tagen, den Humor zu behalten.

Ich drängte mich später in ein völlig überfülltes und überheiztes Haus, sogar mit einem Stockwerk drauf, und zwängte mich zwischen die wie Heringe daliegenden

Landser, um auch wieder einmal einige Stunden im Warmen schlafen zu können. Aber an Schlaf war nicht zu denken. Dafür hatte ich von da ab Läuse – Kleiderläuse, die sich mit Krabbeln und Jucken anmeldeten. Wieder etwas Neues! Was man so alles geboten bekommt! Sie werden unsere Plage die ganzen Jahre über bleiben; manchmal noch verstärkt durch Wanzen.

An der Wolchowfront

Heute, am 23. Dezember 1941, erreichten wir gegen Abend den Wolchow und überschritten ihn. Das Wetter hatte wieder umgeschlagen, Schneefall setzte ein, wie man sich ihn zu Weihnachten wünscht. Es herrschte Windstille, die Schneeflocken rieselten wirklich leise; man konnte sie hören. Das Gehen im Neuschnee verursachte nur ein mildes Schnurpsen, nicht so ein schreiendes, giftiges Knirschen, wie dies bei starkem Frost der Fall ist. So erreichten wir das Dorf Dmitrowka, in der Nähe von Tschudowo. Es wird viele Monate unser Regimentsgefechtsstand sein.

Fast zur gleichen Zeit mit unseren Schützenkompanien erreichten russische Spähtrupps den zugefrorenen Wolchow. Das Niederbrennen der Dörfer hatte die sibirischen Truppen also nicht aufhalten können. Das Schlimmste aber war, dass die angeblich vorbereiteten Stellungen fehlten. Vielleicht lagen sie in anderen Abschnitten, in unserem jedenfalls nicht!

Der Rückzug war beendet. Er wurde gewiss mustergültig, also geordnet und unter Mitführung aller transportierbaren Geräte und Waffen bei schlechtesten Witterungsverhältnissen durchgeführt, von einer Truppe, die seit dem 22. Juni ununterbrochen im Einsatz stand und ohne jede Ausrüstung und Vorbereitung für den Winter dem neu zugeführten, hervorragend ausgerüsteten Feind standhalten musste. Die im Sumpf abgesackten Panzer und Geschütze sprengte man meist mit Tellerminen. Das Armeekorps verteilte hierfür ein Ruhmesblatt. Wem nützte dies? Filzstiefel wären besser gewesen. Aber es stimmte schon, was Hitler in seiner Ansprache zum Tag der Machtübernahme im Januar 1942 sagte, nämlich, dass die Leistungen der deutschen Soldaten in dieser Winterschlacht einem Heldenepos gleichen. – Wer dabei war, wird wissen, dass er diesmal nicht übertrieben hat.

Am Heiligen Abend saßen wir, vom Regimentsnachrichtenzug, noch ziemlich vollzählig in einem russischen Holzhaus beisammen. Aus dem Waldstück am südlichen Dorfrand von Dmitrowka hatte man schon am Nachmittag ein Tannenbäumchen geschlagen und es im Raum neben unserer Unterkunft, im Zimmer unseres Zugführers, aufgestellt. Silbrige Lamettafäden und Kerzen schmückten es. Ein dürftiges Bäumchen nur, aber jetzt, im erwärmten Raum, verströmte es einen angenehmen Harzgeruch. Nun wurden die Kerzen entzündet, und Leutnant Dr. Hubatsch ließ uns rund um den Baum Aufstellung nehmen. Er hatte ein kleines Büchlein zur Hand genommen und begann – nachdem auch das letzte Räuspern verstummte – das Gedicht „Kriegsweihnacht“ von dem Soldatendichter des Ersten Weltkriegs, Walter Flex, vorzutragen. Als Historiker suchte er und fand sehr oft Parallelen aus der Vergangenheit zur Gegenwart. Welches Gedicht sonst hätte besser in unseren ersten Heiligen Abend, ins tiefverschneite Russland gepasst? Die Gesichter der angetretenen Männer waren in feierlicher Aufmerksamkeit auf den Zugführer gerichtet, als er nun begann:

Kriegsweihnacht
von Walter Flex

Der Sturm fuhr krachend über Russlands Schnee
und wurde nimmer müd', das Eis zu fegen,
hohnlachend über deutsches Weihnachtsweh.

Frosthart, mit derber Faust stieß er mir gegen
den grauen Mantel, der brettsteif gefror.
Und knirschend krisch der Schnee auf meinen Wegen.

Der Schneestaub scheuerte mir Stirn und Ohr;
so revidiert' ich nachts die Grabenposten.
Der Sturm pfiff schrillend übers Büchsenrohr.

Froststarr und formlos wie verschneite Pfosten
zu zweit ins Dunkel standen sie gebaut
und lauerten geduckt zum Feind nach Osten.

„Losung!" – Die frostgestraffte Lippenhaut
war kaum zu einem kargen Wort gefüge
und gab nur tonlos rauen, fremden Laut.

So taten wir der spröden Pflicht Genüge …
Ein Schuss zerriss mit scharfem Knall die Nacht,
als lachte er der armen Weihnachtslüge.

Da, plötzlich klang es aus der Erde Schacht
auftönend, tönend … Horch! Die Erde sang!
Die dunkle Erde … sang fromm und sacht.

Das „O Du fröhl'che, o Du sel'ge" klang
aus ihrem Schoß, wo tief und warm vergraben
die Kompanie mit ihrem Heimweh rang.

Dort hockten sie bei ihren Liebesgaben
im Mantel, umgeschnallt, alarmbereit
und dennoch alle, alle wieder Knaben …

Und gnadenbringend war die Weihnachtszeit
trotz Russlands Frost und Tod: Christ ward geboren …
Tief durch die Erde rann das Lied, weit, weit – –

Als säng', in dunkelsüßen Traum verloren,
ringsum das viele stille junge Blut,
das Gott der Herr zum Opfertod erkoren.

In unseren Herzen war mit einmal Glut.
Die heil'ge Nacht war reich und voller Gnaden,
und alles war wie einstmals schön und gut.

Wir waren zu dem schönsten Fest geladen,
aus jedem Herzen wuchs ein Weihnachtsbaum.
So dachten wir der toten Kameraden …

Die Erde klang von ihrem Weihnachtstraum.

Für Heinz und mich war jetzt die Feier zu Ende, denn wir mussten mit unserem Funkgerät zum II. Bataillon nach Pertetschno, etwa zwei bis drei Kilometer zur neuen Front.

Als wir marschfertig in die dunkle Nacht hinaustraten und dem Melder folgten, der uns mit zum Bataillon nahm, hörten wir noch den Gesang unserer Kameraden zu uns herausklingen: „Hohe Nacht der klaren Sterne." – Die Nacht war heute nicht klar, ein leichtes Schneestiemen erfrischte unsere Gesichter. Wir zogen den Kopf ein …

Beim Bataillon kamen wir gerade recht, um den Weihnachtsbraten, ein Huhn, in Empfang zu nehmen. Dazu gab es zwei Flaschen gefrorenen Wein – das Flaschenglas gesprungen – und steinhart gefrorenes Brot. Letzteres musste von jetzt ab sowieso immer mit dem Beil oder günstigstenfalls mit dem Seitengewehr geteilt werden. Aber wir hatten wenigstens ein Dach über dem Kopf, während unsere Kameraden von den Schützenkompanien im Freien Wache halten mussten oder beim Stellungs- und Bunkerbau eingesetzt waren. Mit Handgranaten und Sprengsätzen mussten sie in mühevoller Arbeit die gefrorene Erdschicht durchstoßen. Schließlich gelang es, und nun konnten die Schanzarbeiten mit Hochdruck vorangetrieben werden. Es wurde auch höchste Zeit, denn die Russen hatten schon auf breiter Front aufgeschlossen.

Gleich nach Weihnachten verließ auch der Bataillonsstab das Dorf, um sich am Rande eines an einer Plaine liegenden Waldstückes einzugraben.

Als wir uns mit Handgranaten in den gefrorenen Boden hineingesprengt hatten, rollte die Arbeit. Spaten, Beile, Sägen und Nägel waren da. Eine Gruppe fällte die

Fichtenstämme, eine andere sägte die erforderlichen Längen, und die dritte transportierte alles zum künftigen Unterstand, der mit circa 170 Zentimetern Tiefe bald ausgehoben sein würde. Vier mächtige Stämme als Stützpfeiler in den Boden gegraben, verkleidet, damit das Ganze nicht zusammenrutschen kann, und als Abdeckung zwei Schichten dicke Baumstämme. Dies Ganze mit der ausgehobenen Erde zugedeckt, und der „Bunker" war fast fertig. Nur noch die Lagerstätten, bestehend aus dünnen Stämmchen, müssten eingebaut werden. Als Ofen diente ein leeres Benzinfass, dem man ein Loch an entsprechender Stelle herausgeschnitten hatte. Das gleiche für das Ofenrohr. Wo wir dieses hergenommen hatten, weiß ich nicht mehr.

Nach zwei Tagen zogen wir ein. Die Heizung funktionierte, die Baumstämme schwitzten, dass das Wasser von den Wänden lief. Aber was machte das schon aus! Wir hatten eine heizbare Bleibe mitten im Wald, was bedeutete, dass es mit einiger Wahrscheinlichkeit keinen Bunkervolltreffer geben dürfte. Jedenfalls solange nicht, wie die uns umgebenden Bäume noch stehen und die Russen ihre Granaten nicht mit Verzögerung abschießen. Sonst dürfte es nur Baumkrepierer geben.

Gut, dass wir schon eingegraben waren. Denn auch die russische Artillerie hatte ihren Aufmarsch beendet und begann sich einzuschießen! Die Richtschüsse und Rauchwölkchen gingen bis hinter zu den Dörfern Dmitrowka und Pertetschno. Unsere vorgezogene Vermittlungsstelle in Pertetschno erhielt einen Volltreffer, der aber nur die Fernsprechverbindungen für einige Zeit unterbrach. Erich Frosihn und Rudi Wallat kamen mit dem Schrecken davon.

Ende Dezember setzte wieder grimmige Kälte ein. Dreißig Grad und mehr können es gewesen sein. Silvester kam. Heinz und ich feierten zusammen mit den Kameraden von der Nachrichtenstaffel des II. Bataillons. Es gab Schnaps, und ich machte von dieser Feier sogar noch eine Blitzlichtaufnahme mit dem Pulver von zwei Patronen. Dieses historische Bild hatte ich später meiner Unbekannten geschickt. Sie nahm es mit auf die Flucht, und so besitze ich wenigstens einige Bilder aus jener Zeit.

Silvester war noch nicht zu Ende, denn von 23.00 bis 24.00 Uhr hatte ich Wache vor unserem Unterkunftsbunker. Als Wachtposten bekam man ein Paar große Filzüberschuhe. Trotzdem fror ich erbärmlich, gerade in den Füßen. Arme warm schlagen, Füße dauernd in Bewegung halten, dann wieder einmal die Nase warm reiben gehörte zur ständigen Betätigung. Der Schnee quietschte unter meinen Schritten, dass es einem in Zähne und Ohren fuhr. Die Zeit verging nicht!

Aus dem Wald knackte es. Sind es Russen, muss ich Alarm schlagen? – Nein, die Schneemassen auf den Bäumen erhöhten jetzt zusätzlich durch den sich bildenden Raureif ihr Gewicht, sodass der eine oder andere Ast abbrach.

Der matte Schein der an der Front abgeschossenen Leuchtkugeln geisterte unruhig zwischen den Baumkronen herum. Vom Wolchow her kurze Maschinengewehrfeuerstöße und Einzelfeuer aus Schnellfeuergewehren. Ruhe in nächster Nähe, nur das

Schnarpsen der eigenen Schritte – gefrorener Atem fliegt davon. Ganz im Unterbewusstsein vernehme ich das Flup, Flup – Flupflup und kurz darauf ein anfänglich leises, dann sofort stärker werdendes drehendes Rauschen – Rums, Rums – Rumsrums. Granatwerfereinschläge zwanzig bis dreißig Meter von mir. Die Nacht beruhigte sich wieder bis auf die erwähnten Geräusche aus Wald und Front. Jetzt jagten ab und zu verirrte Explosivgeschosse in das Geäst der Bäume, dass die roten Leuchtsätze im Bogen wegstoben und ausglühten.

Der Mond war aufgegangen, die Schneedecke auf der Plaine hinter dem Waldrand leuchtete jetzt hell zwischen den Stämmen hindurch. Ich sah nach der Uhr: „Gottlob zehn Minuten vor Mitternacht." Heinz kam pünktlich zur Ablösung. Wir wünschten einander ein gutes Jahr. Da begann auch schon der Feuerzauber unserer Kompanien; sie begrüßten das neue Jahr auf ihre Weise – mit Leuchtmunition aller verfügbaren Farben, Maschinengewehrdauerfeuer und Feuer aus den Handfeuerwaffen. Die Russen werden sich gewundert haben, dass unser Nachschub noch so klappte – dass wir uns das leisten konnten. Ich war zu ausgefroren und verschwand im Bunker, nahm noch einen Schluck aus der Flasche, legte Holz nach und verkroch mich unter die Decken. Ich schlief wohl bald ein.

Eine erregte und doch verhaltene Stimme machte mich am Neujahrsmorgen wach: „Alarm, Alarm! Feuer ausmachen! Alles raus aus dem Bunker, Panzer!" – „Mach' keinen Quatsch, Silvester ist vorbei!" – „Es sind russische Panzer!", rief Unteroffizier Grau und war mit seinem Karabiner schon draußen. Jetzt konnte man ganz deutlich das sich nähernde Brummen der schweren Panzermotoren hören. Nun war der Schlaf aber weg und alles hellwach. Wir schlichen uns hinter dicke Baumstämme und konnten die drei Panzer sehen, wie sie in aller Gemütsruhe, kaum dreißig Meter vom Waldrand entfernt, langsam an uns vorbeibrummten bis etwa in Höhe des Gefechtsstandes unseres III. Bataillons im Bahndamm. Bei einem der Panzer schaute sogar ein Russe zur Luke heraus. Nun hielten sie; vermutlich trauten sie sich ohne Infanterie nicht weiter … Der Mann an der Luke sackte plötzlich zusammen und wurde in den Panzerturm zurückgezogen. Jemand von uns hatte ihn abgeschossen. Der Deckel wurde dicht gemacht. Rudi Sänger, ein Funker der Nachrichtenstaffel III. Bataillon/Infanterieregiment 151, sprang jetzt auf einen der Panzer und klopfte mit bloßen Fäusten auf den Lukendeckel. Mit ohnmächtiger Wut konnte man den Stahlkolossen eben doch nicht beikommen. Die Russen setzten sich wieder in Bewegung, drehten ihre Kuppeln quer zu uns, und schon knallten die bekannten trockenen Abschüsse und Einschläge in einem Atemzug. Direkt vor unserem Bunker am Waldrand hatten zwei leichte Infanteriegeschütze unserer 13. Kompanie ihre Feuerstellung. Ein Geschützrad flog ab. Jetzt knatterten die Bordmaschinengewehre den Waldrand ab. Ich warf mich in den Schnee. Die Panzer spurten endlich davon, über den zugefrorenen Wolchow, zur russischen Linie hinüber. Der dritte Januar kam. Ich glaube, ich hatte beim Regiment Ersatzstromquellen geholt und war wieder auf dem Weg zum II. Bataillon, als ein unheimliches Trommelfeuer einsetzte; eine nicht enden wollende Folge von Einschlägen tobte den ganzen Wolchow entlang. Es war klar, das konnte nur der Auftakt zu einem russischen Großangriff sein. Das Schwergewicht der Artillerie lag auf den Infanteriestellungen und den vermuteten Feuerstellungen unserer Artillerie. Ich beeilte mich, zum Bataillon zu kommen und war froh, als ich aus der Nähe der Feuerstellung einer 10,5-cm-Batterie, die an einem Waldrand bei Pertetschno stand, herauskam. Schließlich erreichte ich den Bataillonsgefechtsstand, die Nacht brach herein. Dies geschah in den Dezember- und Januartagen schon etwa um 14.30 Uhr; je nach Wetterlage auch schon früher. Die Russen hatten nach der Artillerievorbereitung auf der ganzen Front angegriffen. Das gute Schussfeld unserer Kompanien über den Wolchow und die Sperrfeuer schießende eigene Artillerie schlugen den Angriff ab. Aber südlich, beim linken Nachbarn, waren sie durchgebrochen. Und nun kamen sie nachts hinter unserem Gefechtsstand mit schauerlichem Urrä-Geschrei an. Mit weißen Tarnanzügen und Schneeschuhen ausgestattet, rauschten diese Sibiriaken, meist Mongolen, durch unsere dünnen, zur Abschirmung errichteten Linien hindurch. Sie machten alles nieder, was sich ihnen in den Weg stellte. Offenbar sollte unsere Front von der Flanke und von hinten her aufgerollt werden. Denn die Russen erschienen später auch mit starken Kräften hinter den Linien unseres rechten Nachbarn, den Hundertzwoundsechzigern, die den kleinen Brückenkopf Grusino zu halten hatten.

Uns beim Bataillonsstab war nach diesem nächtlichen Durchbruch sofort klar: Wir sind abgeschnitten. Die Kurbel am Feldfernsprecher 33 drehte sich ganz leicht durch. Wir stellten die Funkverbindung her. Störungssucher konnten bei Nacht nicht durch das vom Feind besetzte Gelände hinausgeschickt werden. Mittels verschlüsselten Funkspruchs wurde vom Regiment für den kommenden Morgen die Bereinigung der Lage angekündigt. Wir mussten warten. Um uns herum ereignete sich nichts Besonderes. Schon gegen 10.00 Uhr früh kämpften zwei Sturmgeschütze mit einem neu herangeführten Bataillon der Hunderteinundsechziger von der 81. Infanteriedivision die Versorgungswege wieder frei. Die Soldaten bezogen nach der Vertreibung der Russen am Rande der Versorgungsschneise zwischen unserem Gefechtsstand und Pertetschno Stellung. Bei dreißig Grad Kälte, ohne Unterstände, einfach im Schnee liegend! Kein Schussfeld, denn gleich hinter der acht bis zehn Meter breiten Schneise begann ziemlich dichtes Untergehölz, tief verschneit. Aus ihm konnten die Russen jederzeit auf ihren Skiern hervorrauschen. Gegen diese bittere Kälte hatten die Soldaten ihre Zelte aufgeschlagen, Schnee darauf geschaufelt, der warm halten sollte. Sie waren genauso schlecht für den Winter ausgerüstet wie wir – das heißt gar nicht. War dies ein erbarmungswürdiges Bild! Die früh einbrechende Nacht deckte es bald zu. Der Verpflegungs- und Munitionsnachschub für unsere Kompanien war kaum beendet, als durch die Finsternis wieder das schauerliche Urrä-

Geschrei erscholl. Dann vernahm man das Rauschen unzähliger hastig gleitender Skier, einige Minuten Schießen, metallisches Aufeinanderschlagen, Kommandorufe aus heiseren rauen Kehlen, Todesschreie – Ruhe – fast wieder Ruhe! Sie waren wieder durch. Unsere Soldaten, die den rasch herankommenden und gut getarnten Feind wegen des fehlenden Schussfeldes und der herrschenden Dunkelheit erst zu spät sehen oder besser erahnen konnten, wurden buchstäblich überrollt und niedergemetzelt. Alle Fernsprechverbindungen nach hinten waren wieder unterbrochen, so wie gestern. So wie gestern wurde auch die Versorgungsschneise am nächsten Tag bei Tagesanbruch wieder geöffnet. Unsere Verluste waren weit größer als die der Russen. Man sah fast nur deutsche Gefallene liegen. Sonst war es meist umgekehrt.

Wolfgang von Ulardt und Willi Gerk, der seine Pferde schon lange abgegeben hatte und wieder als Fernsprecher eingesetzt war, folgten den angreifenden deutschen Truppen, um die Fernsprechverbindungen wieder herzustellen. Hunderte Meter Kabel hatten die Russen herausgeschnitten, die jetzt ersetzt werden mussten. Plötzlich warf Willi die Arme hoch und fiel zurück, seine Augen sahen ins Leere – Herzschuss. Die trüben Ahnungen von Quimper hatten sich erfüllt. Ein einzelner Schuss war es nur, der sein Leben beendete, der Schuss eines versteckten russischen Scharfschützen. Und die Russen haben viele dieser hinterhältigen Heckenschützen.

Das herausgeschnittene Kabel fanden wir Tage später beim Durchkämmen des Waldstücks zwischen Schneise und Bahndamm. Mit diesem bunten Kunststoffkabel hatten die Russen gefangene Kameraden an die Bäume gebunden und erfrieren lassen; zum Teil fand man sie mit gebrochenen Handgelenken. Auch Sudetendeutsche waren darunter. Auf den im Mantel eingenähten Schildern standen ihre Namen und Adressen. Komotau, Brüx, Görkau sind mir noch in Erinnerung.

Und wie ging das weiter? Das Oben geschilderte wiederholte sich noch zwei oder drei Mal. Dann trat verhältnismäßig Ruhe ein. Das Schwergewicht der russischen Angriffe hatte sich in den Bereich einer anderen Division verlagert, der 215. Infanteriedivision, also südlich von uns. In diese Durchbruchstelle trieb nun General Wlassow mit seiner Stoßarmee auf breiter Front einen Keil in Richtung Leningrad. Alles, was unsererseits verfügbar gemacht werden konnte, wurde dorthin geworfen, um der drohenden Vernichtung unserer gesamten Nordarmee entgegenzuwirken. Aus unseren inzwischen ruhig gewordenen Frontabschnitten wurden bataillonsweise Truppen zur Verstärkung abgezogen. Auch unser I. Bataillon rückte ab und kam erst im Juni/Juli wieder. So lange dauerte die Wolchow-Kesselschlacht. Sie endete mit der völligen Vernichtung der Truppen General Wlassows. Die Kämpfe dort waren hart und erbittert. Bei den eingeschlossenen Russen sollen Fälle von Kannibalismus vorgekommen sein. Ich nahm an diesen Kämpfen gottlob nicht teil. Der Nachrichtenstaffelführer, Feldwebel Schilwa, lachte sarkastisch und winkte ab mit den Worten: „Wir haben immer gedacht, es kann nicht schlimmer kommen! Das glaube ich nun nicht mehr." General Wlassow hatte sich nach dem Zusammenbruch seiner Armee in einem Schuppen versteckt und sich mit erhobenen Händen und den Worten ergeben: „Nicht schießen, ich bin General Wlassow!" – Damals ahnte man noch nicht, welche Rolle er bei den Deutschen einmal spielen würde.

Nun wieder zurück in die Januartage 1942. Von den oben geschilderten Durchbrüchen herrührend, trieben sich noch Russen in starken Gruppen hinter unseren Linien herum und verunsicherten die Trosse. Da sie vom Nachschub abgeschnitten waren, versuchten sie nun, sich nachts zu ihren eigenen Linien durchzuschlagen.

Es kann um den 10. Januar herum gewesen sein, als vom Nachbarregiment die Warnung durchgegeben wurde, Russen bewegten sich hinter unserer Hauptkampflinie in Richtung III. und II. Bataillon zur Front zu. Der Bataillonsgefechtsstand des III. Bataillons lag am anderen Ende der Plaine an, beziehungsweise in einem Eisenbahndamm. Melder, wir Nachrichtenleute und auch die Geschützbedienungen von der 13. Kompanie mussten zur Selbstverteidigung am Waldrand Stellung beziehen. Nur der Klappenschrank blieb besetzt. Von der Front wurden ein schweres Maschinengewehr und ein leichtes Maschinengewehr abgezogen und zu unserer Unterstützung in Stellung gebracht. Eigentlich war es umgekehrt – die Maschinengewehre waren die Hauptstreitmacht.

Bedeckter Himmel, daher stockfinstere Nacht – Nachtschwärze überall. Sie wurde nur von Zeit zu Zeit durch die an der Front aufflackernden Leuchtkugeln auch über der Plaine etwas aufgehellt. Wie meistens, so war es auch heute wieder sehr kalt. Endlich kam die Meldung, die Russen seien eben am Gefechtsstand des III. Bataillons vorbeigezogen und bewegten sich über die Plaine. Atemlose Stille, und mit Spannung starrten wir in die Finsternis. „Dort, dort kommen sie! Nicht schießen, näher herankommen lassen", wurde flüsternd weitergegeben. Etwa Mitte der Plaine ein mehrere Meter breiter grauer Schatten. Das kann auch ein Strauch sein, ich erkannte keine Bewegung. Ich konnte keine Russen erkennen, auch dann noch nicht, als Maschinengewehre und Granatwerfer, die uns auch unterstützten, das Feuer eröffnet hatten – dazwischen Feuer aus unseren Karabinern. Schließlich waren sie durch. Das ganze dauerte keine fünf Minuten.

Nun wurde der Kampfplatz mit Leuchtkugeln erhellt. Um die 50 tote Russen lagen verstreut, gar nicht so weit weg vom Waldrand. Ein schwer verwundeter russischer Kommissar oder Offizier hatte noch die Kraft, seine Pistole und den Kopf zu heben und einen verhassten „Faschisten" durch die Brust zu schießen, bevor er selbst endgültig niedergestreckt wurde. Der Schuss traf den Zugfeldwebel des schweren Maschinengewehrzuges in die Brust und verletzte ihn schwer.

Noch Wochen danach lagen die gefallenen Russen im gefrorenen Schnee der Plaine herum, alle ohne Filzstiefel. Filzstiefel waren die begehrtesten Artikel im Winter 1941/1942 für unsere Soldaten. Sie wurden den gefallenen Russen sofort ausgezogen, so lange sie noch nicht steif gefroren waren. Die toten Russen mussten diese wertvolle Fußbekleidung geben, die die deutsche Heeresführung für ihre Soldaten nicht zur Verfügung hatte.

Frühjahr und Sommer 1942 am Wolchow …

Was wir nicht für möglich gehalten hatten nach den Erlebnissen der ersten Januartage, trat ein. Unser Frontabschnitt am Wolchow wurde ruhig – und dies auf lange Zeit. Außer Späh- und Stoßtrupptätigkeiten gab es hier nichts Aufregendes mehr. Der kleine russische Brückenkopf, der sogenannte Kastenwald, wurde im zeitigen Frühjahr unter besonderer Mithilfe unserer beiden schweren Infanteriegeschütze – wir nannten sie Jumbo – eingedrückt. Die Wirkung dieser 15-cm-Geschosse soll verheerend gewesen sein.

Dann aber herrschte Ruhe. Das bedeutet nicht, dass wir ein faules Leben führen konnten, schon gar nicht für die Soldaten der Schützenkompanien, die laufend mit Wache im Graben und Schanzarbeiten eingespannt waren. Ihnen blieb sehr wenig Zeit zum Schlafen, denn die Stärken der Kompanien waren durch Verluste stark dezimiert und nur spärlich wieder aufgefüllt worden, sodass sie kaum mehr als die halbe kriegsmäßige Kampfstärke erreichten. Dies ergab Gruppen von fünf bis sechs Mann gegenüber neun Mann Soll. Dementsprechend konnten sie kaum mehr als zwei Stunden im Zusammenhang schlafen. Dieser wenige Schlaf wurde noch durch die Läuse erheblich gestört.

Wie aber verlief bei mir das ruhige Leben?

Mit dem II. Bataillon/Infanterieregiment 151 sind wir in den Bahndamm umgezogen. Man hatte eine organisatorische Umstellung vorgenommen und die Regimenter auf zwei Bataillone gekürzt, also aus der Not eine Tugend gemacht. Die Grabenstärken eines Regiments betrugen jetzt nur noch etwa ein Drittel der Stärke bei Beginn des Russlandfeldzuges. Ich wollte dies nur der Vollständigkeit halber erwähnt haben, wenn dies auch nicht zu meinem persönlichen Erlebnisbereich gehört.

Unsere Unterstände hier waren seitwärts in den etwa drei Meter hohen Damm hineingearbeitet. Oberhalb unseres Bunkers – mitten auf den Gleisen – standen jetzt eine 5-cm- und eine 7,5-cm-Pak. Die Wehrmacht hatte gelernt und nach den schlimmen Erfahrungen des vergangenen Jahres prompt reagiert.

Bei Heinz und mir bestand die Haupttätigkeit in der Bekämpfung der Läuseplage und der Beschaffung von Feuerholz. Letzteres war ohne Probleme, da in dem Gehölz rechts des Bahndammes jede Menge Birken wuchsen, deren Holz auch in nassem Zustand brannte. Die Birkenrinde ersetzte das Papier. Und wenn die Bude erst mal so richtig mit beißendem Qualm vollgeräuchert war, dauerte es bis zum wärmenden Feuerchen im Kanonenofen nicht mehr lange. Schnee ins Kochgeschirr gestopft, später noch einmal nachgefüllt, ergab ein wunderbar weiches Teewasser. Der Verpflegungsnachschub klappte auch, und das Mittagessen aus der Bataillonsküche war sowieso immer besser als beim Regiment. Dies lag am Koch. Es wäre uns also ganz gut gegangen, wenn die Läuse nicht gewesen wären! Was sah man in dieser Zeit für zerkratzte Körperstellen – verschorft und Hautstellen wie mit Räude überzogen! Und wo die Läuse überall hinkrochen! Man brauchte nur mit dem Finger an so einer krabbeligen Stelle „einzuhaken“, und schon hatte man ein mit Blut vollgesogenes, strampelndes Ungetüm unter dem Fingernagel hängen. Bei zunehmender Wärme wurden sie besonders aktiv. Was ist in dieser Zeit bei spärlichem Kerzenlicht gelaust worden! Manche Kameraden machten sich einen Spaß daraus, die gefangenen Läuse auf einen Spiegel zu setzen und zu beobachten, wie sie sich auf diesem „Glatteis“ abmühten. Aber was nützte es, die Läuse wurden nicht weniger. Ihre Nissen (Läuseeier) sorgten für Nachwuchs. – Mein schöner brauner Pullover aus Trockenwolle schien so recht für diese Umtriebe geschaffen zu sein; besonders um den Halskragen herum fanden sich Nisse und Läuse aller Altersstufen. Es war furchtbar. – Da kam die rettende Idee: Wenn sie sich bei Wärme besonders wohlfühlen, dann muss doch die Kälte ihren Tod bedeuten! Wir lassen die Läuse einfach erfrieren! Gesagt, getan! Ein kalter Februartag ging zu Ende, und die Nacht brachte um die dreißig Grad Frost. Unsere Pullover lagen die ganze Nacht auf dem Dach unseres Unterstandes, sodass die Kälte voll einwirken konnte. Erwartungsvoll inspizierten wir am nächsten Morgen unsere Pullover. Alles tot, steifgefroren und bereift! „Jeder denkt, die sind perdü, aber nein, noch leben sie!“ Tatsächlich! Kaum umgab sie wieder Wärme, erwachten sie zu neuem Leben. Durch die Kälte offenbar richtig hungrig geworden, wurden sie noch aggressiver. Man musste sich abfinden. Das Zusammenleben mit den Läusen wurde zu einer Art Zwangssymbiose, allerdings nur mit einseitiger Nutznießung.

Problematisch und lebensgefährlich konnte am Abend das Austreten werden. Es war nicht allein die Kälte, die zur schnellsten Erledigung unaufschiebbarer Geschäfte anspornte, sondern das russische Maschinengewehrfeuer im indirekten Beschuss. Bei einbrechender Dunkelheit besetzten die Russen ihre vorgeschobenen Stellungen und schossen natürlich auch. Und so war es abends nicht ungefährlich, sich ohne zwingenden Grund außerhalb des Bunkers aufzuhalten. Die mit roter Leuchtspur versehenen Explosivgeschosse schlugen um diese Zeit immer im Bahndammkörper ein. Aber dies nicht allein! Zu gleicher Zeit, also bei anbrechender Dunkelheit, kam er angeschnurrt „brrbrrbrrbrrbrrbrr“ – der „UvD“ (Unteroffizier vom Dienst). Andere nannten diesen Störflieger die „Nähmaschine“. Er war ein langsam fliegender Doppeldecker, der durch einzelne Bombenabwürfe besonders die Trosse beunruhigte. In der ersten Zeit warfen die Russen Artilleriemunition ab, die mit Stabilisatoren versehen waren. Wir fürchteten ihn nicht, er wurde nicht ernst genommen, obwohl er einmal unsere Divisionsfeldbäckerei in Brand geworfen hatte. Wir bekamen dann eine ganze Woche lang nur Knäckebrot. Das war etwas zum Sich-müde-Essen, aber nicht zum Sattwerden. Die Kaumuskeln streikten, sodass man lieber aufs Weiteressen verzichtete. Der „UvD“ machte weiter seine Touren, sein Schnurren gehörte mit in die Wolchowlandschaft. In dieser Zeit der Spähtrupptätigkeit darf ein im Regiment bekannter Name nicht unerwähnt bleiben – der Name des Feldwebels Listat, ein Tilsiter. Er überquerte viele Male mit seinem Spähtrupp den zugefrorenen Wolchow, schlich sich durch die russischen Linien und kundschaftete kilometertief das feindliche Hinterland aus. Seine Beobachtungen waren unglaublich für unsere Begriffe: Wenn man zum Beispiel erfuhr, dass sich im russischen Hinterland fast kein Militär aufhielt und der Nachschub dennoch funktionierte, dann fragte man sich, wie ist das möglich? Bei uns trifft man im Hinterland bedeutend mehr Militär als an der Front an. Der russische Nachschub klappte jedenfalls; Munitionsmangel konnten wir bei ihnen nie feststellen.

Feldwebel Listat kehrte eines Tages vom Spähtrupp nicht zurück. Man hatte ihn schon aufgegeben, als er sich nach drei Tagen mit seinen Männern wieder wohlbehalten zurückmeldete. Der Kompass war ihm eingefroren, und er hatte so die Orientierung verloren. – Dieser wagemutige Soldat und Träger des Deutschen Kreuzes in Gold kam im Sommer 1942 auf geradezu lächerliche Weise ums Leben. Er angelte am Wolchowufer zwischen unseren Minenfeldern, deren Lage er genau kannte. Es musste ein besonders schöner Fisch angebissen haben, dass der Feldwebel die Gefahr vergaß. Er trat im Eifer des Gefechts auf eine eigene Mine.

Gegen Ende Februar 1942 bekam ich einen Brief meiner Mutter, der mit ihrem Herzblut geschrieben war. Ich spürte es aus jedem Wort ihrer Zeilen. Oskar war am 12. Dezember vor Leningrad gefallen. Sein Grab befinde sich an der Kirche von Krasny Bor. Einige Sätze aus diesem Brief blieben mir im Gedächtnis: „Seine fleißigen Hände ruhen für immer. Ich kann es gar nicht glauben. Mit meinen bloßen Händen möchte ich ihn ausscharren und seine schwarzen Locken streicheln. Aber ich darf meinen Schmerz nicht zeigen. Ich muss die Stärkere sein. Vater weint. Er macht sich Vorwürfe, dass er ihn zu kurz gehalten hatte. Er seufzt und stöhnt jede Nacht um seine Jungen." Ich konnte nicht weiterlesen, ich weinte und schämte mich deswegen nicht. Heinz merkte, was geschehen war. Er fragte nicht, versuchte nicht zu trösten, er schwieg und drückte so am besten seine Anteilnahme aus.

Die folgenden Tage waren mit Trauer um meinen ältesten Bruder Oskar ausgefüllt, soweit mich nicht andere Dinge beanspruchten. Ich sah ihn in seiner lebenslustigen Art, immer zum Scherzen aufgelegt. Er war überall gerne gesehen. Alles vorbei! Ist dies der Sinn eines gesunden Lebens? Diese Grausamkeiten, die sich Menschen gegenseitig antun. Je länger der Krieg dauerte, desto mehr begann ich an der Existenz Gottes zu zweifeln. – Vater erzählte öfter, dass die Menschen im Ersten Weltkrieg während der Schlachten das Beten wieder gelernt hätten. Ich nicht, ich habe es beim Anblick der vielen verstümmelten Toten eher verlernt. Was soll man denn davon halten, wenn es heißt: „Es geschieht nichts auf Erden ohne Gottes Willen." Ist dies, was jetzt geschieht, etwa auch Gottes Wille – seine Gerechtigkeit? In diesen neun Jahren des Krieges und der Gefangenschaft konnte ich an das pastorale Geschwätz und die Übertragung von Bibelworten auf unser Leben nicht denken. Und doch kann der Glaube eines Menschen an seinen Gott etwas Wunderbares und Geheimnisvolles sein! Davon überzeugte mich mein Kamerad vom Bautrupp, Arnold Mathäus, ein Bauernsohn aus Masuren. Mit ihm kam ich bei einem Stellungswechsel im Sommer 1944 im Raum Dünaburg ins Gespräch. Wir durften bei dem langen nächtlichen Fußmarsch wechselweise auf unseren Nachrichtenfahrzeugen aufsitzen. In dieser schönen Sommernacht unterhielten wir uns über Gott und Religion. Arnold war ein ruhiger, ausgeglichener Mensch. Er gehörte der Baptistengemeinde an und war von Gott und seinem Einfluss auf den einzelnen Menschen felsenfest überzeugt. Selbst im Einsatz, unter stärkster Feindeinwirkung, verlor er nie die Nerven und bewahrte Ruhe. Bei diesem Thema meinte er zu mir: „Dass Du wenig Gotteszuversicht hast, das merkt man Dir aber auch an. Sieh Dich doch einmal während des Einsatzes an!" Ich konnte ihm nicht widersprechen.

Als ich den Regimentsnachrichtenzug am 13. Januar 1945 bei Gumbinnen/Ostpreußen verließ, war Arnold noch immer unverwundet geblieben. Er war mir einer der liebsten Kameraden. – Trotz alledem! Ich wäre ein Heuchler, wenn ich meine Zweifel an Gott geleugnet hätte. Denn gäbe es ihn, so wie ihn die Kirche darstellt, dann könnte er nicht zulassen, dass sich seine Kreaturen bestialisch zerfleischen. Ich glaube aber trotzdem, dass es einen Schöpfer gibt, eine höhere Ordnung, die Einfluss auf die riesigen Kräfte und Mechanismen im Weltall nimmt und die das Werden und Vergehen festlegt und die Vielfalt von Pflanzen und Tieren aus der Entwicklung heraus bestimmt. Man braucht sich nur eine kleine Blüte unter dem Vergrößerungsglas anzusehen, um zu begreifen, dass dies nicht alles rein zufällig entstanden sein kann. In seiner Schöpfung und dem Zusammenspiel der Naturgewalten erkenne ich Gott. Er muss anders aussehen, als ihn die Kirche aller Schattierungen darstellt.

Ich habe in diesen Tagen, als mir der Tod meines Bruders bekannt geworden war, viel nachgedacht, nicht nur über die Existenz Gottes und seiner von mir angezweifelten Gerechtigkeit, auch über das Soldatenleben, über diesen erbarmungslosen Krieg und die, die ihn ausgelöst haben. Alles nur Hitler und dem Nationalsozialismus in die Schuhe zu schieben, wäre zu einfach und würde Ursachen und Wirkung außer Acht lassen – wenn ich den verbrecherischen Größenwahn Hitlers auch nicht verkenne. Aber die Ursache, auch des Zweiten Weltkrieges, liegt – stark vereinfacht – im Hass und Neid der Menschen und ihrer Machtgier. Auch der Gier, den Unterlegenen zu versklaven und zu erniedrigen. Das Versailler Diktat und die Verweigerung des Selbstbestimmungsrechts für Millionen Deutsche ist meines Erachtens die Ursache des Zweiten Weltkrieges gewesen. Und hätten sich die Amerikaner, die in beiden Kriegen keinerlei echte Interessenkollisionen mit Deutschland hatten, nicht eingemischt, so hätte es keinen Nationalsozialismus und damit keinen Zweiten Weltkrieg gegeben. Nach dieser gedanklichen Abschweifung zur Gegenwart wieder zurück in die Wintermonate des Jahres 1942. In dieser Zeit fielen massenhaft Flugblätter vom Himmel. Die „Nähmaschine“ versorgte uns damit. Hier nach der Erinnerung eine Auslese: „Kommt herüber zu uns! Hier stehen Arbeiter und Bauern wie die meisten von Euch. Warum schießt Ihr auf uns?“ Oder: „Nehmt Euch Urlaub bis zum Kriegsende. Tausend schöne Frauen warten auf Euch. Ihr bekommt dreimal Suppe am Tag, Marmelade und Schokoladenpudding!“ Wir machten unsere Glossen über diese Angebote. Aber manchmal brachten die Flugblätter den einen oder anderen Landser doch zum Nachdenken. Wenn zum Beispiel stand: „Ihr steht hier und setzt Euer Leben ein auf fremdem Boden. Und zur gleichen Zeit liegen bei Euren Frauen und Töchtern die Italiener in den Betten. Geht einfach nach Hause oder kommt zu uns!“ Dies war zu der Zeit, als Italien als Verbündeter abfiel und viele Italiener als Gefangene nach Deutschland kamen. Ich glaube nicht, dass diese Propaganda in Anbetracht der eigenen Erlebnisse mit den Russen auch nur einen deutschen Soldaten zur damaligen Zeit wankelmütig gemacht hätte.

In diesen Tagen des Februars bis März 1942 gab es auch manchmal etwas zum Lachen. Ein Soldat von der Schützenkompanie erhielt einen Brief aus seinem früheren Quartier in Ostpreußen. Der seinerzeitige Kontakt mit einem Mädchen war offenbar nicht ohne Folgen geblieben. Denn das Mädchen schrieb dies mit recht drastischen Worten, deren Wiedergabe ich lieber unterlasse. Jedenfalls lachte die ganze Kompanie, nur der Empfänger des Briefes nicht.

Etwa im März 1942 zogen Heinz und ich in einen größeren Bunker um. Hier waren wir jetzt auch mit unseren Störungssuchern Wolfgang und dem „Reiber“ (Fritz Krebs), seines Zeichens „Krengelarchitekt“ aus Königsberg, und einigen Kameraden von der Nachrichtenstaffel II. Bataillon/Infanterieregiment 151 zusammen. Auch die Vermittlungsstelle des Bataillons war hier untergebracht, und es war selbstverständlich, dass wir nachts bei der Vermittlung aushalfen. Wir hatten das Rundfunkgerät des Bataillonskommandeurs angezapft, einen Kopfhörer angeschlossen und diesen in einen Kochgeschirrdeckel gelegt. Der Lautsprecher war fertig. Nun konnten wir den Soldatensender mithören. Endlich wieder Musik! Schlager wie „Lilli Marleen“, „Heimat Deine Sterne“, „Ich warte auf Dich“ und so weiter wurden von Strienz, Lale Andersen und die etwas „lockereren“ Schlager von Evelyn Künnecke, Ilse Werner und Rosita Serrano serviert. Dieses musikalische Gekreische aus dem Kochgeschirrdeckel erweckte Sehnsüchte, Hoffnungen und Wunschträume. Eine kleine Traumwelt musste man sich schon zurechtbasteln, wenn man nicht wahnsinnig werden wollte.

Es begann die Zeit, wo die Sonne höher stieg und die Tage länger wurden. Die Schneeschmelze kam. Und jetzt trafen auch die Wollsachen aus der Wintersammlung der Heimat ein. Der Winter war vorbei, wir schrieben April! Wir konnten nur ein wehmütiges Lächeln bei ihrem Anblick aufbringen. Der Wolchow führte Hochwasser. Es wurde Tag und Nacht von den Explosionen der im Winter verlegten und jetzt berstenden Minen begleitet. Ufer und unsere Plaine wurden überflutet, aber uns im Bahndamm erreichte es nicht. Ein Teil der Bunker an der Hauptkampflinie mussten geräumt werden, sie standen unter Wasser. Die Soldaten wichen manchmal sogar auf die Bäume aus. Die Kampftätigkeit war in dieser Zeit fast völlig erloschen. Freund und Feind hatten mit dem Wasser zu tun. Teilweise wurden Laufstege von Baum zu Baum angelegt. Gummistiefel wurden verteilt, denn der gefrorene Sumpf taute auf und verschlammte.

Wolfgang und Fritz Krebs waren jetzt dauernd unterwegs, um die Kurzschlüsse in den Leitungen zu beseitigen. Besonders an den Flick- und Bruchstellen des Kabels weichte das Wasser bis zu den Kabelfasern durch. Die Kurbel des Feldfernsprechers 33 drehte sich schwer. Wo das Gelände dies zuließ, verlegte man die Leitungen auf die Bäume. Die Nachrichtenleute waren immer ihren Aufgaben gewachsen. Ich möchte dies bei aller Bescheidenheit einmal festgestellt haben.

Viel schlimmer erging es in diesen Schlammperioden den Trossen und Nachschubeinheiten. Dies nicht einmal so sehr in unserem Abschnitt – Raum Tschudowo – sondern vielmehr in den Gebieten nördlich und südlich von uns. Hier haben sich die armen Pferde oft durch metertiefen Schlamm schleppen müssen, aber nicht nur sich, sondern schwere Ladungen mit Verpflegung und Munition. Von der Plage und Quälerei sahen sie abgemagert aus wie alte Zossen; sie blieben nicht selten im Schlamm liegen und verendeten. Man begegnete diesen Kadavern auf den Nachschubwegen immer wieder. Auch die Fahrer solcher Fuhrwerke hatten es nicht leicht. Sie sahen oft aus, als hätten sie sich im Schlamm gesuhlt. Trotz der vielen Knüppeldämme war es schwer, die Versorgung der Truppe in solchen Zeiten sicherzustellen. Aber es wurde geschafft.

Die Sonne stieg weiter, die Tage wurden länger, der Mai kam. Birken, Wasserpappeln und Erlen belebten die Sumpflandschaft mit ihrem zarten, freundlichen Grün. Manchmal gab es schon warme Abende. Wenn vorher, in den noch kalten Morgenstunden, die Birkhähne balzten oder wie schwarze Erdklumpen im noch spärlichen Grün der Birken zu erkennen waren, so sind es jetzt die Bekassinen, eine Schnepfenart, die in der Abenddämmerung im Formationsflug zu dritt oder viert ihre rasanten Flüge mit blitzschnellen Wendungen in den zartfarbigen Abendhimmel zeichneten. Dabei gaben sie „meckernde“ Laute von sich; man nennt sie deshalb auch „Himmelsziegen“. In dieser Zeit bot die wilde Sumpflandschaft dem, der sehen konnte, ihre ganze natürliche Schönheit. Ich entdeckte blühenden Seidelbast und wunderte mich, ihn hier oben zu finden. Aber er braucht ja nur moorigen und kalkfreien Boden, und den hat er hier zur Genüge.

Wir genießen es jetzt, unsere nackten Oberkörper zur Heilung der Läuseschrunden dem Sonnenlicht auszusetzen. Der Bataillonskommandeur stellt Fischreusen in den nahen Bach. Besonders Neunaugen gibt es hier. Er wird die Reusen manchmal leer vorgefunden haben, weil ihm die Leerung schon ein Landser abgenommen hatte. Ein fast erwachsenes Elchkalb gerät unglücklicherweise in das Schussfeld eines unserer Maschinengewehre. Wir bekommen auch etwas davon und braten das Filetstück im Kochgeschirrdeckel. Es bleibt ziemlich zäh.

Wo es die Feindlage zulässt, bekommen in diesen Frühlingstagen die Unterstände fast über Nacht Einzäunungen und Gartenbänke aus weißen Birkenstämmchen. Manchmal finden wir auch innen ausgeschindelte Bunker vor, und jeder ist bemüht, sich „sein Zuhause" so wohnlich wie möglich zu machen. Die Sicherheit gegen Volltreffer spielt dabei eine untergeordnete Rolle. Aber diese kleinen Freuden bleiben nicht lange ungetrübt. Eine neue Plage mit Abertausenden Quälgeistern überfällt uns – die Mücken. Es wurde ganz schlimm, besonders bei Verrichtungen, bei denen man gezwungen war, einen bestimmten Körperteil zu entblößen. Wir behalfen uns mit einer leeren Konservenbüchse, in die qualmendes Holz hineingetan und vor dem entblößten Körperteil aufgestellt wurde und dann fächelten wir mit einem Blatt Papier oder Pappendeckel den Rauch in die gewünschte Richtung. Trotzdem gelang es mancher wildentschlossenen Mücke, den Rauchschleier zu durchstoßen und die begehrte weiche, gut durchblutete Stelle zu finden. Freilich musste sie dies nach dem Stich mit dem Leben bezahlen, denn die freie Hand des Opfers fasste blitzschnell dorthin, wo sie sich niedergelassen hatte.

Wir bekamen Mückenschleier für das Gesicht. Unsere Bettgestelle umnagelten wir mit aufgeschnittenen Jutesäcken. Und vor dem Schlafengehen wurde noch alles sorgfältig abgesucht und auf das feine aber bösartige Summen gelauscht, falls noch die eine oder andere Mücke einen Durchschlupf gefunden haben sollte. Erst dann versuchte man zu schlafen.

Draußen vor dem Unterstand breitete sich der späte Tag oder der frühe Morgen aus, denn eine Nacht gab es hier im Sommer nicht. Etwa von 23.00 Uhr bis 01.00 Uhr herrschte lediglich ein Dämmerzustand, dann brach der neue Tag schon wieder an. Diese Atmosphäre einer nördlichen Sommernacht kann man schlecht beschreiben, mir fehlen dafür die treffenden Worte, für dieses abendlich-morgendliche Stimmungsgemälde der Natur.

Und dennoch machte sich bei uns eine Art Bunkerkoller breit. Das wochenlange Festgenageltsein auf einem kleinen Stückchen Erde, ohne besondere Betätigung, ruft einen Zustand hervor, den wir mit Bunkerkoller bezeichneten. Die Einschränkung der Bewegungsfreiheit durch Wasser und Schlamm und die Monotonie im Erdbunker führten zu einer beginnenden geistigen Verödung. Man neigte zur Gereiztheit, Aggressivität – und zum Unsinn. Unsinn – auch gefährlicher Unsinn – wurde getrieben.

An einem Abend, zum Beispiel, saß die Bunkergemeinschaft nichtsahnend beisammen. Plötzlich erschallte aus der Ofengegend ein ohrenbetäubendes Pfeifen. Alles lag in Erwartung irgendeiner Explosion flach am Boden. Doch sie blieb aus. Was war geschehen? Jemand hatte von außen in das Ofenrohr eine Pfeifpatrone hineingeworfen, die sich entzündete und nun mit Geheul im kleinen Ofen herumfuhr.

Oder, wenn der von einem Kontrollgang zurückkehrende Kompanieführer die Maschinenpistole anlegt, durch das Ofenrohr seines Kompanietruppenbunkers eine Salve abzieht und sich wie ein König freut, wenn alle Bunkerinsassen aus der Tür herausgestürzt kommen, dann ist dies auch nicht normal und gehört unter die Rubrik Bunkerkoller.

Die Panzerabwehrkompanie des Regiments hatte einen Bauchredner, Oberschütze Ickler, ein Schwabe. Ich sehe sein ruhiges Spitzbubengesicht noch deutlich vor mir. Er war zwar schon einige Male degradiert worden wegen Unfugs, aber immerhin war er schon wieder Oberschütze. Gustl besuchte unseren Bunker. Die Skatrunde saß beisammen. Gustl setzte sich abseits und sah zu. Plötzlich – ganz weit weg – gerade noch vernehmbar, hörte man: „Hiiilfe-Hiiilfe." – „Horch, da ruft doch jemand um Hilfe!" Nun lauschten alle mit gespitzten Ohren. – „Nee, ich hör nix." Das Spiel ging weiter. „Wer kommt raus?" – Doch dann war es wieder da, ganz deutlich: „Hiiilfe-Hiiilfe!" Der letzte Ton fiel richtiggehend klagend ab, so etwa, wie wenn einer aus dem letzten Loch pfeift. „Ich hab's doch gewusst, dass ich mich nicht getäuscht habe!" – Karabiner wurden geschnappt, und schon stand draußen die Skatrunde und lauschte in den Abend hinein. Nur Gustl Ickler war drinnen geblieben. „Kommt mal weider roi!", rief er mit gelassener Ruhe, „Doß wor i." – „Du? Das gibt's ja nicht!" Und nun demonstrierte Gustl seine Kunst in aller Beisein, ohne den Mund zu bewegen. Ganz weit und ganz deutlich hörte man jetzt: „Kommißkopp hierher, Kommißkopp hierher!" Alle Kameraden brachen in Gelächter aus und setzen sich wieder an den primitiven Tisch. Gustl hatte wieder einmal seinen Spaß gehabt – und wir auch.

Heinz hatte während dieser „Bunkerkollerzeit" natürlich auch seine Betätigung. Er malte und malte und malte – still vor sich hin. Im Schneidersitz saß er da, den Deckel des Funktornisters als Unterlage auf seinen Knien liegend, und auf Postkarten zeichnete er bei Kerzenlicht selbstvergessen seine Französinnen. Blonde, Schwarze, und immer mit dem großen sinnlichen Augenaufschlag – natürlich nackt. Oder auch mal malerisch eine Pyramidenform bildend. Die Fantasie eines Notleidenden ist unerschöpflich, ähnlich wie dem Verdurstenden in der Wüste die Fata Morgana mit ihren Trugbildern. – Oberfeldwebel Reuter kam von draußen herein und schimpfte: „Es ist ja furchtbar, überall wo man hingreift, liegen dem Schimanski seine Pimpels." Heinz blickt auf, lächelte ironisch-verschmitzt, nimmt einen tiefen Zug von der Zigarette – und malt weiter. Wolfgang guckt ihm über die Schulter und grinst: „Heinz, Du Sau!"

Wir hatten also Langeweile. Da kam mir die Idee, Briefkontakt zu einem Mädchen aufzunehmen. Beim Nachdenken fiel mir das Fernamt Tilsit ein. Mit dem Amt unterhielten wir seinerzeit in Ostpreußen vom Gut Kleinscharlack aus eine Leitung. Bei den üblichen nächtlichen Leitungsproben – einer Überprüfung, ob die Leitung intakt ist – kam es mit den Damen des Fernamts öfter zu zwar albernen, aber doch irgendwie netten Plaudereien. Man hatte den Eindruck „hier sitzen nette Mädchen." Ganz abgesehen davon, dass Tilsit sowieso die hübschesten Mädchen haben sollte. Und an sie dachte ich jetzt.

„Heinz, wir schreiben an das Fernamt Tilsit.", und ich erläuterte, warum. Heinz machte mit. Und so schrieben wir jeder einen Brief an eine Unbekannte vom Fernamt Tilsit. Dieses Produkt hatten wir in einen gemeinsamen Umschlag getan und mit folgendem Absender versehen: Obergefreiter Heinz Schimanski und Gefreiter Erhard Steiniger, Feldpostnummer 04041 – ab ging die Post.

Inzwischen ging ich in Urlaub. Der erste Urlaub seit meiner Einberufung im Oktober 1940! Mutter hatte sich an die Dienststelle gewandt, weil durch den Tod meines Bruders Erbangelegenheiten zu regeln waren. So fuhr ich Ende Mai von Tschudowo aus in Richtung Heimat. Vor der Lokomotive des Urlauberzuges rollten zwei flache Waggons als Minenschutz, was besonders im Partisanengebiet um Luga notwendig war, eine 2-cm-Flak lief in der Zugmitte mit.

Vater bot mir als Nachfolger meines gefallenen Bruders den Hof an. Er verstand es, dass ich in meinem Beruf als Getreidekaufmann bleiben wollte. Das Erbe brauchte sowieso nicht angetreten werden, denn die Tschechen taten dies für uns. 1945 war die zweite Befreiung, diesmal von Eigentum und Heimat.

So kam ich zum Wolchow zurück und fand gleich zwei Briefe von Damen des Fernamtes Tilsit vor. Was tun? Beiden Damen konnte ich ja nun nicht gleichzeitig schreiben. So urteilte ich nach dem Schriftbild und traf meine Wahl. Die andere Briefpartnerin trat ich an Wolfgang ab. Heinz hatte auch Post. Und so begann von nun an der Briefwechsel mit meiner großen Unbekannten. Es wurde eine Freundschaft, die alle Zeiten überdauern sollte. – Und jetzt, während ich diese Zeilen schreibe, höre ich meine längst bekannte Unbekannte in der Küche hantieren; sie backt gerade nach ostpreußischer Sitte das Weihnachtsmarzipan, auf das sich vor allem unsere Enkel freuen.

Ich muss aber wieder zurück zum Wolchow – gottlob nur gedanklich!

Das beständige schöne Wetter hier oben trocknete die Sümpfe und machte sie begehbar, fast so wie im Winter der Frost. Die Kampftätigkeit nahm wieder zu. Den Russen waren unsere beiden Wolchowbrückenköpfe ein Dorn im Auge und berannten sie nun mit langanhaltenden konzentrierten Angriffen. Unser Nachbarregiment, das Infanterieregiment 162, hatte sich tapfer schlagen müssen, um den kleinen Brückenkopf Grusino halten zu können.

Der größere Brückenkopf Kirischi gehörte damals zum Abschnitt der 21. ostpreußischen Division, bei deren Nachrichtenersatzkompanie ich meine ruhmreiche militärische Karriere begann. Bei beiden tobten in diesen Wochen schwerste Kämpfe. Wir hörten dies am fernen Artilleriegetrommel. Bei uns dagegen gab es einen illegalen „Waffenstillstand", der intern zwischen einer unserer Kompanien (es war die 7. unter Oberleutnant Krüger) und einer russischen Schützenkompanie abgeschlossen und eingehalten worden war. Drei Tage lang fiel hier kein Schuss. Die Soldaten sonnten sich in ihren Stellungen. „Die Waffenstillstandskompanie" war bis zur Division Tagesgespräch geworden. Die Soldaten winkten sich gegenseitig mit den Schnapsflaschen zu und forderten einander zum Besuch auf. Der Einladung gefolgt ist aber niemand. Soweit traute man einander dann doch nicht. Zwei Stunden vor Ablauf der Waffenstillstandszeit beschossen die Russen schlagartig unsere Stellungen. Entweder waren die bisherigen Truppen abgelöst worden, oder der zweistündige Zeitunterschied mit der russischen Uhrzeit war Ursache für den „Bruch" des Waffenstillstandes.

Wie gesagt, der Sumpf erreichte im August eine gewisse Austrocknung und die Russen traten, aus Leningrad heraus, zur Offensive an.

Angriffsziel war, den Einschließungsring aufzubrechen, um endlich die Versorgung der Großstadt auf dem Landweg sicherzustellen.

Im Winter wurde Leningrad notdürftig über das Eis des Lagodasees versorgt. Außer Lkw-Verkehr hatte man eine Eisenbahn über den See geführt. Sie wurde von unserer Luftwaffe fast täglich angegriffen und unterbrochen. Trotzdem rollte der Nachschub. Die Russen hatten in angemessenem Abstand beiderseits der Bahn in Schneewehen geschickt getarnte Schienendepots angelegt und für die Streckenarbeiter Iglus errichtet, die rund um die Uhr besetzt waren. Jede Arbeitsgruppe hatte ihren bestimmten Abschnitt, für den sie verantwortlich war. Und die deutsche Heeresführung wunderte sich, dass selbst bei intensiver Zerstörung der Bahn der Nachschub nach einigen Stunden wieder rollte. Diese Nachschubwege über den See fehlten jetzt im Sommer. Daher sollte unbedingt eine Landverbindung hergestellt werden. Dem wichtigen Eisenbahnknotenpunkt Mga galten all die Schlachten zwischen Leningrad und Ladogasee. Sie beginnen im Winter regelmäßig im ersten Januardrittel, im Sommer ab Mitte August. Die erste große Offensive der Russen zur Befreiung Leningrads begann im August 1942. Der Angriff kam nicht unerwartet. Unser Regiment war zu diesem Zeitpunkt Armeereserve – nur einige Tage. Dann wurde es bataillonsweise in den Kampf geworfen und fremden Stäben unterstellt. Der Regimentsstab folgte in Tagesmärschen in die Nähe des neuen Einsatzgebietes.

Unterwegs kamen wir an vielen gepflegten Soldatenfriedhöfen vorbei. Wir marschierten weiter in Richtung Newabogen – Leningrad. An einem Tag geschah es, dass unser eintöniger Marsch durch plötzlich auftauchenden Flugzeuglärm aus nächster Nähe unterbrochen wurde. In kaum achtzig Metern Höhe brummte ein russischer Doppeldecker mit Vollgas über uns hinweg, gleichzeitig Geknalle von Bordwaffen mit explodierenden Granaten zwischen uns. Dann jagte eine Messerschmitt Bf 109 über uns dahin. Alles zur gleichen Zeit. Noch vom Schrecken benommen, sahen wir knapp 150 Meter vor uns, wie der russische Pilot aus seiner brennenden Maschine ausstieg, die jetzt in den Wald stürzte. Dies alles war Sekundensache. Nun waren wir über diesen Luftsieg begeistert. Den russischen Piloten fand man tot in den Bäumen hängen. Von uns wurde niemand verwundet, als sich die Messerschmitt Bf 109 im Angriff aus dem Himmel herabstürzte und den Feuerzauber bescherte.

Während unsere Schützenkompanien im Newabogen verbluteten und in Nahkämpfen und Gegenangriffen ihre Stellungen behaupteten, nahmen wir vom Regimentsnachrichtenzug Quartier in Schablino. Die Siedlung war mit den bisherigen russischen Ortschaften nicht zu vergleichen. Obwohl auch fast ausschließlich aus Holzhäusern bestehend, spürte man hier schon deutlich die Nähe Leningrads. Es gab einstöckige Holzhäuser mit Schnitzereien an der Fassade und in der inneren Ausstattung. Selbst einfache kleine Häuschen unterschieden sich von den früheren; sie zierten mit Blumen und Gemüse bepflanzte Gärten. Ich ging hier in Schablino zum Friseur und ließ mir die Haare schneiden. Dabei erfuhr ich, dass Krasny Bor kaum siebzehn Kilometer in Richtung Leningrad liege. Für mich stand damit der Besuch des Grabes meines Bruders fest. Feldwebel Hofer, der den Zug nach dem Ausscheiden von Leutnant Dr. Hubatsch übernommen hatte, genehmigte mir einen Tag Urlaub.

Mit einem Blumenstrauß, den mir eine Russin mit viel Anteilnahme aus ihrem Garten geschnitten hatte, begab ich mich zur Leningrader Rollbahn, einer Asphaltstraße, die Leningrad mit Moskau verbindet. Es klappte, ich konnte als Anhalter mitfahren. Zu dieser Zeit vollzog sich der Aufmarsch unserer „Krimarmee“, die nach der Eroberung Sewastopols jetzt Leningrad nehmen sollte. Aber die Russen waren uns mit dem Angriff zuvorgekommen. Die Waldungen links und rechts der Rollbahn waren mit unseren Batterien vollgestopft, die absolutes Schießverbot hatten, um dem Gegner nicht ihre Anwesenheit zu verraten. Aber irgendwie hatten die Russen Wind davon bekommen und versuchten, diesen Aufmarsch mit Bombenangriffen zu stören. Einige Kilometer vor Krasny Bor brummten Schlachtflieger heran und beharkten Wälder und Rollbahn mit Bomben und Bordwaffen. Der Fahrer und ich lagen längst im Straßengraben in Deckung. Unser Lkw blieb unbeschädigt und wir unverletzt. Schließlich erreichten wir den Ort.

Die Holzkirche lag direkt an der Rollbahn, umgeben von einem kleinen russischen Friedhof, der auch einige Reihen deutscher Soldatengräber aufgenommen hatte. Der Friedhof lag zeitweise unter Artilleriebeschuss. Man sah es an den Granattrichtern zwischen den Gräben und an dem zerschossenen Kirchturm. Aus begreiflichen Gründen waren alle Gräber mit Unkraut überwuchert. Ich musste es erst beiseite biegen, um an den Kreuzen lesen zu können. Gleich in der zweiten Reihe rechts neben dem Kirchhofs Eingang fand ich das Grab meines Bruders. Aus Kistenholz ein einfaches Kreuz genagelt, das breite Querholz mit Namen und Daten versehen, das Längsholz oben durch einen Granatsplitter beschädigt. Nicht einmal im Tod lässt man ihnen die Ruhe! Ich jätete das Unkraut, füllte die mitgebrachte weithalsige Glasflasche mit Wasser aus dem Friedhofsbrunnen, grub die Vase etwa zur Hälfte in das Erdreich ein und steckte den Blumenstrauß hinein. Als ich dann im Gedenken am Grabe stand, gingen meine Gedanken weit zurück nach Südwesten zu Vater und Mutter. – Das eiserne Kreuz wollte sich Oskar verdienen, so sagte er einmal, als die ersten Soldaten nach dem Polen- und Frankreichfeldzug mit Auszeichnungen im Urlaub nach Hause gekommen waren. Und so sieht die raue Wirklichkeit aus! – Ich nahm zwei Hände voll Erde vom Grabe und schickte sie in einem Pappkarton meiner Mutter. Sie hatte dafür einen Glasschrein bauen lassen und dieses Denkmal unter Oskars Bild auf den Schreibtischaufsatz gestellt. Später stellte sie noch mein Eisernes Kreuz II. Klasse dazu.

Nach Schablino zurückgekommen, erfuhr ich, dass der Bataillonskommandeur Major Rooch samt seinem Adjutanten, Oberleutnant Wippern, schon bei der Einweisung in die zu übernehmende Stellung durch einen Baumkrepierer gefallen war. Auch Oberleutnant von Saint-Paul, einer der letzten Kompanieführer der ersten Stunde dieser 61. Infanteriedivision, war gefallen und unsere beiden Bataillone praktisch aufgerieben. Was da noch zurückkam von der Newa, konnte man auf einen Lkw verladen. Praktisch blieben nur noch die Trosse und ein Teil der Stäbe übrig. Die Grabenstärken je Bataillon betrugen kaum noch fünfzig Mann. Kamerad Hegele von der Nachrichtenstaffel des II. Bataillons erzählte grausige Dinge über die Nahkämpfe. Er tat dies recht plastisch – wie es knorpelte, als er einem sich auf ihn stürzenden Russen das aufgepflanzte Seitengewehr in die Brust stieß und wie dieser ihn noch voller Hass ansah. Einem anderen musste er in letzter Sekunde den Spaten mit der scharfen Kante ins Gesicht schlagen, um ihn kampfunfähig zu machen. Es war grausam. Ich wäre in der gleichen Situation sicher der Unterlegene gewesen.

So schlimm die Verluste im Augenblick aussahen, auf lange Sicht milderte sich die Situation, denn schon nach wenigen Wochen begann der Rückfluss der wieder genesenen Leichtverwundeten, sodass sich die Kompanien wieder etwas auffüllten. Kompanien mit 50 bis 80 Mann waren die Regel. Die Grabenstärke einer kriegsmäßig ausgestatteten Kompanie betrug 150 Mann.

Unser Regiment bekam jetzt einen ruhigen Frontabschnitt in der Nähe der sogenannten Tigodastellung, die in einem ausgeprägten weitläufigen Sumpfgebiet lag, das nicht immer genügend Sandinseln hatte, um sich eingraben zu können. Der Regimentsgefechtsstand war daher in Blockhütten und Finnenzelten untergebracht. Um ein wenig Unterhaltung zu haben, hatten wir uns wieder an das Rundfunkgerät des Regimentskommandeurs angehängt. Die Zeit war erträglich hier, und es lohnte sich eigentlich nicht, sie besonders zu erwähnen, wenn nicht für zwei Kameraden entscheidende Ereignisse in ihrem persönlichen Bereich eingetreten wären.

Zuvor muss noch gesagt werden, dass Werner Zutraun als Offiziersanwärter auf die Kriegsschule nach Berlin gekommen war und auch einige Fernsprecher den Regimentsnachrichtendienst verlassen hatten. Sie waren unter anderem, zur Nachrichtenstaffel der 13. Kompanie übergetreten. Wir erhielten dafür Ersatz, darunter Georg Lehr aus Litzmannstadt, mit 33 oder 34 Jahren wohl der Älteste im Regimentsnachrichtenzug. Ernst Skambraks war an die Stelle des ausgeschiedenen Unteroffizier Paukstadt zum Unteroffizier befördert worden, und auch einen neuen Regimentskommandeur, Oberstleutnant Sperling, hatten wir bekommen. Für den ausgeschiedenen Hauptmann Pankow hatte Hauptmann Brzoska – ein Schwabe – lange schon die Stabskompanie übernommen. Wolfgang von Ulardt hatte es abgelehnt, Offiziersanwärter zu werden – als Nachrichtenmann konnte er das. Wir freuten uns, dass er bei uns blieb.

Wir schreiben Ende 1942. Ich war aus meinem zweiten Urlaub zurückgekommen. Über dem schon gefrorenen Sumpf lag eine leichte Schneedecke, die Frosttemperaturen waren erträglich. Der Winter fand uns diesmal gerüstet. Jeder hatte einen wattierten Kampfanzug mit einer weißen und einer buntfarbenen Tarnseite, Filzstiefel, deren Fußpartien mit Leder überzogen waren, Pelzmütze und pelzgefütterte Handschuhe.

Das Skatspiel feierte wahre Triumphe. Aber auch „17 und 4“ kam nicht zu kurz. Was sollte man mit dem Geld auch anderes anfangen? – Plötzlich ein Telefonanruf des Kommandeurs. Jemand solle sofort den Feldfernsprecher für die Nacht an das Bett des Kommandeurs verlegen. Unteroffizier Skambraks, obwohl Funker, ließ sich diese Ehre nicht nehmen. Dienstbeflissen entfernte er sich. Er kam ins Kommandeurzelt – leer. Auf dem Tisch steht einsam, aber mit drei leuchtenden Sternen, eine angebrochene Flasche französischer Cognac. Genüssliche Erinnerungen an Quimper wurden in ihm wach und weckten das unwiderstehliche Bedürfnis, nur einen einzigen kleinen Schluck aus der Flasche zu nehmen, nur um den mildseifigen französischen Cognacgeschmack wieder besser in Erinnerung zu bringen! Ernst verlegte schnell den Apparat – und konnte der Versuchung nicht widerstehen, statt des kleinen, einen kräftigen Schluck aus der vor ihm stehenden, einladenden Flasche zu nehmen. Es durchrieselte ihn ein mildes, wohlig-wärmendes Gefühl bis in die großen Zehen hinein. Sein Gaumen geriet geradezu in Verzückung. So versorgt, lenkte er nun seine Schritte zur heimatlichen Hütte. Gerade, als er den Kameraden mit schwelgerischer Schwärmerei von dem köstlichen Schluck erzählte: „Dreistern – lief runter wie Öl“, schrillte das Telefon. Die erregte Stimme des Kommandeurs war auch außerhalb der Hörmuschel vernehmbar: „Wer-hat-hier-das-Telefon-umgelegt?“ – „Sofort umgeschnallt und mit Stahlhelm bei mir melden!“ – aufgelegt. Die Tragödie nahm ihren Lauf. Ernst wurde mit sofortiger Wirkung zur Schützenkompanie versetzt. Eine Welt stürzte für ihn ein, und einem zum Tode Verurteilten gleich, packte er sein Marschgepäck. „Gestern noch der Liebling des Kommandeurs, heute ganz unten durch“, beklagte er sein Schicksal. Ja, wenn Zwei das Gleiche lieben, dann sollte der kleinere lieber darben, sich in Enthaltsamkeit üben, auf alle Fälle aber gleichmachende

Besitzkorrekturen unterlassen! Ernst war von diesem Zeitpunkt ab unserem Blickfeld entzogen. Alkohol tut selten Gutes, daher gieße ich mir gleich einen Hennessy ein – nur um den mildseifigen Cognacgeschmack auf der Zunge zu behalten … Dies also war die traurige Geschichte von Ernst, deren abschließende Folgen ich einige Wochen später miterleben werde …

Aber ein Unglück kommt selten allein. Heinz und ich waren inzwischen mit unseren Störungssuchern, Wolfgang und noch einem Kameraden, zum Bataillon abgestellt. Hier wurmte es den Adjutanten, dass er die Regimentsnachrichtenleute nicht mit zu Schanzarbeiten einteilen konnte. Wir wehrten uns mit unseren Aufgaben. Es gab schließlich ein Telefonat mit dem Regiment, mit dem Ergebnis: Wir brauchten nicht. Die jederzeitige Nachrichtenverbindung musste gewährleistet bleiben. Wie wichtig waren wir doch! Wir waren fast stolz auf unsere Unentbehrlichkeit als wichtiger Nervenstrang des Regiments.

Wir hatten dieses Thema gerade befriedigt durchgesprochen und trauten jetzt unseren Augen nicht, als bei der spärlichen Kerzenbeleuchtung ein uns allen bekanntes Gesicht am Eingang erkennbar wurde. Werner Zutraun! „Wo kommst Du denn her?“ Werner, Platz nehmend: „Von der Kriegsschule in Berlin.“ – „Und warum bloß als Unteroffizier?“ Werner mit bedrückter Stimme: „Ach Kinderchen, ich habe Pech gehabt – mich hat das Unglück getroffen.“ Und nun stockend – „Ich habe einen jüdischen Großelternteil und hatte das in einer schriftlichen Erklärung verschwiegen. Und nun ist es aus – mit dem Leutnant.“ – „Man kommt sich ja vor wie ein Mensch dritter Klasse!“ Wir waren schockiert von diesem Schicksalsschlag und wussten nicht so recht, wie wir uns verhalten sollten. Daher schwiegen wir betroffen. War er jetzt plötzlich ein anderer Mensch geworden? Fast zwei Jahre waren wir in guten, aber insgesamt wohl mehr schlechten Zeiten zusammen gewesen. Er erfüllte treu seine Pflicht dem Vaterland gegenüber, das jetzt auf einmal nicht mehr sein Vaterland sein sollte? – „Und jetzt muss ich zur Schützenkompanie. Ich solle versuchen, mich durch Auszeichnung zu rehabilitieren – legte man mir nahe.“ – „Das ist doch Wahnsinn!“, rutschte es mir heraus. Die Schützenkompanie als Strafkompanie – wie bei Ernst, dachte ich mir dabei. Nun Werner wieder: „Nicht wahr, das meint Ihr doch auch! So schlimm ist doch das Vergehen nicht!“ Und er sah sich Zustimmung suchend bei uns um. Wir murmelten verlegen eine Art Einverständnis. „Ich muss jetzt zur Kompanie. – Bei uns bleibt doch alles beim Alten?“ bettelte er förmlich. Wir hatten uns gefangen und verabschiedeten uns jetzt wie in alten Zeiten voneinander. Da ging einer unserer besten Soldaten mit Eisernem Kreuz II. Klasse, Ostmedaille und Infanteriesturmabzeichen am Rock. Ein Melder führte ihn den schmalen Knüppelweg entlang zur Kompanie.

Wir sprachen an diesem Abend nicht mehr viel, jeder hing seinen Gedanken nach. „Ich komme mir ja vor wie ein Mensch dritter Klasse“, höre ich noch seine Stimme, beziehungsweise seine Sprache, Werner lispelte ein wenig. Es zogen die Stationen unseres gemeinsamen Soldatenlebens seit Quimper vorbei. Er sang gerne schwermütige Lieder, wie „Drei Birken sah ich stehen“ und „Drei Zigeuner fand ich einmal“.

Werner Zutraun haben wir nicht wieder gesehen. Bei den Kämpfen südlich des Lagodasees im Januar 1943 erlitt er einen Bauchschuss. Um die Abwehrkraft seiner Kompanie nicht zu schwächen, lehnte er Hilfe von Leuten seiner Gruppe ab, die ihn zum Verbandsplatz zurückbringen wollten. Er ging allein zurück – und kam nicht an. Irgendwo in den Schneewüsten der gefrorenen Sümpfe beendete er – von aller Welt verlassen – dieses elende Leben. Das große weiße Leichentuch deckte auch ihn zu. Nach dem Tauwetter im Frühjahr fand man ihn – wie viele andere Kameraden auch – von den Ratten angefressen.

Aber noch sind wir nicht im ereignisreichen Januar 1943. Ich hatte nur Werners Schicksal vorweggenommen. – Wir durften noch in aller Ruhe Weihnachten feiern. Das erste Mal, dass uns die Front ungestört an unser Zuhause denken ließ. Jeder tat dies auf seine Art im Rahmen der gegebenen Möglichkeiten. Und sahen überall gleich aus.

An der Hauptkampflinie erklangen vom Feind herüber die schönsten deutschen Weihnachtslieder. Hinterher kam über den Lautsprecher die Aufforderung, überzulaufen. Jedes Mittel zur Demoralisierung der Truppe war dem Feind recht.

Vor dem Einschlafen ging ich gedanklich das Weihnachtsfest zu Hause durch. Vom Baumputzen mit Schwester Mimi bis zur Bescherung. Ich sah und roch fast alles. Wie der Fisch in der Pfanne brutzelte, den herrlichen Apfelstrudel – das Beste vom Abend; wie Vater jedem Stück Vieh eine Schnitte Brot zum Heiligen Abend gab. Dass beim Essen niemand aufstehen durfte, weil dies sonst Unglück brächte; dass keine Wäsche über die Festtage auf dem Boden hängen durfte – und schließlich, am ersten Feiertag, den herrlichen nächtlichen Skilanglauf von Langewiese nach Fley, den Erzgebirgskammweg entlang. Mondbeschienene verschneite Wälder mit vom Schnee herabgebogenen Baumwipfeln, die warmen kleinen Fachwerkhäuser des Erzgebirges … Ich war eingeschlafen.

Der Winter 1941/1942 kündigt sich an. Das Foto zeigt die Hermannsfeste aus der Zeit des Deutschen Ritterordens (links im Bild) auf der Westseite der Narwa und die Feste Iwangorod auf dem Ostufer des Flusses. Auf dem Weg nach Tichwin war das Infanterieregiment 151 für kurze Zeit in Narwa.

Das Foto zeigt das winterlich eingeschneite Pertetschno, ein Dorf am Wolchow, um das im Winter 1941/1942 nach dem Rückzug der Deutschen Wehrmacht aus Tichwin hart gekämpft wurde.

Silvester 1941 beim II. Bataillon/Infanterieregiment 151. Eine Blitzlichtaufnahme, erzeugt mit Hilfe des Pulvers aus 2 Patronen, zeigt von links nach rechts in der hinteren Reihe: Feldwebel Mack, Heinz Schimanski, Hans Weber, Erhard Steiniger, Hans Gudde und den Kameraden Krimerius und vorne von links nach rechts den Feldwebel Heinrich, Otto Grau, ein namentlich nicht bekannter Kamerad und Karlheinz Crusius.

Weihnachten 1941 beim Grenadierregiment 162: Hauptmann Wilhelm Kubel und Hauptfeldwebel Lindenblatt feiern zusammen mit ihren Soldaten. Hauptmann Kubel wurde am 30. September 1944 mit dem Ritterkreuz des Eisernen Kreuzes ausgezeichnet.

Frühjahr 1942:
Die Schneeschmelze ließ das Wasser des Wolchows über die Ufer treten.
Das Wasser drang bis zum Bataillonsgefechtsstand des II. Bataillons/Infanterieregiment 151 vor und überflutete auch die Gräber.

August 1942:
Mein Handelspartner und ich beim Provianttausch.
Ich tauschte Brot gegen Himbeeren.

Soldaten des Grenadierregiments 162 auf dem Weg zu ihren vordersten Stellungen bei Tschudowo im Wolchowbrückenkopf Grusino.

Der Regimentsgefechtsstand des Infanterieregiments 151
im Frühjahr 1942 bei Dmitrowka:
Die Schlammperiode folgte auf die Schneeschmelze.
Mit einer Pferdestärke ging es besser voran als mit vielen PS.

Manches brave Pferd verlor im Schlamm sein Leben. Unser Pferdegespann vom Fernsprechwagen wurde zum Nachschubtransport eingesetzt. Das erschöpfte Pferd war nicht mehr imstande, sich aus der Saugwirkung des Schlammes zu befreien und musste erschossen werden.

August 1942 – Marschpause auf dem Weg zur Leningrader Front. Das Foto zeigt Angehörige des Regimentsnachrichtenzuges des Infanterieregiments 151. Hintere Reihe von links nach rechts: Tolksdorf, Feldwebel Hofer, Arnold Mathäus, Fritz Krebs, Wolfgang von Ulardt, Hans Greiner, Heinz Schimanski, Gustav Wachnowski, Alfred Janz und vorne sitzend Bubi Büchs, Werner Quellmalz, ich und Viktor Presch.

Eine schwere Maschinengewehrstellung im Brückenkopf Grusino gegen die die Russen vergebens anrannten.

Eine Fabrikruine ist so ziemlich alles, was von dem Eisenbahnknotenpunkt und Industriestädtchen Kirischi übriggeblieben war.

Ein vernichteter russischer T-34 Panzer unmittelbar vor den deutschen Stellungen im „Schädeltal“ im Brückenkopf Kirischi.

„P 5" und die Höhe 43,3 – Ssinjawino

Jeder Soldat der einmal südlich des Ladogasees im Einsatz stand, kennt Geländebezeichnung wie P 5, P 6, Höhe 43,3, Ssinjawino, Elektroschneise, Gleisdreieck, Geisterwald, Wenglerweg – es sind ihm unvergessliche Begriffe. Alle sind sie zwangsläufig mit der Vorstellung an die hier abgelaufenen erbitterten Kämpfe verbunden. Sie fanden stets gegen eine vielfache feindliche Überlegenheit an Menschen und Material statt. Die amerikanische Hilfslieferung an Waffen und Nahrungsmitteln waren längst voll wirksam geworden. Unsere U-Boote konnten diese gigantische Materialhilfe der USA nicht stoppen. Materialschlachten am Ladogasee und vor Leningrad forderten von unseren Soldaten sehr oft echte Heldentaten, um die Front behaupten zu können. Der neue russische Panzer T-34, ein hervorragender Kampfpanzer mit schräger Panzerung, breiten Ketten und dadurch auch Manövrierfähigkeit im Sumpf sowie seiner Schnelligkeit, war der Schrecken aller Landser. Aber nicht lange. Mit den modernen Panzernahkampfmitteln, die wir jetzt hatten, wie Panzerfaust, Hohlhaftladung, „Ofenrohr", war auch ihm beizukommen. Ganz abgesehen vom „Tiger", dem deutschen Panzerass, das wir hier noch kennenlernen werden.

In diesen Kämpfen hier oben kam es oft zu aussichtslosen Situationen für unsere weit schwächeren Verbände oder Teile von ihnen – und trotzdem behaupteten sie das Feld. Es sind dies jene deutschen Soldaten gewesen, die in den Nachkriegsfilmen der USA, Frankreich und des Ostblocks als nazistische Witzfiguren herhalten müssen und die natürlich eine Handvoll überlegen geführter heldenhafter und gewitzter Gegner nicht standhalten konnten. Es wäre an der Zeit, diese Verhöhnung und Verunglimpfung der ehemaligen deutschen Soldaten zu beenden – wenigstens im westlichen Lager – aber bleiben wir beim Thema:

Der 12. Januar 1943 war gekommen. Die Russen begannen an diesem Tag eine Großoffensive am Ladogasee. Vom Westen – also aus Leningrad heraus – und vom Osten her trugen sie gleichzeitig, nach starker Artillerievorbereitung ihre Angriffe gegen unsere, bis an das Ufer des Ladogasees reichenden Frontabschnitte vor. Schon am ersten Tag kam es zu großen Einbrüchen in die deutschen Linien. Unser Regiment wurde daher schon am 14. Januar in Omnibusse verladen und in den Kampf geworfen. Der in unserer Hand befindliche wichtige Eisenbahnknotenpunkt Mga war das Angriffsziel.

Von Weitem schon hörten wir das ununterbrochene Gebrummel der immer näher kommenden Front. Das Bewusstsein „dorthin musst du" legte sich auf Magen und Gemüt. Das ist die nackte Angst ums Leben. Wenn man aber erst mittendrin im Kampfgetümmel war, machte sie dem Gefühl einer gleichgültigen Unabänderlichkeit Platz. So war es mir. Die Mutigeren, Tapferen, die die anderen Soldaten mit ihrer scheinbaren Kaltblütigkeit und ihren Initiativen gegenüber dem anstürmenden Feind mitrissen, waren die echten Helden. Sie sind das notwendige Gerüst einer intakten Armee. Ich gehörte nicht zu dieser militärischen Elite. Diese Erkenntnis bedrückte mich nicht, aber sie machte mich auch nicht froh.

Artilleriefeuer empfing unseren ohnehin schon von Granatsplittern durchlöcherten Bus. An diesem 14. Januar sind unsere Truppen am Ladogasee selbst die Eingekreisten geworden; sie waren abgeschnitten. Daher standen bei unserer Ankunft die Bataillone unseres Regiments bereits im Angriff, um die verlorengegangene Verbindung zu den Stellungen am Ladogasee wieder herzustellen.

Jetzt wurden wir vom Regimentsnachrichtenzug ausgeladen und sofort an die Front weitergeleitet. Es herrschte schönes Winterwetter – es war nicht zu kalt. die Sonne überzog die Schneelandschaft mit einem milden Goldschimmer. Nur dort, wo Granateinschläge den Schnee markiert hatten, war er vom hässlich schwarzen Pulverdampf verfärbt. Der nächste Neuschnee würde diese rußigen Stellen bald überdecken – ein Trost.

Entlang einer leichten Talsohle näherten wir uns dem Einsatzgebiet. Plötzlich tauchte ein ziemlich starker Verband russischer Schlachtflieger im Tiefflug über uns auf. „Fliegerdeckung", alles lag flach. Aber die Russen kümmerten sich nicht um uns, sie hatten offenbar einen festen Auftrag. Da hämmerten, kaum fünfzig Meter entfernt, zwei Zwillingsflakgeschütze los. Man konnte deutlich die 2-cm-Leuchtspurgranaten in den Flugzeugkörpern verschwinden sehen. Endlich kippte eine Maschine ab – noch eine! Krach und Getöse; schwarzer Qualm beim Aufschlag der abgestürzten Schlachter. Eine dritte Maschine zog eine Rauchfahne hinter sich her, um dann etwas später mit aufheulendem Motor in einer großen Spirale abzusacken. Wir waren begeistert von diesem Schauspiel. Hut ab vor der 2-cm-Flak!

Aber diese Begeisterung hielt nicht lange an. Denn kurze Zeit, nachdem wir in Schützenreihe weitermarschiert waren, mussten wir schon unsere Köpfe einziehen. Kleine Granaten krepierten zwischen uns. Ich vermutete Gewehrgranaten. Dabei bin ich nicht sicher, ob die Russen überhaupt solche hatten.

Schließlich erreichten wir P 5. Was heißt „P 5"? Zum Bau ihrer Eisenbahnen hatten die Russen Dämme im Sumpf errichten müssen. Die damit beschäftigten Arbeitskräfte brachte man in Arbeitersiedlungen unter. Auf Russisch heißen diese Siedlungen „Rabochiy Poselok" und dazu kommt die Nummer der Siedlung. „P" ist also die Abkürzung für Poselok. Auf P 5 waren die Ziegelhäuser durch die Artillerie zum Großteil zerstört. Der Regimentsgefechtsstand befand sich im Keller einer solchen am Ortsrand stehenden Ruine. Daneben wurden wir vom Regimentsnachrichtenzug untergebracht. Auf dem Dorfplatz hatte man Erdbunker gebaut. Hier befand sich der Verbandsplatz. Die Bunker waren hoffnungslos mit Schwerverwundeten überfüllt, sodass die leichter Verwundeten vor den Eingängen liegen mussten. Eine echte Strapaze, denn nachts herrschte bittere Kälte. Direkt vor dem

Regimentsgefechtsstand war ein Tigerpanzer. Ein imposanter Koloss, der Respekt einflößte. Leider war er zu langsam. Dafür verfügte er über eine hervorragende Panzerung und eine vortreffliche Kanone. So etwa war die Situation, als wir auf P 5 ankamen.

Der neue Regimentsführer hieß Major Krudzki, eine große, stattliche und sympathische Erscheinung. Das gleiche trifft auch für Hauptmann Krieg zu, der zu dieser Zeit offenbar Regimentsadjutant war. Hauptmann Krieg war nur kleiner als der Kommandeur, blond und energisch. Die von Verwundungen herrührenden Narben im Gesicht wirkten wie Schmisse aus der Studentenzeit. Er war ein bewährter und erfahrener Kompanieführer und ein offener Charakter. Das spürte man von der ersten Begegnung an.

So saßen wir also im Keller und dämmerten dem neuen Tag entgegen. Heinz Schimanski hatte uns verlassen, er war beim Regiment Gefechtszeichner geworden.

Bei Tagesanbruch am 15. Januar erhielt ich zusammen mit Hans Weikert den Befehl, mit unserem Funkgerät der Kompanie Oberleutnant Heckler, unserem früheren Ordonnanzoffizier, im Angriff zu folgen und die Funkverbindung sicherzustellen.

Die Sonne ging auf und drückte die Weltraumkälte herab. Aber später brachte sie Frostmilderung. Der Angriff ging zügig voran und schien nichts Außergewöhnliches zu bringen. Wohin das Auge blickte, eine einzige unendliche Schneesteppe, dieser gefrorene Sumpf. Dort, wo sich gelegentlich niedrige Sträucher und kusseliges Gestrüpp entwickeln konnten, hatten sich Schneeverwehungen gebildet, welche unvermutete Deckung boten. Sonst war überall knietiefer Schnee. So stapfte ich der angreifenden Kompanie, das schwere Funkgerät auf dem Rücken, mit eingezogenem Kopf hinterher. Der Tornister drückte meine Füße noch tiefer in den Schnee hinein. Ich schwitzte trotz der Kältegrade. Häufig sah ich jetzt gefallene Deutsche und Russen aus den vorangegangenen Kämpfen einträchtig im Schnee liegen, so wie sie gefallen waren – halb oder schon ganz zugeschneit, steif gefroren. Die aus dem Schnee herausragenden blutleeren gelben Hände und Gesichter wirkten wie aus Kalkstein. Sie waren vom Raureif überzogen.

Gegen Mittag erreichten wir einen Bahndamm. Oberleutnant Heckler wies uns an, im Schutze des Bahndamms das Funkgerät aufzubauen und einen Funkspruch durchzugeben: „Bahndamm erreicht, zum linken Nachbarn keine Verbindung."

Oben auf dem Bahndammrand brachte man ein leichtes Maschinengewehr in Stellung, leider ein defektes. Es konnte nur Einzelfeuer gegeben werden. Noch während wir das Funkgerät aufbauten, meldete der Maschinengewehrschütze an den Kompanieführer, dass sich Russen an unsere Hauptkampflinie heranschlichen. Dabei schoss er laufend sein Einzelfeuer. – Plötzlich rollte der Schütze lautlos vom Damm herunter, fast vor unsere Füße. Aus einem kleinen Einschuss am oberen linken Backenknochen floss Blut. Er sprach nichts mehr, nur einige unkontrollierte Armbewegungen durch die Luft, die Augen „verwundert" geöffnet. Im selben Augenblick von links her aufgeregtes Geschrei. Unsere Soldaten verließen ihre Stellungen und kamen unten am Bahndamm entlang ungeordnet auf uns zugelaufen. Oben auf dem Damm standen plötzlich Russen und feuerten stehend freihändig mit ihren Maschinenpistolen in die weichenden Deutschen hinein. Oberleutnant Heckler versuchte die Situation zu retten, lief ihnen entgegen: „Zurück, die Stellung muss gehalten werden!" Aber der Rückzug war nicht mehr aufzuhalten. Es blieb keine Zeit mehr, das Gerät einzupacken oder zu sprengen. Betriebsfertig aufgebaut blieb es stehen. Die Situation war zu eindeutig. – Nun lief auch ich, so schnell ich bei dem hohen Schnee nur konnte, das Chaos mit den schreienden Verwundeten hinter mir lassend. Auch von Hans Weikert sah ich nichts mehr. Als es mir gelang, zwischen einigen Schneewehen hindurch einen größeren Abstand zu erreichen und meine Gedanken zu ordnen, wurde mir klar, dass ich von dem Durchbruch unbedingt das Regiment benachrichtigen musste.

Ganz hinten, am Horizont in nordwestlicher Richtung, auf einer kleinen Erhöhung, erkannte ich die stehengebliebenen Schornsteine von P 5 wieder. Ich marschierte diesem Geländeziel zu, so schnell ich nur konnte. Völlig erschöpft erreichte ich den P 5. „Wo kommen Sie denn her?" fragte mich verwundert Feldwebel Hofer. „Wir rufen Sie dauernd und bekommen keine Verbindung."

„Die Russen sind durchgebrochen, es ging alles durcheinander, unsere Front war in Auflösung begriffen." Er wurde blass und verschwand augenblicklich aus dem Bunker, um mich gleich darauf selbst zum Gefechtsstand zu bringen. Ich grüßte beim Eintreten und erkannte neben dem Regimentsführer einen General. Es war General Hühner, unser Divisionskommandeur, der gekommen war, um sich persönlich über die Lage zu orientieren. „Nun erzählen Sie mal in aller Ruhe. Was haben Sie gesehen?" Ich erzählte, dass wir den Eisenbahndamm ohne Schwierigkeiten erreicht hatten und plötzlich von unserer linken Flanke her die Hauptkampflinie aufgerollt wurde. Und dass unsere Soldaten ungeordnet zurückgingen. Darauf Major Krudzki: „Können Sie Kartenlesen?" – „Ich glaube schon." – „Hier ist der Bahndamm, den Sie erreicht hatten. Woher kamen die Russen?" – „Hier von links kam das Gros." Major Krudzki jetzt zum General gewandt: „Es ist so, wie ich angenommen habe, Herr General, zum linken Nachbarn klaffte eine Lücke, die nicht zu unserem Abschnitt gehört." – Ich war entlassen.

Inzwischen setzten sich die Russen zwischen uns und unseren rückwärtigen Verbindungen im Süden fest und stießen weiter nach Westen vor. Ein angesetzter Spähtrupp brachte die Bestätigung – wir sind eingeschlossen. Eingeschlossen ohne nennenswerte Reserven an Munition und ohne jede Verpflegung!

Unmittelbar vor dem Regimentsgefechtsstand wurde in südliche Richtung stützpunktartig eine dünne Abwehrfront gebildet. Die Telefonverbindung zur Division war wie durch ein Wunder intakt geblieben. Sie lag unter dem Schnee und war den Russen entgangen. Über diese Leitung kam nun die Weisung, auszuharren, ein Gegenangriff mit Tigerpanzern werde uns freikämpfen. Trotzdem blieb die Stimmung gedrückt. Vor allem die Situation der Verwundeten wurde unerträglich. Man sah sich gezwungen, zu versuchen, mit allen verfügbaren Schlitten und Pferden einen langen Verwundetentransport zusammenzustellen. Es begann zu schneien, und man hoffte, in den feindlichen Linien eine Lücke zu finden. Es war ein langer Zug, der jetzt im Schneetreiben auf den Weg geschickt wurde. Ob sie durchkommen werden?

Auf P 5 lag Artillerie- und Panzerfeuer. Seit zwei Tagen hatten wir nichts mehr gegessen, es gab nur noch wenig Munition. Die Wetterlage besserte sich wieder, sodass wir auf Versorgung aus der Luft hoffen konnten. Am Abend kamen auch die Flugzeuge. Es waren aber nur wenige. Man konnte ihre Schatten sich gegen den Sternenhimmel abzeichnen sehen. Von den wenigen Versorgungsbomben fielen noch einige in die russischen Linien. Wir selbst bekamen nichts von dem abgeworfenen Nachschub, die Kameraden von den Schützenkompanien hatten ihn nötiger. Der 17. Januar 1943 war gekommen. Die erhoffte Befreiung ist ausgeblieben. Fast apathisch hockten wir in unserem Keller beisammen. Insgeheim hatte jeder mit seinem Leben abgeschlossen. Jetzt hatte ich schon seit drei Tagen nichts mehr zu essen, meine letzte Fischkonserve ist im Funktornister geblieben. Es herrschte Erschöpfung und nervöse Spannung, nur die Zigaretten qualmten. In diese unsere Lethargie platzte der Ruf: „Alles raus, die Russen greifen mit Panzern an!“ – „Auf zum letzten Gefecht“, so war mir zumute. Wir verteilten uns zwischen die Sanitätsbunker und schrien: „Hurra, Hurra!“ Auf alles, was sich vom östlichen Ortseingang her bewegte, wurde geschossen. Der Tiger hinter uns machte sich gefechtsklar. Er konnte sich zwar wegen Brennstoffmangels nicht vom Fleck bewegen, aber der Brennstoff reichte noch aus, den Panzerturm in die richtige Feuerstellung zu drehen – und dies tat er jetzt. Mit den wenigen Panzergranaten, die noch vorhanden waren, eröffnete er das Feuer auf einen der vielen russischen Panzer, die den Ortseingang schon passiert hatten. Ein Schuss vom Tiger – ein Russenpanzer brannte. Der zweite Schuss – wieder ein Panzer erledigt. Nun hatten auch die Russen unseren Tiger ausgemacht – und trafen. Meterlange Funkenbündel sprühten vom Stahl der Panzerkuppel ab, aber kein Treffer schlug durch. Frei und kerzengerade stand ein junger Panzerleutnant auf einem der Sanitätsbunker und dirigierte das Feuer des Tigers. Jeder Schuss ein Russenpanzer. In kürzester Zeit hatten die Russen sieben oder acht Panzer verloren, nun brachen sie den Angriff ab und zogen sich zurück. Unser „Hurra“ kam aus geschwächten Körpern, aber begeisterten Herzen, wenn wir auch wussten, dass uns dieser Abwehrsieg nicht helfen kann. Unsere ausgehungerten und ausgefrorenen Soldaten schirmten den Ortseingang wieder ab, mehr konnte es nicht sein.

Das Ende schien hinausgeschoben. Die Nacht vom 17. zum 18. Januar 1943 war angebrochen. Etwa um 01.30 Uhr kam der Befehl, sich zu den eigenen Linien durchzuschlagen, also in Richtung P 6 Ssinjawino. Der letzte Opfergang dieses Einsatzes begann. In den frühen Morgenstunden des 18. Januars traten wir in zwei Gruppen zum Ausbruch an. Die eine Gruppe führte Major Krudzki, die zweite, der auch ich angehörte, stand unter dem Kommando des Hauptmanns Krieg. Er marschierte an der Spitze mit seiner Maschinenpistole. Bei noch völliger Dunkelheit begann das Unternehmen. Wir können noch nicht weit von P 5 gewesen sein, als der Angriff ins Stocken kam und wir in volle Deckung gehen mussten. Zwei leichtere russische Panzer hielten uns auf. Sie waren zwar durch die Eisdecke des Sumpfes gebrochen und dadurch bewegungsunfähig, aber ihre Besatzungen feuerten anfangs noch aus ihren Maschinengewehren. Links vor mir lag Oberleutnant Kopp aus Tilsit, seit der Kesselschlacht am Wolchow Ritterkreuzträger. Er rührte sich nicht mehr – tot ... Der Morgen dämmerte bereits, als wir weiterziehen konnten. Jetzt erkannten wir rechts von uns Gespanne und Gefechtsfahrzeuge, die aus Schlüsselburg kamen. Sie bewegten sich zwischen unseren beiden Angriffsgruppen und waren so einigermaßen vor einem direkten Zugriff des Feindes geschützt. Ausgemergelt, fast bis zu den Knien im Schnee, die letzten Kräfte aufbietend, stapften wir in südliche Richtung. Jedem von uns war klar, wer hier schlapp macht, verliert sein Leben. Aber es ging zügig voran, wir waren durch die erste Linie der Russen hindurch.

Das schlimmste Erlebnis für mich persönlich stand mir noch bevor. Es war schon heller Tag. Etwas abseits vom Gros kamen wir in ein leicht hügeliges Gebiet. Hier bot sich uns ein schauriges Bild. Im weiten Umkreis lagen tote Pferde, umgestürzte Schlitten, dazwischen tote deutsche Verwundete. „Der Verwundetentransport!“, fuhr es mir durch den Kopf. Da leben doch noch welche! „Kamerad – nimm mich mit“, flehte eine schwache Stimme aus einem am Boden liegenden Bündel aus Feldgrau und Verbandsmaterial bestehend. Es war nicht einer, es waren mehrere, die mit schwach erhobenen Händen flehten. Sie bettelten bei uns um ihr Leben! Bei uns, die wir selbst am Ende der Kräfte waren und nicht wussten, ob wir es bis zum rettenden Ufer schaffen würden. Wenn sie wenigstens auf einem Bein humpeln könnten! Aber tragen? – Wir rissen uns los und wussten zugleich, dass ihnen der sichere Tod bevorstand. Nur zwei Möglichkeiten hatten sie: Erfrieren oder von den nachfolgenden Russen erschlagen werden. Der letzte Hoffnungsschimmer für diese armen Menschen zu sein und doch vorbeiziehen zu müssen, gibt einem das Gefühl einer unmittelbaren Schuld, als wäre man ihr Mörder. Das Unvermögen, helfen zu können, belastet mich heute noch, wenn ich einmal an jene Tage denke. Aber wem hätte ich genützt, wenn ich mein Leben geopfert hätte? Ich hätte das ihre nicht retten können.

Der Marsch stockte, wir bekamen gezieltes Infanteriefeuer und warfen uns in den Schnee. Tschirrtschirrtschirr, der Schnee vor mir staubte auf, dann einige Sekunden Ruhe. Jetzt tauchten hinter einer Schneewehe zunächst vier erhobene Hände, dann die zwei dazugehörigen Russen auf, die nun unsicher auf uns zugingen. Die hinter uns kommende Gruppe Deutsche mochte sie zu diesem Entschluss gebracht haben – wir waren wohl zu viele. Nun stapften sie mit uns mit. Wir aber kümmerten uns nicht um sie, wir hatten mit uns zu tun. Der Durchbruch ging weiter, gleich begann eine neue tragische Situation:

Vom Süden her kam gut sitzendes Artilleriefeuer. „Das kann nur die eigene Artillerie sein! Sie halten uns für angreifende Russen und schießen Sperrfeuer!" Es schien so, als wollten unsere Kameraden von P 6 aus beenden, was die Russen auf P 5 nicht geschafft hatten. Das Artilleriefeuer saß verheerend gut. Ich hatte Glück im Unglück, ich konnte mich zwischen eine Bahndammgabelung in Deckung werfen. Entweder krepierten die Granaten auf dem Damm oben, dann ging die Splitterwirkung über mich hinweg, oder erst zwanzig bis dreißig Meter hinter mir, dann ging das meiste in Schussrichtung. Neben mir lag Bubi Büchs. Schreckliche Minuten verstrichen. Endlich hatte man unsere Leuchtkugeln gesehen und uns als Deutsche erkannt. Hatte man nicht alle auf P 6 eingesetzten Verbände der SS-Polizeidivision über unseren Ausbruch benachrichtigt? Es schien so. Die meisten Ausfälle bei diesem Durchbruch gingen auf das Konto der eigenen Artillerie. Auch Major Krudzki wurde schwer verwundet. Als man ihn aufheben und tragen wollte, befahl er, ihm seine Pistole zu reichen. „Grüßen Sie meine Frau und Tochter und sagen Sie, ich hatte einen schönen Tod", sollen seine letzten Worte gewesen sein. Ich war selbst nicht zugegen, ich gehörte ja zur Gruppe Krieg. Der Major kannte wohl den Zustand seiner Leute zu gut und wollte keinem zumuten, ihn tragen zu müssen, oder aber, er spürte, dass seine Verwundung tödlich war.

Weit hinter uns, auf freiem Feld, ging jetzt russische Artillerie in Stellung. Man konnte dies bei dem flachen deckungslosen Gelände mit bloßem Auge erkennen. Die zwei Russen, die sich unterwegs „angeschlossen" hatten, benutzten die Gelegenheit, sich beim Artilleriebeschuss wieder aus dem Staub zu machen.

Nun heulten die ersten russischen Granaten heran und schlugen vor und in P 6 ein. Brauner Pulverdampf entwickelte sich. Was war dies schon gegenüber der eigenen Artillerie!

Wir passierten auch noch diese Gefahrenzone und erreichten die eigenen Linien bei P 6. – Wer kommt denn da? Hoch zu Ross, reitet an mir vorbei mit einem Kopfnicken, das alles sagte, etwa: „Hamm die uns verhau'n – mir reicht's!" Die langen, blonden, strähnigen Haare hingen dem Reiter in geradezu für ihn typischer Weise über das Ohr herunter. In den Gläsern seiner Gasmaskenbrille spiegelte sich der gelblich-graue Himmel. Reiter und Ross erinnerten an den „Ritter von der traurigen Gestalt", wie ihn Picasso zeichnete. Ernst Skambraks saß auf dem Pferd! Ein Fuß steckte in einem dicken Verband. Hinter sich zog Ernst, das heißt das Pferd, einen finnischen Kajak mit einem Schwerverwundeten drin. Für Ernst war der Krieg zu Ende. Seine letzte Tat bei der deutschen Wehrmacht bestand darin, einen schwerverwundeten Kameraden zu bergen. Das Pferd rettete beiden das Leben. Der Einsatz auf P 5 war damit zu Ende. Verdreckt und mit langen Bartstoppeln kam ich in die Nähe der Feldküche einer Gebirgsjägerkompanie. Dieser erste Schlag warme Suppe schmeckte unbeschreiblich gut und erwärmte den ganzen Körper. Der Koch ging wohl kein Risiko ein, einen Fremden zu beköstigen, denn seine Verpflegungsstärken gingen von Tag zu Tag zurück, weil es immer welche gab, die ihre Ration nicht mehr abholen konnten.

In einem alten Unterstand hinter den Artilleriestellungen sammelte sich der Regimentsnachrichtenzug. Ein Eimer warmes Wasser für alle zum Waschen und Rasieren stand in der Mitte des Raumes. Als der letzte sich gewaschen hatte, blieb nur noch eine schwarze Brühe übrig, darauf schwamm eine grauschwarze Schicht – in Seifenschaum gebundener Dreck und Bartstoppeln. „Jetzt wird man uns wohl einige Tage in Ruhe lassen", dachte nicht nur ich. Aber da hörten wir schon, dass bei den Trossen die Gewehre eingesammelt wurden, um die Zurückgekommenen wieder bewaffnen zu können. Tatsächlich, einen ganzen Tag hatten wir Ruhe! Die militärische Lage schien zu brennen.

Am 20. Januar 1943 gingen wir schon wieder auf der Höhe 43,3 in Bereitstellung. Zwischen Werferbatterien und Artilleriestellungen hindurch sammelten wir uns in einem alten leeren Munitionsbunker der Artillerie. Er stand unter Wasser, das jetzt gefroren war. Wir hockten da und froren auch. Eben hörte man, wie die Werferbatterien einen Feuerschlag abzogen. Das laute, ohrenzerreißende „Wuitwuiwuit" übte eine gewaltige moralische Wirkung aus. Man hörte nach dem Abfeuern ein leises Rauschen in der Luft, dann ein feines vielstimmiges Pfeifen, bis es drüben beim Feind eine breite Wand von Detonationen von Feuer und schwarzem Qualm gab. Diese Feuerkraft ist schon imponierend – wenn man sie selbst nicht auszuhalten hat. Und dass dieser, unser „Berg" mit Artillerie und ähnlichem bespickt war, wussten auch die Russen und nahmen ihn ihrerseits unter Feuer. Aber auch die Bomber ließen ihn nicht aus.

Inzwischen war es Nacht geworden. Unser Einsatzbefehl ließ noch auf sich warten. Wir fanden ein Kanonenöfchen und zwei Säcke Holzkohle dazu. Der Ofen stand ohne Abzug in der Mitte des Raumes, sein Feuerchen glühte. Rundum saßen wir in der Wärmestrahlung. Ein Teil der Kameraden hockte auf den Pritschen direkt unter der Bunkerdecke, denn hier war es auch warm. Eine Wolldecke hatten wir vor das Bunkerloch gehängt, sie hielt die Kälte von draußen ab. Ich will es kurz machen. Die Oben sitzenden klagten fast gleichzeitig über Kopfschmerzen und Übelkeit. Erich Schubert begann dummes Zeug zu reden und sang, dass es einen grauste. Kohlenmonoxydgasvergiftung! Erich wurde an die frische Luft vor dem Bunkereingang gelegt. Er begann zu frieren, bekam dann wieder „helle Momente", und kroch ins Warme zurück. Das Spiel begann von Neuem. Nun waren Bubi Büchs und ich dran, Erich wieder hinauszutragen. Draußen knallten fast immer Abschüsse und

Einschläge. Ich hörte keine Granate ankommen. Plötzlich bekam ich einen Schlag, wie mit einem gefrorenen Erdklumpen, in die Steißbeingegend. „Ausgerechnet die Wirbelsäule!", war mein erster Gedanke. Ich spürte das Blut rinnen, ein Granatsplitter hatte mich erwischt. Ich konnte meine Beine bewegen, und das war die Hauptsache. Alles andere ging jetzt automatisch. Auf dem Verbandsplatz, in der Blockhütte nebenan, bekam ich meinen Verwundetenbegleitzettel, einen Verband und eine Spritze gegen Wundstarrkrampf. Nun saß ich wieder beim Öfchen und wartete auf den Kaffeeschlitten früh, der mich mit zurücknehmen sollte. Theo Rösler, der mir gegenüber saß, lächelte mich an, als wollte er sagen: „Mensch, hast Du ein Glück!" Er übrigens auch, er hatte die Gelbsucht bekommen.

Und als ich dann früh, auf Heu gebettet, mit dem Schlitten auf dem Weg nach hinten war, hatte ich nur den einen Gedanken: „Hoffentlich erwischt dich nicht noch so eine elende Granate." Der Fahrer trieb von sich aus das Pferd an, um aus dem Artilleriebereich schnell herauszukommen. Als wir Kelkelowo hinter uns gelassen hatten, war es geschafft.

Was soll ich noch viel erzählen? Feldlazarett 508, Wolossowo, war die Endstation. Wolossowo lag etwa siebzig Kilometer vor Narwa auf russischem Gebiet. Ein Wiener Arzt untersuchte mich, diktierte den Befund, ließ mich das linke Bein, dann das rechte Bein „aktiv" bewegen, um dann zu mir zu sagen: „Jo, do hom'ma scho a Glück g'hobt. S'hätt oane Querschnittslähmung gem können." – Wegen der ungünstigen Lage des Splitters zwischen den Nervenaustrittspunkten wurde ich nicht operiert. Nach Beendigung der Eiterabsonderung verkapselte sich der fingernagelgroße Splitter, und ich trage ihn noch heute als Andenken an jenen 20. Januar 1943 bei mir – oder richtig gesagt, in mir. Mein fünfwöchiger Lazarettaufenthalt brachte außer zwei Bombenangriffen auf Wolossowo und allnächtlichen Wanzenplagen keine Aufregungen. Die Schwestern klagten darüber, dass die Kakerlaken – wir nannten sie Russeln – sich jede Nacht im Verbandszimmer an Ichthyolsalbe satt fraßen …

In jenen Tagen meines Lazarettaufenthaltes ging die Tragödie Stalingrad zu Ende. „Wie klein und geradezu kläglich sind deine Erlebnisse gegenüber diesen unglücklichen Menschen dort", dachte ich. Ich hatte im Laufe der Zeit gelernt, die Wehrmachtsberichte zu deuten und umzusetzen in jene militärisch menschlichen Katastrophen, wie sie sich jetzt zu Tausenden zutragen werden. Es gibt kein größeres Unglück für die Menschheit als den Krieg.

Nach diesen fünf Wochen ging es für 14 Tage nach Riga zur Genesendenkompanie und von hier ab zu meinem Regimentsnachrichtenzug zurück. Unser Regiment erwartete den Frühling wieder in einer ruhigen, schön-sumpfigen Stellung. Ich musste mit der Kleinbahn von Pommeranje bis Beresowik fahren, um dann in Myagri meine alten Kameraden wiederzutreffen. Bubi Büchs, der zugleich mit mir verwundet worden war und eine Kopfverletzung erlitten hatte, kam einige Wochen später. Aber es fehlte

Unteroffizier Alfred Janz, ein ostpreußischer Bauernsohn. Einige Tage nach meiner Verwundung geriet er auf Ssinjawino beim Leitungsbau in einen Bombenangriff, bei dem er fiel. Ich schätzte seine lautere Art und sein stets zwar strenges, aber immer einwandfreies Verhalten uns jungen Soldaten gegenüber. Er putzte sich seine Stiefel selbst, auch damals, als wir noch Rekruten waren und unter kasernenähnlichen Bedingungen lebten.

Der Rest des Jahres 1943 – wenn wir vom August absehen – verlief dann eigentlich „huldvoll" für uns. Wir kamen im Sommer auf den Brückenkopf Kirischi. Obwohl hier während meiner Anwesenheit keine Großkämpfe entbrannt sind, lohnt es sich doch, einige Zeilen über diesen besonderen Frontabschnitt zu schreiben. Etwas Besonderes ist der Aufenthalt auf dem Brückenkopf Kirischi auf jeden Fall gewesen.

Ein Blick auf den Brückenkopf Kirischi

Ich kam also aus dem Lazarett zu meinem Regimentsnachrichtenzug zurück. Das Regiment hatte sich zur Auffrischung und Erholung in eine ruhige Stellung zurückgezogen. Wir lagen in einer Art Ruheregion. Hier zwar auch in Erdlöchern oder Blockhütten, aber das Lager hatte nicht unter Artilleriebeschuss zu leiden, und so konnten wir wieder einmal etwas anderes tun, als nur um das Leben zu bangen. Die Kameradschaft wurde gepflegt, natürlich auch leichter Dienst getan; und die Angehörigen unseres Musikkorps, die während des Einsatzes bis in die vordersten Linien als Sanitäter und Verwundetenträger fungierten, bekamen jetzt ihre Instrumente zurück. Vom Regimentsmarsch „Lem rupp" über den „Großen Zapfenstreich" bis zu Paul-Lincke-Melodien reichte das bunte Repertoire.

Wir unterhielten uns aber auch schon mal über die allgemeine militärische Lage. Natürlich vorsichtig, denn Schwarzseher oder richtiger gesagt, eine realistische Betrachtungsweise der sich immer mehr abzeichnenden ungünstigen Lage konnte man nicht gebrauchen. Ich meinte einmal: „Ich glaube, der Krieg ist schon verloren." Darauf empört Pat Wachnowski: „Du Pessimist, da kannst Du Dich gleich aufhängen." Wolfgang schaltete sich ein: „Also, das glaube ich nun ja auch nicht, dass wir schon ganz am Ende sind; irgendetwas haben wir noch in der Entwicklung, so hoffe ich. Ich könnte mir außerdem gar nicht vorstellen, dass Engländer und Amerikaner die Russen nach Mitteleuropa hineinlassen würden." Und dann nachdenklich mit einem Lächeln: „Ich möchte zu gerne das Kriegsende erleben, nur um zu wissen, wie dieser Schlamassel mal ausgehen wird!" – Ich hoffe sehr, dass Wolfgang es erlebt hat und nun Bescheid weiß – wie dumm und naiv Amerikaner und Westmächte sind ...

In diesem Frühjahr 1943 bombardierten uns die Russen mit Flugblättern über ihren Sieg in Stalingrad. Die Zahl 330.000, mit einem dicken Kreuz durchgestrichen, stand groß auf der ersten Seite eines solchen Flugblattes und darunter, dass der Rest der 6. Armee mit 90.000 Mann in Gefangenschaft ging. – Meines Wissens sind nur rund 7.000 Stalingradkämpfer aus der Gefangenschaft zurückgekommen. Wo sind die anderen geblieben? Hierüber schweigen sich sogar unsere aufdeckungsfreudigen jungen Redakteure der Massenmedien aus. Man streift solche Themen höchstens ganz flüchtig einmal, nur nicht zu intensiv, wie etwa bei den eigenen Verbrechen, denn sonst müsste man ja der staunenden Jugend am Fernseher eingestehen – um mit Herrn Wehner zu sprechen – dass die anderen auch Dreck am Stecken haben, womöglich noch mehr. Wir müssen uns damit abfinden, dass eine einseitige, unsachliche Berichterstattung die öffentliche Meinung bei der jungen Generation formt, die aber langsam dahinterkommt, dass ihre Väter keine Mörder und Kriegsverbrecher waren, sondern dass dies „nur" die eigens dafür aufgestellten Mördertrupps des Dritten Reiches gewesen sind. Aber lassen wir das! Kehren wir zurück zu den Flugblättern:

Später flogen welche vom Himmel mit Überschriften und Fotos des Komitees „Freies Deutschland", angefangen von Erich Weinert bis zu General von Seydlitz und deren Aufrufe an uns. Diese Flugblätter enthielten auch immer wieder die bei einer Rede gegebene Versicherung Stalins: „Die Hitler kommen und gehen, das deutsche Volk aber bleibt bestehen."

Da gab es noch ein Flugblatt, auf das ich mich ganz genau entsinne. Es hatte nur zwei Bilder gegenübergestellt. Auf der linken Seite sah man einen athletischen Russen mit nacktem Oberkörper, der sich im Freien Arme und Brust mit Schnee abreibt und dabei vor Gesundheit strotzt; daneben ein deutscher Soldat, zusammengefroren, eingezogener Kopf, Ohrenschützer übergestülpt, Rotz läuft aus der Nase – kurzum, ein Bild des Jammers. Unter beiden Bildern nur folgender Text: „Was für den Russen ist gesund, bringt den Deutschen auf den Hund!" Alle Flugblätter enthielten einen aufgedruckten „Passierschein" – zum Passieren der russischen Front. Lassen wir diese Propaganda auf sich beruhen, denn die warme Jahreszeit kündigte sich langsam an.

In dieser Zeit des Frühjahrs 1943 feierte ich ein einjähriges Jubiläum. Ich schrieb jetzt fast ein Jahr lang mit meiner Unbekannten. Unser Briefwechsel war recht persönlich geworden und überschritt verschiedentlich die Grenzen einer Nur-Brieffreundschaft. Ich bekam ab und zu ein Büchlein, meist eine Novelle von Storm oder Binding. Und aus der immer sehr ordentlichen Verpackung des Feldpostpäckchens schloss ich auf ihren Charakter. In ihren Briefen sorgte sie sich um mich, wenn aus unserem Frontabschnitt schwere Kämpfe gemeldet worden waren. Ihre Briefe waren zum festen Bestandteil meines Soldatenlebens geworden, den ich nicht mehr missen wollte ... In diesen Wochen empfing ich aber auch die traurige Nachricht von ihr, dass ihr einziger Bruder Heinz, an dem sie sehr hing, seit Stalingrad vermisst werde. Er kam nicht wieder. Heinz war Leutnant bei der Infanterie.

Etwa Mitte Mai waren wir auf den Brückenkopf Kirischi gekommen. Der Ort lag am östlichen Ufer des Wolchow an einer nach Leningrad führenden Eisenbahnlinie. Die Front war hier so erstarrt, wie sie sich seit dem Abbruch der Angriffshandlungen im Spätherbst 1941 ergeben hatte. Sie war also nicht nach verteidigungstechnischen Gesichtspunkten angelegt beziehungsweise bestimmt worden.

Die vorjährigen Abwehrkämpfe hatten alles dem Erdboden gleichgemacht. Vom Ort selbst stand daher nichts mehr, nicht einmal die Schornsteine. In den noch teilweise erhaltenen Kellergewölben hatten sich unsere Kompanien eingerichtet. Der gesamte Brückenkopf erstreckte sich über eine Breite von circa zwei Kilometern und eine Tiefe von rund einem Kilometer. Das Schlimmste aber war, dass er vor dem Feind wie ein Präsentierteller ausgebreitet lag, also voll einzusehen war. Die Geländebezeichnungen hatten seltsame, meist treffende Namen, zum Beispiel „Schädeltal". Im Übrigen war Kirischi ein Paradies für Scharfschützen. Die Wehrmacht hatte gelernt und selbst Scharfschützen ausgebildet, die hier an geeigneten Stellen auch eingesetzt waren. Das Symbol Kirischis war jedoch die Wolchowbrücke. Sie wird jedem, der einmal hier gewesen ist, im Gedächtnis bleiben. Unser Regimentsgefechtsstand lag unweit dieser Eisenbahnbogenbrücke in einem Geländeeinschnitt dicht neben dem Bahndamm. Die Brücke war einige hundert Meter breit und an den Enden gesprengt. Sie hing mit ihren Stahlkonstruktionen in den Fluss hinein. Diesen Knick hatte man oberhalb des Wasserspiegels mit Holzbohlen und Brettern überbrückt und die Brücke so begehbar gemacht. Bei Nacht lief hier der gesamte Nachschub, denn, da sie auch eingesehen werden konnte, lag sie unter fast ständigem Störungsfeuer. Und jeder, der sie bei Tage passieren musste, tat dies in allen jenen Gangarten, die die Situation gerade erforderte. Ich selbst habe sie während meines Aufenthalts auf Kirischi sechsmal überqueren müssen – dreimal hin und dreimal zurück. Unsere Störungssucher waren hier wesentlich häufiger unterwegs. Denn trotz raffinierter Verlegung der Leitungen gab es immer einmal einen Granatsplitter, der sie durchschlug. Unsere Störungssucher saßen dann auf der Brücke und mussten erst zwischen dem Leitungsgewirr die richtigen Enden finden und diese dann zusammenflicken. Bei solchen Gelegenheiten trafen sich nicht selten die Störungssucher der verschiedensten Einheiten, zum Beispiel auch der Artillerie und der Division. – Und dann das Klirren! Ich meine das Klirren der Stahlkonstruktion bei Volltreffern, wer kennt es nicht? War es doch unseren Ohren schon fast so vertraut wie das Siebenuhrläuten der heimatlichen Glocken.

Aus dem Gesagten ergibt sich zwangsläufig, dass Feldküchen und Essensträger hier nicht eingesetzt werden konnten. Daher gab es die in eingeweihten Kreisen allseits bekannte Brückenkopfverpflegung, bestehend aus dem Mittagessen in Dosen zum Selbstaufwärmen mit beispielsweise Bohnen mit Speck, Erbsen und Linsen mit Rauchfleisch oder Reis und Weißkraut mit Rindfleisch; dazu die Kaltverpflegung und die Brückenkopfzulage. All diese Dinge sowie Munition und Gerät mussten nachts, auch während des Artilleriefeuers, über die Brücke getragen werden. Dies taten lautlos Angehörige des Strafbataillons 500. Ein Kommentar hierzu ist sicher nicht erforderlich.

Unser Regiment hatte einen neuen Kommandeur bekommen. Es war der aus Tilsit stammende Oberst Müller-Melahn. Der jetzige Adjutant war ein mir alter Bekannter, Hauptmann Schumacher. Er hatte ganz schön Karriere gemacht und soll später sogar noch Major im Divisionsstab geworden sein.

Eines Tages wurde ich gemeinsam mit Bubi Büchs zum Herrn Oberst befohlen. Oberst Müller-Melahn war eine sehr vitale Persönlichkeit und auch ein wenig auf Publizität bedacht. Seine Anfangsbuchstaben „M.-M." fand man auf allen taktischen Zeichen des Regiments, und man konnte so, ohne zu fragen, immer sicher den Regimentsgefechtsstand auffinden. Mir wurde heute eine besondere Ehre zuteil. Der Herr Oberst verlieh mir als Erstem im Regiment, seit er diesen Posten übernommen hatte, das Eiserne Kreuz II. Klasse. „Wissen Sie auch wofür?", schoss er mit der Frage heraus. Noch überwältigt von dieser Auszeichnung, dachte ich nach und schwieg, denn ich wusste im Augenblick, da auf Kirischi alles verhältnismäßig ruhig war, wirklich nicht, womit ich mir das verdient haben sollte. Der Oberst kam mir zu Hilfe: „Für P 5, weil Sie das Regiment vom Durchbruch der Russen benachrichtigt hatten!" Nun wusste ich's. Ein wenig stolz war ich schon, denn jetzt war mein Anzug komplett, wie sich dies für einen alten Russlandkämpfer in den unteren Rangstufen gehört: Ostmedaille, Infanteriesturmabzeichen, Verwundetenabzeichen in Schwarz und nun das Eiserne Kreuz II. Klasse. Für die Nahkampfspange reichte es bis Sommer 1944 nicht ganz; ich hatte nur 13 anerkannte Nahkampftage und war nicht unbedingt darauf erpicht, die noch fehlenden zwei nachzuholen. Vielleicht habe ich deswegen auch überlebt. Man soll nicht unbedingt in die Speichen seines persönlichen Schicksalsrades korrigierend eingreifen!

Auf Kirischi bekam ich vorübergehend ein ganz neues Aufgabengebiet. Heinz Schimanski ging in Urlaub und hatte mich vorgeschlagen, ihn als Gefechtszeichner zu vertreten. Meine Aufgabe war es, in den frühen Morgenstunden die Meldungen der Bataillone über die verflossene Nacht, wie Verlustmeldungen, Grabenstärken und besondere Vorkommnisse entgegenzunehmen und sie zusammengefasst sofort dem Adjutanten vorzutragen. Es gab hier trotz ruhigster Frontlage täglich Tote und Verwundete durch die grässlichen Scharfschützen.

Meine Hauptaufgabe aber bestand darin, auf Pauspapier maßstabsgerecht und verschiedenfarbig den gesamten Verlauf der Front des Brückenkopfes mit allen eingesetzten Waffen, bis zum Maschinengewehr herunter, einzuzeichnen und jede Veränderung sofort zu korrigieren. Auch alle Sperrfeuerräume der Artillerie und deren verfügbare Feuerkraft wurden sorgfältig eingezeichnet, wie auch die festgestellten russischen Verteidigungsanlagen und deren Bestückung mit Waffen nicht fehlten. – Ein Kuriosum war die Bezeichnung „Puffbunker". Die Russen hatten tatsächlich Frauen zum Zwecke der „Truppenbetreuung" in den vordersten Linien. An lauen Sommerabenden konnte man Ziehharmonikamusik und Frauengekreische bis herüber zu unseren Linien vernehmen.

Die Tätigkeit als Gefechtszeichner gefiel mir, sie war interessant und informativ. Was mir nicht gefiel auf Kirischi, war das Bewusstsein, auf einem kleinen Brückenkopf zu sitzen, hinter mir einen mehrere hundert Meter breiten Strom zu haben und nicht schwimmen zu können. Bei einem ihrer Angriffe des vergangenen Jahres waren die Russen fast bis an die Wolchowbrücke herangekommen. Dies konnte sich ja jederzeit wiederholen! Ich gelobte mir damals, bei nächster Gelegenheit das Schwimmen zu erlernen. Erst mit 39 Jahren werde ich dieses Versprechen einlösen.

Was war sonst noch unangenehm auf Kirischi? Die Mückenplage und die zwar relativ seltenen, aber mich immer beeindruckenden Feuerüberfälle auf den Regimentsgefechtsstand mit Raketen großen Kalibers. Sie sollen amerikanischen Ursprungs gewesen sein. Während meiner Anwesenheit wurde aber keine unserer Bunkerhütten getroffen.

Pogareluschka

In diese erlebnis- oder besser gesagt kampfarme Zeit fällt ein Ereignis, das ich nicht übergehen möchte.

Entweder waren wir in Anbetracht des im Sommer wieder zu erwartenden Angriffs zur Befreiung Leningrads als Armeereserve herausgezogen worden oder lagen einfach einige Tage zur Auffrischung in Ruhe. Der Regimentsstab und die Kompanien hatten Quartier in dem einige Kilometer von Mga (Eisenbahnknotenpunkt) entfernten langgezogenen Dorf Pogareluschka gefunden. Die Holzhäuser waren ungezieferfrei, das Wetter schön und die Stimmung gut bei uns. Ab und zu schoss die russische Artillerie eine Salve über uns hinweg nach Mga hinein. Der Bahnhof war das Ziel, vielleicht auch das riesige Eisenbahngeschütz, das hier zeitweise stationiert war. Der russische Artilleriebeobachter saß im Korb eines Fesselballons und konnte ohne Frage auch unser Dorf gut beobachten. Erschienen unsere Jäger am Himmel, war der Ballon schlagartig verschwunden, aber gleich danach prangte er wieder wie eh und je in den Lüften. Vorsichtshalber hatten wir unmittelbar hinter unseren Häusern Splittergräben ausgehoben, und zwar, wie sich dies gehört, in Zickzacklinie. Unsere Nachrichtenfahrzeuge standen dicht im Häuserschatten und waren gut getarnt.

Parallel zu der durch unseren Ort führenden Straße verlief in einer Entfernung von etwa hundert Metern ein Bach, dessen Flussbett von Erlen und Weiden eingefasst war, somit war der Verlauf des Baches genau markiert.

Plötzlich schlug dort drüben eine Granate ein. Einige Zeit später wieder eine – immer drüben am Bach. „Dorthin können sie ruhig schießen!", meinten wir. „Das stört uns nicht."

Schönstes Wetter hatten wir auch am nächsten Tag. Ich putzte auf der Treppe meine Stiefel. Feldwebel Hofer hatte den zur gerätemäßigen Ausstattung des Regimentsnachrichtenzugs gehörenden Kurzwellenempfänger auf den Soldatensender eingestellt. Es wurde gerade das „Spatzenkonzert" von Erich Börschel gespielt. – Plötzlich krepierten mitten auf der Straße und in unseren Nachbarhäusern aus heiterem Himmel heranzischende Granaten. Ein Feuerschlag auf den ganzen Ort Pogareluschka! Ich hatte mich gefasst und sprang in den Splittergraben – und landete auf dem breiten Rücken von Feldwebel Hofer. Als jetzt auch unser Haus getroffen wurde, sprang ich in den Sekunden der Ladepause „meiner Batterie" aus dem Graben und rannte über das weite Wiesengelände zum Bahndamm hinüber, wo Unterstände eingerichtet waren. Aus den Stallungen schrien verwundete Pferde.

Fünf bis zehn Minuten kann das Ganze gedauert haben, dann war es vorbei. Der Ort brannte. Mit aufgerissenen Leibern lagen die Pferde da, den Hals langgestreckt, sie schrien und schnaubten, mit ihren schmerzverdrehten Augen suchten sie Hilfe bei den Menschen. Sie bekamen sie – mit dem Gnadenschuss. Aufregung beim Regimentsnachrichtenzug: Wolfgang von Ulardt hatte das Kommando an sich gerissen, um die Nachrichtenfahrzeuge, die vom Feuer schon glühend heiß geworden waren, aus der Gefahrenzone herauszuschieben. Es bestand nämlich die Gefahr, dass die in jedem Fahrzeug befindlichen Hohlhaftladungen in die Luft gehen. „Los, ran, aber schnell", schrie er auch jene an, die hier sonst zu kommandieren hatten. Und sie gehorchten. Die Nachrichtenfahrzeuge mit unserem ganzen Gerät waren gerettet, die Panik legte sich, es kehrten wieder „normale" Verhältnisse beim Regimentsnachrichtenzug ein.

Der Artillerieüberfall kostete nicht nur viele Pferde das Leben, auch die Kompanien hatten Ausfälle; es gab Tote und Verwundete. Wir vom Regimentsnachrichtenzug hatten wieder einmal Glück. Wir kamen alle unverletzt davon. Pogareluschka war ein weiterer Meilenstein in meinen Kriegserinnerungen.

Mehr als dreißig Jahre nach dem Kriegsende erlebe ich in fürchterlichen Albträumen, in letzter Zeit nicht mehr so regelmäßig wie in früheren Jahren, immer wieder ein Artilleriefeuer oder „dass die Russen kommen" und als dritte Variante, dass man mich wieder nach Sibirien schickt – obwohl ich jetzt Frau und Kinder habe. „Warum immer ich, es können doch mal andere dorthin gehen, die haben auch den Krieg verloren", so versuche ich mich im Traum vor der neuerlichen Sklavenarbeit zu retten. Während ich beim Artilleriefeuer meist durch einen Einschlag in der Nähe erwache und damit der Albtraum zu Ende ist, muss ich die beiden anderen Arten meiner Albträume bis zum Ende auskosten. Diese Erinnerungen an die zehn schönsten Jahre meines Lebens, die der Mensch normalerweise vom 20. bis zum 30. Lebensjahr haben sollte, werden mich wohl nicht mehr ganz loslassen ... Ich will mich nicht beklagen. Schließlich wurde ich entschädigt. Ab Januar 1947 täglich eine Mark, insgesamt für viereinhalb Jahre Sibirien genau 1.330,00 DM. Na, ist das nichts? Aber woher sollte der von allen Seiten gerupfte Staat das Geld auch nehmen? Daher lassen wir die Ironie und kommen zurück zur sachlichen Berichterstattung.

Im August 1943 entbrannte eine neue Schlacht um Leningrad. Man wollte die seit der letzten Winterschlacht bestehende neun Kilometer breite Landverbindung südlich des Ladogasees entsprechend verbreitern beziehungsweise Leningrad ganz freikämpfen. – Wie dies schon im letzten Sommer der Fall war, kamen unsere Bataillone auch jetzt wieder einzeln an den Brennpunkten des wütenden Großkampfes zum Einsatz. Der Regimentsstab blieb übrig.

Da besann man sich darauf, den Nachrichtenzug zur Partisanenbekämpfung in den Raum Luga zu schicken. Hier war eine Offensive zur Ausräucherung eines Partisanenstützpunktes, der sich auf einer Sandinsel mitten im Sumpfgebiet befand, angesetzt worden. Wieder mal was Neues!

„Auf Partisanenjagd“

Den Ortsnamen meines „Einsatzes“ habe ich vergessen. Die Gegend war leicht hügelig, von Sumpfwäldern durchzogen, und auch ein kleiner See war vorhanden. Meine Schwimmversuche hier waren ohne Erfolg, ich musste sie abbrechen, ich stieß mich immer mit einem Fuß ab. Dafür war ich am Abend beim Tanz mit der Dorfjugend erfolgreicher. Nicht nur ich, auch Werner Haferbier und einige andere Kameraden reihten sich mit in den Kreis der Volkstänzer ein, und wir trampelten gemeinsam mit den Russen, dass Fußboden und Wände dröhnten. An die Partisanen, die vielleicht die Szene vom Dorfrand her oder mittendrin beobachteten, dachten wir erst, als wir gemeinsam wieder in unsere Unterkunft zurückgingen. Es kam uns erst jetzt zum Bewusstsein, dass wir uns reichlich unbekümmert und leichtsinnig benommen hatten.

Am nächsten Tag wurden Werner und ich einem Jagdkommando mit unserem Funkgerät zugeteilt. Außer uns beiden Funkern war nur noch der Führer des Kommandos, ein Unteroffizier, Deutscher. Das eigentliche Kommando bestand ausschließlich aus einem Haufen Russen, die der von den Deutschen aufgestellten Russischen Befreiungsarmee angehörten.

Nun marschierten wir los. Die Partisanen verminen gerne die Wege, Vorsicht war daher geboten, wenn man den Rest seines Lebens nicht nur auf einem Bein herumhumpeln wollte. Es ging immer durch nasse, sumpfige Waldwiesen und Waldwege. Schließlich kamen wir zu einem Bach, in dem wir uns zur Nacht einrichteten. Wir drei Deutsche hausten gemeinsam in einem Zelt. Unsere Russen hatten am Abend mit Handgranaten im Bach gefischt, was sicherlich zur Folge hatte, dass die Partisanen gewarnt waren und wir eine ruhige Nacht erwarten konnten. So gegen 22.00 Uhr wird es gewesen sein, als uns plötzlich ein lautes Knacken und Prasseln aus dem Schlaf schreckte. Der Unteroffizier sprang hoch und stand mit einem Satz draußen. Er war durch das geschlossene Zelt hindurchgesprungen und hatte dabei den ganzen Krempel mitgerissen, der jetzt einfiel und uns zwei Funker zudeckte. Mit schussbereiter Waffe stand er nun da und sah einige lustig brennende Feuer. Unsere Russen hatten sie angemacht und brachen das erforderliche Holz zum Nachlegen. Die anderen saßen drumherum und wärmten sich. Die Partisanen sahen dies natürlich auch, wenn welche dagewesen wären. Sie konnten also nicht versehentlich auf uns stoßen. Vielleicht war dies sogar der Zweck dieser Feuerchen. Ich war nicht böse darüber, ich gebe es ganz ehrlich zu.

Ohne Feindberührung ging es am nächsten Tag wieder zurück. Auch das Stoßtruppunternehmen war erfolglos verlaufen. Als die Sandinsel mit den Partisanenunterkünften erreicht worden war, waren die Vögel ausgeflogen. Sie müssen sich im Morgennebel durch die deutschen Linien geschlichen haben. Jetzt ging es wieder zurück, an die inzwischen ruhig gewordene Front am Ladogasee. Hier wusste man wenigstens, wo Freund und Feind steckten. Dazu kam, dass ich mit Heimaturlaub an der Reihe war. Der Oktober als Urlaubsmonat störte mich nicht, und so trat ich meinen dritten Urlaub an, der sich auf mein ferneres Leben entscheidend auswirkte.

Die Stimmung in der Heimat war – zweckbedingt – immer noch siegeszuversichtlich, aber doch gedrückt. Ich konnte sie auch nicht siegeszuversichtlicher machen. Auch die Fragen meiner älteren Arbeitskollegen des Biliner Lagerhauses konnte ich guten Gewissens nicht optimistisch beantworten. Der Direktor des Lagerhauses meinte ironisch dazu: „Warten Sie's ab, die Wuwa kommt bald. – Was, das wissen Sie nicht, was das ist? Na, die Wunderwaffe!" – Der alte fleißige Buchhalter Knobloch, mein früherer unmittelbarer Vorgesetzter, meinte zu der Anspielung, dass der Krieg bereits verloren sei: „Was soll denn dann aus uns werden?" Ich konnte ihm keine Antwort geben. Er dachte wohl an die Rückkehr der fanatischen Tschechen …

Mein Urlaub ging sehr schnell zu Ende, und ich saß am 21. November 1943 im Zug in Richtung Dresden, Cottbus, Tilsit. Um 14.00 Uhr stand mein Zug auf dem Tilsiter Bahnhof. Ich hatte noch einige Stunden Zeit, denn ich brauchte erst um 20.00 Uhr bei der Frontleitstelle Pogegen zu sein. Kurz entschlossen stieg ich aus, mein Gewehr gab ich in der Gepäckaufbewahrung ab und ging anschließend in Richtung Fernamt. Ich wollte meine Unbekannte sehen.

Eine Dame von der Telegrafie bedauerte sehr, aber das Fräulein N. habe heute dienstfrei und sei zu Hause. Ich ließ mir den Weg zur Grünwalder Straße beschreiben und setzte mich erneut in Bewegung. Ich war wohl sehr aufgeregt, denn von der Stadt Tilsit ist mir nur noch in Erinnerung, dass ich an einem geräumten Ruinengrundstück vorbeikam – hier waren vor einigen Tagen die ersten Bomben gefallen – und dass ich die Grünwalder Straße bergan gehen musste. Hier also in der Nummer Drei wohnte sie. Ich drückte die Klingel – nichts rührte sich. Noch einmal dasselbe – wieder keine Reaktion. Ist wohl niemand zu Hause. „Hinterlasse ihr wenigstens einen Gruß", dachte ich enttäuscht und drückte schon den untersten Knopf der Klingelanlage. Die Hauswirtin öffnete. Und als sie mein Anliegen hörte: „So ein Pech, Mutter und Tochter sind sonst immer zu Hause, ausgerechnet heute müssen sie für einen verstorbenen Verwandten einen Kranz bestellen. Sie müssen aber jeden Augenblick wiederkommen. Sie können gerne bei mir solange warten, kommen Sie doch herein." Ich folgte dieser Einladung, und nun erfuhr ich alles Wissenswerte, zum Beispiel, was für eine gute Familie die N. seien, dass sie seit 15 Jahren hier wohnten, die Tochter (meine Unbekannte) so ein nettes Mädchen sei, dass die älteste Schwester studiere und die zweite gut verheiratet sei. Es blieb keine Frage offen. Was nützte es! Um 17.00 Uhr wollte ich wieder aufbrechen, und so verabschiedete ich mich. Draußen, im verdunkelten Tilsit, herrschte schon stockfinstere Nacht. Ich war kaum dreißig Schritte gegangen, als hinter mir, in der Grünwalder Straße 3, die Haustür aufgerissen wurde und eine lebendige, helle Stimme meinen

Namen rief. Ich hörte hastige Mädchenschritte, ein Arm schob sich unter meinen Arm, und ein Stück „Wirdimmerkuchen" steckte plötzlich in meinem Mund. So trat ich kauenderweise meiner künftigen Schwiegermutter entgegen, die mich vor ihrer Wohnungstür im zweiten Stock mit freundlichem Lächeln erwartete. Weitere Details darf ich mir, glaube ich, sparen, sie gehören nicht hierher.

Eine gute Stunde dauerte diese erste Begegnung mit meiner Unbekannten, aber sie entschied über unsere gemeinsame Zukunft. Meine nunmehr Bekannte war in Wirklichkeit viel netter als auf den Bildern, die sie mir von sich geschickt hatte; ganz abgesehen von ihrer gewinnenden Art. – Unterwegs zum Tilsiter Bahnhof fragte ich sie, ob sie schon daran gedacht habe, dass wir brieflich ja per Du sind? … Von da ab redeten wir nicht mehr, wir fühlten beide, dass wir beieinander bleiben würden. Als sich der Zug um 19.00 Uhr langsam in Bewegung setzte, standen Glück und Trennungsschmerz zugleich in unseren Augen. Von nun an hängt ein kleines Bernsteinherz um meinen Hals …

Die letzte Schlacht um Leningrad

Als ich am 25. November 1943 wieder zu meiner Truppe im Raum Gleisdreieck – Mga kam, waren zahlreiche zwar heftige, aber örtlich begrenzte Vorstöße der Russen abgewiesen worden. Die Front hatte sich wieder beruhigt, und wir konnten ungestört Weihnachten feiern.

Aus diesen vorweihnachtlichen Tagen ist mir eigentlich nur die Erinnerung an die großen Ratten geblieben, die sich auf dem Gefechtsstand zwischen den Bunkern herumtrieben. Man barg damals die Gefallenen aus den Kämpfen der vorangegangenen Wochen und sammelte sie hier auf unserem Gefechtsstand, bevor sie zu den Soldatenfriedhöfen zurückgebracht wurden. Zwischen diesen Toten trieben sich nachts die Ratten herum. Wenn man dann bei stockfinsterer Nacht mit der Taschenlampe den Weg zu einem anderen Bunker suchte, schrak man zusammen, wenn zum Beispiel der Lichtstrahl plötzlich in einen Hohlschädel hinein traf, wo sich nur noch die Reste eines fast abgeschlossenen Verwesungsprozesses – schwarze strähnige Zotten – vorfanden. Groß und fett gefressen, wie Katzen, saßen die Ratten zwischen den Toten herum. Ihre Augen leuchteten gespenstisch phosphoreszierend auf, wenn sie der Taschenlampenstrahl erfasste. Sie machten keine Anstalten davonzulaufen, sie waren zu satt und zu träge. Mich grauste es ...

Die augenblickliche Ruhe kann nicht darüber hinwegtäuschen, dass die fällige Winterschlacht bevorsteht. Aber der Ort, den sich die Russen diesmal für ihren Durchbruch ausgesucht haben, ist ganz neu. Es ist der Oranienbaumer Kessel – das bisherige Sanatorium der Nordfront. Hier hatte man daher auch die im Großkampf unerfahrenen Luftwaffenfelddivisionen, die 9. Armee und die 10. Armee, eingesetzt.

Obwohl ich nur meine ganz persönlichen Erinnerungen aufschreiben will, halte ich es zum besseren Verständnis der Gesamtsituation doch für notwendig, aus der Geschichte der 61. Infanteriedivision von Walther Hubatsch einige bedeutsame Sätze zu zitieren:

„Es war vorauszusehen, dass die – wenn auch schmale – Öffnung der Zufahrtwege nach Leningrad hier eine neue Kräftemassierung (unter anderem von der Finnischen Front) entstehen lassen würde, die den vorgeschobenen Bogen der Heeresgruppe in der tiefen Flanke ernstlich bedrohen musste. Generaloberst von Küchler hatte deshalb vorausschauend zwischen Peipussee und Ostsee die rückwärtige Pantherstellung erkunden und ausbauen lassen. Die Genehmigung der Rückführung der Heeresgruppe auf diese kräftesparende Linie wurde jedoch strikt abgelehnt. Der Grund war politischer Natur: Jeder Kilometer, den die deutsche Front an der Ostseeküste zurückwich, machte das Durchhalten Finnlands schwieriger. Es konnte sich für die Heeresgruppe Nord nur noch darum handeln, entweder zur Ausscheidung von Reserven die Pantherstellung zu beziehen, oder, wenn dies die politische Lage nicht erlaubte, neue Kräfte für den Fall eines feindlichen Großangriffs zugeführt zu erhalten. Aber beides geschah nicht. Es blieb seit Beginn des Ostfeldzuges die Tragik der Heeresgruppe Nord, dass sie einen Kampfauftrag von bedeutender politischer Tragweite erhalten hatte, den sie ohne ausreichende Kräfte durchführen sollte. Der feindliche Angriff in den ersten Januartagen des Jahres 1944 kam für die deutsche Führung nicht überraschend. Wohl aber überraschte die Heftigkeit des Stoßes, mit der aus dem Oranienbaumer Kessel heraus der weitgesteckte Großangriff in den Rücken der 18. Armee getragen wurde. So kam die am 11. Januar vorsorglich begonnene Zuführung der 61. Division zum L. Armeekorps, im Raum nordwestlich Gatschina (Krasnogwardeisk) bereits zu spät" …

Und so wurde unsere Division wieder zersplittert – und meist bataillonsweise – in den Kampf geworfen. Meine Erinnerungen an diese bisher schwersten Rückzugskämpfe unseres Regiments sind recht verworren und lassen sich nicht immer zuverlässig chronologisch einordnen. Aber einige Bilder kann ich sehr genau beschreiben, so, als wäre es noch gar nicht so lange her gewesen.

Wir kamen in den Raum Oranienbaum und übernachteten hier in stabilen Betonbunkern. Von hier aus konnte man bis hinüber in die Vororte von Leningrad sehen – ein Leuchtturm und sein Blinkfeuer waren deutlich erkennbar. Was in den Tagen nach dem 14. Januar geschah, weiß ich nicht mehr im Einzelnen. Sicher ist nur, dass unsere Schützenkompanien von allen Seiten – und meist unerwartet – von Panzern überrascht wurden und schwerste Verluste erlitten. In diesen Tagen fiel Bubi Büchs, und Werner Zahn wurde seitdem vermisst. Wo mein Funkgerät geblieben ist, weiß ich heute beim besten Willen nicht mehr zu sagen. Ich hatte keines mehr aber wie sich dies zutragen hat, weiß ich nicht mehr.

Mein Erinnerungsvermögen aus diesen Tagen beginnt erst wieder bei einem ziemlich überraschenden Rückzug. Unsere schwachen Linien waren mit starken Panzerkräften überrannt worden, und nun marschierten in einem endlosen dichten Zug Truppenangehörige aus Schreibstuben, Trossen, Schützenkompanien, Nachrichtenleute, Melder und so weiter.

Besonders fällt das vor mir gehende lange Ende eines Menschen, mit einem gleichfalls länglichen Kopf und einer flaschigen Feldmütze darauf, auf. Es ist Feldwebel Noack aus dem Geschäftszimmer des Regiments. Er kommt mir diesmal besonders groß vor. Denn jedes Mal, wenn ein Panzergeschoss über unsere Köpfe hinwegzischte, zog der Feldwebel den Kopf – wie es mir schien – ein ganzes Stück tiefer ein als ich. Er war sonst ein sehr ruhiger Mensch, mit ruhigen Bewegungen und einer sehr bedächtigen Sprache. Aber heute nicht, heute lief er wie wir alle – mindestens Marschtempo 120. Dieser nette Mensch vor mir musste jetzt auch so ein „bewegtes" Leben führen. Für mich lief es sich leichter, wenn ein Bekannter an der Seite – oder wie in diesem Fall – vorneweg ging. Ein Glück, dass die zwei russischen Panzer hinter uns nur mit Kuppel und Geschütz über die leicht erhöhte Straßengabel hervor sahen. Dadurch blieben wir im toten Winkel des Panzergeschützes.

Unser Regimentsstab sammelte sich am nächsten Tag in einem schlossähnlichen, massiven Gebäude, um hier die nächste Widerstandslinie zu organisieren. Und da ich kein Funkgerät mehr hatte, bekam ich den Auftrag, mit einem Hiwi (russischer Hilfswilliger) auf einem Schlitten Munition nach vorne zu bringen. Die Sonne schien, schönes Winterwetter, ich saß mit dem Russen auf den Kisten voller Infanteriemunition. Vor dem Schlitten trabte eines der typischen kleinen, aber sehr zähen und munteren russischen Pferdchen. Wir hatten gar nicht so weit zu fahren, denn der Kompaniegefechtsstand war von unserem Schloss nicht allzu weit weg. Er befand sich in einem kleinen russischen Bauernhaus. Ich war überrascht! Wer kommt mir denn da als Herr Leutnant und Kompanieführer entgegen? Der frühere Gefreite Hegele von der Nachrichtenstaffel des II. Bataillons/Infanterieregiment 151 – der Nahkämpfer vom Newabogen. Als er meine Verwunderung sieht, lächelt er mich in schwäbisch-unverbindlicher Weise freundlich an, ohne dabei den angemessenen Abstand zu vergessen. Wir kamen gar nicht dazu, noch einige Gedanken auszutauschen, denn ein Rauschen in der Luft und vor uns beginnende Detonationen veranlassten uns, in Sekundenschnelle in einem Heuhaufen zu verschwinden. Im gleichen Augenblick knallte es auch schon vorne, hinten, links, rechts. Die Geschosse der Stalinorgel lagen mitten zwischen uns, wir spürten den Luftdruck der Explosionen in den Ohren. Leutnant Hegele, ich und der Russe blieben unverletzt. Aber das Pferd zitterte und flatterte am ganzen Körper, sodass ich nach meinem Gewehr griff. Aber wir fanden keine Verwundung. Das Pferd hatte dasselbe wie wir auszustehen – Angst und Schrecken. Nun lud ich aber in Eile mit meinem Ruski die Munitionskisten ab und empfahl mich dem Herrn Leutnant ziemlich plötzlich. Ich sah Leutnant Hegele nicht wieder. Er wurde schon am nächsten Tag als vermisst gemeldet.

Als ich zu meinem schlossähnlichen Gebäude zurückkam, hatte es keine Fensterscheiben mehr. Die Stalinorgel „graste" die ganze Gegend ab. Wir machten am anderen Tag wieder Stellungswechsel nach hinten. In diesen Tagen war auch Major Brzoska als Führer des II. Bataillons/Infanterieregiment 151 gefallen. Sein Bursche, Gefreiter Stechauner, wurde seither als vermisst gemeldet.

Der neue Gefechtsstand wurde außerhalb eines Ortes – es könnte Kipen gewesen sein – in einem alleinstehenden Haus nördlich des Ortes eingerichtet. Am südlichen Ortsende floss die Rollbahn Leningrad – Narwa vorbei. Trosse aller Einheiten wälzten sich hier in Richtung Westen zurück. Aber sicher nicht nur die Trosse! Wir selbst werden schon am nächsten Tag zu jenen gehören, die, ohne Rückhalt an eine feste Einheit, sich zu retten versuchen werden …

Aber noch ist unser vitaler Oberst Müller-Melahn hier im Blockhaus, das mitten auf einer großen, nach Westen zu noch weiter ausladenden Plaine steht. Hauptmann

Schumacher als Adjutant und Leutnant Zacher als Ordonnanzoffizier sind dabei, wie auch der Feuerwerker des Regiments, Müller, ein Berliner. Dazu kommen Nachrichtenleute, Melder und zwei Besatzungen der vor dem Eingang in Stellung gebrachten 3,7-cm- und einer 5-cm-Pak Die Geschütze sind ausgezeichnet getarnt.

Sonnenschein, wie immer in diesen Tagen, erträglich kalt, gute Sicht. – Da kommen sie drüben! Am westlichen Rand, zwischen der Plaine und dem Wald, rollen russische T 34 (Panzer) in Marschordnung an, einer hinter dem anderen. Wir zählen: … 12, 13, 14, 15, 16, 17. Sie marschieren in Richtung Rollbahn und werden sich auf die zurückgehenden Trosse stürzen. Wir sehen ohnmächtig zu. – Aber nicht alle behalten die gleiche Richtung bei. Einer will's wissen! Er schert aus und nimmt kerzengerade Kurs auf unser Haus. Tatsächlich, er rudert unbeirrt weiter durch den Schnee, direkt auf uns zu. Jeder Irrtum ist ausgeschlossen. Nun wird es Zeit! Oberst Müller-Melahn gibt verhalten die Befehle und ermahnt uns, Ruhe zu bewahren. Wir verlassen das Haus von der dem Panzer abgekehrten Seite. „Keine Panik", mahnt der Oberst noch einmal. Wir bewegen uns gedrängt an der Rückseite des Holzhauses, und zwar pendantgemäß oder besser gesagt, immer im Sichtschatten zum Panzer. Jetzt wird's brenzlig. Der T 34 hat die Plaine überquert, sein Brummen wird mit jeder Sekunde lauter, unheilvoller! Es erscheint mir unglaublich und unwirklich, dass die nächsten Sekunden über Leben und Tod entscheiden müssen. Und doch ist es so! Gelingt es nicht, den Panzer zu vernichten, wird er durch das Haus rumpeln und uns über die deckungslose Plaine wie die Hasen jagen und abschießen, ohne dass wir eine Gegenwehrmöglichkeit haben, wenn unsere Pak erst einmal ausgefallen ist. Ich spüre die Halsschlagadern bis in die Ohren hinauf. Warum schießen die nur nicht?! Kaum noch 20 Meter vor unserem Haus rollt er an – da knallt die 5-cm-Pak los. Sie trifft den Panzer zwischen dem Kuppelansatz. Die Kuppel ist verklemmt und manövrierunfähig. Da knallt auch schon die Stielgranate unserer 3,7-cm-Pak und fegt die ganze Kuppel hinweg. Befreit schreien wir aus vollen Kehlen: „Hurra, Hurra!" Die Panzerkuppel liegt hinter dem Untergestell des T 34 im Schnee. Wie durch ein Wunder bleibt der russische Panzerfunker, ein Unterleutnant, unverletzt. Er wird gefangen genommen und kommt in unser Haus. Er ist kräftig und wohlgenährt, kein Vergleich mehr mit den russischen Soldaten früherer Zeit. Bubi Müller, unser Feuerwerker, lässt es sich nicht nehmen, den T 34 durch eine Sprengung auf alle Fälle unbrauchbar zu machen. Er brennt aus und raucht noch, als sich der Abend über den Kampfort senkt.

Ein Teil des Regimentsnachrichtenzugs wird abends infanteristisch eingesetzt. Unteroffizier Dreihsen übernimmt die Gruppe, zu der außer mir auch noch Wolfgang, Pat, Arnold Mathäus, Hans Kreiner und Bubi Reimann gehören. Wir haben Sicherungsaufgaben bis 24.00 Uhr und sollen uns dann absetzen. Vor uns, auf dem Schneefeld, ab und zu eine Katze, sonst nichts. Dagegen bekommen wir verirrtes

Infanteriefeuer von hinten. Bubi Reimann wird zum Gefechtsstand nach Munition geschickt, weil der Vorrat für den Ernstfall zu knapp erscheint.

Der Regimentsstab machte schon am Abend Stellungswechsel, nur Leutnant Zacher ist noch anwesend. Bubi hört vom Ort her Panzergebrumm, und es kommt ihm so vor, als riefen einige Leute „Panzerfaust, Panzerfaust". Er macht den Posten auf seine Wahrnehmungen aufmerksam, stapft in der Dunkelheit zum Zimmer des Leutnants vor. Die anderen beiden Räume sind vollgestopft mit schlafenden Landsern, darunter auch die beiden Besatzungen unserer erfolgreichen Pakgeschütze. Bubi erzählt nun auch dem Leutnant seine Wahrnehmungen. Leutnant Zacher nimmt dies nicht tragisch. Er vermutet, dass es sich um Mannschaftspanzer der SS-Division „Nordland", die sich im Ort aufhalten, gehandelt haben kann. Im selben Augenblick ein Krachen, Splittern, Geschrei – die Kerze fällt um, völlige Dunkelheit, die Tür ist verklemmt, Staub und Dreck erfüllen den Raum. In den zusammengestürzten Nebenräumen Schreien und Jammern. Als Nachrichtenmann besitzt Bubi eine Taschenlampe, die er sofort anmacht, damit das Fenster einschlägt, und mit Leutnant Zacher hinausspringt. Er kann den T 34 noch davonrollen sehen. – Was war geschehen? Dieser Panzer war einer von der Gruppe, die mittags die Plaine entlang rollte. Er hatte seine Munition verschossen. Nun suchte er den Weg zu den russischen Linien zurück. Dabei rammte er alles, was sich bewegte. Er muss einen Lichtschein im Haus gesehen haben und fuhr daher mitten hindurch, gerade dort, wo die Soldaten zusammengedrängt schliefen. Es gab hier kaum Überlebende. Sie wurden entweder von den Panzerketten zermalmt oder von den herabstürzenden Balken erschlagen. Unter den Opfern befanden sich auch unsere tapferen Pakschützen. Sie haben ihren Triumph nicht lange überlebt.

Der T 34 durchfuhr noch eine Feldscheune. Auch hier erschlugen die herabstürzenden Balken noch einige SS-Männer. – Tapferkeit kann man den Russen nicht absprechen.

„Was ich jetzt erlebt habe!", begann Bubi seinen Bericht, als er wieder zu uns kam. Und der blauäugige, blondlockige Junge aus Lauban in Schlesien berichtete ohne Übertreibungen, was ich in den vorhergehenden Zeilen beschrieb. – Glück muss der Mensch haben, viel Glück, wenn er überleben will. Ich hatte dies schon eingangs meines Erlebnisberichtes zum Ausdruck gebracht. Wären wir heute Abend nicht infanteristisch eingesetzt worden, so lägen wir jetzt mit unter den anderen zermanschten Körpern des zum Einsturz gebrachten Hauses.

24.00 Uhr: Wir zogen los, immer dorthin, wo alle anderen laufen, es wird schon richtig sein. Es war augenscheinlich geworden, es gab keinen geordneten Rückzug mehr, Stäbe irrten ohne Truppen, und Reste ehemaliger Kampftruppen hatten ihre Führung verloren. „Rette sich, wer kann", schien die Parole zu sein. Dieses letzte Januardrittel war das Schlimmste, was es geben konnte, denn der Rückzug artete zu einer wilden, desorganisierten Flucht aus. Man hatte erstmals eine Vorstellung, wie die großen Rückzüge im Mittel- und Südabschnitt vor sich gegangen sein müssen. Und es erschien mir unvorstellbar, wie diese Haufen Herumirrender, Flüchtender wieder zu einer geordneten Verteidigung angehalten werden können, ohne dass neue Kräfte in einer Auffanglinie so lange dem Feind Widerstand leisten, bis eine Sammlung und Reorganisation der Reste dieser geschlagenen Verbände möglich geworden ist. Aber neue Kräfte gab es nicht, die Vernichtung der 18. Armee schien nicht mehr aufzuhalten zu sein.

Walther Hubatsch schreibt in der bereits öfter zitierten Geschichte der 61. Infanteriedivision zu jenem letzten Januardrittel: „Nur mit Mühe gelang es, die Trümmer der 61. Division aus den verworrenen Kämpfen gegen zehnfache Übermacht zurückzunehmen und eine provisorische Abriegelungslinie aufzubauen“ … Einige Zeilen später heißt es hier weiter: „Nachts schoss russische Artillerie die dichtbelegten Ortschaften in Brand, Paniken brachen aus, fremde Einheiten, darunter ungezählte Trosse, die ihren Führern aus der Hand geglitten waren, Lastkraftwagen voller Soldaten, Versprengte, Stäbe ohne Truppen drängten nach Westen und verursachten mehr eine Flucht, als eine planmäßige Absetzbewegung. Die Straßen im rückwärtigen Armeegebiet waren vollgestopft, aber die Wälder am Feind waren leer.“

Und genau diese Erkenntnis veranlasste uns sieben vom Regimentsnachrichtenzug, einander zu schwören, unbedingt beisammen zu bleiben, bis wir unsere Einheit wiedergefunden haben. Es gibt nichts Schlimmeres für einen Soldaten, als einem fremden zusammengewürfelten Haufen zugeteilt zu werden, den er nicht kennt. Die begründete Angst, als Verwundeter liegengelassen zu werden, ist hauptsächlich schuld daran, dass solche Alarmeinheiten kaum einen nennenswerten Kampfwert haben können. Unteroffizier Dreihsen und seine sechs Mann waren sich also einig, auf jeden Fall zusammenzubleiben und bei eventuellen Verwundungen keinen liegen zu lassen.

So kamen wir nachts nach Wolossowo, dem Ort, wo ich als Verwundeter im Lazarett lag. Wie anders sah hier jetzt alles aus. Die großen einstöckigen Holzhäuser – alles ohne Leben. Der Ort war geräumt. Wir waren schon seit Tagen ohne Verpflegung und suchten nun nach etwas Essbarem. Wir betraten eines dieser einstöckigen Holzhäuser und hatten Glück. Stille umfing uns, keine Menschenseele. Doch in einem großen Saal lagen bergeweise prall gefüllte Tornister. Sie stammten sicher von Urlaubern. Man hatte sie, so, wie sie aus der Heimat kamen, aus dem Zug geholt, ihr Gepäck ablegen lassen und in den Einsatz geschickt. Sie werden hierher nicht mehr zurückkommen, ihre Tornister werden die Russen ausräumen. Also nahmen wir aus dem Gepäck, was wir dringend brauchten: Nahrungsmittel. Ich behielt zwei große Konservenbüchsen und ein Stück Brot. Leider enthielt die eine Konserve nur eingemachten Stangenspargel. Sonst sicher gut, nur in meiner Situation wäre mir eingemachtes Schweinefleisch lieber gewesen. Die zweite Konserve enthielt hausgemachte Leberwurst. Sie ernährte mich einige Tage. – Nun flüchteten wir weiter, oder sagen wir besser: wir suchten weiter unserer Truppe.

Jetzt fehlt mir wieder eine ganze Reihe von Tagen. Ich erinnere mich zwar, dass wir auch die Zarenschlösser Krasnoje Selo (Zarskoje Selo) passiert haben. Ob dies schon vor oder nach Wolossowo gewesen ist, weiß ich nicht mehr. Meine Erinnerungslücke endet wieder im Raum Jamburg (Kingisepp). Hier standen wir plötzlich in der Schlange der zurückfließenden Trosse dem Kübelwagen unseres Regimentskommandeurs gegenüber. Der Oberst und Hauptmann Schumacher entdeckten uns: „Dreihsen, wo kommen Sie her?" fragte der Adjutant freudig überrascht und zugleich überlegend. Er rief ihn zu sich heran. Unteroffizier Dreihsen machte Meldung und kam nach einer Weile mit zufriedenem Gesicht zu uns zurück. „Wir haben es geschafft!" Mit überlegener Miene zeigte er uns das Dokument des Jahres mit Stempel und Unterschrift unseres Obersten Müller-Melahn. Es lautete: „Unteroffizier Fritz Dreihsen mit 6 Mann sind angewiesen, sich sofort nach Johvi/Estland zur Neuaufstellung des Grenadierregiments 151 zu begeben." Gottlob, wir hatten einen rechtsgültigen Befehl, wir waren keine Drückeberger mehr und durften nunmehr erhobenen Hauptes nach Narwa marschieren.

Am Abend kamen wir irgendwo bei einer Rotkreuzstelle vorbei – es könnte sogar in Kingisepp gewesen sein – und holten uns hier einen Schlag Grützsuppe ab. Seit mehr als zehn Tagen das erste warme Essen. Dies war aber nicht der Grund, dass ich diesen Vorgang im Gedächtnis behielt, sondern die Rotkreuzschwester, die die Suppe austeilte. Sie war eine ziemlich bejahrte, wuchtige und sehr resolute Person. Bei jedem Suppenschlag, den sie verteilte, beschimpfte sie die das Kochgeschirr hinhaltenden Empfänger in ehrverletzender Weise: „Ihr Schlappschwänze – geht stiften – was seid Ihr für Kerle – Hosenscheißer – Ihr solltet Euch was schämen – in den Arsch treten sollte man Euch – aber keine Suppe geben!" So komisch dies im Augenblick auch gewirkt haben mag, diese Schimpfkanonade entbehrte nicht einer ernsten Tragik, und im Innersten schämte man sich tatsächlich irgendwie vor dieser Frau, den Feind nicht aufgehalten zu haben. Der Rotkreuzschwester war zuzutrauen, sich mit einer Waffe in der Hand bis zum Tod zu verteidigen.

Der vorletzte Tag dieses Rückzugs war angebrochen. Es kann der 31. Januar oder der 1. Februar gewesen sein, als wir noch vor Einbruch der Dunkelheit Narwa erreichten. Selbstverständlich beschlossen wir, erst einmal in ein Caféhaus zu gehen und uns etwas Warmes zu Gemüte zu führen. Was konnte uns schon passieren? Wir hatten ja einen Marschbefehl.

So, wie wir waren – seit Tagen nicht gewaschen und nicht rasiert, und mit unseren Waffen, marschierten wir hinein, in einen sehr großen Raum. Gedämpfte Beleuchtung, weiß gedeckte Tische, an denen Zivilpersonen, aber noch mehr Soldaten saßen – nur keine wie wir, sondern schön sauber geschniegelt und gebügelt – mit einem Wort: die Etappe. Wir sahen uns in Anbetracht dieser gepflegten Atmosphäre ein wenig unsicher nach einem Platz um, als uns auch schon Feldpolizisten erspäht hatten und unsere Papiere verlangten. Siegessicher zeigte Unteroffizier Dreihsen unser Dokument. Der Feldpolizist las flüchtig, steckte den Marschbefehl in seine Tasche und sagte: „Dieser Marschbefehl ist ungültig, er ist eingezogen. Kommen Sie mit!" Unteroffizier Dreihsens Einwände konnten ihn nicht umstimmen: „Tut mir leid, der Befehl des Kommandierenden Generals des Armeekorps, von Brasse, hebt alles andere auf." Deutlicher geht's nicht. Wie zum Tode Verurteilte traten wir den Weg zu einer Sammelstelle an, natürlich von der Feldpolizei eskortiert. In einem großen massiven Gebäude mit eisenvergitterten Fenstern fanden wir uns auf dem gefliesten Fußboden wieder. Das Toilettenfenster war ebenfalls vergittert, ein Entkommen unmöglich. Wir erfuhren jetzt von anderen Landsern, dass die vom „Heldenklau" zusammengefangenen Soldaten auf dem schnellsten Wege an die Front im Raum Kingisepp transportiert werden. Also gerade das, was wir nicht wollten: zu einer fremden Einheit, die keine war.

Es kann gegen 19.00 Uhr gewesen sein, als wir auf Lkw verladen werden sollten. Über der Tür des Hauseingangs eine abgedunkelte spärliche Beleuchtung, vor dem Eingang ein Lkw, mit Plane überdacht. Daneben zwei Feldpolizisten und im Hintergrund ein General. Plötzlich hörten wir die Stimme des Generals: „Hierbleiben! Halt! Hierbleiben!" Und mit gezogener Pistole nahm er die Verfolgung eines oder mehrerer in die Dunkelheit verschwindender Soldaten auf. Dienstbeflissen folgten die Feldpolizisten dem General. Wir standen hintereinander ganz allein im offenen Portal vor dem bereitstehenden Lkw, vorn Unteroffizier Dreihsen. Höchstens drei Sekunden dauerte die Unentschlossenheit, dann verschwand Unteroffizier Dreihsen als erster in die Dunkelheit, gefolgt von seinen sechs Männern. Es gelang uns, seitwärts in eine Gasse zu entkommen, und weiter schlichen wir uns durch die Straßen der verdunkelten Stadt, so leise wie möglich. Schritte, von Marschstiefeln stammend, näherten sich. Wir versteckten uns in einen tiefen Hauseingang und lauschten gespannt in die Dunkelheit hinaus. Wir hörten unser eigenes Keuchen und das der Kameraden. Unteroffizier Dreihsen leise: „Wisst ihr, was das ist, was wir jetzt machen? – Fahnenflucht! – Wenn sie uns erwischen, sind wir einen Kopf kürzer." Ach, du meine Güte! Auch das noch! Daran hatten wir noch gar nicht gedacht. Die Marschstiefelschritte entfernten sich, und wir berieten unsere Lage. Wir wussten, dass alle Straßenausgänge Narwas von der Feldpolizei hermetisch abgeschlossen waren und ein Durchkommen nicht gelingen konnte. Es blieb uns also nichts anderes übrig, als zu versuchen, den Stadtrand zu erreichen und querfeldein auf die Uferstraße nach Johvi zu gelangen. Und so setzten wir unsere Fahnenflucht mit dem Ziel, zu unserer Regimentsfahne zu kommen, leise, aber entschlossen fort. Wir erreichten tatsächlich bald den Stadtrand – vor uns freies Feld. Zunächst mussten wir vermutlich den städtischen Müllplatz überwinden, dann lag das flache Land vor uns: helle Schneeflächen, Stacheldrahteinzäunungen der Viehweiden – und dort erhellter Horizont. Das müsste die Rückzugsstraße sein. Um jeden Zweifel auszuschließen, suchten wir den Nordstern. Dort ist der „Große Wagen", und fünfmal die hintere Stütze verlängert – jawohl, da ist er, der Nordstern – ziemlich allein stehend. Links davon ist Westen, genau – es stimmt. Der in nordwestlicher Richtung erhellte Horizont ist die Straße nach Johvi. Die abgedunkelten Fahrzeuge spendeten noch so viel Licht, dass wir uns auf diese Entfernung bei sonst völlig dunkler Nacht orientieren und bewegen konnten. Es herrschte nur leichter Frost. Der Schnee lag zwar knietief, aber wir stapften unverdrossen querfeldein in Richtung dieses rettenden Nordlichtes zu. Stacheldrahtumzäunungen der Weiden oder kleine Bäche konnten uns nicht aufhalten. Erst wurde das Gewehr über den Bach geworfen und dann mit Anlauf hinübergesprungen. Müde, aber glücklich erreichten wir schließlich eine Kolonne Lkw. Die hilfsbereiten Kraftfahrer versteckten uns unter Decken in ihren hochbeladenen Wagen, und so erreichten wir langsam, aber sicher nach einigen Stunden den Ortseingang von Johvi.

„Haaalt! – Zu welcher Einheit gehören Sie? Haben Sie fremde Soldaten auf Ihrem Fahrzeug?" fragte wieder die Feldpolizei. „Nein", hörte ich die für mich entscheidende Antwort. Mir klopfte das Herz wieder einmal bis zum Halse, fast wie beim Angriff des T 34. Ein Taschenlampenstrahl tastete sich über die Lkw-Ladung hoch, verharrte eine Sekunde auf meinem Versteck, blendete aus. „Weiterfahren!" – Zwei Zeilen aus dem „Zauberlehrling" fielen mir ein: „Und nun kann ich hoffen, und ich atme frei!" – Wir hatten es geschafft! Über den Umweg einer „Fahnenflucht" fanden wir unser Regiment, unseren Regimentsnachrichtenzug, wieder. – Zwei, drei Tage sind es nur, die man uns in estnischen Wohnungen für die „Restaurierung" Zeit lassen würde, aber wir waren wieder zu Hause, wir bekamen neues Gerät und waren wieder wir selbst, als man uns auf den Weg zur neuen Front zwischen Narwa und Peipussee in Marsch setzte.

An der Narwafront

Wie es nach den Eindrücken und Erlebnissen, besonders der letzten zehn Tage, wieder zu einer funktionierenden Abwehr zwischen Peipussee und Narwa kommen sollte, war sicher nicht nur mir schleierhaft. Die Reste unserer Division mussten in kürzester Frist nach Beendigung des Rückzuges aus Leningrad – der ja regelrechte Auflösungserscheinungen zeigte – aufgefangen, reorganisiert, Waffenverluste ausgeglichen und die psychische Widerstandskraft der Soldaten soweit wiederhergestellt werden, dass ein erfolgversprechender Einsatz gegen die weiter anstürmenden Russen möglich wurde.

Die Mannschaftsverluste glich man mit einem aus der Heimat zugeführten Marschregiment und den Resten der 9. Luftwaffenfelddivision zahlenmäßig einigermaßen aus. Aber bewährte, kampferfahrene Soldaten sind nicht ersetzbar. Trotzdem! Bei jedem Ersatz gibt es immer wieder Männer, die Fronterfahrung mitbringen und die von der Persönlichkeit her auch geeignet sind, tapfer Widerstand zu leisten, zu organisieren und in scheinbar hoffnungsloser Lage auch ihre Umgebung mitzureißen und zum Erfolg gegen eine vielfache feindliche Übermacht zu führen. Nur, die Heldengarnituren werden von Ersatz zu Ersatz immer ein wenig schlechter, als jene waren, die ihren Mut, ihre Tapferkeit und ihr Draufgängertum mit dem Heldentod besiegelten. So treten die Neuen die Nachfolge ihrer gefallenen Kameraden an, die sie zwar nicht kannten, deren Geist aber in den verbliebenen Resten der alten Kampfeinheit sehr oft weiterlebt.

Nur so konnte es gelingen, den durch den Erfolg auch psychisch aufgerüsteten Gegner zu stoppen. Dass dies jetzt möglich war, ist meines Erachtens fast ausschließlich das Verdienst der Heeresführung, des gut funktionierenden Nachschubs und vor allem der Haltung des Offizierskorps innerhalb der Regimenter. Der Kompaniechef und seine Zugführer müssen Ruhe und Zuversicht ausstrahlen. Darauf kommt es ganz besonders an. Und dass diese moralische Kraft nach den vergangenen Wochen des geschilderten Rückzuges wieder aufgebracht werden konnte, ist sicher entscheidend für die nachkommenden Abwehrerfolge gewesen.

Bevor noch unsere 61. Division wieder einsatzfähig war, gelang es den Russen, teilweise über die vereiste Narwa zu kommen und hier einen doch nicht unbedeutenden Brückenkopf im Raum Krivasoo zu bilden. Es ging nun darum, diesen russischen Brückenkopf wieder zu beseitigen. Erbitterte Kämpfe wogten hin und her. Angriffe des Feindes und Gegenangriffe der eigenen Truppen wechselten ab. Im Divisionsabschnitt lag diesmal das Schwergewicht der Abwehrkämpfe beim Grenadierregiment 162. Mit meinen Schilderungen würde ich dem opferbereiten Einsatz dieser Soldaten nicht gerecht werden, zumal ich die Einzelheiten gar nicht kenne. Ich beschränke mich daher wieder ganz allein auf meinen Gesichtskreis. Wer mehr wissen möchte, dem empfehle ich das Studium der Geschichte der 61. Division von Walther Hubatsch. Wie schon an den Fronten des Ladogasees und des Wolchows, so standen wir auch jetzt wieder im Sumpfgebiet. Das wieder aufgestellte Regiment unter Oberst Müller-Melahn wehrte sich tapfer, konnte aber einen größeren Einbruch nicht verhindern. Unter Führung des Regimentskommandeurs gelang die Zurückdrängung der Russen. Dafür erhielt der Oberst das Ritterkreuz. Heiß umkämpft war aber auch der Bahnhof Vaivara an der Eisenbahnlinie Narwa – Reval. Hier tobten erbitterte Gefechte, bis der durchgebrochene Feind aufgerieben war. An den Stellungen unserer schweren Maschinengewehre 42 kamen sie nicht vorbei. Zu Hunderten lagen hier gefallene Russen. Hier standen ostpreußische Soldaten in der Abwehr mit der ihnen eigenen Standhaftigkeit. Aber auch viele Rheinländer, Westfalen, vereinzelt auch Sachsen, Sudetendeutsche und Österreicher. Ostpreußen schien schon zu ausgeblutet zu sein, um seine Regimenter noch ausreichend mit Ersatz auffüllen zu können, denn die Kompanien im Graben bestanden bestenfalls nur noch zu einem Drittel aus seinen Landsleuten.

Die Front stabilisierte sich, und man dachte jetzt ernsthaft daran, den russischen Brückenkopf, der ja inzwischen in einen Ostsack und einen Westsack aufgespalten worden war, ganz zu bereinigen. Bei diesem Angriff der Armeegruppe war unserem Regiment ein – man kann schon sagen – typischer Geländeabschnitt zugedacht worden. Ich möchte nachfolgend meine Eindrücke über dieses Unternehmen schildern, denn ich war die ersten zwei Tage dabei. Ich fürchte nur, mein Erinnerungsvermögen und mein Wortschatz werden nicht ausreichen, ein echtes, wahres Bild dieses aus einer einzigen körperlichen Strapaze bestehenden neuen Opferganges zu vermitteln. Bei diesem Einsatz entstand wieder eines meiner ganz persönlichen nie verblassenden Bilder!

„Ich sterbe für Großdeutschland"

Diesen Todesschrei eines Sterbenden aus jenen Tagen des 19. und 20. April 1944 habe ich als Überschrift gewählt, weil es nicht allzu viele tödlich Getroffene gegeben haben wird, die angesichts des sicher eintretenden Todes sich dazu bekennen, ihr Leben für Großdeutschland geopfert zu haben.

Das Ziel unseres bevorstehenden Angriffs war es, den russischen Brückenkopf auszuräumen und damit, den Frontverlauf auch hier wieder an das Ufer der Narwa zu verlegen. Was die Operationen schwierig machen wird, ist der grundlose Sumpf. Der Winter 1943/1944 war verhältnismäßig mild und die Sümpfe schon im April völlig aufgetaut.

Als ich mein Funkgerät am 19. April 1944 um 04.35 Uhr, etwa am Rande des Sumpfgebietes südlich von Auvere aufnahm und dem II. Bataillon/Grenadierregiment 151 folgte, wusste ich nur so viel, dass vom Westen her eine Panzergruppe angreifen würde und wir uns dann irgendwo auf einer Straße treffen und dadurch die Operation erfolgreich abschließen sollten.

Der beginnende Tag hatte das Stadium des Morgengrauens schon überschritten, als wir das Bruch erreichten und zunächst noch hintereinander einen morastigen Trampelpfad entlang stapften. Links und rechts des Moorweges standen in aufgelockerter Form Krüppelkiefern, Birkensträucher, kümmerlich gewachsene Weiden und Erlen. Dazwischen vertrocknete Grasbüschel. Auch Riedgras, Sumpfbinse, Schilf und das Blattwerk der Wasserlilie, die hie und da auftauchten, waren beigegrau und vertrocknet. Sie stammten aus dem Vorjahr. Die diesjährige Vegetation kündigte sich aber schon mit zartem Grün an. Es lugte durch die vertrockneten alten Gräser an manchen Stellen hindurch. Die Knospen des Birkengestrüpps begannen zu schwellen, und auch die Erlen bereiteten sich vor, ihre rotbraunen Troddel herabhängen zu lassen. Dies ist nur ein Teil der vielfältigen Sumpfflora, die hier beheimatet ist, und die ab Mai das ganze Land beleben wird – ganz zu schweigen von der Tierwelt! Angefangen von den Insekten, Amphibien, Sumpfvögeln bis zum Elch. Sie alle könnte man hier beobachten, wenn das Land nicht von der Kriegsfurie heimgesucht würde.

Der Feuerschlag unserer Artillerie war verrauscht, er wird drüben sicher seine Wirkung gehabt haben. Mindestens aber die, dass alle Russen alarmiert sind und nun gut versteckt und mit schussbereiten Waffen uns erwarten werden. Der Sturm begann. Hauptmann Krieg führte das Bataillon. Er selbst an der Spitze seiner Soldaten, in der rechten Hand das schussbereite neue deutsche Schnellfeuergewehr. Man sah es auch ab und zu bei den Gruppenführern der Kompanien.

Das Abwehrfeuer der Russen schlägt uns entgegen, erst mit Infanteriewaffen, dann mit Granatwerfern. Die Artillerie gesellt sich später dazu. Deckung gab es nicht. Woher sollte sie auch kommen? Denn nur selten fand man eine einigermaßen trockene Stelle, um sich flach legen zu können. Überall nur Sumpf, Schlamm. Wozu auch? Wir sollen angreifen, stürmen. Aber das ist schwer. Stürmen gegen einen unsichtbaren Feind – plötzlich sackt man bis zur Gürtellinie in Sumpfmodder ab – ein Granattrichter, der sich mit Schlick gefüllt hatte. Und es gibt viele davon. Ich rapple mich auf aus diesem Schlamm und wate weiter, oft bis zu den Knien in der trüben Soße. Schlammfontänen steigen auf. Einen Vorteil hat der Sumpf wenigstens: die Splitterwirkung ist geringer, die Granaten verpuffen mehr oder weniger. Verwundete schreien nach dem Sanitäter. Viele können es nicht mehr. Sie versinken im Dreck und ersticken oder ertrinken.

Wir haben die vom Feind geräumten Stellungen erreicht. Es sind Feldbunker, vor denen man eigentlich strammstehen müsste, wenn dies im Augenblick nicht zu gefährlich wäre. Während es bei unseren gleichartigen Bauten das wichtigste ist, sie ziemlich bequem betreten und drinnen aufrecht stehen zu können, ist bei den Russen alles auf maximale Sicherheit abgestellt. Ihre Feldbunker hier sind oberhalb der Erdoberfläche errichtet, circa zwei Meter hoch. Von außen sieht man nur ganz schmale Schießscharten oder Sehschlitze. Durch den kleinen, höchstens 70 Zentimeter hohen Eingang kann man nur kriechend das Bunkerinnere erreichen. Alles andere besteht aus sauber verarbeiteten Holzstämmen, die mit Erde beschichtet sind. Sie hatten nicht nur zwei Lagen Baumstämme als Bunkerabdeckung verwendet, wie dies sehr oft bei uns der Fall ist, sondern fünf und mehr. Innen hatte der Bunker nur Sitzhöhe. Meines Erachtens hätten diese Feldbefestigungen den Volltreffer einer 10,5-cm-Granate ohne weiteres ausgehalten. Untereinander waren die Bunker mit 60 bis 70 Zentimeter breiten Knüppelwegen verbunden, die jetzt größtenteils zerschossen und mit Schlamm überdeckt waren.

Das gegnerische Abwehrfeuer verstärkte sich, unser Angriff blieb liegen. Wir suchten hinter aufgestapelten leeren russischen Munitionskisten Deckung vor dem Infanteriefeuer. Welche Selbsttäuschung! Die Gewehrkugeln durchschlagen das Holz natürlich mühelos. In Richtung Feind – also südlich – durchzog parallel zu unseren Angriffslinien eine Talsenke das Sumpfgelände, vermutlich von einem Bach durchflossen. Meinen Wissensdrang zu befriedigen, habe ich unterlassen. Ich hätte den Kopf zu hoch heben müssen, was nicht zu empfehlen war, da das mit Russen besetzte Gelände auf der anderen Seite der Senke wieder auf unser Höhenniveau aufschloss. Ganz deutlich konnte man zwischen dem Gestrüpp die feindlichen Verstärkungen anschleichen sehen. Hauptmann Krieg stand jetzt ziemlich frei und aufrecht und schoss ganze Serien mit seinem Schnellfeuergewehr in die sich anpirschenden Russen hinein: Tak-tak-tak-tak-tak hörte man es ganz deutlich aus dieser leicht zu handhabenden, praktischen Waffe. Der plumpe Karabiner 98 schien seinem Ende entgegenzugehen. Gottlob, ich brauchte ihn auch nicht mehr zu tragen, die Pistole 38 war für den Funktruppführer erlaubt. Endlich! Dass dieses stehend freihändige Operieren des Hauptmanns nicht lange gut gehen konnte, sollte eigentlich einem erfahrenen Kompanieführer klar sein. Kurze Zeit danach sah ich den Hauptmann mit einem Notverband am Arm nach hinten gehen. Es wird der letzte Einsatz in diesem Krieg für diesen tapferen Infanterieoffizier gewesen sein. Ob es jetzt zum goldenen Verwundetenabzeichen reicht? Das silberne hatte er schon am Ladogasee. Schade, wieder einer weniger von der alten Garde, zu dem man aufblickte und der dennoch Humor hatte. So standen wir jetzt ohne Hauptmann Krieg dem sich verstärkenden Feind gegenüber. Es traf immer häufiger zu, dass man im Sumpf versank und bis zum Koppel im Schlamm steckte. In dieser sich verschärfenden Misere begann es am Himmel vielstimmig zu brummen. Siebenundzwanzig Junker Ju 87 Sturzkampfbomber rückten an und formierten sich zum Angriff. Wie riesenfach vergrößerte Hornissen kippten sie über die Tragfläche ab und stürzten sich mit aufheulenden Sirenen auf die uns gegenüberliegenden Bereitstellungsräume der Russen. Ein Kriegsschauspiel ersten Ranges vollzog sich vor unseren Augen. Eine Maschine nach der anderen stürzt sich auf ihr Ziel, jetzt klinken sie die Bomben aus, dicht über dem Boden wird das Flugzeug abgefangen und mit aufheulendem Motor wieder in die Höhe gezogen. Unterdessen reißen die Bomben ihre Krater in den Sumpf. Im weiten Bogen gewinnen die Flugzeuge für den nächsten Angriff die erforderliche Höhe, stürzen, bringen ihre restlichen Bomben ins Ziel – Gekurve in der Luft, und so plötzlich, wie sie gekommen waren, verschwanden sie wieder vom Himmel. Der Kampf gegen die Russen und mehr noch gegen den Sumpf geht weiter. Trotz der Luftunterstützung blieb unser Angriff liegen. Auch der Panzerangriff von der anderen Seite her blieb im Sumpf stecken. Die geländemäßigen Bedingungen erstickten alles. Diesen Führergeburtstag 1944 wird keiner vergessen, der hier dabei war und überlebte. Unteroffizier Crimerius von der Nachrichtenstaffel des II. Bataillon/ Grenadierregiment 151 schleppt sich mit seinem Funkgerät an mir vorbei, erschöpft stützt er sich mit dem Gerät auf einer Kiste ab, der Stahlhelm sitzt schief wie bei einem besoffenen Ulanen; er belässt ihn so – nur ausruhen! Es war unsere letzte Begegnung, er ruht für immer.

Nun kam Unteroffizier von Ulardt mit seinem Bautrupp und verlegte eine Fernsprechleitung, als sich schon der Abend über das Land und die gequälten Menschen herabsenkte. Ein allgemeines Schlottern in den dreckverschmierten nassen Klamotten setzte ein; Nässe und Kälte erfassten die Menschen bis in die Knochen. Ich hatte Glück, ich durfte zum Regiment zurück. Der Regimentsnachrichtenzug lag in einem estnischen Bauernhof, und wir beiden Funker konnten uns am angeheizten Ofen erwärmen und unsere Klamotten trocknen. Man begann allmählich wieder Mensch zu werden. Die Kameraden der Schützenkompanien nicht, sie mussten draußen bleiben, für sie gab es keine Ablösung. Jeder helfe sich so gut er kann. Er musste allein mit den Widerwärtigkeiten fertig werden und versuchen, sie zu beherrschen. Der Bautrupp des Regimentsnachrichtenzugs hatte sich hinter den Munitionskisten verbarrikadiert, als ein Granatwerfervolltreffer die Kisten auseinanderwarf. Georg Lehr, der zu Wolfgangs Bautrupp gehörte, schrie auf: „Ich bin verwundet. – Ich sterbe – ich sterbe für Großdeutschland – ich sterbe für Großdeutschland ..." Seine Stimme hatte sich bei den letzten Worten abgeschwächt. Er gibt den Widerstand gegen den unhörbar hinter ihn Getretenen auf. Wolfgang kniet bei ihm. Er versucht die Wunden zu verbinden und erkennt sofort die Aussichtslosigkeit. Er hält dem sterbenden Kameraden den Kopf hoch, mit der anderen Hand versucht er ihm Kaffee aus der Feldflasche einzuflößen und ihn dabei zu trösten: „Es wird schon wieder, Schorsch, du wirst doch nicht aufgeben? Schau, deine Hanna, sie wartet auf dich ..." Georg Lehr aus Litzmannstadt vernimmt den Sinn dieser Worte nicht mehr. Schwäche überfällt ihn – er schließt seine Augen – für immer. Seine letzten Gedanken waren Deutschland, für das er sein Leben gab – Großdeutschland nannte er es. Unser Senior mit dem gelben Seidentüchlein um den Hals war ein heiterer Mensch, ihn gibt es nicht mehr. Er war der einzige Soldat, den ich kannte, der buchstäblich mit dem Wort „Deutschland" auf den Lippen in den Tod ging. Ein Volksdeutscher!

Nach zwei, drei Tagen zog man unsere wieder zusammengeschrumpften Kompanien aus der Front heraus. Der Angriff war gescheitert. Erst in der warmen Jahreszeit wird das gesamte Westufer der Narwa in deutscher Hand sein. Unser Soldatenfriedhof in Toila ist um viele Gräber größer geworden.

Das Regiment bekommt etwa Ende Mai eine ruhige Stellung in der Nähe des „Kinderheimes". Es ist dies ein alleinstehendes Gebäude, für uns aber der Begriff für ein bestimmtes Gelände. Wir können uns hier erholen.

In dieser Zeit gibt es in Toila sogar einmal Fronttheater mit einer sechsköpfigen Truppe. Die vier Damen dieses Ensembles sonnen sich tagsüber in einer ruhigen Ecke des Regimentsgefechtsstandes, und offenbar genießen sie es auch, hier, mangels Konkurrenz, der Hahn im Korbe zu sein.

Erzählenswertes über die kommenden Wochen gibt es nicht. Ich selbst bin abgestellt, in Toila junge Soldaten der Schützenkompanien an dem neueingeführten Feldfunksprecher auszubilden. Mit diesem Funksprechgerät soll eine bessere Verbindung zwischen den Zügen und dem Kompaniegefechtsstand hergestellt werden. Wir haben uns für die Übungen ein schönes ruhiges Gelände unmittelbar vor der Ostsee ausgesucht. Wir liegen oben, gleich hinter dem Steilufer, genießen den warmen Sonnenschein, den Duft der Erde und der Gräser und lassen uns eine sanfte Brise um die Ohren wehen. Wie ausgestorben liegt die Ostsee vor unseren Augen. Kein Schiff, nichts. Unten, am Sandstrand, stehen unverändert der hohe Schornstein und die Gebäude einer stillgelegten Zellulosefabrik. Nur die leise heranschwappende Dünung lässt erkennen, dass die See noch lebt.

Kurland

Dieses schöne Land zwischen Düna und Ostsee, südlich der Rigaer Bucht gelegen, wird allein noch übrigbleiben, wenn die Sommerwochen des Jahres 1944 zu Ende gehen. Das erbitterte Ringen im Baltenland lässt den sich verzweifelt wehrenden deutschen Truppen keine andere Wahl, als den in vielfacher Übermacht anstürmenden Sowjets schrittweise Raum zu geben. Die Bastion Kurland wird bleiben und bis zur Kapitulation Widerstand leisten. Die Sommermonate des Jahres 1944 sind aber auch der Anfang eines Stromes, der sich bei jeder weiteren Annäherung an die Reichsgrenzen verstärken wird, bis er schließlich lawinenhaft das ganze Land ostwärts der Oder und Neiße erfasst: der Flüchtlingsstrom. Die Volksdeutschen aus den polnischen Gebieten und Angehörige der baltischen Völker machen den Anfang. Sie wissen aus Erfahrung, was sie bei der Rückkehr der Russen zu erwarten haben. Viele ziehen es daher vor, mit den deutschen Truppen in eine ungewisse Zukunft zu gehen, als verschleppt oder ermordet zu werden.

Diese Menschen werden einige Zeit im besiegten Deutschland herumirren, aber schließlich auswandern und sich eine neue Heimat gründen können. Die Deutschen aber müssen bleiben und alles bis zum Letzten auskosten, was ihnen unter Umständen an Entsagung, Leid, Entbehrung, Hunger, Demütigung, Erniedrigung bisher vielleicht noch erspart geblieben war. Es ist das übereinstimmende Ziel unserer Feinde, Hitlerdeutschland zu vernichten, damit es nie wieder eine Gefahr für seine friedliebenden Nachbarn werden kann. Sie vernichteten nicht nur Hitlerdeutschland, sondern Deutschland schlechthin, oder besser gesagt, das Deutsche Reich. Von all dem, was da geplant ist, wissen wir im Juli 1944 gottlob nichts. Den Morgenthau-Plan halten wir für eine nazistische Erfindung und Durchhalteparole. Und von dem bestialischen Aufruf des sowjetisch-jüdischen Schriftstellers Ilja Ehrenburg an die Rote Armee, alle Deutschen vom Greisen bis zum Embryo im Mutterleib zu erschlagen und sich der Frauen als Huren zu bedienen, ahnten wir nichts. Wir ahnten auch nicht, dass alle Deutschen mit hochgradigen Faschisten identifiziert werden und jeder Deutsche praktisch einem Judenmörder gleichgestellt wird. Jeder einzelne wird für Verbrechen verantwortlich gemacht werden, die er nicht begangen hat und von deren Existenz er tatsächlich nicht einmal etwas wusste. Die Rächer werden Frauen, Kinder und Greise morden und dadurch selbst zu Mördern werden. Für sie, die Kriegsverbrecher der anderen Seite, wird es hohe Auszeichnungen, aber keinen Richter geben.

Spätestens beim Einfall der Russen in Ostpreußen wird die Zivilbevölkerung aufgeschreckt und beginnt zu fliehen. Sie weiß jetzt, dass man sie ausrotten will. Stalins Wort: „Die Hitler kommen und gehen, das deutsche Volk bleibt bestehen", kennen die russischen Truppen nicht, die in deutsches Gebiet einfallen, die deutsche Lazarette überrennen. Ich will die Bestialitäten nicht aufzählen. Es gibt genügend Literatur mit eidesstattlichen Aussagen darüber. In dieser Zeit ist Deutscher zu sein oft schon ein todeswürdiges Verbrechen. Es ist einfach unglaublich, was eine zweckbedingte, hasserfüllte, unwahre, üble Propaganda aus biederen, gastfreundlichen Menschen zu machen imstande ist. Ich schließe ausdrücklich die Methoden der Naziführung nicht aus.

Als vielleicht das einzige Verdienst des Krieges empfinde ich es, dass ich Völker, die unsere Feinde sein mussten, zum Teil persönlich kennenlernen konnte. So hatte ich zum Beispiel eine Abneigung gegen die Franzosen, weil sie in der Geschichte wiederholt unser Land besetzten, zerstückelten und unsere Freiheitshelden erschossen. Auch ihre näselnde Sprache gefiel mir nicht. Acht Wochen als Besatzungssoldat in der Bretagne genügten, um dieses Vorurteil abzubauen und die französischen Lebensgewohnheiten in vieler Hinsicht als durchaus nachahmenswert zu empfinden. Aber auch unser französischer Kriegsgefangener, der auf Vaters Hof arbeitete, half beim Abbau dieses Vorurteils. Als die Russen sich meiner Heimat näherten, bot er meinen Eltern an, sie mit auf seinen Hof nach Frankreich zu nehmen. Und die Russen? Ich will es vorwegnehmen. Ich habe viereinhalb Jahre als Gefangener unter ihnen gelebt. Nachdem sie erkannt hatten, dass wir Deutsche doch keine Menschenfresser sind und sie ihre Kinder vor uns nicht zu verstecken brauchen, waren sie die gastfreundlichsten Menschen, die es auf der Welt gibt. Manche teilten buchstäblich ihr wirklich letztes Stück Brot mit uns, oft jedenfalls. Für mich war es einfach unfassbar, dass dies die gleichen Menschen sein sollen, deren Bestialitäten ich ja selbst gesehen hatte. Umgekehrt wird es den anderen Menschen mit uns ähnlich ergangen sein. Ohne dieser Zeit meiner Gefangenschaft vorgreifen zu wollen, gab es für mich damals die Erkenntnis: Der kleine Mann im Volk ist überall von Natur aus gutmütig, und dies gilt besonders für die Russen. Nur die Volksverhetzer sind Kapitalverbrecher und gehören ausnahmslos an den Galgen.

Nun habe ich mich ganz weit entfernt von meinem Kurland. Ich war gedanklich schon tief in Sibirien, bei den guten Menschen in der Besatschna Galotschna in Stalinsk, dem heutigen Nowokusnezk. Aber so weit sind wir noch nicht.

Die zweite Julihälfte 1944 ist ins Land gegangen. Die sowjetischen Offensivtruppen bestürmen den Mittelabschnitt und erzielen im Raum Minsk einen breiten Durchbruch. Die schwer angeschlagenen Divisionen der 16. Armee versuchen, an der Düna eine neue Widerstandslinie zu bilden. Obwohl unsere Division selbst nur noch ein Torso ist, müssen wir wieder einmal Feuerwehr spielen. Aber wer soll die Russen vor Ostpreußen sonst aufhalten, wenn nicht Teile der 18. Armee zu Hilfe kommen! Von Johvi ab gelangen wir im Bahntransport in den Raum Dünaburg. Russische Flieger kurven herum. Unsere Ausladung geht ohne Verluste vonstatten. Aber alles, was danach kommt, ist lebhaft und bewegt. Es gelingt mir heute nicht mehr, diese Wochen in Lettland gedanklich chronologisch ablaufen zu lassen. Dies wird besonders dadurch schwierig, dass die Frontlage in jener Zeit immer verworren war und wir meist oder sehr oft nicht wussten, wo vorne und hinten ist. So kam es vor, dass ein amerikanischer Jeep mit russischen Offizieren ohne jeden Argwohn auf der Straße nach Birsen zu uns gefahren kam und umgekehrt, unser Regimentsadjutant samt Beiwagenkrad bei den Russen landete. Ich glaube, es war Oberleutnant Koschorrek, wenn ich mich richtig erinnere. Und für uns Funker ergab sich aus diesen nicht immer überschaubaren Situationen die Notwendigkeit, die Morsezeichen im Kopfhörer nur noch mit einem Ohr aufzunehmen, das andere dafür verschärft auf die Außengeräusche einzustellen. Es war damals leicht möglich, „kassiert" zu werden. Die Zeiten des unbedingten Vertrauens in unsere Schützenkompanien, nämlich von da, wo sie stehen, kann kein Russe herkommen, waren längst vorbei. Die Frontabschnitte waren einfach zu groß und konnten oft nur stützpunktartig besetzt werden.

Birsen

Der erste Schwerpunkt der Kämpfe in Kurland war für mich Birsen. Hier wurden wir gleich mit Stalinorgeln begrüßt. Mitten in unsere Bereitstellung am Stadtrand Birsens hinein traf uns so ein Überfall. Diesmal war Oberfeldwebel Hofer auf mich gesprungen, um Deckung zu haben. Als wir uns wieder aufrichteten, war das Laubdach über unseren Köpfen hinweggefegt, nur noch verstümmeltes Geäst vorhanden. Aber außer einem Splitter im Kochgeschirrdeckel war uns nichts passiert. Von nun an verstärkten sich laufend unsere schweren Waffen. Wo die herkamen, blieb mir schleierhaft, aber sie waren da. Von Tigerpanzern angefangen über die geschmeidigeren Panther, Sturmgeschütze und Sturmartillerie bis zur 2-cm-Vierlingsflak im Erdkampf war alles da, selbstverständlich noch unsere Artillerie und Nebelwerferbrigaden. Und noch jemand war hier: Fliegeroberst Rudel mit seiner Panzerjägerstaffel. Sie bekämpften mit ihren Flugzeugen die Russenpanzer aus der Luft. Für Freund und Feind sichtbar flogen sie im Sturzflug die feindlichen Ziele an. Bei jedem Feuerstrahl, der die Flugzeuge der Staffel in Richtung Feindpanzer verließ, jubelten die Landser im Innern diesen tapferen Fliegern zu. Und wenn man weiß, dass der Panzer Josef Stalin, dieser Stahlriese, eine 12,2-cm-Kanone besitzt, dann konnte man damals diesem Mann und seinen Leuten nicht genug dankbar sein für jeden abgeschossenen schweren Panzer. Ihre Ketten werden keine Schützenlöcher mehr zudrücken oder sie einfach überrollen. Aus dieser Sicht muss man das hohe Ansehen verstehen, das Oberst Rudel gerade beim einfachen Soldaten im Schützengraben genoss. Heute scheint dies bei uns anders zu sein. Die anderen Völker achten und verehren ihre Helden, und unsere müssen sich verdächtigen und abwerten lassen, nur weil sich manche eine nationale Gesinnung bewahrten, was bei anderen Völkern eine Selbstverständlichkeit ist.

Die Unterstützung durch schwere Waffen festigte die Kampfmoral unserer Truppen, und ich möchte stellvertretend für die vielen tapferen Taten unserer Soldaten ein ganz einfaches Erlebnis wiedergeben:

In heiklen Situationen des Regiments war der Pionierzug mit seinen knapp siebzig Mann oft die letzte verfügbare Reserve. Im Raum Birsen war ich einmal bei so einer Abriegelungsaktion dabei. Etwas erhöht an einem mit Sträuchern bewachsenen Feldrand hatte sich der Pionierzug eingegraben, um hier den Ansturm der Russen zu erwarten. Wir hatten ausgezeichnetes Schussfeld. Am schweren Maschinengewehr vor uns saßen drei waschechte ostpreußische Landjungen. In Erwartung des Feindes packte Maschinengewehrschütze 1 sein mit Schmalzfleisch bestrichenes Brot aus und begann in aller Seelenruhe und mit sichtlichem Appetit hineinzubeißen. Das ging auch so weiter, als die Russen schon in mehreren Reihen hintereinander anmarschierten. „Na, wollt Ihr nicht schießen?“ „Nej, noch nech, lote man rankome“, grinste der Maschinengewehrschütze 1 zuversichtlich, ohne die näher kommenden Russen aus den Augen zu lassen. Dann schob er den letzten Bissen in den Mund, schwenkte das Maschinengewehr auf das lohnendste Ziel ein und sprach kauenderweise: „Jetz es genoch und nu drupp.“ Maschinengewehrschütze 2 lag daneben, führte den Gurt, während das Maschinengewehr losrauschte. In aller Ruhe neu anvisiert – und weiter ging's. Es kam keiner näher als dreißig Meter, dann spätestens ereilte ihn der Tod. Im Krieg gab es ja nur eine Devise: Du oder ich. Und so wurde der Angriff blutig abgeschlagen. Befehlsgetreue Standhaftigkeit und Zuversicht in Gott, die Kameraden und die eigenen Waffen brachte in diesen Zeiten des Anrennens einer ständigen vielfachen Übermacht solche Abwehrerfolge.

Aus jener Zeit stammt ein an meine Unbekannte gerichteter Feldpostbrief, genau vom 9. August 1944. Ich schrieb unter anderem: „Mir geht es im Augenblick wieder besser. Wir liegen an der lettisch-litauischen Grenze in der Nähe von Birsen und haben nun endgültige Stellung bezogen, das heißt, es soll sie sein, was wir auch hoffen wollen. In einem Erdloch bedecke ich mich mit Stroh, denn meine Decken sind noch beim Tross. Ich habe jetzt schon tagelang keinen Wehrmachtsbericht gehört. Es wird gemunkelt, dass Tilsit geräumt werden soll. Das kann doch nicht sein! Wenn wir nicht mehr die Kraft besitzen sollten, den Feind zurückzuwerfen, dann wäre jedes Opfer, das noch gebracht wird, umsonst. Das weiß doch die Führung auch, und deshalb glaube ich nicht daran.“

Die deutsche Gesamtsituation belastete mich. Es war nicht nur die erfolgreich verlaufende Invasion der Amerikaner, sondern dass es offenbar keinen anderen Ausweg aus dem Krieg gibt als die bedingungslose Kapitulation. Und die konnte kein Deutscher wollen, ganz gleich welcher politischen Grundgesinnung er im Innersten war. Dazu kam noch das Attentat vom 20. Juli! Wie dachten die meisten Soldaten wirklich damals darüber? Wenn ich versuche, mich zu erinnern, dann war es wohl Hoffnung und Abscheu zugleich, die wir empfanden. Hoffnung, weil im Offizierskorps offenbar Leute bereit waren, aus der Situation des verlorenen Krieges zu retten, was zu retten ist. Dies ginge aber nur ohne Hitler, daher das Attentat. Andererseits Abscheu, weil so ein Verhalten unter die Rubrik Hochverrat eingestuft und der Treueid gebrochen werden musste. Aber gerade Treue und Zuverlässigkeit, besonders in krisenhaften Situationen, haben zu allen Zeiten den preußisch-deutschen Offizier ausgezeichnet.

Wir mussten wieder einmal aushelfen. Von Estland her war die Front eingedrückt worden. Aufgestellte lettische und estnische Verbände, die ihre Heimat verteidigen sollten, waren nicht zuverlässig, ihre Soldaten verließen die Front und gingen in ihre Höfe und Städte. Wer kann ihnen dies verübeln? Sie wollten ihre Haut retten, so gut dies unter den gegebenen Umständen noch möglich war. So mussten die anrückenden Russen an der lettisch-estnischen Grenze abgefangen werden. Unser Regimentsnachrichtenzug wurde motorisiert, um beweglicher zu sein. Wir bekamen einen Kastenlastkraftwagen und auch einen Kraftfahrer dazu, dessen Fahrkünste allerdings recht bescheiden waren. Bei einem nächtlichen Stellungswechsel saßen wir zwischen unserem Nachrichtengerät und schaukelten in der Fahrzeugkolonne in Richtung Segewoldstellung, einer neuen Verteidigungslinie. Unser Fahrer brauchte nur seinem Vordermann zu folgen, den er auch mit abgedunkelten Scheinwerfern sehen konnte. Wie er es trotzdem fertig brachte, unseren Lkw eine vier Meter hohe Böschung hinunterpurzeln und sich überschlagen zu lassen, blieb ein Rätsel. Wir konnten nicht reagieren, Menschen und Geräte fielen durcheinander und mir dabei das 44 Pfund schwere Funkgerät mit seinem kantigen Stahlblechgehäuse auf die Nasenwurzel. Ich war benommen, und Blut lief. Mit einem Notverband brachte man mich am nächsten Tag in ein Feldlazarett zur Untersuchung. Diese ergab nur eine angebrochene Nasenwurzel und Blutergüsse in den Augenhöhlen. Ich sah mit meinen blauunterlaufenen Augen wie eine Schleiereule aus. Als dienstunfähig blieb ich beim Tross und erlebte die wütenden Nahkämpfe in den dichten Wäldern und die dazugehörigen Panzerschlachten aus der Trossperspektive. Werner Haferbier verlor hier seinen zweiten Mann, den ruhigen netten Kurt Fiedler aus Dresden, durch Kopfschuss. Seine spärlichen Schilderungen genügten, um ihn nicht um diesen von mir versäumten Einsatz zu beneiden.

In diese Kurlanderinnerungen gehört auch der Name des Generals Schörner. Durch seine ungewöhnlichen und drastischen Einzelaktionen zur Gewinnung von Frontkämpfern wird er bald zum Schrecken aller Trosse. Unangemeldet erscheint er bei den rückwärtigen Einheiten und kämmt nach ganz persönlichen Maßstäben und Anschauungen die Trosse aus, um mit den so gewonnenen Helden die Grabenstärken der Schützenkompanien zu erhöhen. Ob aus diesen sehr oft älteren Trossleuten die erhofften und dringend benötigten Einzelkämpfer hervorgehen werden, ist eine andere Frage.

Über den General erzählt man sich bald überall die verrücktesten Dinge, unter anderem auch, dass er seinen Kraftfahrer, je nach Laune, unterwegs aussteigen lässt und ihn mit aufgesetztem Stahlhelm befördert oder degradiert. Alles in allem muss man dem General aber zugestehen, dass er trotz dieser cholerischen Auswüchse, die sein Auftreten bei der Truppe sehr oft begleiteten, ein sehr erfolgreicher Truppenführer war. Die Stabilisierung der Front in Kurland war wohl zu wesentlichen Teilen sein Verdienst.

Inzwischen hatten die russischen Panzer bei Tuckum die Ostsee erreicht. Zu schwache deutsche Gegenangriffe blieben unter großen eigenen Verlusten erfolglos. Auch Riga konnte nicht mehr gehalten werden. Und schon brannte es an einer neuen Stelle: Die Russen sind auf breiter Front bei Schaulen durchgebrochen und erreichten Tilsit und Memel. Von Südosten her gingen sie nun in nordwestliche Richtung vor. Was verfügbar gemacht werden konnte in diesen ersten Oktobertagen, wurde motorisiert in Marsch gesetzt, um eine südliche Abwehrfront aufzubauen. Auf unserer Fahrt wurden wir schon am 8. Oktober in Vainode angehalten und in Gefechtsordnung in südliche Richtung in Marsch gesetzt.

In Vainode

Aus einer Nebenstraße kamen uns in flotter Fahrt zwei mit Luftnachrichtenhelferinnen vollgeladene Lkw entgegen. Teils mit aufgelöstem Haar und mit Angst und Schrecken in den Gesichtern rauschten sie an uns vorbei. Sie kamen vom Flugplatz Vainode, den unsere Jagdflieger gerade noch verlassen konnten, bevor die russischen Angriffsspitzen dort auftauchten. Die Feindfühlung ließ jetzt nicht mehr auf sich warten. Ein Abtasten, Durchsickern, überall Lücken – und dies im waldreichen Gelände. Unseren ersten Gefechtsstand richteten wir in einer Lungenheilstätte ein. Hier wirkte alles noch so friedlich. Man lud uns ins Musikzimmer ein, wo ein aus Patienten bestehendes Quartett für uns Barockmusik spielte. Zwei junge Frauen und zwei junge Männer gaben sich redlich Mühe, und wir sparten nicht mit Beifall.

Gegen Abend räumten wir stillschweigend die Heilstätte, um uns auf eine geeignetere Verteidigungslinie zurückzuziehen. Wir hatten uns gerade eingegraben, als gegen 22.00 Uhr vier junge Letten, ohne Schuhe, nur auf Socken und völlig verstört und erschöpft an uns vorbei nach hinten geführt wurden. Wir erfuhren, dass nach unserem Abzug die Russen im Sanatorium gehaust haben sollen. Schwestern, weibliche Patienten und das Küchenpersonal seien vergewaltigt worden, wo man sie antraf. Die vier Männer benutzten das Durcheinander, um sich durch ein sumpfiges Waldstück zu den deutschen Linien durchzuschlagen. Von dieser Zeit ab begegneten wir öfter estnischen und lettischen Flüchtlingen mit ihrem Huckepack auf dem Rücken, die alle dem Libauer Hafen zustrebten, dem einzigen Hochseehafen, der noch in unserem Besitz geblieben war. Wolfgang beim Anblick solcher Flüchtlinge: „Stellt Euch vor, wenn unsere Angehörigen so durch die Gegend ziehen müssten!" Niemand sprach, sorgenvoll hingen wir unseren Gedanken nach …

Zum Sinnieren war keine Zeit mehr. Vom nächsten Tag an berannten die Russen unsere schwachen Stellungen, die wir zunächst ohne Unterstützung von schweren Waffen – denn die eigene Artillerie war noch auf dem Weg hierher – zurückschlagen mussten. Dabei sollten nach Möglichkeit Nahkämpfe vermieden werden, weil der zahlenmäßig überlegene Feind unsere Linien einfach überrennen würde. Eine elastische Kampfführung war hier zweckmäßiger; sie durfte aber nicht nur nach einer Seite erfolgen. Gottlob, die Nebelwerfer halfen bei uns aus. Es war hier, bei Vainode, eine unerbittlich harte Woche geworden. In meinem Feldpostbrief vom 15. Oktober 1944 schrieb ich unter anderem an meine Unbekannte: „Heute, am Sonntag, wurde ich von vorne für ein paar Tage abgelöst. Den Dreck einer ganzen Woche habe ich abgekarrt und fühle mich jetzt wie neugeboren. Es waren harte Tage, die ich mit meinem Kameraden bestehen musste. Noch vor zwei Tagen hätte mich fast Freund Iwan gekascht. Er war wieder einmal durchgebrochen und stand plötzlich vor dem Bataillonsgefechtsstand, der meist ja nur zwischen 300 bis 500 Metern hinter der Hauptkampflinie liegt. Als der Kommandeur rief: ‚Funker, schnell weg, in den Wald', da war es aber auch höchste Zeit. Es ist ein Wunder, dass wir beim Überqueren einer Plaine, die wir mit unseren Geräten auf dem Rücken ja aufrecht passieren mussten, von diesem Höllenfeuer nicht getroffen wurden. Du siehst, mein Glück verlässt mich nicht. Aber einer unserer Störungssucher, Fritz Krebs, bekam beim Verlassen seines Erdlochs einen Kopfschuss. Armer Reiber! Nun wird keiner mehr sagen: ‚Der lacht, als wenn der Reibr grient.'

Heute konnte ich mich ein wenig nach der großen Lage erkundigen und musste erfahren, dass der Feind bereits nördlich Tilsit und bei Memel steht. Es ist traurig, aber wahr. Wir sind damit praktisch eingeschlossen, und ich weiß nicht einmal, ob die Post überhaupt noch abgehen kann und Dich erreichen wird. Für Dich persönlich wird jetzt wohl die härteste Zeit beginnen. Du wirst mit Deinen Eltern Deine liebe Heimat verlassen müssen. Es ist schon zum Verzweifeln! Von zu Hause habe ich auch schon drei Wochen keine Zeile. Auch von meinem Bruder Franz fehlt seit den Ereignissen in Rumänien jede Nachricht. Sicher ist er vermisst. Mir ist jetzt schon alles gleich. Nur bitte ich Dich, flüchte, damit Du den Russen nicht in die Hände fällst. Ich will Dir nicht mehr schreiben, als dass sie hier mit den Frauen und Mädchen tun, was sie wollen. Wenn es das Schicksal will, dass wir uns noch einmal wiedersehen sollten, dann werde ich Dir erzählen können. Und Du wirst ja auch viel Schlimmes zu erzählen wissen. Es ist alles so traurig. Man kann nur sagen: ‚Armes Deutschland, Du kämpfst wie ein Löwe und musst verbluten, weil Du die ganze Welt zum Feinde hast.'"

Nach diesem Brief kam ich im Kurland nicht mehr zum Einsatz. Unsere Kompanien waren praktisch aufgerieben und die Reste des Regiments herausgezogen. Unser Regiment wurde aufgelöst. Wir wurden II. Bataillon beim Grenadierregiment 162. Es gab noch einige Tage Ruhe, und dann kamen wir Ende Oktober zur Verladung nach Libau. Zwei 6.000 Tonnen Frachter lagen für uns im Hafen. Bevor wir auf das Schiff konnten, hatten wir erst noch einen Bombenangriff aus großer Höhe zu überstehen. Das Nachbarhaus wurde schwer getroffen und fiel zusammen. Ich kam mit Dreck und Staub und einigen Glassplittern davon. Ich glaube, ich zitiere wieder einige Sätze aus meinem Brief vom 9. November 1944: „Nun kurz zu meinen Erlebnissen: Nachdem wir in den schweren Kämpfen südöstlich Libau zusammengeschlagen worden waren, ging es nach einer mehrtätigen Ruhezeit in Richtung Libau zum Verladen. Alles lief glatt bis auf zwei Bombenangriffe. Aber ich hatte Glück. Das erste Mal schlugen die Bomben ins Nachbarhaus, und das zweite Mal fielen sie beiderseits der Bordwände ins Wasser. Die Überfahrt verlief in dem 6.000 Tonnen Dampfer ohne Störungen. Ich wurde nicht einmal seekrank. Von Gotenhafen aus ging es mit der Bahn in Richtung Königsberg. In Elbing hatten wir kurz Aufenthalt, und uns gegenüber stand ein Personenzug mit evakuierten Tilsitern. Unser Zugführer rief nach Frau Hofer, und ich versuchte, Dich zu erreichen. Aber vergebens. Dies war am 30. Oktober, als Du ja schon in Braunsberg Aufenthalt genommen hattest. In Insterburg wurden wir ausgeladen und südostwärts Gumbinnen eingesetzt. Zurzeit sitze ich mit meinem Gerät in einem Erdloch in der Hauptkampflinie. Gestern und vorgestern Nacht habe ich mit meinem Kameraden das Loch vergrößert, damit wir uns wenigstens umdrehen können. Eine Lage Balken haben wir aufgesetzt, damit nicht jeder billige „Klops", mit denen die Russen herumwerfen, durchfällt. Wir sind beide stark erkältet. Es ist heute der sechste Tag, den wir in diesem Loch zubringen müssen, ohne uns zwischendurch mal aufwärmen zu können …" Einige Zeilen später schreibe ich weiter in diesem vierseitigen Brief: „Ich habe meinen Brief unterbrechen müssen, um zwei Verwundete wegtragen zu helfen, darunter den Kompanieführer. Leider hat unsere Hilfe nichts genützt, sie haben beide ihr Leben während des Tragens ausgehaucht. Ein Kopfschuss und ein Oberschenkeldurchschuss eines Explosivgeschosses waren die Ursache (verblutet). Es zeigt sich immer wieder die gemeine Kriegsführung der Russen. Naja, damit haben wir uns schon abgefunden."

Es war dies mein letzter echter, direkter Fronteinsatz dieses Krieges. Am 11. November 1944 wurde ich von vorne abgelöst, und auch meine neue Feldpostnummer 03180A wurde wieder durch meine alte ersetzt. Wir wurden wieder Regimentsnachrichtenzug, und Major Krüger wieder Regimentsführer des Grenadierregiments 151. Adjutant ist inzwischen der frühere Nachrichtenstaffelführer des II. Bataillon/ Infanterieregiment 151, jetzt Leutnant Reuter, geworden. Bevor ich weiterschreibe, möchte ich meine Eindrücke über unsere Verteidigungslage wiedergeben:

Auf ostpreußischem Boden waren es zwei Dinge, die mir auffielen:

1. Die hinter unseren vordersten Linien hervorragend ausgebauten Stellungen, sogar mit überdachten Laufgräben, wie wir sie im ganzen Krieg nicht gesehen hatten, und
2. die gähnende Leere in den vordersten Linien. Ich übertreibe sicher nicht, wenn ich schreibe, dass ich auf dem flachen weiten Wiesengelände südöstlich Gumbinnen immer den Eindruck hatte, wir Funker seien alleine hier. Aber circa 200 Meter nach links und rechts konnte man einen Posten erkennen. Und noch etwas! Der Ersatz, der die Reste des Regiments wieder funktionsfähig machen sollte, bestand meist aus „älteren" Männern. Darunter viele aus den Alpenregionen, die erstmals in ihrem Leben ihre Almen und Berghöfe verlassen haben und die ihr Leben durch frommes Beten zu erhalten suchten. Bei der Annäherung russischer Spähtrupps hockten sie in ihren Löchern und beteten, statt zu schießen oder Handgranaten zu werfen, – einige wenigstens! Es war das wirklich letzte Aufgebot, das jetzt auf die Schlachtbank geschickt wurde. Meines Erachtens konnte es sich nur noch darum drehen, die Evakuierung der ostpreußischen Zivilbevölkerung zu decken.

Die Erwartung, dass die ostpreußischen Divisionen sich festkrallen werden an ihrem Heimatboden, konnte sich nicht erfüllen, denn sie gab es praktisch nicht mehr. Es waren in Wirklichkeit nur noch Fragmente, die man im Hauptquartier als vollwertige Divisionen auf den Kartentischen herumschob. Wir waren am Ende.

Unser Regimentsgefechtsstand lag in Altkrug bei Gumbinnen. Ich wurde in diesen Tagen als Schreiber des Zuges beansprucht. Es mussten die Tarntafeln und Schlüsselunterlagen neu erstellt werden. Es war ja nichts mehr da. Zwischendurch saß ich auch mal am Klappenschrank. Und was ich da zu hören bekam, erfüllte mich mit Entsetzen. Die Aufklärung meldete fast täglich russische Lkw-Kolonnen mit 120, mal 80 und dann wieder mit 160 Fahrzeugen – immer in westliche Richtung. Sie karren Munition heran, um uns am Tage X mit ihrer Artillerie zu begraben. Und wir? Wir müssen zusehen, wenn beispielsweise die Russen in Trakehnen auf vollen Touren – und abends sogar mit elektrischer Beleuchtung – die Drescharbeiten laufen lassen. Um Störfeuer schießen zu können, muss die Artillerie bis zum Korps um Genehmigung bitten, um dann fünf oder sieben Schuss frei zu bekommen. Sie reichen gerade zum Einschießen. Es wird ein Trauerspiel sein, das sich hier abspielen muss, wenn die Russen ihren Großangriff starten werden – ein Abgesang.

Mein letzter Heiliger Abend bei der deutschen Wehrmacht kam. Mit Oberfeldwebel Hofer und Wolfgang bewohnte ich mit noch einem Kameraden ein kleines Siedlungshaus. Wir hatten großes Reinemachen, sogar die Bilder und Möbel wurden abgestaubt, Sessel gewaschen und Fußboden geschrubbt.

Um circa 20.00 Uhr begann die offizielle Feier mit Gedichten und Weihnachtsgeschichten, und dann hörten wir noch die Rede von Dr. Goebbels. Danach „feierten" wir in den Unterkünften. Ich hatte aus Drops einen „Likör" zurechtgebraut, den wir (Oberfeldwebel Hofer, Wolfgang, zwei andere Kameraden und ich) gerade genossen, als mich meine Unbekannte anrief. Wir vereinbarten am zweiten Weihnachtsfeiertag in Insterburg ein Wiedersehen. Ich bekam den Befehl, an diesem Tag Nachrichtengerät abzuholen. Leutnant Reuter, unser jetziger Adjutant, unterschrieb. Sechs lange Stunden hatten wir in Insterburg füreinander Zeit. Insterburg ist ein Stück gemeinsamer Erinnerung geblieben. Es ist der Inbegriff eines glücklichen Wiedersehens und eines Abschieds für lange, lange Zeit.

In den ersten Tagen des neuen Jahres lief alles wie bisher. Am 11. Januar 1945 überraschte mich Oberfeldwebel Hofer mit folgenden Worten: „Sehen Sie zu, dass Sie mit den Schlüsselunterlagen fertig werden, dann können Sie morgen zum Tross und am 13. in Urlaub fahren." Diesen Satz brauchte er nur einmal zu sagen. Am 12. Januar 1945 war ich tatsächlich beim Tross, und am Abend hatte ich meinen Urlaubsschein in der Tasche. Morgen geht es nach Insterburg, und dann ab nach Hause. Am 13. Januar 1945, Punkt sieben Uhr früh, trommelten schlagartig die

Stalinorgeln zum Großangriff – ununterbrochen, ein einziges fernes Getrommel aus Hunderten von Rohren, die ganze Front entlang. Die Scheiben klirrten. Obwohl erwartet, erfasste uns alle Betroffenheit. Kaum eine Stunde später hieß es schon, russische Panzer seien aus der Richtung Ebenrode im Anmarsch. Beim Tross begann man mit Hektik, die Fahrzeuge zu beladen – und ich stand unglücklich dabei, denn ich sah meinen Urlaub davonschwimmen. Ich brauchte nämlich noch die Unterschrift eines Arztes, dass ich frei von ansteckenden Krankheiten und Ungeziefer bin. Aber alle Ärzte waren alarmiert und bereits unterwegs zu den Hauptverbandsplätzen.

Im Geschäftszimmer der Stabskompanie hörte sich Stabsveterinär Dr. Krämer meine Sorge an und wandte sich jetzt mit den Worten an mich: „Was, das ist alles, was Ihnen fehlt? Na, daran soll Ihr Urlaub nicht scheitern! Haben Sie Läuse oder eine ansteckende Krankheit?" „Nein". „Zeigen Sie her! – Doktor bin ich auch!" Und er nahm mir den Urlaubsschein aus der Hand und unterschrieb. „So, lassen Sie sich unterwegs nicht schnappen und kommen Sie gut heim!" Etwas Wehmut lag in seinen letzten Worten. Ich kam nach Insterburg und fuhr ab. – Diesem Mann bin ich heute noch dankbar für die Unterschrift, denn damit stellte er die erste wichtige Weiche für mein Überleben.

Es verlief dann alles programmgemäß. In Korschen wurden wir beziehungsweise unsere Urlaubsscheine streng überprüft, aber wir durften weiterfahren. Die befürchtete Urlaubssperre trat erst am 15. Januar ein. Aber da war ich schon zu Hause.

Bei Fliegeralarm kam ich an. Das Hydrierwerk bei Brüx, wo aus Braunkohle Benzin hergestellt wurde, war öfter Großangriffen ausgesetzt. Und mein Heimatort lag ja nur etwa 20 Kilometer davon entfernt.

Die Stimmung in der Heimat war gedrückt, obwohl eine Art Wunderglaube an den Führer hie und da noch anzutreffen war. „Die V-Waffen (Vergeltungswaffen) sollen ja bis zu V-10 gehen. Er wird schon noch etwas haben, dass wir den Krieg gewinnen können!" Aber die meisten Landsleute stellten die bange Frage: „Was soll denn da aus uns werden?" Die Angst vor den fanatisierten Tschechen war wieder im Vormarsch, wie zu Zeiten der Sudetenkrise. Der Bürgermeister ging bei dem einzigen tschechischen Bauern im Ort jetzt aus und ein. Er pflegte bei Jaroslav Soucek seine Rückversicherung. Während andere Parteifunktionäre erschlagen werden, wird er mit dem Leben davonkommen.

Am 4. Februar 1945 war mein Urlaub zu Ende und die Stunde des Abschieds gekommen. Ich verließ mein Elternhaus über den Hof, ging durch den großen Garten hinter der Scheune und suchte den Weg zum Bahnhof über die Felder. Sie waren jetzt von einer leichten Schneedecke überzogen. Vater und Mutter standen die Tränen in den Augen, obwohl sie mir den Abschied nicht schwer machen wollten. Ich bat sie, zurückzugehen und mir nicht nachzusehen. Ich drehte mich nicht um, obwohl es mich zog, sie zu drücken. Vielleicht war es ein Abschied für immer – für alle von uns.

Als ich dann draußen alleine zwischen den Feldern stand, sah ich mich noch einmal in der Landschaft um, in der ich geboren und groß geworden war, wo ich als Kind mit unserem Hund auf Mäusejagd ging und Wespennester ausräucherte, wo ich unter den Obstbäumen lag und die sich ständig verändernden Haufenwolken beobachtete, in die ich Figuren hineinphantasierte, – diese deutsche Heimat wird bald schon zu einer Walstatt für ihre Bewohner werden. Ein letzter Rundblick über die Dächer der Zweitausendseelengemeinde, besonders den herausragenden roten Zwiebelturm unserer Kirche mit dem goldenen Kreuz. Nach Nordwesten zu erkannte ich die vertraute Silhouette des Erzgebirges mit der Strobnitz als dem höchsten Berg des Duxer Bezirks; links daneben, hinter Ossegg und der Riesenburg, der Gebirgseinschnitt, in dem unser Wintersportort Langewiese liegt. Von Osten her schauen mir die Basaltkegel des Böhmischen Mittelgebirges entgegen mit dem alles beherrschenden Donnersberg und daneben der Radelstein. Zum Donnersberg oder „Milleschauer" genannt hatte ich eine besondere Beziehung. Es war Tradition, ihn etwa Ende Mai in einer Nachtwanderung zu besuchen. Mit einer Decke bewaffnet, marschierten wir um 20.00 Uhr abends ab und erreichten gegen 01.00 Uhr nachts den über 800 Meter hohen Gipfel. In der Nähe der Sternwarte übernachteten wir unter freiem Himmel bis zum Sonnenaufgang. Dieser Blick zum Elbtal hinunter, der sich bei Sonnenaufgang bot, entlohnte tausendfach alle Mühen des nächtlichen Aufstiegs. Das vom Elbwasser reflektierte gleißende Sonnenlicht strahlte – umgeben von dem riesigen, jetzt in Blüte stehenden Obstgarten des fruchtbaren Elbetales – wie aus einer Märchenwelt zu uns herauf. Dies alles werde ich nie mehr sehen. Es wird ein Abschied für immer sein.

Die Saatkrähen auf den Feldern um mich nahm ich nur im Unterbewusstsein wahr. Meine Gedanken eilten wieder voraus, zu meiner Truppe. Wo werde ich sie finden?

Die Antwort ist gleich gegeben: nie mehr! Mein gemeinsamer Weg mit dem Regimentsnachrichtenzug des Grenadierregiments 151 der 61. ostpreußischen Infanteriedivision war mit dem 13. Januar 1945 zu Ende gegangen. In der am gleichen Tage begonnen Schlacht um Ostpreußen wird die Division in den folgenden Wochen ihren Weg in den Untergang weitergehen. Sie wird mit den anderen in Ostpreußen eingesetzten abgekämpften Wehrmachtsverbänden Widerstand leisten, bis sie mit dem Rücken an der Ostsee ihr letztes Blut vergießt. Am 10. April 1945 treten ihre Reste vor dem Schauspielhaus in Königsberg zum letzten Mal an – zum Marsch in die Gefangenschaft.

Die 61. Division erlitt in den sechs Jahren des Krieges folgende Verluste: 4.500 Gefallene, 21.000 Verwundete, 3.000 Vermisste, insgesamt somit 28.500 Offiziere, Unteroffiziere und Mannschaften.

Es sind nicht nur die Opfer an Leib und Leben, die zu beklagen sind, sondern auch ausgestandene unvorstellbare körperliche und seelische Strapazen, Entbehrungen und Entsagungen aller Art. Fast viereinhalb Jahre gehörte ich meiner Einheit, dem Regimentsnachrichtenzug des Grenadierregiments 151 an. Der letzte bittere Gang im Kreise meiner Kameraden ist mir erspart geblieben. Ich musste diesen Gang einer sich ständig steigernden Kette von Demütigungen und Erniedrigungen später alleine gehen. Ich weiß nicht, wer von meinen früheren Kameraden in den letzten Wochen noch sein Leben verloren hat; ich schließe sie alle ein – Lebende und Tote – wenn ich am Heldengedenktag an die gemeinsame schwere Zeit denke.

Diesen schweren Weg mit meinen Kameraden vom Regimentsnachrichtenzug 151 möchte ich mit der Schlussbetrachtung von Walther Hubatsch in seiner Geschichte der 61. Infanteriedivision beenden. Walther Hubatsch stellt hier die Frage, auf die wir alle keine befriedigende Antwort finden können, nämlich nach dem Sinn dieser Opfer. Er schreibt: „Wir werden als Mitlebende diese Frage heute noch nicht beantworten können. Die geschichtliche Wirkung solcher Todesgänge pflegt erst spät sichtbar zu werden. Ohne Folgen bleiben sie niemals. Dies aber gilt heute wie zu allen Zeiten, dass solche Leistungen, wie sie hier aufgezeigt wurden, nicht möglich sind ohne jene innere Werte, die in sechs Jahren gelebt und mit dem Tode besiegelt wurden: Gehorsam, Treue, Disziplin, Kameradschaft, Pflichterfüllung bis zum Tode, Zurückstellung der eigenen Person und Hingabe für die Gemeinschaft. Sollen alle diese Werte mit unseren Toten begraben sein?“

Im Glatzer Bergland

Der Dresdener Hauptbahnhof war für mich schon die Endstation auf dem Weg zur Front. Dies sagte genug: Ostpreußen war nicht mehr erreichbar, abgeschnitten. Die zurückkehrenden Urlauber sammelte man in Dresden, in der Hindenburgkaserne. Das elegante, schöne Dresden, die Garten- und Kunststadt bot sich in diesen Tagen als eine Stadt in Grau dar; sie war hoffnungslos von Zehntausenden erbarmungswürdigen Flüchtlingen überfüllt. Die Prunkfassaden der Barockbauten standen im krassen Widerspruch zu den Menschen, die jetzt das Straßenbild belebten.

Wir durften unsere Kaserne nicht verlassen. Am siebenten oder achten Februar gab es Fliegeralarm. Britische Aufklärungsflieger kurvten in großer Höhe unangefochten über der Stadt herum. Was wollten die hier? Dresden hatte ja nur Zigarettenindustrie, es konnte also nie ein lohnendes Ziel für Bomber sein – dachten wir.

Am gleichen Tag begann man mit der Zusammenstellung eines Marschbataillons. Überwiegend bestand es aus Nachrichten- und Trossleuten. Infanteristen gab es fast keine. Obwohl Nachrichtengerät nicht vorhanden war, stellte man auch eine Nachrichtenstaffel auf. Ich kam dazu. Es war auffällig, dass der auswählende Oberleutnant für die Nachrichtenstaffel nur Infanterienachrichtenleute nahm. Die mit der gelben Paspelierung wurden zu Panzervernichtungstrupps zusammengestellt.

Und so verließ unser Zug am 9. Februar 1945 Dresden, genau vier Tage vor dem sadistischen Massenmord der Engländer und Amerikaner. So, wie die Judenmorde Deutschlands Schande bleiben werden, so werden die Flächenbombardements und besonders der Dresdener Meuchelmord ihre Schande bleiben. Von den Kulturwerten, die diese militärisch absolut belanglose Stadt dabei einbüßte, ganz zu schweigen. Ich kannte Dresden in Friedenszeiten. Für mich war sie die schönste und sauberste deutsche Stadt.

Wir gelangen nach Schlesien und werden in Striegau ausgeladen. Die Kasernen hier sind geräumt. Wir sind scheinbar die einzigen Soldaten, die den Feind aufhalten sollen. Nun müssen wir uns erst mal bewaffnen. Die leeren Kasernen werden durchgekämmt und liegengelassene Waffen und Infanteriemunition zusammengesammelt. Auch eine ganze Menge Panzerfäuste finden wir. Es gibt aber kein einziges Geschütz, auch keine Pak. Das Marschbataillon wird vor der Stadt und in der Stadt an geeigneten Punkten eingesetzt. Ein Unteroffizier und drei Mann von der Nachrichtenstaffel werden zur Ablösung beziehungsweise zur Übernahme des Fernamtes Striegau gesucht. Ich melde mich freiwillig. Übrigens das einzige Mal, dass ich mich zu einer Sache freiwillig gemeldet habe. Diese Übernahme besteht darin, dass wir uns erst einmal in den vom ununterbrochenen Geraschel und Geklapper erfüllten Raum hineinsetzten und uns von dieser Hektik der Fernmeldetechnik beeindrucken ließen. Wir sahen so etwas zum ersten Mal im Leben. Von den Schaltungen und tausenden

Drähten hatten wir keinen blassen Schimmer. Schließlich waren wir schon zufrieden, wenn wir die Teilnehmer mit dem Ortskommandanten verbinden konnten. Und das war wichtig! Ich merkte bald, dass unser Unteroffizier nur noch eines im Sinne hatte, das sich abzeichnende Kriegsende zu überleben. „Wir müssen achtgeben, dass wir den Anschluss nach hinten nicht verpassen", meinte er. „Und wenn die Russen kommen, hau'n wir in Richtung Riesengebirge ab. Dort erwarten wir irgendwo in einem Heuschuppen das Kriegsende." Die Devise war gegeben – und von allen akzeptiert. Ich wollte ja schließlich auch überleben, aber nicht nur, um zu wissen, wie der „Frieden" aussehen wird, sondern weil ich ganz einfach am Leben hing.

Am 11. Februar abends verabschiedete sich der Amtsleiter des Fernamtes mit zwei Flaschen Wein von uns. Und von nun an hörten wir jede Meldung mit, die dem Ortskommandanten durchgegeben wurde. Einmal hieß es, dass 60 Russenpanzer auf Striegau zurollten, dann wieder, dass Fußtruppen im Anmarsch sind. Und wir hatten kein einziges Pakgeschütz! In der Ecke standen zwei Panzerfäuste.

Am 12. Februar früh gegen 08.00 Uhr hörte ich ganz wenig Gewehrfeuer, etwa so, wie bei uns am Wolchow in den ruhigsten Zeiten. Dazwischen allerdings einmal den Knall eines Panzergeschützes. Ich sah aus dem ersten Stock die Straße hinunter und traute meinen Augen nicht, als in kaum hundert Metern Entfernung zwei russische Panzer hintereinander standen, rundum von sichernder Infanterie begleitet. Nun mussten wir schnell handeln. Ich nahm meine Panzerfaust auf die Schulter und eilte mit meinen neuen Kameraden auf die Straße hinter dem Haus. Ich hätte den ersten Panzer fast gefahrlos abschießen können, wenn ... ja, wenn ich gewusst hätte, wie man die Panzerfaust bedient. Zum langen Überlegen und Ausprobieren war keine Zeit mehr. Dieser Mangel, dass man uns als Infanterienachrichtenleute an derartigen Waffen nicht ausgebildet hatte, rächte sich diesmal ganz besonders. So blieb mir die allerletzte Mutprobe erspart.

Der Unteroffizier marschierte schon flott dem westlichen Stadtrand zu, und wir anderen drei folgten ihm. Schließlich verließen wir Striegau – wenig heldenhaft – und marschierten an diesem sonnigen Wintertag querfeldein in Richtung Riesengebirge. Nur der Wind trieb den Pulverschnee gegen unsere Gesichter und heulte an unseren Ohren vorbei. Plötzlich erkannten wir vor uns auf der Landstraße eine Fahrzeugkolonne. Es war ein langer Flüchtlingstreck. Wir durchquerten ihn und marschierten weiter querfeldein, dem Riesengebirge zu.

Wir hatten die Straße schon ein ganzes Stück hinter uns gelassen, als wir von weit hinten angerufen wurden. „Nicht umdrehen, weitergehen!", befahl der Unteroffizier. Nach einer Weile ein anderer Kamerad: „Wir müssen halten, ein Offizier kommt uns nachgerannt!" Und so war es. Was blieb uns anderes übrig, als aufzugeben. Das Riesengebirge werden wir in diesen Tagen nicht erreichen. Es war ein Hauptmann, der uns nachgelaufen kam, der Kampfkommandant von Freiburg. Er nahm uns in seinem Kübelwagen mit. Ich fand gerade noch Platz auf einem Kotflügel. Unterwegs begegnen wir beiderseits der Straße vorgehenden deutschen Panzern in Gefechtsordnung. Am Eingang von Freiburg steht ein alter Bekannter – General Schörner, der den Gegenangriff persönlich leitet. Auch das noch! Jetzt hängen wir auf dem nächsten Galgen!, dachte ich. Der Hauptmann lässt halten und macht dem General Meldung. Der General mit einer Kopfwendung in unsere Richtung: „Wo kommen denn diese Wandervögel her?" Die Antwort des Hauptmanns verstehe ich nicht, er steht mit seinem Rücken zu uns. Dafür höre ich die Weisung des Generals ganz deutlich: „Achten Sie darauf, dass sie auch wirklich dort ankommen!" Gemeint war die Frontsammelstelle in Freiburg, die oben am Berg im Nationalsozialistische Volkswohlfahrtseminar, einem großen roten Klinkerbau, untergebracht war.

Glück braucht der Mensch im Krieg, ich betonte dies schon wiederholt. Mir ist wahrhaftig nichts erspart geblieben, aber das Fünkchen Glück zum Überleben, das man braucht – im entscheidenden Augenblick war es bei mir. Der letzte Schub Versprengte verließ vor zwei Stunden das Seminar, um zu Schanzarbeiten oder als Ersatz zur 208. Division abgestellt zu werden. Wir aber durften bleiben. General Schörner brachte mit seinem Gegenangriff den russischen Vormarsch zum Stehen. Die Lage stabilisierte sich, sodass wir zunächst mit etwa 50 Mann als Reserve im Seminar verbleiben konnten.

Ich meldete mich jetzt krank, weil ich tatsächlich nicht mehr sprechen konnte. Ich hatte Laryngitis, eine Kehlkopfentzündung mit Auswirkungen auf die Stimmbänder. Man vertröstete uns Kranke, dass jeden Tag ein Arzt eintreffen müsse, denn avisiert sei er schon. Einige Tage danach kam er dann auch. Die Tür des Untersuchungszimmers im ersten Stock ging auf, ein mittelgroßer schlanker Unterarzt in der Uniform eines Gebirgsjägers, mit roten abgegrenzten Wangen – Grübchen drin – trat uns jetzt lächelnd entgegen. Nachdem er die illustre Gesellschaft vor seinen Augen mit einem abschätzenden Blick ins Visier genommen hatte, fragte er: „Wer beherrscht von Ihnen denn einigermaßen die Orthographie?" Es meldete sich niemand, und ich empfand dies geradezu als Beleidigung. Als sich auch beim zweiten Fragen noch niemand meldete, hob ich den Arm. „Kommen Sie bitte herein!" Und nun erklärte er mir, dass ich „Dienstunfähigkeitsbescheinigungen" oder „Nur geeignet für Innendienst", die er mir diktieren werde, auszustellen habe. Ich schrieb also, und er unterschrieb. Es funktionierte ganz gut. Der letzte Patient verließ den Raum, und der Unterarzt wandte sich nun mir zu: „Und Sie? Sie sind doch auch krank?" – Und so bekam ich auch eine Dienstunfähigkeitsbescheinigung, und zwar bis auf weiteres. „Wissen Sie", sprach er zu mir, „Sie bleiben am besten hier im Untersuchungszimmer. Sie können hier auf der Untersuchungsliege schlafen. Ist besser, als im Keller auf Stroh zu liegen. Dafür halten Sie den Raum ein bisschen in Ordnung." Nach einigem Überlegen fuhr er fort: „Können Sie auch Schreibmaschine schreiben? Ist ja bestens! Wollen mal sehen, wie es klappt mit uns beiden, vielleicht wollen Sie ganz bei mir bleiben." Und nun stellte er sich ganz förmlich vor: „Ich heiße Dr. August Czerwinski, bin Internist."

Dies war meine erste Begegnung mit diesem wunderbaren, von strengen sittlichen und religiösen Grundsätzen geprägten Menschen. Nach dem Stabsveterinär Dr. Krämer ist er der zweite Mensch, der mein Leben oder besser gesagt, Überleben maßgeblich steuern wird. Ihm verdanke ich viel. Er war seinem Wesen nach nie Soldat, was man üblicherweise unter einem Soldaten versteht, sondern ein in Uniform gesteckter Mensch. Er kam von der Universitätsklinik in Würzburg, war aber gebürtiger Oberschlesier. Wenn er mich ansprach, dann immer mit dem „Herr" vorne dran. „Wissen Sie", sagte er einmal, „dieser Kommisston ist etwas Entwürdigendes. Das „Herr" lasse ich nicht weg. Sie werden sich schon daran gewöhnen," lächelte er mich an. Ich hatte aber auch das Gefühl, er bevorzugte mich wegen meiner infanteristischen Dekoration auf der linken Brust. Er suchte eine gewisse Anlehnung an die Fronterfahrung bei mir. Dabei hatte er selbst ohne Frage Mumm und Initiative, wie sie in dieser Zeit des Unterganges Goldes wert war. Wir beide wurden ein Team, über das die Aktiven sich vielleicht krumm gelacht oder vielleicht auch die Hände über dem Kopf zusammengeschlagen hätten. Es lohnt sich daher schon, diese Freiburger Zeit ein wenig ausführlicher zu behandeln, auch wenn hier nicht geschossen wurde.

Freiburg in Schlesien – meine schönste Zeit

Ich war also Schreiber im Revier geworden, oder sagen wir gleich Revierschreiber. Dies ging etwa eine Woche lang in dem bereits geschilderten Stil. Dann kam Dr. Czerwinski eines Tages zu mir und gab mir Kenntnis davon, dass wir ein Leichtkrankenrevier einrichten müssen. Ein Schörner-Befehl schreibe vor, Leichtkranke nicht hinter die Linie Freiburg-Schweidnitz zur Behandlung zu schicken. Unsere Truppen hatten Striegau zurückerobert, Freiburg lag jetzt etwa 15 Kilometer hinter der Hauptkampflinie. Ich war also Etappensoldat geworden. Und nicht nur dies! Die Medizin zog mich zunehmend in ihren Bann, zunächst nur als Schreiber. Aber dies änderte sich bald.

Gleich oben, in der ersten Etage, neben unserem Untersuchungszimmer, beanspruchten wir drei weitere Zimmer, einen Saal, in dem wir zwölf Eisenbetten bequem unterbringen konnten und dazu ein gefliestes Bad mit vier Wannen. Wir bekamen alles. Ich organisierte das sonst noch Notwendige, vor allem Essgeschirre, und fand seltsamerweise überall offene Ohren. Nun beschloss ich, auch meinen Doktor erstmal einzukleiden, wie dies für einen Soldaten im Offiziersrang notwendig ist. Dabei half mir der an Ischias erkranke Norddeutsche aus der Bekleidungsstube ganz hervorragend. Ich musste ihm dafür nur versprechen, dass wir ihn gegebenenfalls im Auto mitnehmen, weil er nicht laufen könne. Ich versprach es und habe mein Versprechen gehalten, um dies gleich vorwegzunehmen. Ich bekam also Offiziersstiefel, eine Schirmmütze und besten Extrastoff zur Anfertigung einer Reithose und eines Waffenrockes. Der Kompanieschneider nähte alles nach Maß, und dies sehr schnell. Nun stand Unterarzt Dr. Czerwinski frisch eingekleidet vor dem Spiegel, besah sich wohlgefällig von oben bis unten und lächelte still vor sich hin. Sicher dachte er an seine Frau und sein Töchterchen. Wenn sie ihn jetzt doch sehen könnten!

Der Alltag und unsere neuen Aufgaben beanspruchten uns wieder. Wir bekamen jetzt den Sanitätsfeldwebel Distelfink, seines Zeichens Fahnenjunker, zugeteilt. Er war ein gutaussehender Endzwanziger und ohne Frage klug und gebildet. Zum Reinigen unserer Räume und zum Geschirrspülen kamen jetzt täglich stundenweise zwei Mädchen. Und die ersten Leichtkranken waren auch schon da. Es handelte sich um eine akute Lungenentzündung, Malariaanfälle, Magenkranke und ähnliche Patienten. Unser Revier war durchschnittlich mit acht bis neun Leuten belegt. Ich war also für den Bürokram zuständig, und Feldwebel Distelfink stellte so eine Art Assistent und Oberschwester dar. Nach der Visite ging der Feldwebel mit mir noch einmal die einzelnen Verordnungen durch und übertrug mir deren Ausführung. Er brachte mir auch das intramuskuläre Spritzen bei. „Ist ganz einfach: Auf die Gesäßbacke ziehen Sie gedanklich ein Kreuz, und in den oberen äußeren Quadranten wird injiziert, weil hier die wenigsten Blutgefäße sind. Natürlich die Einstichstelle mit Äther gesäubert, mit Daumen und Zeigefinger der linken Hand die Haut gespannt, ein kurzer herzhafter Einstich, Hansaplast drauf, fertig." Ja, was man alles geboten bekommt und lernt beim Militär?! Und am Abend feierte der Feldwebel auf seiner Stube bei bengalischer Beleuchtung gleich mit beiden Mädchen der Revierreinigung seine Feste. Zur gleichen Zeit versuchte ich nebenan auf der Untersuchungsliege zu schlafen. So ging dies eine Woche lang.

Eines Tages schneite unerwartet Dr. Czerwinski zu mir herein, ging freudestrahlend auf mich zu und sagte: „Herr Steiniger, Sie übernehmen ab sofort den ganzen Laden hier!" „Jawoll, Herr Unterarzt." „Sie bekommen einen Leichtkranken als Hilfe – zum Essenholen und Essenverteilen und so weiter – dann klappt schon alles. Feldwebel Distelfink wird nämlich abgestellt." Erst jetzt begriff ich, dass ich hier der Universalmann werden sollte. Meine Bedenken, dass ich bei den medizinischen Dingen überfordert sei, ließ der Doktor nicht gelten. „Ich habe alles beobachtet und weiß, dass Sie schon bisher die Verordnungen ausgeführt haben. Den Feldwebel Distelfink habe ich freigegeben. Hauptmann Müller erzählte mir von den nächtlichen Festen hier oben." Der Hauptmann wohnte im Parterre unter uns. „Aha, daher weht der Wind", fuhr es mir durch den Kopf. Der Doktor war ein strenger, praktizierender Katholik. Ich zwar auch von Geburt her, aber nicht streng und schon gar nicht praktizierend. Und dem holden Geschlecht war ich auch nicht abgeneigt, aber natürlich nicht so derb zugetan wie der Feldwebel. Musst aufpassen! – Nun wurde ich aus meinen blitzschnellen Überlegungen herausgerissen:

„Sie müssen nur gewissenhaft das alles ausführen, was ich Ihnen auftrage, dann kann gar nichts schiefgehen. Und noch etwas: Sie bleiben jetzt endgültig bei mir. Ich habe die Zustimmung von Hauptmann Baldauf erhalten. Aber ihr Blitz muss vom Ärmel herunter. Ich kann Sie sonst nicht halten, weil ausgebildete Nachrichtenleute, vor allem Funker, knapp sind." Ich versprach es und trennte mich mit einem Funken Wehmut von meinem Blitz. Jetzt wurde ich den Kranken als neuer „Chef" vorgestellt. Jeder Patient, ob Offizier oder Mann, habe meinen Anordnungen absolut Folge zu leisten, denn hier im Lazarett seien sie nur Patienten und sonst nichts. Damit war ich nach dem Doktor der einflussreichste Mann hier. Der Spieß mit seiner lauten, großen Schnauze – ich kann es nicht anders nennen – ordnete an, dass ich morgens mit der GvH-Kompanie (garnisonsverwendungsfähig Heimat) zum Befehlsempfang anzutreten habe. Dazu Dr. Czerwinski: „Sie treten nicht an, Ihr Platz ist bei den Kranken! Der soll mich nicht ärgern, sonst schreibe ich ihn kriegsverwendungsfähig. Ich möchte sowieso wissen, warum dieser gesunde Mensch noch hier ist!" Dieses immer schreiende Großmaul war von nun an mir gegenüber geradezu von einer peinlich berührenden Zuvorkommenheit. Er schickte mir sogar Zigaretten nach oben.

Nun kam noch jemand als Verstärkung zu uns, eine Krankenschwester, die keine war, so wenig wie ich ein Sanitäter. Nennen wir sie einfach Frau Helga. Sie war etwa 25 oder 26 Jahre alt, groß, schlank, dunkles langes, wallendes Haar, warme dunkle

Augen, von sanfter, zurückhaltender Art und doch mit freundlichem, gewinnendem Wesen. Sie war die Ehefrau eines Leutnants, der jetzt als Ingenieur in einem kriegswichtigen Betrieb in Freiburg tätig war. Frauen durften zu dieser Zeit nur noch im Ort bleiben, wenn sie eine wichtige Beschäftigung nachweisen konnten. Daher ihre Aufnahme als Krankenschwester. Mit Fritz John als Krankenpfleger und Kalfakter war unser Team nun vollzählig. Ich selbst musste zwar rund um die Uhr zur Verfügung stehen, aber ich hatte dankbare und interessante Aufgaben. Hier eine kleine Auslese aus meinem neuen Tätigkeitsbereich.

Eines Abends bekamen wir drei ukrainische SS-Leute mit Methylalkoholvergiftung eingeliefert. Ihnen wurde literweise Kaffee eingeflößt und mit einem eingeführten Schlauch versucht, sie zum Erbrechen zu bringen, um die Wirkung dieses Giftes durch Verdünnung zu mildern. Es nützte nichts; einer verstarb noch am selben Abend, die anderen beiden kamen zwar mit dem Leben davon, aber sie verloren ihr Augenlicht ... Auch bei einem fünfzehnjährigen Selbstmörder (Leuchtgas) kam jede Hilfe zu spät. Ein andermal durfte ich zusehen, wie der Doktor einen abgetriebenen Bandwurm von dessen Ende bis zum Kopf schön säuberlich auf einem Brettchen aufspulte, um festzustellen, dass der Kopf auch tatsächlich dabei ist, weil sonst die ganze Prozedur vergeblich gewesen wäre.

Das nächste Mal begleitete ich Dr. Czerwinski ins Leichenhaus, um ihm beim Sezieren eines Feldjägers, der von einem Fahnenflüchtigen ermordet worden war, zu assistieren. Es sollte die Todesursache festgestellt werden. Als Anerkennung für das Durchhalten bekam ich des Doktors Alkohol- und Zigarettenration. Er war weder Trinker noch Raucher. Ein weiterer Vorteil für mich, der ich damals noch beidem frönte.

Ein andermal wieder kam ein Anruf von der 208. Division. Man gab uns die Adresse eines Mädchens durch, bei dem sich schon mehrere Soldaten angesteckt hatten. Wir sollten sie nun unschädlich machen. Dies war ein Spezialauftrag für mich. Übrigens, die angesteckten Soldaten mussten Dienst machen. Sie holten sich drei Tage lang früh, mittags und abends je 4 Eleudrontabletten (Sulfanamide) bei uns ab, und damit war die Behandlung zu Ende. Dieser Eleudronstoß machte sie in der Regel (im Anfangsstadium) wieder gesund. Der Doktor hatte mit diesen Fegern, wie er sie nannte, kein Mitleid.

Aber nun weiter. Ich schwang mich also auf mein Fahrrad und suchte die Sandstraße in Freiburg auf. Ein altes mehrstöckiges Haus mit dunklem Treppengang und ausgetretenen, aus Ziegeln gemauerten Stufen nahm mich auf. Ich hatte den dunklen Vorraum zu den Mansardenwohnungen erreicht, als ich über einen leeren Marmeladeneimer stolperte, der Lärm verursachte. Die Tür ging auf, und ein gar nicht so übel aussehendes Mädchen sah mich fragend an. „Ich komme vom Ärztlichen Dienst", weiter brauchte ich nichts zu sagen. Sie wusste schon, worum es ging, und willig folgte sie meiner Aufforderung, zu einer ärztlichen Untersuchung ins NSV-Seminar zu kommen. Eine Stunde später war sie schon da. Mit dem Abstrich in der Tasche fuhr ich wieder mit meinem Fahrrad durch die wunderschöne vorfrühlingshafte Landschaft des lieblichen Glatzer Berglandes, nach Bad Salzbrunn. Ich genoss diese Radfahrt. Hier, in Bad Salzbrunn lieferte ich meine Objektträger ab und durfte mir das eingefärbte Präparat unter dem Mikroskop ansehen. Zu Haufen saßen die Gonokokken beieinander, wie kleine Mundsemmeln sahen sie aus.

Das Ergebnis: +++ = dreifach positiv. Die Einweisung des Mädchens in das Freiburger Krankenhaus vollzog sich ohne Widerstände.

An einem Samstagabend kam eine junge Frau zu mir und bat mich inständigst um Hilfe für ihren Mann, der vor Schmerzen schreie. Ich versuchte den Arzt zu erreichen, ich bekam ihn nicht. Also packte ich das Arztbesteck in die Aktentasche und alle möglichen Ampullen dazu. Ich fand einen jungen Mann vor, der sich vor Schmerzen krümmte. Beim Motorradfahren sei er durch ein Schlagloch gefahren und habe sich dabei mit vollem Körpergewicht auf seine Hoden gesetzt, die zwischen Gesäß und Sattel gekommen waren. Sein Hodensack war jetzt gut zwei Fäuste dick angeschwollen. Ich habe ihm nasse kalte Umschläge verordnet und gegen die Schmerzen eine Morphiumspritze ins Gesäß gegeben. Die sich gleich darauf einstellende Wirkung war für mich unwahrscheinlich. Die Schmerzäußerungen ließen nach, verschwanden ganz, das Gesicht nahm einen ruhigen, fast glücklichen Ausdruck an. Er atmete frei und bedankte sich sehr herzlich für die Hilfe. Seine Frau drängte mir eine Flasche Wein auf, sicher auch dafür, dass ich keine weiteren Fragen stellte. In dieser Zeit war es ja keine Selbstverständlichkeit, dass ein junger Mann bei seiner Frau zu Hause sein durfte, während Halbwüchsige und alte Männer an die Front geschickt wurden. Am nächsten Tag besuchte ich meinen Patienten noch einmal, er war auf dem besten Wege der Genesung und die Geschwulst am Abschwellen.

In unsere Sprechstunde kamen auch zwei Patienten, fast zur gleichen Zeit und mit gleichen Beschwerden: ein Deutscher und ein russischer Kriegsgefangener. Beide hatten vereiterte Daumen. Der Russe so stark, dass ich an eine Heilung nicht mehr glaubte. Nur mit örtlicher Betäubung durch Vereisung und mit einem nicht allzu scharfen Skalpell schnitt der Arzt bis auf den Knochen. Der Eiter lief, und die Gewebefetzen hingen herum. Die Behandlung bestand nur aus reinen Kernseifebädern. Der Heilungsprozess dauerte seine Zeit, aber der Russe behielt seinen Daumen.

Der deutsche Patient gehörte zur Schlächtereikompanie und kam eines Tages mit „Brustschmerzen" an. Dabei lachte er verschmitzt. Die Brustschmerzen entpuppten sich nämlich als zwei Ringe Wurst. Wir waren uns einig, den Patienten mit den Brustschmerzen müssen wir uns länger halten.

Und nun kam mein Meisterstück: Ich musste eine ganze Bäckereikompanie gegen Typhus impfen. Frau Helga reinigte die Impfstellen mit Äther, der Unterarzt setzte die Kanüle auf und überwachte dabei meine Impferei. Oberhalb der Brustwarze wird mit dem Daumen und dem Zeigefinger der linken Hand die Haut gespannt, mit der rechten Hand die darin liegende Spritze durch einen Zentimeter tiefen Einstich ins Muskelfleisch gestoßen, das entsprechende Quantum Impfstoff herausgedrückt, Heftpflaster darauf, fertig. Ich wunderte mich nur, dass keiner meiner Geimpften auf mein gelegentliches Befragen über Schmerzen zu klagen hatte.

Eines Tages kam der Unterarzt von einer Besprechung beim Kampfkommandanten zurück und zeigte mir einen ganzen Stoß Fotografien, die nach der Zurückeroberung von Striegau gemacht worden waren. Es waren fotografierte Gräuel der Russen aus Striegau. Zwei Bilder sind mir besonders in Erinnerung geblieben. Das eine Bild zeigte einen alten Mann mit Vollbart, der vor einem Tisch saß, den Kopf auf der Tischplatte liegend, die Zunge herausgezogen und auf der Tischplatte festgenagelt. Das zweite Bild zeigte ein Schaufenster, darin lag eine Frau in den mittleren Jahren, die Röcke hochgeschlagen, die Beine gespreizt und ein Besenstil in die Scheide hineingestoßen.

Nach diesen Bildern war ich erleichtert, als ich Mitte März wieder Briefverbindung mit meiner Unbekannten bekam. Sie verließ zu Fuß am 9. Februar Braunsberg und nahm – wie Tausende Ostpreußen – die strapaziöse Flucht über das Haff auf sich. Mit einem Transportzug gelangte sie zu ihrer Schwester, die schon in Netzschkau/Vogtland eingetroffen war. Ich freute mich über diesen Brief sehr und antwortete am 15. März 1945 unter anderem: „Ich bin unsagbar glücklich, dass ich Dich in Sicherheit weiß. Ich glaubte immer, dass unsere Propaganda die Gräueltaten der Russen übertreibt, eben Propaganda macht. Aber ich bin davon gründlich geheilt, seit ich weiß, was man in dem zurückeroberten Striegau für Entdeckungen gemacht hat. Einzelheiten wiederzugeben, will ich mir sparen. Das muss man gesehen haben. Wiedergeben kann man das nicht. Ich will Dir nicht Bange machen und hoffe nur, dass Deine lieben Eltern auch noch rechtzeitig aus Ostpreußen herausgekommen sind“ …

Ein düsteres Kapitel, das man besser vergessen sollte, wenn man könnte!

Mein Chef hielt es für notwendig, von mir im Gebrauch der Waffen trainiert zu werden. Also begannen wir etwa Mitte April mit den „militärischen“ Übungen, und zwar in ganz unvorschriftsmäßiger, laienhafter Art. Ohne jede Sicherung gingen wir mit der Pistole 38 und einem Dutzend Eierhandgranaten bewaffnet ins Gelände, stellten an einem Hang leere Flaschen auf und machten Scharfschießen. Danach folgte das Handgranatenwerfen, wobei der Doktor immer zu früh warf, sodass der Gegner unter Umständen genügend Zeit gehabt hätte, sie wieder zurückzuwerfen. Aber wenn es zischt, das Ding noch einige Sekunden in der Hand zu halten, ist gar nicht so einfach! Der Sieger dieses Preisschießens bekam dann eine Tafel Schokolade. Das war immer ich. Den Unterarzt störte dies nicht, denn er verwaltete die Schokolade persönlich.

Wir beide waren richtige Freunde geworden, ohne dass das Vorgesetzten-Untergebenenverhältnis darunter gelitten hätte. Nur einmal störte ein kleiner Misston unser gutes Verhältnis. Und dies kam so:

Wir verabredeten, uns Ostersonntag zum Gottesdienst in der katholischen Kirche zu treffen. Als ich mich auf den Weg dorthin machte, stellte ich fest, dass Freiburg zwei Kirchen hatte, was mir bisher nicht aufgefallen war, mir schlechtem Christen. Nun sah ich mir die Kirchturmspitzen genauer an und stellte fest, auf einer Turmspitze thronte ein Hahn – genau wie auf der evangelischen Kirche in Dux, zu Hause. Also ging ich in die andere Kirche. Und genau das war falsch. Es fiel mir dann zwar auf, dass die schweren Barockengel fehlten, dass die Kirche helle Fenster hatte und auch einige Zahlen an der Seitenwand angebracht waren, was wir nicht kannten. Erst als die ganze Gemeinde zu singen begann, wurde mir ganz klar, dass ich bei den Protestanten gelandet war. Wir hatten ja unseren Kirchenchor und hier sangen nur Leute, die dies auch wirklich konnten … Gucken wir uns den Gottesdienst halt mal an. Sie haben ja die gleiche Bibel und den gleichen Herrgott. Mehr Schaden, als meine Seele im Krieg genommen hatte, wird sie hier schon nicht erleiden. Aber Dr. Czerwinski machte mir doch Vorwürfe, wie mir so etwas passieren konnte! Aber schließlich vergab er mir die Sünde.

Es war Ende April geworden, Russen und Amerikaner hatten sich schon an der Elbe getroffen, sodass es Zeit war, zu überlegen, wie wir heimkommen wollten. Dr. Czerwinski und ich waren uns einig, dass wir über meinen Heimatort fahren und zur Feier des überstandenen Krieges noch ein Schwein schlachten würden – wir Optimisten. Wir ahnten nicht, dass meine Eltern zu dieser Zeit bereits von Haus und Hof vertrieben waren. Innerhalb von fünf Minuten brachte dies der uns vis á vis wohnende Tscheche Soucek, fertig. Er schlug meine Eltern, beschimpfte sie als deutsche Schweine, meine Mutter als Hure. Benesch hatte die Sudetendeutschen für vogelfrei erklärt. Auch mein früherer Lehrer, dem ich in meinen Erinnerungen wegen seiner Originalität ein ganzes Kapitel gewidmet habe, hatte sich schon die Pulsadern geöffnet und noch andere Bewohner meines Heimatortes waren erschlagen, geschändet. Unser Polenmädchen verstand die Ereignisse nicht. Sie brachte meinem Vater aus dem Schreibtisch die Brieftasche mit 4.000 Reichsmark in die Fluren hinaus, damit er überhaupt etwas Geld für sich hatte. Meine Eltern fanden bei meiner Schwester im Nachbarort einstweilen eine Bleibe, bis auch hier die sogenannten Partisanen aus dem Inneren Böhmens mit Mord, Schändung und Quälereien das Leben der Sudetendeutschen zu einem Martyrium machten. Wie gesagt! Man sollte diese Verbrechen vergessen, aber alle, nicht nur wir Deutsche! Eidesstattliche Berichte der Gefolterten fasste ein amerikanischer Geistlicher, böhmischer Herkunft, Pater Reichenberger, in dem Buch „Europa in Trümmern“ zusammen. Ich konnte es auf dem Büchermarkt nicht mehr finden. Ich wollte es erwerben, um es meinen

Nachkommen als Hinterlassenschaft und abschreckendes Beispiel dafür zu vererben, wozu nationaler Fanatismus führen kann.

Ich möchte mich aber wieder auf das eigene Erleben in den letzten Tagen des Deutschen Reiches beschränken. Die nächste Frage war also, wie wir uns in Anbetracht des täglich zu erwartenden Zusammenbruchs motorisieren konnten. Der Unterarzt und ich beschlagnahmten einfach, was wir brauchten. Es kann sein, dass der Doktor sogar eine Vollmacht des Kampfkommandanten dazu hatte. Zunächst richteten wir einen Ausweichsverbandsplatz ein. Wir suchten uns in einem massiven Haus am westlichen Ortsausgang geeignete Kellerräume aus, statteten sie mit Krankentragen, Verbandsmaterial, Narkotika und diversen anderen Medikamenten aus und begaben uns nun auf die Suche nach geeigneten Lastkraftwagen. Schließlich beschlagnahmten wir zwei Kastenlastkraftwagen, alte Dinger zwar, aber sie liefen noch. Alle Wände ließen wir mit roten Kreuzen bemalen, wie wir auch Armbinden und für Schwester Helga ein Rotkreuzhäubchen nähen ließen. Dies geschah wohl mehr zur eigenen Beruhigung, denn wir wussten genau, dass sich die Russen aus der Genfer Konvention nichts machten. Nun brauchten wir noch zwei Lastkraftwagenfahrer. Wir fanden sie bei unseren Leichtkranken. Unsere kleine Sanitätskolonne war funktionsfähig. Bis auf den Hamburger Ischiaskranken konnten wir alle laufen. Sicher wird auch er später gelaufen sein, als es darauf ankam.

Der Mai war gekommen, und zwar genau der fünfte, als wir die Weisung erhielten, uns am 7. Mai 1945 der 208. Division anzuschließen, die versuchen wird, südlich Prag zu den Amerikanern zu kommen. Damals wussten wir noch nicht, dass es schon zu spät sein wird, denn die Russen hatten in großen Umfassungsbewegungen von Dresden herein und von Wien herauf, den Kessel bereits geschlossen oder waren dabei, ihn zu schließen. Es hätte sowieso nichts genützt, denn, wie wir später von anderen deutschen Gefangenen erfahren haben, waren die Amerikaner vertragstreu und lieferten die zu ihnen gestoßenen Deutschen an die Russen aus.

So war also die Lage, als in Freiburg von den Plakatsäulen die bildlichen Darstellungen von Vergewaltigungen deutscher Frauen durch hämisch grinsende Russen entfernt wurden, um die Sieger bei ihrem Einmarsch nicht zu verärgern. Dies geschah im Interesse der zurückbleibenden Zivilbevölkerung.

Ich selbst bekam aus heiterem Himmel schlimme Zahnschmerzen und fand zum Glück noch ein arbeitendes Zahnarztehepaar. Mein Weisheitszahn war quer gewachsen und musste herausoperiert werden. Die Wunde wurde genäht.

So versorgt, beluden wir unsere Lkw. Frau Helgas Ehemann schloss sich uns an, er trug jetzt seine Leutnantsuniform. Zum Glück hatten wir auch die Frage nach ausreichendem Brennstoff lösen können. Wir fanden in Freiburg noch eine Tankstelle mit Tausenden Litern Benzin, das wir nun beschlagnahmten. Wagen und Reservekanister wurden vollgetankt. Unserer Freiburger Kampfgruppe hatten sich einige Mädchen angeschlossen, die glaubten, mit unserer Wagenkolonne am besten in Sicherheit zu gelangen.

Am 7. Mai setzte sich unsere Kolonne in Bewegung. Bei schönstem Maiwetter verließen wir das Glatzer Bergland. Über Waldenburg führte die ständig ansteigende Straße nach Landeshut. Unsere beiden Lkw begannen zu kochen. Wir mussten halten. Trotzdem hauchte schon nach einigen Kilometern einer der beiden altersschwachen Wagen sein Leben aus. Nun schafften wir es doch noch, über die bekannten Weckelsdorfer Felsen, ein schönes Ausflugsgebiet, bergab nach Böhmen hineinzukommen. Trautenau lag wie ausgestorben da. Nur Wehrmachtskolonnen bevölkerten die schmalen Straßen hier. Irgendwo zwischen Trautenau und Königgrätz bleiben wir auf einem Feldweg stecken und übernachten im Freien. Zu essen haben wir noch Käse- und Schmalzfleischkonserven, auch Brot ist da.

Am 8. Mai erwachen wir mit verquollenen Augen in einer taunassen, kühlen Maienlandschaft. Die Nachrichten sind ganz schlecht. Ein Weiterkommen auf den überall verstopften Straßen ist mit unseren Fahrzeugen unmöglich. Der ranghöchste Offizier lässt uns zusammenrufen und eröffnet uns, er sei über Funk orientiert worden, dass der Krieg zu Ende ist und die Befehlsgewalt der Deutschen Wehrmacht nun ende. Jeder könne tun und lassen, was er wolle. Wer sich aber im geschlossenen Verband sicherer fühle, könne sich seiner Gruppe anschließen. Wir behielten unsere Waffen, weil wir uns unter Umständen gegen tschechische Partisanen verteidigen mussten. Inzwischen wärmt die Sonne unsere morgensteifen Glieder. Zwei Konserven in den Brotbeutel getan, und Abmarsch in den schönen Maienmorgen hinein, hinein aber auch in eine düstere Zukunft.

An den Straßen unterwegs begegneten wir den ersten tschechischen Gendarmen, die sich korrekt verhalten und uns anweisen, in Richtung Königgrätz ins Sammellager weiterzumarschieren. Dr. Czerwinski und Frau Helga mit ihrem Mann hatte ich aus den Augen verloren. Mit Fritz John und unseren beiden Kraftfahrern biegen wir in eine andere Richtung ab. Wir treffen auf eine deutsche Lkw-Kolonne, vorne am ersten Wagen ein Maschinengewehr in Feuerstellung. Keine Frage, wir dürfen aufsitzen. Sie wollten den Durchbruch wagen. Es ist Nacht geworden. Wir schlängeln uns auf kleinen Landstraßen zwischen tschechischen Dörfern hindurch. Kein Mensch ist hier zu sehen, die Gardinen sind zugezogen, obwohl es schon hell geworden ist. Wir müssen uns östlich von Pardubitz befinden. Plötzlich stoppt die Kolonne. Zwei bewaffnete junge Burschen am Dorfausgang stehen vor dem ersten Lkw und verweigern uns die Weiterfahrt. Unsere Maschinengewehrbedienung bewahrt die Ruhe, fordert sie auf, beiseite zu gehen, sie weigern sich. Gottlob schießt keiner. Die Mütter dieser beiden Jungen schreien beschwörend auf ihre Söhne ein, sie geben nach, wir fahren weiter. Es hätte später unseren sicheren Tod bedeutet, wenn die Maschinengewehrbedienung nicht die Nerven behalten hätte. So gegen 09.00 Uhr vormittags, ob es der 9. oder

10. Mai war, weiß ich nicht mehr so genau, setzte sich die Erkenntnis durch, dass jede Flucht aussichtslos ist. Die Russen waren schon in Prag. Wir blieben auf offener Landstraße stehen und vernichteten unsere Waffen. Links und rechts der Straße häufen sich Ausrüstungsstücke der Wehrmacht, ganz neugedruckte Geldscheine aller Größenordnungen liegen massenweise herum, sie stammen offenbar aus den Regimentskassen.

Gendarmerie und sogenannte Partisanen, die jetzt, nachdem wir unbewaffnet sind, aus ihren Schlupflöchern kommen, führten uns nun in ein abgelegenes Feld, nehmen uns die Soldbücher ab und forderten uns auf, auch den kleinsten Rest von Munition abzugeben. Die Androhung, bei wem im Rucksack auch nur eine Patrone gefunden werde, wird erschossen, verfehlte ihre Wirkung nicht. Auszeichnungen und Dienstgradabzeichen werden abgenommen. Zwei Russen kommen hinzu. Jeder hält in einer Hand etwa 10 bis 15 Armbanduhren, und sie rufen aufgeregt: „Uri, Uri, Uri." Sie sammeln fleißig ein und besitzen nun ein Vermögen für ihre Verhältnisse.

Nun dürfen wir lose, ohne Marschordnung, nach Chrudim hineinmarschieren. Alte Weiber spucken vor uns aus und weisen uns vom Gehsteig. Ich sah hier zum letzten Mal Frau Helga und ihren Mann. Sie mit verängstigtem Gesicht; er versuchte die Demütigungen mit Würde zur ertragen. Alte Soldaten mit Auszeichnungen, man erkennt es an den Stellen, wo sie getragen worden waren, ergraute Stabsoffiziere, sind hier dem Spott und dem Hass des Pöbels preisgegeben. Mancher wird die Erniedrigungen, die er zu erdulden hat, nie vergessen, und sicher wird auch mancher bedauern, den Tod nicht vorgezogen zu haben.

Russische Truppen rücken in die Stadt ein. Gut genährte und gekleidete junge Soldaten dieser motorisierten Einheit nahmen auf dem Trittbrett stehend die Begrüßung durch die Tschechen entgegen. Uns beachteten sie kaum. Nun ging es nicht weiter, wir hielten neben einer russischen bespannten Versorgungseinheit. Einige uniformierte Russinnen strahlten uns über das ganze Gesicht an und riefen, sicher aus innerster Überzeugung: „Vojna kaput, domoj pojecheli", was etwa heißt: „Der Krieg ist zu Ende, Ihr werdet heimfahren." Dazwischen rief ein Soldat mit grimmigem Gesicht und vorstehenden Backenknochen einige hässliche Sätze: „Ihr werdet nach Sibirien kommen und arbeiten, bis Ihr Blut scheißt." Die Frauen waren empört und wiesen ihn zurecht und zu uns gewandt: „Nein, nein, glaubt ihm nicht, Ihr kommt nach Hause." Sie waren tief davon überzeugt, dass wir entlassen werden. Aber die Aussage des „bösen" Soldaten wird sich bewahrheiten, er wird in jeder Beziehung Recht behalten.

Der Fußballplatz in Chrudim ist unser erstes Lager. Ohne jeden Schatten liegen wir hier drei Tage lang der prallen Maisonne ausgesetzt, nachts frieren wir. Tschechen bewachen uns. Sie sondern die Polizei aus. Sie müssen eine Latrine graben und sich dabei gegenseitig schlagen. Wir hören ihre Schreie und ab und zu einen Schuss dazwischen. Sie liegen am anderen Ende des Sportplatzes, wir wissen nicht, was da geschieht. An der senkrechten Latte des Fußballtores hat man einen etwa Vierzehnjährigen, verhältnismäßig kleinen Jungen, der in deutscher Uniform steckt und der oberbayerischen Dialekt spricht, festgebunden. Er beschimpft die Tschechen und die Deutschen, die es nicht wagen, ihn loszubinden, mit „Ihr Feiglinge". Erst abends wird man ihn losbinden.

Zwei Tage lang bekommen wir gar nichts zu essen. Am dritten Tag 32 Mann ein frischgebackenes Brot. Nachts schießt man mit Maschinengewehren dicht über unsere Köpfe hinweg. Ich melde mich am zweiten Tag freiwillig zu einem Straßenfegerkommando, nur um hier herauszukommen. Mit Besen und Gießkannen sprengen und fegen wir die verschmutzten Straßen dieser kleinen Stadt. Die Bevölkerung lässt uns heute in Ruhe, wir werden nicht angepöbelt. Offenbar ist ihnen der Unterschied zwischen der deutschen Besatzung und den russischen Befreiern in vieler Hinsicht klar geworden. Im Städtischen Krankenhaus hole ich mit der Gießkanne Wasser. Eine Frau in mittleren Jahren spricht mich in gebrochenem Deutsch an: „Kommen Sie", dabei reicht sie mir ein Butterbrot und ein Glas Milch. „Nähmen Sie, Sie sollen nicht denken, alle Tschechen sind so schlecht!" Es tat wohl, einem Menschen zu begegnen. Es sind immer wieder die Frauen in allen Völkern, die den Hass überwinden oder ihn gar nicht erst aufkommen lassen. Sie praktizieren Menschlichkeit und Menschentum. Ich bedanke mich auf Schrifttschechisch, wie ich es in der Handelsschule gelernt hatte: „Dekuji Vam zdvorile." Diese Frau war nicht glücklich, eher traurig, dass dieses Kapitel gemeinsame Geschichte für die beiden Völker Böhmens mit so viel Blut, deutschem Blut, endet.

Der tschechische Posten, der uns nach der Arbeit zurückführt, wird auf einmal gesprächig, nachdem er von mir erfahren hat, dass ich aus der Gegend von Teplitz-Schönau stamme: „Nu, sähn Sie, stehe ich hier und bewache Sie, und zu Hause nämmen Russen meine Frau. Sie sagen, sind sie Befreier und missen mir dankbar sein." „Sieh an!", wollte sich eine gewisse Schadenfreude bei mir einstellen, „sind die slawischen Brüder doch nicht so, wie Ihr Euch das dachtet". Ich verwarf nach meinen Erfahrungen diesen Gedanken wieder: Es trifft meist die Unschuldigen.

Die Nacht darauf war schrecklich. Geballere und Leuchtkugeln erhellten die Dunkelheit. Der westliche Himmel, die Gegend über Prag, flackerte hell auf – das Siegesfeuerwerk. Man feiert unsere Niederlage. Es heißt, in Prag leisten Teile der SS noch Widerstand in den Kanalisationen. Gefangene SS-Leute würden gerädert und gevierteilt oder zu Tode geschleift. Die deutschen Verwundeten habe man aus den oberen Stockwerken der Lazarette auf die Straße geworfen, und auf die Deutschen Prags werde Jagd gemacht. Man erschlage sie, wo man sie findet. Sie würden auch mit Benzin übergossen und liefen auf der Karlsbrücke als lebende Fackeln in den Tod. Diese Bestialitäten, die man sich flüsternd erzählt, erzeugen bei uns Angst, Trauer und ohnmächtigen Hass, der in Bitterkeit den Engländern und Amerikanern gegenüber umschlägt, die dies alles zulassen.

Taschenlampenfunzeln geistern nachts über unsere Decken hinweg. Es sind Russen, die auf Beute ausgehen. Uhren gibt es längst keine mehr. Jetzt ziehen sie uns die Stiefel aus. Und wenn sie dafür noch ihr Schuhwerk dalassen, dann hat man Glück gehabt. Noch mehr Glück aber, wenn die eigenen Stiefel den Russen nicht passen. Eine andere Gruppe Russen sucht zwischen den Landsern unter den Decken – nach Frauen und Mädchen –, die hier versteckt gehalten wurden. Ihr Jammern nützt nichts, sie müssen mit und kommen nicht wieder. Arme Helga!

Am nächsten Vormittag können wir folgendes Schauspiel beobachten:

Aus der Stadt nähert sich ein Leichenzug, vorneweg der in Böhmen übliche pferdebespannte Leichenwagen, Gespann und Wagen prunkvoll in Schwarz und Silber gehalten. Von der linken Seite, also mit Fahrtrichtung zur Stadt, eine Kolonne Panjewagen. Der Leichenwagen wird gestoppt, die großen starken Pferde ausgespannt und gegen zwei Panjepferdchen eingetauscht. Dann kommen die Trauergäste dran. Ohrringe, Fingerringe und was sie sonst an glitzerndem Schmuck haben, wird ihnen mit der größten Selbstverständlichkeit abgenommen. Die Russen lassen sich die Befreiung von den Deutschen ganz persönlich bezahlen.

Weitere Beobachtungen mache ich hier nicht mehr, denn die Russen übernahmen das Gefangenenlager, und schon am nächsten Tag geht es im Fußmarsch nach Leitomischl. Die aus Asiaten bestehende Begleitmannschaft verhält sich uns gegenüber korrekt und hält uns jeden Tschechen, der uns unterwegs zu nahe treten will, mit einem Kolbenstoß vom Leibe. Die russischen Posten sind unsere Beschützer geworden.

In Leitomischl werden wir auf dem Schloss untergebracht. Man beginnt uns Glatzen zu schneiden, eine Kommission untersucht uns flüchtig und teilt uns in Gruppe 1, 2, oder 3 ein. Noch wissen wir nicht, was dies bedeutet. Wir bekommen aber auch drei Mal am Tag einen Schlag Suppe in unsere Konservendose, denn die Kochgeschirre hatte man uns ja abgenommen. Verhungern lassen uns die Russen hier nicht. Es sind meist die tiefgefrorenen Nahrungsmittelkonserven der Wehrmacht, wie grüne Bohnen und Spinat, die man uns serviert. Und wehe, wenn einer Zweifel verbreitet, dass wir nach Hause kommen oder gar Sibirien andeutet! Der wird bestraft. Der alte russische Major, der mir durch seine weißen Tuchstiefel auffiel, ließ uns versichern, dass wir „Skoro" – „bald" nach Hause kommen werden. Wir würden nur noch registriert. Letzteres stimmte, ersteres nicht!

Ich traf in Leitomischl Dr. Czerwinski wieder. Man hatte ihn zu den Offizieren abgesondert. Niedergeschlagen begann er: „Herr Steiniger – das gibt keine Entlassung. Die teilen uns nach Arbeitsgruppen ein. Und warum schneidet man uns das Haar kurz?" fragte er unzweideutig und winkte traurig ab, als er sich langsam wegdrehte und zum Gehen wandte. Dies war unsere letzte Begegnung im Leben. Hier in Leitomischl brachte es ein Volksdeutscher der Gruppe II oder III fertig, die Genehmigung zu erhalten, in Begleitung eines Tschechen seine hier ansässige Tante, eine Tschechin, zu besuchen. Was er von draußen mitbrachte, sah nach allem anderen aus, als dass die Tschechen jetzt ihr Glück gefunden hätten. „Meine Tante sagt", so erzählt er, „vor den Deutschen haben wir manchmal Angst gehabt, aber vor den Russen zittern wir."

Die verrücktesten Parolen gingen jetzt hinsichtlich der Zukunft Deutschlands um. Es blieb praktisch überhaupt kein eigenes Staatswesen mehr übrig. Es erschien uns unvorstellbar, und doch stimmte das meiste. Nur über die Vertreibungen von Millionen Deutschen, die schon lange gemeinsam beschlossene Sache waren, erzählte man sich nichts. Obwohl Latrinengerüchten gegenüber immer aufgetan, hing ich in dieser Zeit meinen Gedanken nach und versuchte mir vorzustellen, wie wir in Zukunft wieder mit den Tschechen in einem Staat zusammenleben sollen. Die Tschechisierung dürfte jetzt rücksichtslos durchgeführt werden. Sie werden uns unsere Schulen und höheren Bildungsstätten nehmen. Was wird von uns übrig bleiben? In spätestens zwei Generationen gibt es keine Deutschen mehr in Böhmen und Mähren, in nationaler Hinsicht höchstens noch eine zwittrige Masse, der es gleich ist, wo man sie hinzurechnet.

Am nächsten Tag wurden wir in Waggons verladen. Es kann so um den zwanzigsten Mai herum gewesen sein. Die Fahrt ging in Richtung Osten über Zittau, Olmütz nach Auschwitz. Man munkelte, hier sei ein großes Konzentrationslager gewesen. Tatsächlich! Wir marschierten in das große Lager unter einen Torbogen hindurch, darüber stand: „Arbeit macht frei!" Dieser zynische Spruch dieses deutschen Konzentrationslagers wird gerade für uns Deutsche zum echten Symbol werden, denn diejenigen, die die Hungerjahre in sowjetischen Gefangenenlagern überlebten, werden durch loyale Arbeit in den Weiten Sibiriens und den aufblühenden Industrien hier, wie überhaupt in der gesamten Sowjetunion, ihre Freiheit wiederfinden. Dies aber wird Jahre dauern. Bei mir waren es rund viereinhalb Jahre. Aber daran dachte jetzt, Ende Mai 1945, niemand, denn wo gibt es denn so etwas, dass man nach Kriegsende noch Gefangene macht und sie als solche behandelt. Widerspricht dies nicht der Genfer Konvention? Eben! Und die gibt es für die Deutschen nicht mehr. Darin waren sich Russen, Amerikaner und Engländer einig …

Teil IV

Kriegsgefangenschaft

Die Fahrt nach Sibirien

Was ich vom Konzentrationslager Auschwitz zu sehen bekam, war nicht viel. Die Sicht aus der Steinbaracke war durch die anderen Häuser stark beeinträchtigt, und ich hatte in Anbetracht des eigenen Schicksalsweges, der mit einem großen Fragezeichen begann, auch gar nicht das Verlangen meinen Gesichtskreis hier zu erweitern. Und doch war zu spüren, dass sich in diesen Mauern Schlimmes ereignet haben muss. Im Nachbarhaus lagen große Haufen getrockneter Rübenschnitzel, die sicher als Nahrung für die Gefangenen verwendet worden waren. Ich probierte davon. Sie schmeckten süßlich mit einem scheußlichen Beigeschmack. Es lag nahe, dass uns nun die Russen mit diesem Viehfutter versorgen würden. Sie taten es nicht. Wir bekamen hier in Auschwitz das beste Essen während unserer ganzen Gefangenschaft. Es gab Brot und dreimal Suppe mit Innereieinlagen. Sicher wollte man uns für den bevorstehenden langen Weg eine gewisse Reserve mitgeben.

Was ist mir von Auschwitz noch in Erinnerung geblieben? Hinter dem Stacheldrahtzaun stand eine Art Villa, vermutlich ein Verwaltungsgebäude oder Wohnungen der früheren Lagerleitung. Jetzt saßen in den Korbstühlen auf der Veranda einige jüngere Frauen, ehemalige Lagerinsassinnen. Sie trugen Kleider aus blaukariertem Stoff, wie er bei der Wehrmacht als Bettenbezugsstoff verwendet worden war. Russische Offiziere gingen im Haus aus und ein. Die Frauen zeigten uns gegenüber keinerlei Hassgebärden oder Verachtung. Aus ihren Mienen sprach eher Gleichgültigkeit.

Unser Aufenthalt hier kann vier Tage gedauert haben. Dann brachte man uns zu den Verladeplätzen der russischen Breitspureisenbahn. Große geschlossene Pullmanwagen mit einem Fassungsvermögen von 100 Tonnen standen bereit. – Vor mir entwickelte sich eine aufgeregte Diskussion. Ein Mann hatte die Überzeugung geäußert, unsere Gefangenschaft werde mindestens drei bis vier Jahre dauern. Er stellte sich damit in Gegensatz zu der allgemein verbreiteten Meinung, wir kämen nur für etwa 6 bis 8 Wochen zur Ernteeinbringung in die Ukraine. „Unglaublich, so ein Miesmacher! Dann soll er sich doch lieber gleich aufhängen!“ Der Streit fand ein jähes Ende. Wir mussten antreten und wurden von einem schwitzenden Posten mit hochkonzentriertem, starrem Blick abgezählt. Man sah es ihm an, dass er sich beim Zählen absolut nicht ablenken lassen durfte, sonst müsste er wieder von vorne beginnen. Auch während der sechswöchigen Eisenbahnfahrt, bei der wir anfangs täglich mit einem Schlag in den Rücken von einer Waggonseite zur anderen „gezählt" wurden, trieb es dem Posten immer den Schweiß auf die Stirn. In den Gefangenenlagern war dies später nicht anders.

In so einen Pullman stopfte man einhundert Mann hinein. Wir sahen uns den Waggon genauer an: Einfach und unproblematisch waren die erforderlichen Einrichtungen „installiert". Die kleinen Luken des Viehwagens hatte man von außen mit Stacheldraht vergittert, und für die Notdurft an der gegenüberliegenden Waggontür ein etwa 10 Zentimeter breites Brett schräg angenagelt. Die so entstandene Rinne diente für die kleinen Geschäfte. Für die großen Angelegenheiten sägte man einfach in den Waggonboden, etwa in der Mitte, zwei circa 20 mal 20 Zentimeter große Löcher – fertig. In beide Waggonhälften sind auf halber Höhe Bretterwände quer eingezogen worden, um die Liegeflächen zu vergrößern. Zwei Eimer für Wasser und die gleiche Anzahl zylindrische Gefäße zum Essenholen rundeten die Ausstattung dieses Sibirienexpresses ab. Wie bescheiden die Ansprüche der Menschen doch werden können!

Als die Platzverteilung im Waggon noch im vollen Gange war, koppelte die Lokomotive bereits an; die große Reise begann – ohne Fahnenschwenken, ganz ruhig, sang- und klanglos, fast geheim ging sie vonstatten.

Die ersten Stunden der Fahrt dienten mehr oder weniger dem Sich kennenlernen. Die Stimmung war eigentlich gar nicht so gedrückt, denn man fuhr ja nur für ein paar Wochen zur Ernteeinbringung in die Ukraine! – Der Abend kam, die Gespräche verstummten, nur das Ramtata, Ramtata und das Rauschen der gleitenden Räder auf den Schienen war zu hören. Viele Kameraden schliefen bereits, andere starrten mit offenen Augen an die Waggondecke oder rauchten.

In der Nacht verlangsamte der Zug sein Tempo, und manchmal hatte man den Eindruck, als ginge es im Schritttempo weiter und Serpentinen, oder besser gesagt, Kurven seien zu überwinden, denn die Räder quietschten jetzt oft. Und so war es auch. Der Zug bewegte sich in Südpolen in östliche Richtung – die Waldkarpaten entlang.

Gegen Morgen hörte ich Schüsse. Unmittelbar danach blieb der Zug stehen. Jetzt vernahm man die rauen Stimmen einiger herumschreiender russischer Posten. Erst eine ganze Weile später fuhr der Zug wieder weiter.

Es war schon heller Tag, als bei einem Halt unsere Waggontür aufgeschoben wurde. Vor uns standen zwei russische Posten, in der Mitte ein ziemlich verhutzeltes Männlein in Zivil; es trug eine braune Cordhose und auf dem Kopfe eine blaue Schirmmütze. Graue Bartstoppeln rahmten das Gesicht des etwa Fünfzigjährigen Mannes ein, aus ihm blitzten zwei lebendige kleine, listige Äugelein hervor. Jetzt ruft der Kleine in unseren Waggon hinein: „Sind hier Tschechoslowaken dabei?" Ich frage zurück: „Wieso Tschechoslowaken? Die können ja gar nicht dabei sein, die leisteten doch keinen Kriegsdienst!" „Naja", blinzelte der Alte mir zu, „ich meine Sudetendeutsche – halt Tschechoslowaken." „Ach so ist das", schaltete ich. Man hoffte, auf diese Art früher entlassen zu werden, etwa wie die Österreicher und Lothringer, bei denen man jetzt häufig an Rock oder Mütze ihre Landesfarben erblicken konnte. Wer wollte es ihnen verübeln, wenn sie sich vor Sibirien zu retten versuchten!

Ich meldete mich nun mit noch einem Kameraden. Wir wurden gegen zwei „Reichsdeutsche" ausgetauscht. Unterwegs zum anderen Opel Pullman erfuhr ich, dass nachts, als der Zug die Bergstrecke langsam fahren musste, vier Gefangene das Waggonschloss öffneten, vom fahrenden Zug absprangen, um in den Karpaten zu verschwinden. Sie werden es schwer gehabt haben, ohne die erforderlichen Sprachkenntnisse durch Polen und das besetzte Ostdeutschland zu kommen. Die Zurückgebliebenen wurden von den russischen Posten verprügelt, weil sie die Flucht nicht verhindert hatten. Und nun wollten die frisch Verprügelten keine Reichsdeutschen mehr bei sich haben, um ähnliche Vorkommnisse auszuschließen.

„Da bist du ja vom Regen in die Traufe gekommen", stellte ich bei mir fest. Wie die kranken Hühner saßen meine Landsleute herum. Etwa zwei Drittel waren verschleppte Zivilisten im Alter von 15 bis etwa 50 Jahren, der Rest in Uniform. Sie sprachen schlesischen Akzent und stammten aus Sudetenschlesien – aus dem Gebiet um Jauernig-Fulnek. Vom einfachen Arbeiter bis zum Diplomingenieur waren alle Stände vertreten. Mir fiel sofort ein Herr Anfang der Fünfzig auf, der fast immer an der verdrahteten Luke stand und scheinbar die Landschaft beobachtete. Das linke Auge hatte man ihm blaugeschlagen. Er beteiligte sich nicht an den Gesprächen der anderen. Nur wenn man ihn ansprach, antwortete er knapp und wandte sich gleich wieder seinem Fenster zu. Dieser Herr war der Direktor der Bürgerschule in Fulnek, Herr Axmann. Er hatte das, was man eine Persönlichkeitsausstrahlung nennt, sodass einem selbst in dieser Zeit des allgemeinen Duzens das „Du" ihm gegenüber nur unsicher über die Lippen kam. Herr Axmann wurde zum Informanten über unseren Reiseweg, denn er konnte russisch lesen und schreiben. Er war schon im ersten Weltkrieg als k. u. k.-Soldat Kriegsgefangener in Sibirien. Gelegentlich kam ich beim „Fensterchen" mit ihm ins Gespräch. Er sorgte sich um seine Frau und Tochter. Über Einzelheiten der tschechischen Gewalttaten schwieg er sich aus. Manchmal erzählte er etwas über Sibirien und dass es im südlichen Bereich ein durchaus schönes Land sein könne. Herr Axmann nahm mir damit ein wenig die Angst vor dem Wort „Sibirien", das ja im landläufigen Sprachgebrauch mit der Vorstellung von Tundra, Steppe, Eis und Not verbunden war.

Längst hatten wir Kiew hinter uns gelassen, Charkow mit seinen zerbombten Hochhäusern passiert, ohne dass Anstalten zu erkennen waren, uns bald auszuladen. Mit Charkow lag zugleich das östliche Ende der Ukraine hinter uns. Der Traum vom Ernteeinsatz hier war ausgeträumt. Mit jedem Kilometer, den der Zug jetzt weiter in östliche Richtung fuhr, verstärkten sich die Erkenntnis und die Ernüchterung, einem dunklen, ungewissen Schicksal entgegenzugehen. Niedergeschlagen und mit dem Gefühl, von aller Welt verlassen und der Willkür der Russen völlig ausgeliefert zu sein, fügten wir uns in das Unabänderliche. Kilometer um Kilometer, Tag für Tag wird der Zug mit der menschlichen Fracht in den Osten hineinrollen. Hieß es nicht früher, im Osten liege unsere Zukunft?

Gut drei Wochen können es nun schon gewesen sein, die uns die Lokomotive mit der vielstimmigen „Schiffssirene“ durch dieses riesige Land zog, durch fruchtbare Gebiete und durch Steppen. Manchmal standen wir einige Stunden oder halbe Tage auf irgendeinem Abstellgleis. Der jetzt fehlende Fahrtwind ließ die Hitze im geschlossenen Waggon unerträglich werden. Erst der Abend brachte allmählich die ersehnte Abkühlung. In solchen Abendstunden schwiegen wir erschöpft und ließen die wohltuende Ruhe auf uns wirken. Die nun fehlende Geräuschkulisse der wochenlangen Eisenbahnfahrt fiel wie eine Last von uns ab. Aber die absolute Stille gab es auch jetzt nicht. Von weit her drangen Gesangsfetzen zu uns herein. Man erkannte russische Volksweisen mit dem sich abwechselnden Chor- und Einzelgesang, wie er für dieses Land typisch ist. Seine Fremdartigkeit beeindruckte uns. Wir waren in einer anderen Welt. Jeder hängt seinen Gedanken nach. Aus einer Waggonecke sprach jemand für alle vernehmbar vor sich hin: „Die Steppe – das ist die Steppe.“ Jeder Gefangene fühlte diese andere, unheimliche Welt, mancher vielleicht mit einem Hauch von Abenteuerlust. Wenn nur der Hunger nicht gewesen wäre!

Als sich der Zug wieder in Bewegung setzte, war es schon finstere Nacht, und das gleichmäßige Ramtamtam, Ramtamtam senkte über alle den erlösenden Schlaf, der uns von der Wirklichkeit weit hinwegführte.

Erst im Morgengrauen hielt der Zug wieder auf einer Bahnstation. Herr Axmann hatte schon seinen Platz am Fensterchen bezogen und las das Stationsschild. Wir waren in Ufa. Herr Axmann erläuterte uns, die wir wach waren, wo Ufa liegt – direkt vor dem Ural. Kein Zweifel, wir steuerten die Transsibirische Eisenbahn an – die Richtung war Sibirien.

Von der Überquerung des Urals merkten wir nicht viel. Dieses lange in Nord-Südrichtung verlaufende Grenzgebirge zwischen Europa und Asien zeigte einen hügeligen Mittelgebirgscharakter mit Mischwaldbestand. Meist sind es die freundlichen Birken gewesen, die uns jetzt, nach der Überquerung der steppenähnlichen Gebiete der Vortage, mit ihren weißen Stämmen und ihren grünen, in den blauen Himmel hineinragenden Häuptern, besonders schön vorkamen. Ich hatte mir den Ural anders vorgestellt: gewaltiger, dunkler, ernster. Vielleicht war er es an anderen Stellen. Hier, wo wir ihn durchfahren haben, wirkte er in der sommerlichen Jahreszeit geradezu freundlich. Die Fahrt ging weiter in Richtung Tscheljabinsk, an Swerdlowsk – einem namhaften Industriezentrum – vorbei in das Gebiet des Westsibirischen Tieflandes.

Tage- und nächtelang ging es durch eine unendlich scheinende Steppe. So weit das Auge blicken konnte, nichts als eine baumlose, mit Gras bewachsene Ebene. Es gab keinen Baum, der den Blick auf sich ziehen konnte, kein Wässerchen, kaum einen Strauch – nur eine einzige, nicht endende Trostlosigkeit. Dieser riesenhafte Kontinent in der geschilderten Leere wirkte bedrückend. Spätestens hier drängte sich uns die Überzeugung vom Wahnwitz des deutschen Überfalls auf die Sowjetunion auf. Dieses Land hätten wir kaum ohne fremde Hilfe in die Knie zwingen können, schon gar nicht mit so zersplitterten Kräften, die über ganz Europa verteilt werden mussten. Der deutsche Angriff konnte nur Wahnsinn oder Verzweiflung gewesen sein.

Bei uns, „an Bord" unseres Sibirienexpresses, hatte sich längst eine gewisse Art von Tagesrhythmus eingestellt, denn kein Gemeinwesen kann ohne eine bestimmte Ordnung existieren. Selbst beim Transport dieser Haufen Unglücklicher ließ sie sich nicht umgehen, sie war gerade hier besonders notwendig!

So hatten wir einen Waggonältesten. Es war der kleine Zivilist, der mich hierher geholt hatte: Herr Janisch aus Jauernig. Die Tschechen gaben ihm seinen Fünfzehnjährigen Sohn mit. Dieser alte Mann bewältigte seine Aufgabe bestens. Er übernahm es, vor den hungrigen Augen seiner Mitgefangenen das Dörrbrot zu teilen. Es bestand aus in dicken Scheiben geschnittenem Kastenbrot, das durch Feuchtigkeitsentzug haltbar gemacht worden war. Die Aufbewahrung und der Transport erfolgten in Jutesäcken, daher gab es viel Bruch, was wiederum seine Aufteilung in annähernd gleichgroße Portionen schwierig machte. Aber der Janisch schaffte es. Es gab nie Reklamationen. So eine Tagesration Trockenbrot belief sich auf circa drei bis dreieinhalb Scheiben. Genauso erfolgte die Aufteilung der Suppe vor aller Augen. Nachdem man die zwei quadratischen Löcher in der Waggonmitte abgedeckt hatte, stellte man hier die Konservendosen zusammen, in die Vater Janisch Dünnes und Dickes möglichst gleichmäßig verteilte. Meist waren es fleischlose Linsen- und Bohnensuppen. Die Konservendose wurde gerade dreiviertel voll. Das war es dann auch schon. Großzügigkeit bei der Essensverteilung konnte man sich nicht leisten, das Leben hing davon ab.

Unser Allgemeinzustand verschlechterte sich ständig. Bald gab es im Waggon die ersten Toten. Sie wachten früh einfach nicht mehr auf. Drei Zivilisten waren es, alles noch junge Kerle, von denen ich annahm, das sie aus Krankheitsgründen – vielleicht einer Tbc oder einer Epilepsie – vom Wehrdienst befreit waren. Diese wenigen widerstandsfähigen Menschen waren die ersten Opfer dieses Transportes.

Unser Zug hielt jetzt auf freier Strecke an einem Flüsschen zum Waschen und Baden. Es war dies übrigens das einzige Mal während der gesamten Fahrt. Hier beerdigten wir auch unsere Toten am Flussufer. Die späteren Leichen legte man beim nächsten Halt einfach an den Bahnsteigen oder Verladerampen des Bahnhofs hin und überließ die Beerdigung dem Bahnhofspersonal. Diesen Toten werden später, in den

Lagern, viele Kameraden folgen, deren Namen nicht registriert werden dürfen. Sie werden das Heer der Verschollenen und Vermissten gewaltig vergrößern.

Unterwegs auf den Bahnstationen, kamen jetzt oft Russen zum Tauschhandel in die Nähe der Waggons. Offiziell war dies verboten, aber die Posten sahen darüber hinweg. Taschentücher waren besonders gefragt. Die Russen konnten aber auch alles andere gebrauchen: Nähnadeln, Knöpfe, Zwirn, Kleidungsstücke jeder Art – alles war begehrt. Geboten wurde vor allem Tabak, Machorka und manchmal auch etwas Essbares wie Brot und Piroggen. Die Piroggen waren hier mit Sauerkraut oder Bohnen gefüllte Teigtaschen, üblicherweise sind sie mit Hackfleisch gefüllt. Von den Rauchern war vor allem Tabak begehrt, denn während der gesamten Fahrt gab es nichts. Dieser Tabakmangel führte dazu, dass starke Raucher begannen, mit einem Messer das Holz des Waggons in ganz feine Spänchen zu schaben und diese in Zeitungspapiere zu einer Zigarette zusammenzudrehen. Aber schon nach den ersten gierigen Zügen fingen die „Zigaretten" Feuer. Dadurch wurde wenigstens verhindert, dass die nikotinsüchtigen Raucher ihre Gesundheit nicht auch noch zusätzlich gefährdeten.

Noch etwas fiel uns in diesen letzten vierzehn Tagen unserer Fahrt auf: Bei jedem Halt stolzierte jetzt draußen vor den Waggons – anscheinend mit Erlaubnis der Posten – ein deutscher Propagandist herum. Wie ich später erfuhr, stammte dieser Mann, ein Lehrer, aus Norddeutschland. Er bemühte sich redlich, uns die Segnungen unseres „Gastlandes" nahezubringen. Wir hielten ihn erst für geistesgestört, aber das war er angeblich nicht. In einer marktschreierischen Weise erzählte er unter anderem, dass er schon einmal in russischer Gefangenschaft gewesen sei und Gefangenenpost nach Deutschland gebracht habe, jetzt sei er wieder zurückgekommen. Im Übrigen seien unserer Vorstellungen über die Russen und den Kommunisten überhaupt nicht zutreffend. Die Prügelstrafe sei abgeschafft, und wer fleißig arbeitet, dem werde es an nichts fehlen. Dann kämen wir sicher bald wieder heim. In diesem Stil ging es immer wieder von vorne los. Er wollte uns sie Angst nehmen und sich selbst offenbar eine gute Ausgangsposition im künftigen Lagerleben sichern. Diesen Herrn habe ich während der gesamten Gefangenschaft immer nur als Arbeitseinteilenden oder in der Nähe der Küche als Aufsichtsperson, nie aber selbst als Arbeitenden, gesehen. Und als ich im August 1949 nach Hause fuhr, blieb er niedergeschlagen im Lager zurück. Irgendetwas schien nach Ansicht der Russen mit ihm nicht zu stimmen. Ich wünschte trotzdem, dass er gesund heimgekehrt ist, denn eines glaube ich nicht von ihm, dass er Spitzeldienste geleistet hat. Wir aber fahren weiter und erreichen Omsk. Das Gebiet um die Stadt ist wieder fruchtbares Land. Wir gelangen in den Schwarzerdegürtel hinein, der uns bis ins Kusbassbecken begleiten wird. Auf fruchtbarstem Boden wird im Großraum Omsk Weizen angebaut, der allerdings in manchen Jahren unter einer unzureichenden Vegetationszeit zu leiden hat. Hierüber unterhalten wir uns zu einem späteren Zeitpunkt noch ausführlicher. Wir fahren weiter in den Osten hinein. Total geschwächt erreichen wir den Raum um Nowosibirsk. Die Verpflegung ist ausgegangen, wir bekommen die letzten drei Tage unsere Fahrt nichts mehr zu essen. Nachts weckt mich mein Nachbar voller Entsetzen. Ich hätte geschrien und phantasiert, sodass er Angst bekommen habe. Es muss eine Art Hungerdelirium gewesen sein, das mich da befiel. Beim nächsten Halt verhandelte ich meine letzte Habseligkeit – einen Kamm. Ich brauchte ihn nicht, ich hatte ja Glatze. Für den Kamm bekam ich einen Brocken Brot, einfach aus einem Brotkanten herausgebrochen. Und als ich ihn aß, bemerkte ich, dass er sogar mit Honig bestrichen war.

Nun erreichen wir Nowosibirsk, die Hauptstadt Sibiriens. Diesmal blieb das Waggontor geöffnet. Und staunend sahen wir das im alten Baustil erbaute Bahnhofsgebäude. Auch die Umgebung machte einen freundlichen Eindruck, und auf den Bahnsteigen standen zum Teil europäisch gekleidete Menschen, darunter ein Mann in akzeptablem Zivil. Er trug weiße Schuhe mit schwarzen Lackkappen und fiel damit sofort auf. Offenbar auch dem Posten, der vor uns stand und unsere Verwunderung bemerkt hatte. Er sagte jetzt: „Nu wod, Sibir." Frei übersetzt heißt dies etwa: „Na seht Ihr, das ist Sibirien." Damit meinte er ohne Frage: „So schlimm ist dies gar nicht, wie Ihr Euch das vorgestellt habt." Es schwang ein gewisser Stolz in seinen Worten mit.

Hier, in Nowosibirsk, verlassen wir die Transsibirische Eisenbahn und fahren etwa 400 Kilometer in südöstliche Richtung. Die russische Transportleitung ist jetzt fast besorgt um uns. Sie bangen darum, uns noch lebend ans Ziel zu bringen. Es ist beileibe nicht menschliche Fürsorge, sondern Angst, nur eine zu stark reduzierte Anzahl der Gefangenen abliefern zu können. Aber schließlich erreichen wir Stalinsk, das heutige Nowokusnezk. Ich nenne die Stadt weiterhin Stalinsk, so, wie sie zu unserer Zeit hieß. Hier, in Stalinsk, wurde der Transport geteilt. Über die Hälfte der Waggons wurden abgekoppelt, der Rest, zu dem auch ich gehörte, fuhr noch einige Kilometer weiter.

Das Landschaftsbild hatte sich seit Nowosibirsk verändert, es wurde allmählich hügeliger. Wir befanden uns auf dem nördlichen Vorland des Altai-Gebirges, etwa zwischen den oberen Flussläufen des Jenissei und des Tom, einem 840 Kilometer langen Nebenfluss des Ob. Unsere große Fahrt ging zu Ende. Am 11. oder 12. Juli 1945 erreichten wir die letzte Station dieser Stichbahn – Ossinniki. Etwa sechs Wochen waren wir unterwegs. Nun gingen die Bahnschienen nach Süden zu nicht weiter, denn kaum dreißig Kilometer von hier befindet sich tiefster Urwald, der Urwald der Taiga. Für uns war dies das Ende der Welt. Zwei Jahre werden wir in diesem Ort unser Leben fristen und Hunderte von uns ihr Ende finden.

Als wir jetzt die Waggons verließen und uns auf einen freien Platz schleppten, wo man Brot und Suppe verteilte, saßen zu meiner Linken ein Erzgebirgler aus Moldau, zu meiner Rechten Dr. Trenker aus Saaz. Letzterem hatte ich im Waggon schon einmal seinen völlig verlausten Verband vom Bein abgenommen und so gut es ging, die Läuse mit den Fingernägeln zerquetscht. Dr. Trenker sah trotz seiner Brille schlecht und war auf fremde Hilfe angewiesen. Ich entlauste ihn nach dem Essen noch einmal, was er mit großer Dankbarkeit annahm.

Medizinisch bewanderte Kameraden warnten sofort bei diesem ersten Essensempfang nach den vergangenen drei Hungertagen, vorsichtig zu sein. Die Sauerkrautsuppe mit den ranzigen Speckstückchen – amerikanischer Herkunft – schmeckte den Ausgehungerten wie eine Delikatesse. Aber gerade dies war die Gefahr für den entwöhnten Magen. Wir ahnten nicht, dass die eben empfangene Sauerkrautsuppe die erste einer langen, ununterbrochenen Reihe gleicher Art sein würde. Ein Leidensgenosse zählte 56 Mahlzeiten – früh, mittags und abends. Dazu gab es circa 400 Gramm feuchtes Roggenbrot. Nur einmal damit sattessen können! Aber leider …

Der Elendszug setzte sich in Bewegung, wir bezogen unser endgültiges Lager. Unterwegs wurden wir nur vereinzelt als „Faschisten“ beschimpft. Kleine Jungen riefen „eins, zwein drein“ dazwischen, was wohl mehr eine Demonstration ihrer Deutschkenntnisse sein sollte. Aber dies waren Einzelerscheinungen. Der größte Teil der Bevölkerung hier verhielt sich passiv. Diese Antipathiekundgebungen verloren sich innerhalb der nächsten vier Wochen ganz. Gelegentlich klang das antideutsche Kampflied „Smert germanskim Okupantem“ (Tod den deutschen Okkupanten) über den Lagerzaun, aber dies war nicht so ernst gemeint, von der Bevölkerung jedenfalls nicht. Wir hatten bald ganz andere Probleme!

Das Lager Ossinniki

Das Lager Ossinniki bestand zunächst nur aus zwei einstöckigen großen Holzhäusern, dazwischen viel Freigelände. Das ganze umschloss ein etwa drei Meter hoher Bretterzaun mit den dazugehörigen Wachttürmen an jeder Ecke. Davor hatte man eine drei bis vier Meter breite Sicherheitszone geschaffen, die nicht übertreten werden durfte, sie war durch Stacheldraht markiert. Wer sich in unmittelbarer Nähe hier zu schaffen machte, lief Gefahr, ohne Anruf unter Feuer genommen zu werden. Die Wachttürme waren Tag und Nacht mit Soldaten der Roten Armee besetzt.

In der linken Baracke hatte man in den unteren Räumen die Küche, das Revier, die Brotausgabe und einen kleinen Speisesaal untergebracht. Das gesamte erste Stockwerk diente ausschließlich als Unterkunftsraum. Entlang des gesamten Saales hatte man zweistöckige, aus Brettern bestehende Liegeflächen errichtet und zwar beidseitig. Über dem Gang, der auf diese Weise in der Mitte des Raumes entstand, hingen zwischen je vier tragenden Pfeilern – ziemlich hoch droben – für etwa sechs bis acht Personen weitere Liegeplätze. Wir nannten sie Schwalbennester. Der Fußboden war gedielt, und zwei große gemauerte Öfen sorgten im Winter für erträgliche Temperaturen. Den Schlafsaal konnten die vorhandenen Dachlukenfenster nur mäßig erhellen. Nachts brannten zwei schwache Glühbirnen. Eine offene Latrine am Ende des Lagerhofes vervollständigte die augenblickliche Lagereinrichtung.

In dem zweiten Haus hatte man die Lagerhandwerker untergebracht und später den größten Raum hier als Clubraum verwendet. Hier werden hauptsächlich „Aufführungen“ der ins Leben gerufenen kleinen Laiengruppe stattfinden. Zunächst gab es kein Wasser. Für die Küche brachte man es in Fässern mit einem Pferdegespann. Unter der Sanitätsstube konnte man aber schon in 30 Zentimeter Tiefe Sickerwasser bekommen. Die vielen Impfungen der Wehrmacht verhüteten jetzt wohl das Ausbrechen von Seuchen. Einige Wochen später grub man im Lager einen eigenen Brunnen, und auch ein Waschhaus wurde aus Holzbrettern aufgestellt. Der Brunnen wurde sogar mit einem Elektromotor betrieben, den die Kameraden Metallarbeiter mit Duldung der russischen Lagerleitung aus ihrer Werkzeugfabrik „mitgebracht“ hatten. Vor Wintereinbruch wurde die Latrine noch überdacht und mit abdeckbaren Öffnungen versehen.

Leider besaßen wir immer noch keine Strohsäcke, keine Wäsche, nichts. Tag und Nacht klebte die verschwitzte, verdreckte Uniform auf dem Leib. Unsere abgemagerten Gesäßbacken bekamen bald eine hufige Elefantenhaut von den harten Brettern, auf denen wir ohne Unterlage monatelang liegen mussten. Erst im Sommer 1946 erhielten wir mit Hobelspänen gefüllte Strohsäcke; Stroh gab es nicht. Die gleichfalls monatelang getragene Unterwäsche fiel uns stückweise vom Körper; sie zerriss wie Zunder. Mancher Gefangene hatte vom Hemd nur noch den Kranz um den Hals hängen mit ein paar Lappen daran. Trotz allem lachte man darüber. Später änderte sich auch dies. Wir bekamen in zwar längeren Zeitabständen, aber immerhin regelmäßig saubere Leinenwäsche, wie sie die Rote Armee trug.

Aber so weit sind wir noch nicht. Ich möchte noch einige Eindrücke aus dem Schicksalsjahr 1945 wiedergeben, zum Beispiel die unsagbaren Leiden der deutschen Kriegsgefangenen und ihr Sterben. In den vielen Lagern der Sowjetunion wird sich in dieser Zeit überall das gleiche Martyrium abgespielt haben. Darüber ist viel geschrieben worden, und ich möchte mich daher nur auf eine einmalige Skizzierung in meinem Lager beschränken. In diesem Bericht sollen vor allem auch wieder meine persönlichen Eindrücke und Erlebnisse bei den zahlreichen Begegnungen der späteren Jahre meiner Gefangenschaft Vorrang haben.

Der Ort Ossinniki war damals – 1945 bis 1947 – eine große weitgestreute Siedlung, meist Holzhütten, mit Tausenden Bewohnern. Um jede Hütte war ein kleines Stückchen Gemüseland. Es lag in einem langgezogenen, ziemlich flachen Tal und stieg beiderseits der leichten Anhöhen empor. In dem von saftigem Grün und unzähligen blühenden Sonnenblumen geprägten Landschaftsbild erhoben sich in weiten Abständen die Fördertürme der Bergwerke mit den dazugehörigen schwarzen Bergen aus Steinkohle und Abraummaterial. Ein eigenartiger Kontrast – und vielleicht gerade deshalb ein schönes, unvergessliches Bild, jetzt, zur Zeit der blühenden Sonnenblumen. Aber auch alle anderen Betriebe, die der Förderung der Steinkohle dienlich waren, wie zum Beispiel Sägewerke für das Grubenholz, einem Steinbruch für die Schotterung der notwendigen Zufahrtsstraßen, gab es, dazu auch einige metallverarbeitende Fabriken.

Dieses Gebiet um Ossinniki gehört noch zum Kusbassbecken (Kusnezker Becken), in dem riesige Bodenschätze, vor allem Steinkohle, entdeckt worden waren und mit deren Ausbeutung man schon dreißig Jahre zuvor begonnen hatte. In den Wäldern um den Ort stieß man immer wieder auf wilde Schächte, die von Bewohnern Ossinnikis unerlaubterweise gegraben worden sind und aus denen sie schon in Tiefen von drei bis fünf Metern ihr Brennmaterial – beste schwarze Steinkohle – förderten. Es gibt aber auch Flöze, die 1.800 Meter tief liegen. Insgesamt schätzt man das Steinkohlenvorkommen des Kusbassgebietes auf 905 Milliarden Tonnen. Welch ein Reichtum!

Zwischen dem Kusbassbecken und dem Ural bestand damals schon eine fruchtbare Wechselbeziehung in der Weise, dass die Kohlezüge das schwarze Gold für die Schwerindustrien ins Gebiet um den Ural lieferten und auf dem Rückweg Erze zur Verhüttung in das Kohlengebiet brachten. Dadurch wurde ein Leerlauf der Ladekapazitäten auf einer Eisenbahnstrecke von rund 2.000 Kilometern vermieden. In Stalinsk errichtete man zur Verhüttung dieser Erze ein riesiges Eisen- und Stahlwerk, deren Produktionsstätten durch eine viele Kilometer lange Werksbahn verbunden sind. Wir Kriegsgefangene haben dieses damals noch in weiterem Ausbau befindliche Werk nicht betreten dürfen. Aber seine Ausmaße konnten uns nicht verborgen bleiben. Noch 1947, als ich erstmals nach Stalinsk kam, verschwanden hinter den Toren dieses Werkes laufend riesige Transporte mit Kriegsschrott. Man hatte den Eindruck, dass hier das gesamte erbeutete Kriegsmaterial der ehemaligen Deutschen Wehrmacht verschrottet beziehungsweise eingeschmolzen wurde.

Alle diese Bodenschätze – auch Bauxit für die Aluminiumerzeugung wird hier gewonnen – liegen unter einer Erde mit dicker fruchtbarer Ackerkrume. Auf die Fruchtbarkeit dieses sibirischen Landes werde ich bei der Erzählung über meine Arbeitseinsätze auf den Kolchosen später wieder zurückkommen.

Übrigens, bei dem vorher angeschnittenen Thema Kriegsschrott drängt sich geradezu die Frage nach dem Schicksal der demontierten deutschen Fabriken und sonstigen Beutegütern auf. Was ich davon gesehen habe, war nicht sehr ermutigend. Beiderseits von Industriegleisen lagen kilometerweit gewaltige Rohre und Turbinen, Maschinen aller Art bis zu Klavieren, Flügeln und Nähmaschinen. Alles lag ungeschützt im Freien und rottete im Regen vor sich hin. Manche demontierte Fabrikausrüstung wird nur noch Schrottwert gehabt haben. Ganz abgesehen davon, dass alles oder vieles, was nicht niet- und nagelfest gewesen ist, unterwegs hierher irgendeinen Liebhaber gefunden hat.

Aber kehren wir zurück ins Lager Ossinniki des Jahres 1945. Zunächst wurden wir registriert. Auf gebügeltem, zurechtgeschnittenem Zementtütenpapier wurde geschrieben, denn Schreibpapier gab es nicht. Desgleichen gewann man die erforderliche Tinte aus aufgelösten Tintenstiftminen. Manchmal behalf man sich auch damit, dass man seine Notizen auf einem handlichen, gehobelten Brett mit Bleistift schrieb. Es erscheint unglaublich, aber diese Zementtütenbuchführung funktionierte. Die Russen schafften es immerhin, über 6.000 Kilometer hinweg – bis nach Westdeutschland hinein – Auskünfte über Parteizugehörigkeit einzelner Gefangener einzuholen. So musste zum Beispiel ein Schwabe, der seine Parteizugehörigkeit verschwiegen hatte und im Lager zurzeit als Wärter in der Filzstiefeltrockenkammer beschäftigt war, sein Päckchen schnüren. Wo er hinkam, wissen wir nicht. Seitdem lebte auch ich in Unruhe, denn ich hatte meine Parteianwärterschaft gleichfalls verschwiegen. Damals, beim Zusammenbruch, ging die Parole um, dass Parteigenossen entweder erschossen würden oder in die Bleibergwerke von Kolyma kämen. Aber so war es nicht. Denjenigen, die ihre Parteimitgliedschaft angegeben hatten, passierte gar nichts. Sie fuhren genauso nach Hause wie alle anderen. Verschwieg man sie aber und die Russen kamen von sich aus dahinter, vermuteten sie, bei ihrem tiefen Misstrauen, einen Parteibonzen oder einen Menschen, der etwas zu verbergen hatte, vor sich zu haben. Und diese Unsicherheit belastete mich die ganzen Jahre. Denn wir mussten alle paar Monate unsere Lebensläufe schreiben, dabei Angaben über

Familie, Parteizugehörigkeit, Truppenteil, Einsatzgebiet und so weiter machen. Und wer schwindelte, wusste ja nicht immer, was er im letzten Lebenslauf geschrieben hatte! Ich verschwieg nur meine Parteianwärterschaft, sonst schrieb ich die Wahrheit. Ich hatte nichts zu verbergen und daher auch nichts, wo ich mich irren konnte. Ich schwor mir damals, nie mehr im Leben einer politischen Partei beizutreten. Ich habe mein Versprechen gehalten. Wie heißt doch das Sprichwort? „Ein gebranntes Kind scheut das Feuer!"

Mein Arbeitseinsatz in diesen ersten Monaten und Jahren entsprach meiner Ausbildung. Als Büromensch wurde man für Erdbewegungen oder andere Knochenarbeit verwendet. Was sollte man sonst mit diesen Bürofüchsen anfangen?! Die Norm betrug acht Kubikmeter Erde mit dem Spaten abstechen und wegschaufeln. Und dies bei unserem Zustand: ausgehungert, ausgemergelt und arbeitsentwöhnt. Die Leistung konnte nicht sehr hoch sein. Dazu kamen die Ungewissheit des eigenen Schicksals und das der Angehörigen in der Heimat. Es war gerade in den letzten Augusttagen des Jahres 1945, als man meine Eltern und meine Schwester mit ihren zwei Kindern von Haus und Hof vertrieb und in einem Elendszug über die böhmisch-sächsische Grenze mit den bissigen Worten abschob: „Heim ins Reich!" Dabei hatte man nicht vergessen, die Entrechteten noch einmal zu durchsuchen. Sogar das Kopfkissen für den damals dreijährigen Neffen nahmen diese herzlosen Kreaturen meiner Schwester ab. Zum Glück wussten wir von diesen Vorgängen nichts. Dieses absolute Isoliertsein bedrückte uns ungemein. Nur die Atombombenexplosion von Hiroshima blieb uns nicht verschwiegen, sie scheuchte die Russen auf. Sonst aber alles! „Raboti, raboti, raboti", war die Devise. Und die Versprechungen, wer gut arbeite, bekomme Speck und Butter und Fleisch und alles, alles andere … führten bei vielen dazu, dass sie ihre allerletzten Kraftreserven hergaben und sich nicht mehr erholten. Das große Sterben begann. Nicht nur die Unterernährung und der andauernde Eiweißmangel brachten für viele Kameraden das Ende, auch die klimatische Umstellung spielte eine nicht zu unterschätzende Rolle dabei. Besonders die athletischen Typen erholten sich nicht mehr, wenn sie erst einmal total abgewirtschaftet waren. Was nützte es, wenn man, wo sich die Gelegenheit dazu bot, aus den Gemüsegärten der Bergarbeiter alles irgendwie Essbare, ob unreife Sonnenblumenkerne oder die noch kleinen Fruchtansätze von Kürbissen, lautlos in den ausgehungerten Magen verschwinden ließ?! Es waren Tropfen auf den heißen Stein. Ich will aber auch die Güte nicht verschweigen, die uns Geschundenen manchmal von Russen entgegengebracht wurde. Einmal stand ein Teller voller Mehlplinsen plötzlich vor dem Garteneingang einer solchen Arbeiterhütte. Wir teilten und nickten ein dankbares „Spasibo" der am Eingang stehenden Russin zu. Unauffällig holte sie den Teller zurück und füllte ihn erneut. Die selbst Armen teilten mit den Allerärmsten, den Feinden von gestern. Unser Engel lächelt kurz und zeigt mit dem Finger zum Mund – also schweigen! Diese Menschen fragen nicht nach unserer Schuld – sie wissen nur, dass Hunger schrecklich weh tut und zum Tode führt.

Auch als ich später auf dem Holzplatz des Schachtes Nr. 9 arbeitete, legte mir manchmal eine junge Russin heimlich ein Stück Brot auf den Holzstapel. Es war eine ehemalige „Ostarbeiterin", der es in Wien offenbar ganz gut gegangen ist. Sie trug ein kleines silbernes Kreuz am Hals.

Ich arbeitete gerne auf dem Holzplatz, schon wegen des harzigen Duftes. Es gab sogar Baumstämme, die einen parfümähnlichen, erfrischenden Geruch verbreiteten. Schleppen und Tragen fiel mir leichter als Schaufeln. Das Rollen der Baumstämme zum Gatter hin war daher nicht das Schlechteste für mich.

Einmal überfielen mich bei der Arbeit hier schreckliche Zahnschmerzen. Mein Brigadier Czerner, ein Oberschlesier, nahm mich mit in eine Zahnarztpraxis. Durch das mit Russen vollgestopfte Wartezimmer gelangte ich sofort zum Zahnarzt. Die Russen mussten warten. Der deutsche Gefangene hatte „Privatbehandlung". Auch das ist Sibirien! – Ein Mann Anfang Dreißig kommt mir freundlich entgegen und fragt mich in akzentfreiem Deutsch nach meinen Beschwerden. „Die Krone ist aber nicht in Deutschland gemacht worden", unterbrach er seine Untersuchung. „Wo stammen Sie denn her?", fragte er weiter. Und als ich diese Frage beantwortet hatte, sah er mich eher traurig als vorwurfsvoll an: „Ja – sehen Sie, ich stamme aus Mährisch-Ostrau und habe in Prag an der Deutschen Universität studiert. Meine Eltern sind in Auschwitz vergast worden. Und wir stehen uns nun gegenüber, als wenn nichts gewesen wäre." Den letzten Satz verstand ich damals nicht. Ich fühlte mich unbeteiligt, ich hatte keinem Menschen Böses angetan. Und ich ahnte nicht, dass zu dieser Zeit grauenvolle Bilder aus den von den Amerikanern befreiten KZ-Lagern durch die Presse und die Wochenschauen der ganzen Welt gingen. Ich habe sie viele Jahre später im Fernsehen betrachten müssen. Heute verstehe ich, was mir damals dieser junge hilfsbereite Jude sagen wollte. Und er blieb freundlich zu mir. Es seien sicher nur nervliche „Irritationen", die sich wieder beruhigen würden. Sollte dies nicht der Fall sein, könne ich jederzeit ohne zu warten zu ihm kommen. So dicht liegen Menschlichkeit und Unmenschlichkeit beieinander!

In unserem Lageressen ist das Sauerkraut durch äußere Kohlblätter abgelöst worden, die man auf den Feldern von den Weißkohlköpfen abpflücken ließ. Was änderte dies? Blut im Stuhl war keine Seltenheit mehr. Dazu kam die Unvernunft vieler deutscher Gefangener, ihre Brotration, oder Teile davon, gegen Tabak einzutauschen. Der körperliche Verfall, besonders der über Fünfunddreißigjährigen und der ganz jungen Kameraden war nicht mehr aufzuhalten. Übermäßiger Genuss des irgendwo aus einem Waggon organisierten Salzes ruinierte noch zusätzlich die Nieren. Es gab jetzt täglich Tote. Unser Lager wurde zum Sterbelager. Im Wesentlichen waren es zwei Typen der vom Tod Gezeichneten: Da gab es zunächst die vom Wasser Aufgeschwemmten, deren Krankheit mit Ödemen in den Beinen begann und schnell höher stieg. Die Kranken saßen nachts auf ihren Bettstellen wie aufgeblasene Gummimänner mit verquollenen Augen und hatten Atemnot, bis ihnen das aufsteigende Wasser Herz und Lunge abgedrückt hatte. Der zweite Typ magerte zum Skelett ab, bis die Funktionen des Körpers ihren Dienst versagten. Die Russen nannten diese durch Unterernährung und Eiweißmangel entstehende Krankheit „Dystrophie". In den anderen Ärztebüchern der Welt kannte man diese Krankheit bisher nicht. Diese Toten sahen wie die KZ-Skelette aus. Im letzten Stadium quälte die Todgeweihten Durst, nur noch Durst. Eines Tages fand ich auch Dr. Trenker im Revier unter den Todeskandidaten. Als er mich sah, blitzte ein letzter Funke Lebenswillen in seinen Augen auf. Er bat mich um Tee und bot mir sein verkrümeltes Brot an, das er unter dem Kopfkissen hervornahm. Er konnte es nicht mehr essen. Lippen, Zunge und die Schleimhäute im Mund waren rissig und braun gefärbt. Nur trinken, trinken, trinken! In seinem letzten Aufbäumen gegen den Tod meinte er zu mir: „Na, waßt Erhard, bald fohr' ma ham; Du nach Bilin und ich nach Saaz. I bin a zäher Hund, ich halt's durch." Zwei Tage später zog man ihm die Kleidung aus – denn es durfte keine Textilfaser weggeworfen werden – und nun wurde er nackt in einen Jutesack gesteckt, und auf dem Stoßwagen ging es hinaus nach „Neu-Berlin", dem Gefangenenfriedhof, auf einem Hügel außerhalb von Ossinniki. Die „Beisetzung" erfolgte nackt, denn den Jutesack brauchte man für die Nachfolgenden. Das Beerdigungskommando erhielt einen Schlag Suppe extra für die Arbeit.

Im September 1945 hatte ich Gelegenheit, diesen kahlen Hügel „Neu-Berlin" zu sehen. Ich war nämlich für einen Krankentransport in die Heimat ausgemustert worden, brauchte nicht mehr zur Arbeit und musste nur noch ein Grab auf Vorrat schaufeln, denn im Winter kommt man ja nicht in die gefrorene Erde hinein. Achtzig Gräber schaufelten wir im September, aber sie werden bei Weitem nicht ausreichen. Auf den kleinen Hügeln der bisher Beerdigten waren nur die Blechdeckel aus einer Konservenbüchse zu sehen, die in einem Holzstab steckten. In den Blechdeckel hatte man mit einem Nagel Löcher in Form einer Zahl hineingeschlagen. Das waren die ganzen Personalien des Verstorbenen.

Die blonde russische Ärztin hatte zu viele Deutsche für die Heimreise ausgewählt. Mit noch vierzig anderen Kameraden wurde ich wieder von der Liste gestrichen. Zusammen mit den heimkehrenden Saarländern und Lothringern werden es knapp achtzig Leute gewesen sein, die man Ende September in einem Waggon am Steinbruch vorbeizog, in dem wir arbeiteten. Die Lokomotive dampfte, vom Himmel drückte schon die Weltraumkälte auf das Land. Wir blieben zurück mit unseren wehmütigen Gedanken und schleppten Steinbrocken auf einen Haufen zusammen. Der Winter kündigte sich an.

Der erste sibirische Winter

Über Nacht kommt er – und bleibt, der sibirische Winter. Draußen, auf den Feldern steht gegen Ende September alles noch in saftigem Grün: die Erntearbeiten sind in vollem Gange. Tausende von Industriearbeitern und Kontoristen aus den Werken und Fabriken der Umgebung strömen um diese Zeit zur Ernte in die Kolchosen und Sowchosen, um noch vor Wintereinbruch bei der Bergung der Ernte zu helfen. Die fruchtbare Erde dieses Landes würde in reichstem Maße ihren Erntesegen ausschütten, wenn nur mehr Zeit zum Reifen bliebe. Es sind ganze vier bis viereinhalb Monate, die den Kolchosbauern von der Aussaat bis zur Ernte bleiben, dann müssen die Feldfrüchte eingebracht sein. Das kurze, aber meist sehr günstige Sommerklima ermöglicht zwar ein schnelles, treibhausähnliches Wachstum, aber es gelingt nicht immer, alles in rechte Bahnen zu lenken. Der Mensch muss helfen. Er tut dies hier, in der Sowjetunion, durch Neuzüchtungen in den Pflanzenlabors der Landwirtschaftlichen Forschungsstätten. Zu meiner Zeit war der Name des sowjetrussischen Botanikers Mitschurin sehr geläufig. Ihm war es unter anderem gelungen, neue, widerstandsfähigere Obstsorten zu züchten und dadurch die Obstanbaugrenze weiter nach Norden zu verlegen. In dem nach ihm benannten Laboratorium und der gleichfalls nach ihm benannten Stadt Mitschurinsk wird die Forschung in diese Richtung erfolgreich weiterbetrieben. Ich komme aus dem Staunen nicht heraus und vergesse dabei fast den Hunger. Wer mit offenen Augen durch diesen Teil Sibiriens geht, muss nachdenklich werden.

Natürlich sind auch wir Kriegsgefangenen zur Ernteeinbringung auf den Kolchosen eingesetzt! Zunächst ernten wir ein unübersehbares Feld Weißkohl ab. Mit dem Spaten werden die Kohlköpfe abgeschlagen, wir schleppen sie zu großen Haufen zusammen, mit Lastkraftwagen und Traktorenfahrzeugen transportiert man sie ab. Es gibt Exemplare, die ich mit beiden Armen gerade noch umfassen kann. Ich schätze diese Kohlriesen aus der Erinnerung bis zu zehn Kilogramm. Wir stopfen Weißkohl in uns hinein, was der Magen nur vertragen kann, denn Vitamine sind wichtig!

Nach dem Kohl geht es zur Mohrrübenernte. Es muss eine Mitschurinsche Spezialzüchtung sein, die wir da zu Gesicht bekommen. Ich habe in meinem Leben noch nie so große Mohrrüben gesehen. Sie haben die Form und Größe unserer weißen Pferderüben und die Farbe und den Geschmack von den Karotten. Wir ziehen sie beim Kraut aus der lockeren Erde und schichten sie mit der Rübe nach innen und dem Kraut nach außen zu einem großen kegelähnlichen Haufen aufeinander. Durch ihr eigenes Kraut geschützt, können sie einige Tage Frost schadlos überstehen. Und ich esse Mohrrüben – immer und immer wieder – auf Vorrat, wie ich meinte.

Der nächste Ernteauftrag heißt Kartoffeln – herrliche Kartoffeln. Der Agronom prüft die Frucht, der Nadschalnik steckt mit einem Zweimeter-Messholz die Arbeitsfelder ab, sodass jeder Mann seine Norm, ohne die es auch auf dem Lande nicht abgeht, kennt. Russische Arbeiter sind mit von der Partie. Mit einer breitspurigen Rodemaschine wird der Kartoffelacker ziemlich schnell durchgezogen, und das Sammeln der Kartoffeln beginnt. Ich merke, die Russen kommen schneller vorwärts als wir. Sie sind halt Normarbeiter und müssen von ihrem Verdienst leben, denke ich. Dann entdecke ich aber sehr bald des Rätsels Lösung. Sie klauben nur die Kartoffeln auf, die obenauf liegen – die anderen, die nur ein wenig zu sehen sind, legen sie nicht etwa frei, nein, die werden mit einem Fußtritt in die Erde gestupst, damit sie nicht mehr zu sehen sind. Fertig! Hauptsache, die Norm wird erfüllt. Ich schätze, dass auf diese Weise der russischen Volkswirtschaft und damit der eigenen Ernährung circa dreißig Prozent eines möglichen Ernteertrages verlorengehen.

Der Direktor der Kolchose inspiziert das Feld und schimpft über die vielen liegengelassenen Kartoffeln, die er ausgegraben hatte. Er ist ein alter, hagerer, einfach gekleideter Mann, der sich nun selbst ein Krautfeuer anmacht und einige Kartoffeln röstet. Bei uns wäre diesem Direktor sicherlich ein unwiederbringlicher Prestigeverlust erwachsen. Aber hier ist dies selbstverständlich, er ist ja einer von „ihnen".

Am Abend beobachte ich, wie man in nächster Nähe der Kolchose aus Bohlen und Brettern eine Art Lagerschuppen für den zu erntenden Hafer zimmerte. Nachtfrost und leichter Schneefall trieben zur Eile an. Und schon am selben Abend geht es hinaus auf das große Haferfeld. – Wir sind mit dabei, wir haben Nachtschicht.

Klarer Sternenhimmel. Erich Böhnisch, ein Sachse, erklärt uns bei der Arbeit die Sternbilder, wie überhaupt alle Besonderheiten des Weltalls mit seinen Spiralnebeln, deren Zustandekommen, Größenverhältnisse, Entfernungen und was es sonst noch alles gibt. Er ist mit ganzem Herzen dabei und freut sich, dass wir ihm zuhören, während der Mähdrescher seine quadratischen „Runden" dreht und wir die Strohgarben zusammentragen. Immer wieder unterbrechen wir die nächtliche Erntearbeit für einen Augenblick, um unserem Sternkundigen bei der Nachzeichnung der Sternbilder zwischen den einzelnen Gestirnen zu folgen. Beim Umgang mit den Wundern des Weltalls vergisst Erich sogar sein Schilddrüsenleiden, das seine Ernährungsprobleme in der Gefangenschaft ganz besonders verschärft.

Gegen drei Uhr früh ist die Arbeit beendet, wir kehren in unsere Unterkunft zurück. Der geerntete Hafer wird so feucht wie er ist auf den errichteten Lagerboden geschüttet, der jetzt noch ein gleichschenkliges Bretterdach bekommen hatte. Eigentlich müsste der Hafer erst behandelt, das heißt, getrocknet werden, was durch Bewegung mit Elevatoren und Abrieselung von einem Boden zum anderen, oder zum mindesten manuell durch Umschaufeln auf dem Schüttboden erfolgen sollte; aber da weder die maschinellen noch die baulichen oder personellen Voraussetzungen erfüllt sind, wird er halt stocken, verklumpen, verschimmeln oder heiß werden und verbrennen. Auf jeden Fall wird er verderben. Sonst oft segensreich, aber hier wird die

Improvisationskunst der Russen zum Wertevernichter. Es fehlen massive Schüttböden mit den maschinellen Einrichtungen. So aber gehen alle die Arbeitsstunden, angefangen von der Vorbereitung des Ackerbodens, seiner Bestellung, den Düngungskosten bis zu den Erntearbeiten buchstäblich verloren – wenn das geerntete Getreide verdirbt. Die ständigen Kritiken der sowjetischen Führung an ihrer Landwirtschaft deuten daraufhin, dass sich gegenüber der Zeit von 1949 nicht allzuviel in positivem Sinne geändert haben wird.

Unser Ernteeinsatz ist beendet, wir kehren ins Lager zurück. Der Hauch Freiheit endet nun wieder hinter Stacheldraht.

Wir werden sofort für den Winter eingekleidet. Erstmals bekommen wir Leinenunterwäsche und können unsere alten Fetzen wegwerfen. Dann gibt es eine komplette Winterbekleidung, von den Filzstiefeln angefangen über Wattehosen, Wattejacke, Nierenbinde, Pelzmantel, Pelzmütze bis zu den Pelzhandschuhen. Viele russische Arbeiter beneiden uns darum. Die Bekleidung ist nicht neu, aber sauber und ganz. Sie stammt offensichtlich aus Armeebeständen. Später, mitten im Winter, sehe ich viele der russischen Bergleute nur im Wattezeug, den Helm mit der Grubenlampe auf dem Kopfe, Gummigaloschen an den Füßen, die Hände schützend in den Ärmeln der Wattejacke vergraben, dem Bergwerk zuhasten. Es scheint, als seien wir bedeutend besser für den Winter ausgerüstet als viele der eigenen Landsleute!

Die Winterbekleidung kam gerade rechtzeitig, denn über Nacht veränderte sich die Situation: Frost und Schnee beherrschten den Ort und die Landschaft rundum. Und es schneite weiter! Als der Schneefall schließlich aufhörte, herrschte starker Frost über dem Land. Zwanzig, dreißig, vierzig Grad kamen und mehr. Obwohl wir breitegradmäßig etwa auf der Höhe von Flensburg liegen, schaffte das kontinentale Klima derartige Temperaturunterschiede. In der Erinnerung empfand ich dreißig Grad Kälte in Sibirien etwa so wie fünfzehn Grad in Deutschland. Dies bewirkte wohl die trockene Kälte. Die gute Winterbekleidung schützte uns, und Erfrierungen hätte es eigentlich nicht geben dürfen. Denn bei 53 Grad, die höchste Minustemperatur, die ich in Russland erlebte, brauchten nicht einmal die Kriegsgefangenen Außenarbeit verrichten. Trotzdem kam es zu einigen schwerwiegenden Erfrierungen.

Der Winter hatte seinen Höhepunkt – wie bei uns – auch im Januar. Alles war im Schnee und Eis erstarrt, die Erde metertief gefroren. Die Fenster zierten dicke Eisblumen, zentimeterdicker Raureif hing an Drähten, Schienen, Sträuchern und Bäumen. Augenbrauen und Bärte der sich im Freien bewegenden Männer waren vereist und mit Eiszapfen „verziert", und auch das Winterfell der langhaarigen, zottigen sibirischen Pferde war von einem dicken, weißen Raureifmantel eingehüllt. Die Pferde dampften den gefrorenen Atem vor sich her. Gelblichrötlich erschien mir der Himmel. Er verdichtete sich bis zum Horizont herunter immer mehr zu einer grauen bis blaugrauen Masse. Es ist die gefrorene, erdnahe Feuchtigkeit der Atmosphäre. Sie ist es auch, die die Sonnenstrahlen filtert und jeden wärmenden Hauch verschluckt. Sie lässt die Sonne selbst als eine große rotglühende Kugel am unteren Drittel des Himmelszeltes erscheinen. Wie damals an der Wolchowfront, so kräuseln auch hier aus allen Schornsteinen der Bergarbeiterhütten die Kondenswölkchen müde, aber kerzengerade zum froststarrenden Himmel empor. Millionen Eiskristalle auf der tief verschneiten Landschaft, auf den Bäumen und Sträuchern brechen wie Diamanten das rötliche Sonnenlicht zu einem phantastischen, schillernden Gemälde, wie es nur die Natur hervorbringen kann. An nicht ganz so kalten Tagen, wenn die Sonnenstrahlen gelblich die Landschaft überfluten, ergibt dies ein einziges goldenes Gleißen mit einem Geglitzer in allen Regenbogenfarben. Verschwindet die Sonne aber hinter den Wolken, dann ist alle Pracht dahin. Stumpf grauweiß liegen die Schneemassen über das Land gebreitet.

Die Menschen laufen mit bereiften Tüchern vor dem Mund, und ihre Hände in den Ärmeln ihrer Fufaika steckend, beeilen sie sich, irgendwo wieder ins Warme zu kommen. Auch die Deutschen verschwinden immer häufiger in den Aufwärmehütten, die es auf jeder Arbeitsstelle gibt. Vier Baumstämme in die Erde gegraben, von beiden Seiten mit Brettern verschalt, die entstehenden Zwischenräume mit Schlacke aufgefüllt, eingestampft, das Ganze abgedeckt, wieder Schlacke darauf, eine Tür eingepasst, einen Ofen hineingesetzt, einige Bänke und ein Fass mit Wasser hineingestellt, – fertig ist die sibirische Aufwärmehütte. Und sie ist warm! Urgemütlich! Die Russen sitzen rund um das Wasserfass, werfen ihre Zigarettenkippen hinein, und wenn sie haben, knacken sie Semitschkis (Sonnenblumenkerne), das „Konfekt“ der Sibiriaken. Mit erstaunlicher Schnelligkeit und Geschicklichkeit fliegen die Schlauben aus dem Mund, während der ölhaltige Kern längst verschluckt ist. Ab und zu wird einem auch schon mal dicht vor die Füße gespuckt, unabsichtlich natürlich. Dies gehört halt mit dazu, zum Ausdruck des Wohlbefindens.

Gelegentlich versucht man mit den Deutschen ins Geschäft zu kommen, denn die guten Pelzmäntel der Germanskis sind ein begehrtes Objekt. Man schlägt einen Pelztausch vor, verbunden mit einer Aufzahlung von 200 Rubeln. Es gab einige Kameraden, die nicht widerstehen konnten. Denn für 200 Rubel bekommt man viel Machorka, Dickmilch, Piroggen und Brot zu kaufen. Es war schon verlockend. Aber in so einem alten Fladen, der dafür eingetauscht wurde, möchte ich nicht den ganzen Winter herumlaufen. Im Lager kam man auch sehr bald hinter diese finsteren Geschäfte und unterband sie mit Strafandrohung.

Aber kehren wir zurück zum Januarfrost: Eines Tages gesellte sich Sturm und dichtes Schneetreiben zum Frost hinzu, ohne dass die Temperaturen wesentlich zurückgingen. Überall bildeten sich große Schneeverwehungen. Die Schneemassen dieses Winterorkans schütteten auch die Versorgungsstraße, einen Hohlweg, zu einem etwas abgelegenen Bergwerk zu. Ein Notruf zum Gefangenenlager brachte uns mit

Schneeschippen in Bewegung. Der Sturm blies den Frost selbst noch durch Pelzmäntel und Wattejacken – so schien es, sodass wir uns ganz schnell auf den Grund des Versorgungsweges hinunterarbeiteten, um wenigstens vor dem Wind geschützt zu sein. Einige Wolgadeutsche arbeiteten gleichfalls hier. Sie gaben uns bei diesem möglichen Kontakt einige Tipps zum Überleben. Vor allem Salz sollten wir meiden. Sie haben die gleichen Beschwernisse mit Hunger und Klima durchmachen müssen und viele Landsleute seien dabei gestorben. „Vergesst uns nicht, wenn Ihr wieder zu Hause seid", bat der Lehrer neben mir, der jetzt als Bergarbeiter sein Brot verdienen musste.

Unsere Schneeschipperei kam nicht von der Stelle, denn kaum hatten wir einige Meter des Weges freigeschaufelt, war der Weg knapp hinter uns schon wieder zugeweht. Jetzt mussten einige Kameraden austreten. Dazu gingen sie hinaus ins freie Gelände. In den wenigen Minuten, in denen sie die Handschuhe ausziehen mussten, erfroren sie ihre Finger; sie waren steif, unbeweglich und gefühllos geworden. Man konnte die betroffenen Kameraden später im Lagerrevier jammern und stöhnen hören, Tag und Nacht. Die Finger mit dem abgestorbenen, verfaulten Gewebe mussten abgenommen werden.

Die Russen wissen natürlich auch aus Väterchen Frost ihren Nutzen zu ziehen, vor allem, wenn er so beständig ist wie der sibirische. Trocknung, Einsalzung und natürliche Tiefgefrierung sind die Konservierungsmethoden hier. Davon einige Beispiele:

Mit einem Kommando wurde ich zum Lachse-Ausladen geschickt. Sie mussten aus einem Eisenbahnwaggon in Lastkraftwagen umgeladen werden. Die Fische waren steifgefroren wie die Hörner. Natürlich ließ ich auch einen unter meiner Fufaika verschwinden und kam ungeschoren ins Lager hinein. Ich versteckte ihn im „Bett" unter meiner Decke. Der Lachs taute auf, und die Salzlache tropfte dem unter mir Liegenden auf die Nase, sodass ich gerne „Schweigegeld" zahlte. Übrigens, ab dieser Zeit gab es täglich 70 Gramm Fisch, das einzige tierische Eiweiß – wie wertvoll war dies! Zunächst hatten wir einige Wochen lang echten, guten Lachs. Es war nichts anderes da, so bekamen die „Plennis" (Gefangene) eben auch Lachs. Dies ist auch Russland!

Das nächste Mal ging ich einige Tage zur „Suschilka" arbeiten. Hier musste ich halb gegarte Kartoffeln in Scheiben schneiden und auf viereckige Siebe schlichten, die dann in Heißluftkammern völlig getrocknet und damit konserviert wurden. Natürlich aß ich von diesem Zeug, bis ich ganz vollgestopft war. Beim Schichtende wurde ich Zeuge eines Vorganges, der mir zum Bewusstsein brachte, dass eigentlich auch Russland das Land der unbegrenzten Möglichkeiten ist. Ich traute meinen Augen nicht, als ich sah, wie ein Mann von einem daliegenden Berg Hühnereier mit der Rübengabel einen Teil in einen bereitstehenden Pferdeschlitten schaufelte. Des Rätsels Lösung: die Eier waren durch und durch gefroren. Übrigens hatte der Genuss der getrockneten Kartoffelscheiben noch ein übles Nachspiel, das mich das Leben hätte kosten können. Ich bekam, als ich ins Lager zurückgekehrt war, einen mörderischen Durst und trank ohne Ende. Dies hatte zur Folge, dass die Trockenkartoffeln in meinem vollgestopften Magen aufquollen und ihn fast zerrissen hätten. Ich konnte kaum noch atmen. Im Revier drückte mir der österreichische Arzt den Bauch ab mit der augenblicklichen Folge, dass sich meine doch recht stabilen Eingeweide nach vorne und hinten entluden – in bereitstehende Eimer natürlich. Augenblicklich war ich wieder gesund.

Weihnachten in Gefangenschaft

Wer glaubt, dass uns das Herz vor Wehmut zerrissen wäre, der irrt. Heiligabend war ein Arbeitstag wie jeder andere. Und da wir keine Kalender hatten, wussten wir nicht einmal, dass der Heilige Abend gewesen ist. Und doch besuchte uns an diesem 24. Dezember 1945 ein recht seltsamer Weihnachtsmann!

Das sich an diesem Tag bietende Bild war das gleiche wie an jedem Abend: Ausgemergelte Gestalten saßen um die wenigen Tische herum oder hockten auf ihren Betten. Man war mit sich beschäftigt, starrte vor sich hin oder erzählte sich – über das Essen! Die Gerichte aller deutschen Stämme wurden bis ins Detail gekocht. Und man nahm sich vor, sich diese Rezepte genau zu merken und die „Köstlichkeiten" zu Hause auszuprobieren. Wir hatten auch einen Hotelkoch mit Schweizer Schule dabei, der lukullische Genüsse mit allen Raffinessen, hin bis zu flambierten französischen Schleckereien – einschließlich des Auftragens der Gerichte – zelebrierte. Er hatte immer die größten Zuhörerscharen. So auch heute. Die spärliche Beleuchtung im Raum ließ Gegenstände und Menschen in dieser Massenunterkunft gespenstisch und schemenhaft erscheinen. Von den beiden Öfen her flackerte unruhig der Feuerschein auf die gegenüberliegenden Lagerstätten. Plötzlich trat vorne an der Tür Stille ein, die sich in den ganzen Raum fortpflanzte. Im Türrahmen erscheint die untersetzte Gestalt eines Mannes, der in einem weiten, bis zum Fußboden herabreichenden dicken Pelz steckte. Die übergestülpte Pelzmütze ließ zunächst nur eine knubbelige poröse Trinkernase erkennen, darüber ein Paar von Tränensäcken verquollene Augen. Der Weihnachtsmann konnte dies wohl nicht sein, denn er hatte keinen Bart! Nun schritt er ganz langsam der spärlichen Lichtquelle zu, fasste die „Essenserzählgruppe" um den Tisch herum ins Auge und fragte langsam betont: „Wie geht es Euch?" Allgemeines Misstrauen, niemand antwortete. Schließlich eine Stimme aus dem Hintergrund: „Wir haben Hunger!" Ohne den Blick in die Richtung des Sprechers zu wenden, antwortete der falsche Weihnachtsmann ganz langsam: „Ein zufriedenes Herz – ist immer satt." In der Situation der Gefangenen empfand man dies als eine Verhöhnung. Zorn erfasste die Gruppe um den Tisch, und einer sprach: „Das ist eine Schande!" Nun war die Empörung auf der anderen Seite, und der Dolmetscher des russischen Politoffiziers, der hier in Wirklichkeit stand, donnerte nun in schwäbischem Akzent los: „Schämen? Schämen müsst Ihr Euch! Bis zwanzigtausend Kilometer tief in die Erde hinein müsst Ihr Euch schämen, was Ihr alles auf Euer Gewissen geladen habt – und gemordet – Ihr faschistischen Landräuber!" Nun bemerkte man, dass dieser Mensch gefährlich werden konnte und zog sich lautlos in die Dunkelheit zu den Lagerstätten zurück. Der Dolmetscher wandte sich, nachdem er merkte, dass man ihm auswich, langsam um, und wie in einem Reifrock steckend, wippte er nun zur Tür hinaus. Also, Geographieunterricht hatte dieser Mensch wohl nicht gehabt, sonst müsste er wissen, dass man bei einem zwanzigtausend Kilometer tiefen Eindringen in die Erde, auf der anderen Seite – etwa in Höhe der nordamerikanischen Westküste – zwischen Florida und Kanada – längst wieder herausgekommen wäre. Dieser Spinner! Was sollen diese blöden Vorwürfe? Wir waren Soldaten, sonst nichts, jedenfalls keine Mörder. – Am nächsten Tag, früh um 06.00 Uhr Wecken, um 07.00 Uhr Abmarsch zur Arbeitsstelle. – Weihnachten? Weihnachten fand nicht statt …

Der Gefangenenalltag mit dem immerwährenden Bestreben, irgendwo einen Essenshappen außer der Reihe zu erhaschen, führte manchmal zum Erfolg. So durfte ich einmal zum Mehlausladen in die Bäckerei. Vor Arbeitsbeginn wurden für uns einige frisch aus dem Ofen herausgezogene Brote aufgebrochen und so dampfend, wie sie waren, auf den Tisch geworfen. Erst nachdem wir diese mit Heißhunger verschlungen hatten, begannen wir mit dem Mehlausladen. Daneben versorgten wir uns aus einer Abfallkiste gemeinsam mit den Ratten mit alten Brotkrusten, die wir im Brotbeutel verschwinden ließen.

Durst stellte sich ein. „Dawaj Kwaß!“, bedeutete uns der Aufseher in jene Richtung, wo sich dieses russische Nationalgetränk befand. Hier, im warmen Nebenraum, stand ein großes Fass mit etwa eineinhalb Metern Durchmesser, das dreiviertel voll mit einer graugelblichen trüben Flüssigkeit gefüllt war; auf ihr schwammen aufgeweichte große Brotstücke herum. An der Seite des Fasses hing eine Schöpfkelle. Das Ganze sah nicht besonders appetitlich aus. Und als wir uns noch zweifelnd und vielsagend den Inhalt des Fasses näher betrachteten, kam ein Russe, schöpfte ein, trank gleich aus der Kelle, und goss den Rest ins Fass zurück. Es gab keine Etikettenprobleme! Nach diesem Anschauungsunterricht versuchten wir es auf die gleiche Art. Und siehe da, der Kwaß schmeckte angenehm säuerlich, mit einer leicht prickelnden, kohlensäureähnlichen Wirkung auf Gaumen und Zunge. Vitaminreich und gesund soll er auch noch sein! Nun trank ich ohne jede Zurückhaltung – schon fast unmäßig. Hunger und Durst waren endlich einmal gestillt! – Mit aufgetriebenem Bauch ruhte ich abends auf meinem Lager, etwa wie der Häuptling eines Negerstammes, der nach einer erfolgreichen Jagd mit anschließendem Fressgelage sich faul in der Sonne räkelt.

Trotzdem geht das Sterben im Lager weiter. Von den Beerdigungskommandos war hinter der vorgehaltenen Hand zu erfahren, dass man auf Neu-Berlin nicht mehr in den gefrorenen Boden hineinkam, dass aber auch die im September ausgehobenen achtzig Gräber längst nicht ausreichten. Man ließ durchblicken, dass die Wölfe der Taiga unsere verscharrten Toten wieder freilegten und auf ihre Art beerdigten. Ob dies stimmte? Möglich war es schon, denn bereits im Sommer ist man vereinzelt den Wölfen auf freier Wildbahn begegnet. So war es hier eben: scheinbare Probleme lösen sich nicht selten nach den ungeschriebenen Gesetzen dieses Landes.

Diese bisher geschilderten Gesamteindrücke und Erlebnisse meiner Gefangenschaft wiederholen sich in ähnlicher Weise auch in der kommenden Zeit. Sie geben aber längst nicht alle physischen und psychischen Leiden einer sowjetischen Gefangenschaft der ersten Jahre wieder. Es kann nur ein Andeuten und Antippen sein, nicht mehr. Ich müsste zu viel jammern und Gefühle wecken und damit anklagen; und in diesem letzten Punkt bin ich mir heute nicht mehr so sicher, ob ich immer den „Richtigen", das heißt, den letzten Endes Verantwortlichen, anklagen würde. Ich will daher von jetzt ab – also etwa ab 1947 – wesentliche Änderungen in unserem Gefangenendasein allgemein aufzeigen, im Übrigen – wie schon immer in diesem Bericht – mein persönliches Schicksal der kommenden Jahre in den Vordergrund stellen.

Da fällt als nächstes auf, dass die Lagersterblichkeit mit Ablauf des April 1946 schlagartig zu Ende gegangen ist. Es gab keine Hungertoten mehr. Wer bis jetzt überlebt hatte, würde weiterleben. Die Russen bekommen strenge Weisungen, so hieß es, nunmehr über jeden Toten genauestens zu berichten. Schreibarbeit ist ihnen ein Gräuel.

Alle paar Monate überprüfen jetzt auch Kommissionen das Lageressen, Unterkünfte, den Zustand der Gefangenen und schimpfen mit den Köchen herum, die allerdings nur die Schultern zucken, was bedeutet, dass sie besseres Essen kochen möchten, wenn man ihnen die entsprechenden Produkte gäbe. Es fällt auf, dass fast nach jeder derartigen Kontrolle der russische Magazinverwalter abgelöst wird, wohl deshalb, weil der „Nahrungsmittelschwund" in dem festgestellten Umfang nicht glaubhaft war.

Etwa ab 1947 bekommen wir täglich einen Esslöffel Zucker und manchmal die doppelte Fischration. Natürlich keine Lachse mehr, aber Heringe oder kleine Fischchen. Letztere schwimmen dann wenig appetitlich in den nicht beliebten Fischsuppen herum. Aber die ernährungsbewussten Kameraden aßen sie des Eiweißgehaltes wegen. Ich gewann zunehmend den Eindruck, dass es niemals so viele Tote unter den Gefangenen hätte geben müssen, wenn uns der auf dem Papier zustehende Gefangenenverpflegungssatz von Anfang an zugute gekommen wäre. Eine weitere Erkenntnis kam hinzu, nämlich die, dass wir Deutsche im Vergleich zu dem einfachen russischen Ernährungsstandard zu „verwöhnt" waren, was die angedeuteten schlimmen Folgen zum Teil verursacht haben könnte. Eine Vermutung, nicht mehr.

1946 gab es in der Ukraine eine Missernte mit der Folge, dass die eigenen Landsleute ihren Gürtel noch enger schnallen mussten. So gab es zum Beispiel für Kolchosenarbeiter eine geraume Zeit lang kein Stückchen Brot. Sie zahlten den Kriegsgefangenen für 200 Gramm Brot 10 bis 12 Rubel, alte Rubel, wohlgemerkt. Aber es ist die Wahrheit.

Ich arbeitete nun wieder auf dem „Lesses sklad", dem Sägewerk des Schachtes Nr. 9 in Ossinniki. Jetzt, im Sommer, war das ganz schön. Obwohl es Temperaturen bis über dreißig Grad gab, empfand ich die Sommerzeit zwischen den duftenden

Holzstämmen als angenehm. Wenn nur diese Ungewissheit und der Hunger nicht gewesen wären! Jeder Schwerverbrecher weiß, wann er seine Strafe verbüßt haben wird, der deutsche Kriegsgefangene nicht. „Skoro", lautete immer nur die Antwort auf eine entsprechende Frage: bald.

Wir bekamen jetzt sogar Postkarten des Sowjetischen Roten Kreuzes, das heißt alle paar Monate eine. Mitte 1946 schrieb ich meinen Eltern in die alte Heimat. Keine Antwort. Haben die Tschechen Vater und Mutter umgebracht? Von der Vertreibung der Sudetendeutschen wussten wir weiterhin nichts. Am 8. November 1946 durfte ich wieder eine Karte schreiben. Ich versuchte jetzt, zu meiner Unbekannten Verbindung aufzunehmen und schrieb an das Postamt Netzschkau/Vogtland, wo sie zuletzt untergekommen war. Fünfundzwanzig Wörter waren erlaubt, sie lauteten: „Dir, Deinen Eltern, und wenn möglich, auch meinen Eltern, wünsche ich auf diesem Wege ein recht gesundes Weihnachtsfest. – Erwarte sehnlichst Post. Herzliche Grüße Erhard." Wieder vergingen Monate – keine Antwort.

Das Lagerleben läuft monoton weiter: Arbeiten, Essen, Schlafen, Hungern, Stacheldraht. Ich finde jetzt Kontakt zu einer kleinen Gruppe Laienschauspieler, die sich im Lager gebildet hat und die nach der Arbeit am Abend proben. Ich bekomme die zweite Stimme in einem Quartett. Wir stellen Paul-Lincke- und Walter-Kollo-Potpourris zusammen. Die fehlenden Texte schreibe ich oder ergänze sie. Es fällt nicht auf. Ich komme so wenigstens von der ewigen Essenserzählerei weg und damit von der langsamen geistigen Verödung.

Das Jahr 1946 ging zu Ende. Einzige Abwechslung war die Arbeit auf der Kolchose, wo ich von Ende August bis einschließlich September mit einer größeren Gruppe des Lagers gearbeitet habe. Hier draußen hatte man keinen Stacheldraht, und wir fühlten uns etwas freier. Hier gab es auch immer erstaunliche Entdeckungen zu machen, vor allem überraschte die Fruchtbarkeit dieses reichen Landes. So entdeckte ich an einem Waldrand große mit Himbeerstauden bewachsene Plätze und mit Früchten in Daumengliedgröße. Ich sehe Eisenhutstauden in Höhe von zweieinhalb bis drei Metern. Das gleiche trifft für den Türkenbund zu, vielleicht nicht ganz so groß. Zwei russische Arbeiter graben mit dem Spaten Blumenzwiebeln aus, die Ähnlichkeit mit den Zwiebeln unserer Madonnenlilien haben. Sie werden sauber gewaschen und im Eimer auf offenem Feuer an Ort und Stelle gekocht, dann das Ganze zerstampft. Es ergibt dies einen weißen Brei, wie Kartoffelbrei sieht er aus – und schmeckt auch so. Ich unterlasse diese Ausgraberei, weil zwei Kameraden durch den Genuss giftiger Pflanzenknollen unter fürchterlichen Bauchschmerzen gestorben sind. Es waren die letzten Toten des Lagers. Von 650 Mann waren im Mai 1946 noch 353 übrig geblieben. Dazu muss man noch die etwa 80 Heimkehrer von September 1945 zählen. Der Rest ruht auf Neu-Berlin. Aber daran denken wir jetzt nicht mehr, denn das Land hier überrascht immer wieder: Noch vor der Kartoffelernte schleiche ich mich in der Dunkelheit des späten Abends zu einem Feld hinaus, um einige Kartoffeln zu stehlen. Der Abend ist milde, richtig lauschig. Nur ab und zu hört man kurz das Rattern einer Maschinenpistole in der Ferne, sonst Ruhe. Der Feldhüter hat sie wohl gegen potentielle Diebe als Warnung abgezogen. Ich robbe ins Feld hinein, ziehe eine Staude heraus – und halte überrascht inne. Aus der Dunkelheit des aufgerissenen Erdbodens leuchten mir Hunderte stecknadelkopfgroße grüne Phosphorpünktchen entgegen. Was ist das? Ich grabe die Kartoffeln mit bloßen Händen aus, auf der Haut fühle ich viele kleine Nadelstiche – so kommt es mir vor – ohne Zweifel, sie stammen von diesen „Phosphorpünktchen". „Vielleicht bist du in eine Art Ameisennest geraten!", denke ich. Ich ziehe die nächste Staude heraus, schließlich die dritte, – denn mehr brauche ich nicht – und überall die leuchtendgrünen Pünktchen. Sind es phosphoreszierende Mikroben? Ich stehe vor einem Rätsel – bis heute …

Aber die Kartoffeln waren gesund. Einige Tage später brauche ich keine mehr zu stehlen. Wir bekommen jetzt genug in der Kolchose und Mohrrüben dazu. Satt werden wir auf alle Fälle. Die Ernte läuft jetzt auf vollen Touren. Die Industriearbeiter aus Stalinsk strömen in Scharen zum Ernteeinsatz aufs Land. Mit viel Lärm und Gaudi kommen sie an. Eine junge, kecke Frau macht mir unmissverständliche Angebote: „Nu, Kamerad, chatschesch ljubajca?", fragte sie mich, was ich natürlich unter dem verständnisvollen Gelächter der anderen Russen freundlich ablehne. Abgesehen davon, herrschte zu dieser Zeit noch allgemeine Impotenz in unseren Kreisen. Ein achtzehnjähriger, der von der russischen Ärztin bei einer Kontrolluntersuchung gefragt worden war, ob er nicht das Bedürfnis nach einem Mädchen verspüre, antwortete prompt, dass er 200 Gramm Brot dem schönsten nackten Mädchen vorziehen würde. Die Ärztin soll erschüttert gewesen sein, aber sie wird es überlebt haben. Das Interesse für das andere Geschlecht stellt sich erst Anfang 1948 wieder ein.

Aus der Kolchosenzeit des Jahres 1946 noch ein für uns Deutsche charakteristisches Erlebnis: Mit einem Russenmädchen schaufelte ich Erbsen in eine elektrisch betriebene Putzmühle. Gegen 23.00 Uhr stellte das Mädchen die Maschine ab und legte sich auf einen Haufen gedroschenen Hafers zum Schlafen nieder. Ich sollte das Gleiche tun. Der Hafer war feucht und daher schön warm, und so schlief ich auch bald ein, bis mich eine dicht vor die Augen gehaltene Laterne wieder weckte. Der Nachtwächter, ein altes klappriges Männlein, schimpfte jetzt mit dem Mädchen herum. Sie schaltete die Maschine wieder ein, und wir arbeiteten weiter. Natürlich hatte ich mir bei der Arbeit ein Beutelchen mit Erbsen schon beiseite geschafft – für schlechtere Zeiten … Gegen 05.00 Uhr früh gelang es mir an jenem Morgen, unbemerkt einen Eimer Erbsen in unsere Küche zu schmuggeln. Man freute sich über die unerwartete angenehme Abwechslung im Suppentopf – nur einer nicht: unser Brigadier, Walter Kirmes, ehemals Hauptfeldwebel der Deutschen Wehrmacht. Er wies die Suppe mit Erbseneinlage schroff zurück. Gestohlenes esse er nicht! … Er hatte halt einen neuen Herrn, und dem diente er korrekt. „Landsknechtsmoral“ würde ich diese Haltung nennen. Er war übrigens der einzige während der ganzen Zeit meiner Gefangenschaft, der mir später einmal mit einem Fußtritt beim Sandschaufeln wieder auf die Beine helfen wollte, als ich nicht mehr konnte. Die Russen taten dies nicht, sie machten sich die Hände beziehungsweise die Füße nicht schmutzig.

Das Beutelchen Erbsen hatte ich unter der Bühne im Clubraum für Weihnachten zurückgelegt. Als ich sie am Heiligen Abend holen wollte, waren sie verschwunden. Ich ging zu Horst, unserem Lagerklempner, der auf der gleichen Etage seine Stube hatte, um vielleicht etwas über den Verbleib der Erbsen zu erfahren. Ich unterließ dann die Frage, denn auf dem Tisch dampfte eine Schüssel gekochter Erbsen, daneben standen Salzkartoffeln, und das Ganze war feierlich von einer brennenden Kerze auf grünem Fichtenzweig beleuchtet. Als Gast hatte Horst den Lagerkommandanten, Kasimir Preußner, bei sich. Warum sollte ich diese kleine Zelle Weihnachtsstimmung, sicher die einzige im Lager, stören? Auf dem Lagerhof atmete ich die frische Winterluft, sah zum klaren Sternenhimmel hinauf, um dann wieder traurig und verlassen meinen Blick über das vom Mondenschein überflutete Gefangenenlager gleiten zu lassen. An einem hellen „Ball“, dicht am Trägerbalken des Fußbodens unserer Verpflegungsbaracke, blieb er haften. Es war ein vergammelter, gefrorener Kohlkopf. Ich ließ ihn auftauen, er schmeckte wie Sauerkraut. – Dies war mein Heiliger Abend 1946.

Trotz des Aufenthalts auf der Kolchose kam es bei mir, wie bei den meisten anderen Kameraden auch, zur Dystrophie. Ganze 35 Männer traten früh noch zur Arbeit an. Die Dystrophie ist eine auf Eiweiß-, Fett- und Vitaminmangel beruhende Ernährungsstörung, die über Ödeme, Kreislaufstörungen, allgemeine Schwäche sehr oft zum Tod führt. Noch nach Jahrzehnten lässt diese Unterernährung ihre Spätfolgen spüren, die zur vorzeitigen Invalidität führen können. Wir aber werden jetzt von den Russen ein wenig aufgepäppelt. Ich melde mich freiwillig mit drei weiteren Kameraden zur Eisenbahnfahrt nach Prokopjewsk, um hier einen Sack Krimrosinen abzuholen. Ein- oder zweimal bekommen wir sie später als eine Art Fruchtsuppe serviert. Es gibt Kameraden, die diese sporadisch herumschwimmenden Rosinen aus der Suppe herausfischen und sie mit Messer und Gabel essen … Für mich war die Fahrt nach Prokopjewsk ein schönes Erlebnis. Mit einigen Handgriffen konnte man im Zug aus den Sitzflächen hervorragende Liegeflächen machen. Man reiste denkbar bequem. Außerdem machte es Spaß, die Reisenden der klassenlosen Gesellschaft zu beobachten, wenn sie ihren Proviantsack öffneten, ein über kreuz geschlagenes Tuch. Dass „Plennis“ mit ihnen fuhren, störte sie nicht. Im Gegenteil, heimlich suchten sie mit uns ins Gespräch zu kommen … Im März 1947 etwa erfuhren wir, dass die Siegermächte übereingekommen waren, die Kriegsgefangenen bis Ende 1948 zu entlassen. Unsere Freude war groß. Jetzt wussten wir wenigstens, wann dieses Leben hinter Stacheldraht zu Ende sein musste – ein Hoffnungsschimmer!

Etwa im Mai 1947 wurde unser Lager aufgelöst. Wir zogen in das Lager 7525/8, das bisher mit Ungarn belegt gewesen ist. Hier arbeiteten wir in einer großen Ziegelei. Wir hatten aus den Brennöfen die noch warmen Ziegel auf Loren zu verladen und zu stapeln. Als aber die Erntezeit gekommen war, gehörte ich wieder zu den Kolchosen-„Reisenden". Leider ließ uns der Natschalnik hier hungern, sodass wir gezwungen waren, nachts die Kartoffeln vom Feld zu stehlen und in unserer Unterkunft zu kochen. Dadurch war der Raum ständig überheizt, und wenn man schwitzenderweise einmal nach draußen musste, empfand man den schon sehr kalten Nachtwind recht wohltuend. Er war es aber nicht.

Bei mir stellte sich hohes Fieber ein, und einen Tag später rumpelte ich kilometerweit mit dem Milchfahrzeug ins Lager zurück. Jede Erschütterung des Pferdewagens verursachte mir Schmerzen im Brustraum. Die mütterliche Krankenschwester im Lager wollte mich ins russische Krankenhaus bringen lassen. Ich aber bettelte, mit nach Hause fahren zu dürfen. Ich hatte nämlich gehört, dass am nächsten Tag das Lager aufgelöst würde und ein Transport gehe. Der Transport ging auch – aber nicht nach Hause, sondern in das Lager 7525/10. Das Lager zehn war ein großes Lager mit einem eigenen Krankenrevier unter der ärztlichen Betreuung des deutschen Arztes Dr. Gabler. Man führte mich gleich hinüber zu ihm. Mein Fieber tobte, ich hatte Lungenentzündung. Ein großer hagerer Mann nahm mich in Empfang, mit schmalem, blassem Gesicht, etwas aufgeworfenen Lippen, ernstem Wesen, besorgt und zugleich gütig. Dr. Gabler litt selbst irgendwie an den Folgen einer Krankheit, und ich konnte ihn später beobachten, wie er in regelmäßigem „Training" seinen täglichen Fußmarsch entlang des Lagerzaunes absolvierte, um den Restzustand seiner Gesundheit zu bewahren.

Der Winter hielt in diesen Tagen unmissverständlich seinen Einzug. Aber ich merkte nicht viel davon. Ich lag in einem fiebrigen Dämmerzustand, alles Essbare schmeckte bitter, ich siechte hilflos dahin. Ich entsinne mich dunkel, dass Dr. Gabler einmal mitten in der Nacht an meinem Bett stand. Nur verschwommen nahm ich ihn wahr. In der Hand hielt er eine Schale mit in Fett gerösteten Bratkartoffeln – eine sonst unerreichbare Köstlichkeit. Er hielt mir die Kartoffeln hin und nickte fragend mit dem Kopf. Ich schüttelte schwach mein „Nein" zurück. Dann verschwand wieder alles im Nichts. Ich überstand die Krisis und bekam danach einen Bärenhunger. Wenn ich die Bratkartoffeln doch jetzt hätte!

Der kleine, untersetzte Sanitäter sah immer mit ungläubigem Gesicht in seine Töpfe, wenn er die Krankenkost, die ein wenig besser als die allgemeine war, aus der Küche abgeholt hatte. Sie erschien ihm zu wenig, dem Mann mit den gutmütigen blauen Augen, blonden Haaren und runden roten Bäckchen. Es war meine erste

Begegnung mit dem Berliner Drogisten Kurt Schönfeldt, einem edlen Menschen, der für diese schlechte Welt wirklich zu schade war. Als ich später schon aufstehen durfte, saßen wir meistens abends um den Tisch herum und rieten Rätsel besonderer Art. Wir pfiffen einander abwechselnd Melodien aus Oper und Konzert vor oder rezitierten Gedichte oder geflügelte Worte, die die anderen erraten mussten. Kurt hatte eine Vorliebe für Wilhelm Busch, dessen humorige Lebensweisheiten ihm ganz aus der Seele sprachen. Hier entwickelte sich eine Freundschaft zwischen Kurt und mir, die auch später in der neuen Heimat fortbestand.

Noch eine Besonderheit erlebte ich hier im Revier – den Sonntagsgottesdienst, oder besser gesagt die Sonntagsandacht. Franz, ein junger, schlanker katholischer Geistlicher besaß eine kleine zerfledderte Bibel. Aus ihr verkündete er jeden Sonntag das Bibelwort. Dabei stand er im Türrahmen zwischen den beiden Krankenzimmern, damit ihm alle Patienten folgen konnten. Dieser bescheidene Geistliche gab den Sonntagen im Revier Weihe und eine gewisse Festlichkeit. Alle hörten ihm zu – auch die Ungläubigen; und jeder nahm dankbar die festliche Stunde der Sonntagsandacht entgegen. Franz traf ich später auf dem Bau als Bauhilfsarbeiter. Er hatte keinerlei Privilegien, er war einer von uns.

Meine Lazarettzeit ging zu Ende. Ich erlebte hier noch eine große Freude: Ich bekam meine erste Postkarte aus Deutschland – von meiner Unbekannten. Sie lebte jetzt in Kiel, nachdem sie ihre Eltern in Schleswig-Holstein wiedergefunden hatte. Von meinen Eltern leider weiterhin keine Spur.

Das Lager 10

Ich kam nun zu den Arbeitsbrigaden. Wir mussten nach Stalinsk zur Arbeit gehen, und dies waren mindestens sechs Kilometer Anmarschweg. Die Entfernung kann auch noch größer gewesen sein. Im Winter war diese zusätzliche Belastung durch den An- und Rückmarsch besonders groß. Wir mussten den Tom überqueren, im Sommer auf Fähren, im Winter war er zugefroren. Dann musste man besonders darauf achten, dass man das Gesicht gut eingemummt hatte, denn das Flusstal entlang ging immer ein kräftiger Luftzug, der bei den hohen Kältegraden sofort zu Erfrierungen im Gesicht führte.

Noch eine Besonderheit hatte dieses Lager zehn: deutsche Frauen und Mädchen. Sie stammten überwiegend aus Kattowitz in Oberschlesien, aber auch aus Krakau und ein Teil aus Ostpreußen. Es waren hübsche Mädchen darunter und auch Figuren wie wir, hässlich unterernährt mit abgeschnittenem Haar. Letzteres war wohl wegen des Ungeziefers notwendig geworden. Man hatte im Lager eine Baracke noch extra mit einem Stacheldrahtzaun umgeben und so eine Art Frauenenklave geschaffen. Die Kommandeuse dieser Baracke war eine seidenbestrumpfte Polin. Auf den Arbeitsstellen kamen wir manchmal mit den Mädchen zusammen. Wir fragten sie nicht nach ihrem Schicksalsweg, wir kannten ihn auch so. Es war taktvoller, dieses Thema nicht anzuschneiden.

Ich arbeitete damals mit an dem Erweitungsbau eines großen Elektrizitätswerkes. Riesenkisten mit den Aggregaten der Firma Brown-Boveri standen herum. Wie an dieser Stelle überhaupt gesagt werden muss, dass alles, ob Nahrungsmittel oder industrielle Technik, amerikanischen Ursprungs zu sein schien oder aus den demontierten Fabriken Deutschlands stammten. Man gewann unbedingt den Eindruck, dass allein die amerikanischen Hilfslieferungen, vor allem an Lebensmitteln, das Durchhalten der Russen ermöglicht hatten.

Gottlob war der Winter wieder vorbei. Ich arbeitete diesmal bei einer Gruppe Ungarn – und war gern bei ihnen. Sie hielten zusammen und brachten sich bei der Arbeit nicht um. „Kamerad, ruhig bitteschön, nicht zu viel arbeiten", stimmten sie uns mit ungarischem Akzent auf ihr Arbeitstempo ein. Wenn der russische Meister auftauchte, wurde so getan, als ob wir nichts anderes im Sinn hätten als die Arbeit. Verschwand er wieder, war das „Arbeiterdenkmal" wieder fällig. Zwei Mann wurden zum Organisieren geschickt. Sie brachten nicht viel, aber immerhin etwas Brot für jeden.

Auf dem Weg zur Fähre des Tom begegneten wir einmal einer Gruppe gefangener Wlassowarmisten, die noch in deutschen Uniformen steckten. „Wasche Kameradi", sagte der eine Posten scherzhaft zu uns und zeigte auf die Wlassowleute. Diese freuten sich offensichtlich, als sie uns erblickten. Sie sprachen uns an: „Nu, Kamerad, wie geht's? Einer begann in Andeutung auf unsere Lage lachenderweise zu singen: „Ich brauche keine Millionen, mir fehlt kein Pfennig zum Glück …," was wir ihm – und sicher er auch uns – ohne weiteres glaubten. Die Posten lächelten und achteten im Übrigen streng darauf, dass der Abstand zwischen uns gewahrt bleibt und eine Vermischung nicht zustande kam, was sowieso nicht möglich war, denn die Wlassowleute hatten mindestens dreimal mehr Wachpersonal als wir.

Jetzt, im Sommer 1947, war es besonders wichtig, eine neue „Nahrungsquelle" ausfindig zu machen. Auf den Abraumhalden in der Nähe unseres Arbeitsplatzes wuchs viel Melde. Wir pflückten sie und kochten sie in alten Konservendosen gleich draußen im Freien. Mit Salz war dieser grüne Brei durchaus essbar, er stopfte den Magen.

Bei einer Nachtschicht untersuchten ein Kamerad und ich die in der Nähe befindliche Schweinemästerei eines werkseigenen Speisehauses: Sie gehörte zum Aluminiumwerk. – Als die Luft „rein" war, kletterten wir auf den Bretterzaun und sprangen bis über die Knöchel – in Schweinemist hinein. Aber der konnte uns nicht zurückhalten. Aus den Zwingern des ebenerdigen Stalles grunzten vereinzelt die halbwüchsigen Schweine in unsere Richtung. Sie fühlten sich offenbar beunruhigt und im Schlaf gestört. Ein flüchtiger Gedanke in Bezug auf die Schweine durchzuckte mein Hirn, aber gottlob verwarf ich ihn gleich wieder. Ich hätte das Vieh doch nicht umbringen können, ganz abgesehen von dem Lärm, den es geschlagen hätte. Wir suchten ja nur – ihr Futter. In einem großen Kessel mit noch ziemlich heißem Inhalt fanden wir Brei aus gekochtem Hafer, Gemüseabfällen und Kartoffelschalen bestehend. Nun aßen wir uns erst einmal satt, und ich sah mich dabei im Stall um. Durch das Stallfenster drang der Lichtschein von der Werksbeleuchtung herein, und ich zählte an die dreißig Schweine in den Zwingern. Über dem Ganzen lag der warme Geruch nach Schweinestall, vermischt mit dem mehligen Dampf des gekochten Hafers. Nun füllten wir die mitgebrachten Stoffbeutel mit Schweinefutter, denn die Mädchen wussten von unserem Beutezug und warteten darauf, dass wir ihnen etwas mitbringen. Und wie sie aßen! Der Hunger lässt keine Unterschiede zu. „Geht Ihr heute wieder", fragten sie bei Schichtbeginn am nächsten Abend. Was blieb uns anderes übrig!

Der „Krug" geht solange … bis er erwischt wird. Aber bei der Ergreifung im Schweinestall war ich ausnahmsweise nicht mit von der Partie. Es gab nur eine ernsthafte Verwarnung, denn die beiden Erwischten waren gute Arbeiter, die man dem Arbeitsprozess nur ungern entzogen hätte …

Obwohl die deutschen Frauen aus unserem Lager wegkamen, entwickelte sich eine Liebesgeschichte, die allen Lagerinsassen bekannt geworden war, denn sie spielte sich vor unseren Augen ab. Das Interessanteste daran ist die Reaktion der russischen Lagerleitung: Antifa-Leute und manche Lagerhandwerker besaßen einen Propusk, das heißt, eine schriftliche Erlaubnis zum Betreten des Stadtgebietes. Der Bewegungsraum war darauf angegeben. Der so Privilegierte kam bei seinen Stadtspaziergängen zu Kontakten mit der Zivilbevölkerung, was natürlich durch Sprachkenntnisse begünstigt wurde. In dem erwähnten Fall handelte es sich um eine hübsche russische Kontoristin und unseren Lagerschuster. Wenn die Russinnen lieben, dann tun sie dies mit ganzem Herzen. Und so kam es, dass dieses Mädchen ein Kind erwartete. Der Deutsche war bereit, die Russin zu heiraten und im Land zu bleiben. Dies war jedoch ohne Ausnahmegenehmigung aus Moskau nicht möglich, denn eine Vorschrift lautete sinngemäß, dass jeder deutsche Gefangene erst nach Hause entlassen werden müsse und von dort seine Einbürgerung in die Sowjetunion betreiben könne. So erzählte man sich damals.

Die Russin kam jetzt öfter den weiten Weg aus der Stadt heraus, um einen der nicht mehr besetzten Wachttürme zu erklimmen und ihren Liebsten zum Lagerzaun heranholen zu lassen. Die ganze Geschichte missfiel der Lagerleitung schon wegen des unvermeidlichen Schriftverkehrs mit Moskau. Sie löste das Problem daher auf ihre Weise: Beim nächsten Krankentransport wurde der Deutsche mit nach Hause geschickt. Die hochschwangere Russin lief dem Lastwagen, in dem ihr Geliebter saß, weinend ein ganzes Stück hinterher, aber was half es, er war schneller! Väterchen Staat wird das Kind ernähren – und die Mutter wird sich trösten! „Nu, wod!“ Und die Lagerleitung braucht keine langwierigen Berichte nach Moskau zu schreiben! So wurde diese Liebesgeschichte nach Landessitte gelöst …

Die größte Enttäuschung während meiner Gefangenschaft stand mir bevor. Ich stand zum zweiten Mal auf einer Heimkehrerliste, brauchte schon nicht mehr zur Arbeit gehen – wie schon einmal im September 1945. Weisungsgemäß hatte ich meine Klamotten am Bach mit Seife gewaschen und wartete nur noch auf den Waggon. Stattdessen kam überraschend wieder einmal eine Kommission. Als ich an der Reihe war, hörte ich bei der Inspektion meiner „traurigen Backen“ – die bei den Russen als Maßstab für den körperlichen Zustand gelten – „molodoj – bojdjot“ oder so ähnlich, woraus ich mir zusammenreimte „er ist noch jung, der erholt sich noch.“ Auf jeden Fall war ich gestrichen von der Liste. Zum zweiten Mal wollte mir in diesem Gefangenenleben der Himmel zusammenstürzen. Hier Stacheldraht, Hunger, Ungewissheit – dort lugte verheißungsvoll die Freiheit über den Horizont herein. Aus – vorbei! Vor Gram und Enttäuschung meldete ich mich zur Heuernte in ein noch ziemlich unerschlossenes Gebiet. Den russischen Arzt, der mich von der Liste gestrichen hatte, hätte ich erwürgen können – obwohl er Recht hatte, denn ich erholte mich wirklich wieder. – Aber vorerst ging es in ein Waldlager. Es bestand nur aus Erdlöchern. Wenn es zu regnen begann, dauerte es etwa zwei Stunden, bis sich der Regen in unseren „Unterkünften“ fortsetzte. Aber wir ertrugen es, im Krieg mussten die Infanteristen die Regenzeit ja auch im Freien überstehen. Die schlimmste Enttäuschung dieser verhinderten Heimkehr kam erst noch, als eines Tages Verpflegungsnachschub aus dem Lager gebracht wurde. Ein Kamerad spurtete gleich auf mich zu: „Hast Du ein Pech gehabt, dass Du nicht im Lager warst!“ „Wieso?“ „Du wärst heimgefahren!“ „Glaub ich nicht, ich war ja von der Liste gestrichen!“ „Deinen Namen haben sie drei- oder viermal aufgerufen. Mit den Listen ging alles durcheinander, wer dagewesen ist, marschierte raus zum Tor und in den Waggon hinein. – Kannst mir's glauben, es ist wahr!“ Die nächsten Tage trieb ich mich in meiner freien Zeit ruhelos zwischen Waldwiesen und Wäldern herum. Es gibt nichts Schlimmeres, als an seinem Missgeschick ganz alleine schuld zu sein! Alle Selbstbezichtigungen und Selbstvorwürfe nützten nun nichts mehr – ich musste bleiben.

Nur einen Menschen gab es in diesen Tagen noch, der schlimmer als ich dran war: ein Sanitäter des Lagers. Man riss ihm die Absätze seiner Schuhe herunter – tatsächlich, es stimmte, was der Denunziant hinterbracht hatte: klein zusammengefaltete Zettel mit 150 Namen und Adressen der im Revier verstorbenen Kameraden kamen zum Vorschein. Der Sanitäter wollte die Angehörigen in der Heimat benachrichtigen und ließ sich die Adressenzettel in die Schuhabsätze einarbeiten. Wer könnte ihn verraten haben? Einer, der Bescheid wusste und ihm die Heimfahrt missgönnte. Man kann beim besten Willen nicht mehr stolz darauf sein, Deutscher zu sein, wie zu der Zeit, als ich noch Auslandsdeutscher war …

1948, die neue Zeit in Stalinsk beginnt

Wenn sich bisher in unserem Lagerleben, auf den Arbeitsstellen, nur allmählich geringfügige, aber doch spürbare Erleichterungen eingestellt hatten, so brachte das Jahr 1948 geradezu schlagartige Verbesserungen auf allen Gebieten. Wir zogen in die Nähe unserer Arbeitsstellen – nach Stalinsk. Der eben fertiggestellte Neubau eines Kinderheimes, ein Ziegelbau mit gefliesten Böden und gekachelter Küche nahm uns auf. Wir bekamen jetzt sogar Stroh für die Strohsäcke, die eisernen Bettgestelle wurden mit Spiritus ausgebrannt, um etwa noch vorhandene Wanzen zu vernichten, und auf dem Hof wurden Duschen installiert. Spätestens alle 14 Tage wurden wir in die städtische Sauna geführt. Wir lebten also in jeder Hinsicht sauber.

Auch die Ernährungslage besserte sich. An Stelle von Hirse stellten uns die Russen auf unseren Wunsch hin geschälten Hafer zur Verfügung, der mehr sättigte und mehr Kraft gab. Manchmal gab es Sonderzuteilungen von Brot. Mit Bedacht wurde dann Scheibe um Scheibe abgeschnitten und verzehrt. Von jetzt ab gab es auch öfter einen kleinen Würfel „Affenfett", wie wir scherzhaft sagten oder einen Löffel flüssiges Fett in die Kascha oder die Suppe. Dies alles sind in unseren heutigen Augen Banalitäten, nichts Erwähnenswertes, Lächerlichkeiten. Aber nicht im Jahre 1948 – weder in den Besatzungszonen Deutschlands und schon gar nicht in den Gefangenenlagern. Wer von uns glaubte noch daran, jemals in seinem Leben wieder ein Schnitzel auf dem Teller zu haben?

Unser neues Lager hatte keine Wachttürme mehr. Nur vorn am Tor stand ein Wachhäuschen zum Abzählen der hinausgehenden und zurückkommenden Arbeitsgruppen. Wir gingen ab 1948 ohne Posten zur Arbeit, der deutsche Brigadier war allein verantwortlich. Wie dies möglich war? An Flucht dachte sowieso kein Mensch mehr. Im Sommer 1946 hatten es drei Kameraden von Ossinniki aus versucht. Sie hatten die Energieleistung aufgebracht und einige Brotrationen zurückgelegt. Dann besaßen sie noch einige Schachteln Streichhölzer und eine aus einer Zeitung stammende Kartenskizze des Gebiets der angrenzenden Mongolei. Drei Monate lang waren sie verschwunden. Dann kamen sie völlig erschöpft zurück und stellten sich der Polizei. Vor dem angetretenen Lager mussten sie ihre Erlebnisse erzählen. Danach hatten sie geplant, flussaufwärts am Ufer des Tom entlang in die Mongolei zu kommen und von hier weiter ins neutrale Ausland. Aber die Flussufer wurden zunehmend durch Sumpf unpassierbar, und auch die Dörfer mit halbwilden mongolischen Stämmen gab es nicht mehr. Diese Menschen seien noch in selbstgemachten Bastschuhen herumgelaufen, sie hatten aber die Flüchtenden gastlich aufgenommen. Kurz, die Schwierigkeiten waren unüberwindlich geworden. Es blieb nur die Rückkehr. Die letzten Wochen ernährten sich die Flüchtigen nur noch von Pilzen, Waldbeeren, Käfern und Schnecken. Der Dolmetscher übersetzte uns die anschließenden Worte des russischen Lagerkommandanten etwa so: „Ihr seht, ein Entkommen ist hier unmöglich. Nach Norden die Tundra und das Eismeer, nach Süden der Urwald der Taiga, nach Deutschland und Wladiwostok je etwa 6.000 Kilometer. Am schnellsten kommt Ihr nach Hause, wenn Ihr gut arbeitet und so den Willen zeigt, den von Deutschland der Sowjetunion zugefügten Schaden wiedergutzumachen."

Noch einer hatte es versucht, die Heimat zu erreichen: ein Wiener Fußballspieler. Er humpelte später im Lager 10 mit einem Bein herum. Und das kam so: Er flüchtete mit einem Kohletransport und hatte sich unterhalb eines Waggons auf die Achse gelegt, um mit dem in westliche Richtung fahrenden Zug Europa zu erreichen. Wie das praktisch vor sich gegangen ist, kann ich mir nicht vorstellen. Aber es muss möglich gewesen sein. Man muss sich vor Augen führen, dem ständigen Lärm der Schiene aus unmittelbarer Nähe, dem Fahrtwind und dem dichten Vorbeiflitzen des Bahnkörpers tage- und wochenlang ausgesetzt zu sein! Welche unerhörte Willens- und Triebkraft muss in einem Menschen stecken, der diese Strapazen auf sich nimmt und sie auch durchhält! Beim Wasserauffüllen und Kohlebunkern der Lokomotiven unterbrach auch der Flüchtende seine Fahrt, bewegte seine steifen Glieder und versorgte sich bei einem der vielen Wolgadeutschen, die entlang der Transsibirischen Eisenbahn als Streckenarbeiter eingesetzt waren, mit Lebensmitteln. Mit dem nächsten Transport ging die Flucht auf die gleiche Weise weiter. Bis Moskau ist er gekommen. Dann wurde er durch einen harten Stoß beim Rangieren auf die Geleise geworfen und ihm dabei ein Bein abgefahren. Ordnungsgemäß schickte man den Beinamputierten fast 5.000 Kilometer zurück in sein Lager, denn Ordnung musste sein; wenn er hier auch keinen Finger mehr krumm machen wird. Ende 1948 ist er dann mit den anderen Österreichern heimgefahren.

Fluchtversuche wiederholten sich seither nicht mehr. Das Geld für die Posten, die von den Lagern bezahlt werden mussten, konnte man also sparen. Der zweite Grund für die „Freizügigkeit" war das gute Ansehen, das die Deutschen in den Betrieben genossen. Sie waren wegen ihres Fleißes und ihres fachlichen Könnens sehr geschätzt. Die russische Lagerleitung gab dieses Lob durch ihr Sprachrohr, den Sprecher des Antifa-Komitees, an die Deutschen weiter. Und auf Grund dieser unserer guten antifaschistischen Haltung – womit die Russen Qualitätsarbeit und Normerfüllung verstanden – überließen sie die Lagerführung den Deutschen. Wir sahen nun kaum noch mal einen Russen bei uns. Dies ging so weit, dass unsere Lotti, unser Lagerspitz, wenn sich einmal ein Russe zu uns verirrt hatte, solange bellte, bis dieser Fremde wieder das Lager verlassen hatte. Lotti hätte in früheren Zeiten keinen Tag im Lager überlebt. Und doch gab es Kritik an unserer Arbeit – von den russischen Arbeitern! Sie warfen uns mehr oder weniger offen vor, dass wir ihnen die Norm verderben, wir gingen eines Tages nach Deutschland zurück, aber sie müssten bleiben. Die von uns hochgetriebene Norm schmälere ihr Einkommen, von dem sie leben müssten …

Auch kulturell änderte sich einiges. Waren es früher nur gelegentliche Konzerte des deutschen Kriegsgefangenenorchesters Kemerowo, ein circa 30 Mann starkes Orchester mit überwiegend klassischer und Unterhaltungsmusik, so hatten wir jetzt eine ständige, recht gute Drei-Mann-Kapelle. Jeder Mann spielte mehrere Instrumente. Sie brauchten keine schwere Arbeit zu leisten, um ihre Finger gelenkig und geschmeidig zu erhalten. Einer der Musiker war daher auf der Baustelle als Koch eingesetzt, der andere als Aufpasser. Schlager-, Operettenmusik und „Weana Schrammeln" wurden geboten … – Auch Kino gab es jetzt mindestens einmal wöchentlich. Vom Leninfilm über Stalingrad, bis zu amerikanischen und deutschen Unterhaltungsfilmen gab es alle Schattierungen.

Im Lager durften sich jetzt Zirkel bilden. Nicht nur politische – sprich antifaschistische – auch über Fragen der Gesundheit, der Literatur konnte man sich unterhalten. Diese Zirkel standen unter der Leitung von fachkundigen Kameraden. Den Gesundheitszirkel leitete zum Beispiel der Lagerarzt. Zur geistigen Aufmunterung wurde auch eine kleine Lagerbücherei eingerichtet, die von der KPdSU bis zu Dostojewski doch einige Auswahl bot, wenn auch überwiegend regimetreue Literatur. Ich selbst habe drei Bände von Maxim Gorki gelesen, mich mit der KPdSU befasst – übrigens ein ganz dicker Wälzer – und Romane über die Kollektivierung der russischen Landwirtschaft gelesen. Später brachte man noch den „Sturm", ein Produkt von Ilja Ehrenburg. Ich versuchte ihn zu lesen. Ich musste das Buch beiseitelegen. Allen anderen Kameraden ging es genauso. Es gibt wohl kaum eine skandalösere pauschale Verunglimpfung der Deutschen als Nation und der deutschen Soldaten im Besonderen, die hier nur als Hengste tituliert werden, als in diesem Hetzbuch. Die Amerikaner dürften es kaum überboten haben. Selbst das Antifa-Komitee gab auf entsprechende Einwände zu, dass dieses Buch von einem Deutschen nicht gelesen werden könne. Man ließ es spurlos wieder verschwinden.

Ich nahm jetzt an einem Antifa-Lehrgang im Lager teil. Natürlich erst am Abend nach getaner Arbeit. Man wird ja nicht dümmer davon. Und wenn man sich ein Urteil bilden will, darf man nicht in Vorurteilen verharren, man muss das Gedankengut einer großen Idee kennenlernen und versuchen, es zu verstehen. Und ich muss zugeben, die kommunistische Idee hat etwas für sich – nur, sie wird eine Utopie bleiben müssen. Sie ist etwas für idealistische Spinner und Träumer, denn sie setzt ja geradezu den Idealtypus des Menschen voraus! Aber solche Menschen gibt es nur sehr selten, sie müssten aber die Regel sein. Die Realität ist die, dass der Einzelmensch weiterhin noch auf Jahrtausende hinaus egoistisch, raffgierig und viele faul sein werden. Und damit muss die kommunistische Idee scheitern. Anders ist dies beim Sozialismus, der auf lange Sicht wohl Sieger bleiben und den Kapitalismus auf der ganzen Welt ablösen wird. Es werden weniger die politischen Ideen sein, die dies bewirken, als vielmehr die wirtschaftliche Entwicklung und die Rohstofflage in der Welt …

Übrigens, die Abschlussprüfung beim Antifa-Lehrgang bestand ich mit „zwei". Der Prüfungsvorsitzende, der aus Kemerowo angereist kam, war eine gute Erscheinung: schlank, rank, mit einem edelgeschnittenen Gesicht, feine Nasenflügel, blondes lockeres Haar, blaue Augen, so saß er mir gegenüber. Während er mir seine Fragen stellte, musterte er mich wohlgefällig forschend, als wollte er auf diese Weise mein Innerstes ergründen. Einige Wochen später erfuhr ich, dass dieser Prüfungsvorsitzende ein baltischer Baron gewesen sei, den man jetzt identifiziert und in ein anderes Lager geschickt hatte.

Kehren wir zurück zu meinem Stalinsker Gefangenenalltag. Ich kam zu einem Arbeitskommando außerhalb des Hauptlagers, ganz in der Nähe des großen Hüttenwerkes. Hier gab es keinen Stacheldraht, aber wir durften uns nicht von der Unterkunft entfernen. Ganz kleine Freiheiten nahm man sich doch. Unsere Aufgabe beziehungsweise Arbeit bestand darin, das aus dem Erz geschmolzene Gestein, das aus dem Stahlwerk glühend-flüssig in großen Eisenbahntiegeln herangefahren und in ausgehobene Erdgruben gegossen wurde, nach dem Erstarren zu brechen, und das so gewonnene Gestein durch Zerkleinerungsmaschinen in Straßenschotter umzuwandeln. Eine andere Arbeitsgruppe, die hier untergebracht war, leistete Schichtarbeit auf einem großen Sägewerk.

Der Hunger hatte mich zu dieser Zeit immer noch im Griff. Und gemeinsam mit Kurt Schönfeldt beschlossen wir – wie einige andere Kameraden dies schon längst taten – in die Arbeiterunterkünfte betteln zu gehen. Wir nannten es „Flitzen". Ich schämte mich. Aber Kurt machte mir Mut: „Es geht ums Überleben, alles andere ist zweitrangig", meinte er. Bevor die Flitzerei richtig anlief, hatte ich ein ziemlich gefährliches Erlebnis, das mir sicher zehn Jahre Straflager eingebracht hätte – wenn man mich bei dem Vergehen erwischt hätte …

Nachtschicht auf dem Sägewerk. Mit Adam, einem Badenser, hatte ich dafür zu sorgen, dass die Sägespäne, die ein Fließband von den Gattern herausbeförderte, vom Ende des Bandes den Hang hinabgeschippt wurden. Der Vorarbeiter, der es uns gerade vorgemacht hatte, wie wir zu arbeiten hätten, übergab nun die Schippe an Adam: „Nu, dawaj Kamerad!" „Doj Kamerade sin mir noch lange nit", murmelte er. Tschto gowarisch? (Was sagst Du?) „Am Arsch leckst mi, Du Knallkopp", und strahlte den Russen über das ganze Gesicht an, der nun mitlachte, was er bestimmt nicht getan hätte, hätte er den Sinn der Worte verstanden. Adam war ein urgemütlicher Mensch, und wir dachten nicht daran, uns wegen der 150 Gramm Brotzulage halbtot zu arbeiten. „Mir hole uns die Zulache bequemer", sagte Adam mit verschmitztem Lächeln. Er hatte aus dem Lager eine Kiste Nägel beiseite geschafft, unter Brettern versteckt, und füllte vor Schichtende damit sein Kochgeschirr voll. Ich hatte den Auftrag, nach Rückkehr in die Unterkunft, die Hütten auf dem Hang zu besuchen und für zehn Rubel die Nägel zu verscheuern. Halbe, halbe versteht sich! Und siehe da, das Wort

„Wosti" (Nägel) öffnete bei den Hüttenbesitzern Tür und Tor. Sie brauchten Nägel wie die Luft zum Atmen, aber es waren keine zu bekommen. Nur der Plenni hatte welche. „Wosti nada?", fragte ich. Der Russe tat einen Blick in mein Kochgeschirr und nach kurzem Überlegen: „Skolko Rubli?" „Djeset i kus chleba" (Zehn und ein Stück Brot). „Dawaj!" Ich hatte zehn Rubel und ein Stück Brot. Letzteres war mein zusätzlicher Verdienst. Der Umsatz florierte. Ich hatte inzwischen mit drei Kochgeschirren voller Nägel dazu beigetragen, den russischen Arbeitern das Heim zu erhalten.

Und so waren wir wieder einmal um halb fünf in unsere Unterkunft gekommen. Ich schlang meine Suppe hinunter, steckte das Brot weg, deckte einen alten Lappen über das mit Nägeln gefüllte Kochgeschirr, und schon strebte ich den Hütten am Hang entgegen. Die Morgensonne blinzelte freundlich hinter dem Hügel hervor, und ich stolperte müde und übernächtigt den Schienenstrang entlang, an den Gräsern links und rechts der Bahn glitzerte der Tau. Der Schienenstrang ist sehr oft auch für die russischen Fußgänger der Hauptverkehrsweg, weil er fest und trocken ist. Böse Zungen behaupten, dass der knieschiebige Gang vieler Russen vom Laufen auf den Bahnschwellen herrühre.

Ich traue meinen Augen nicht! Unerwartet und plötzlich kommt mir mitten auf dem Schienendamm ein zweiräderiges Gespann mit einem Pferd vorne dran entgegen. Obenauf sitzt ein Kutscher, hinten drinnen ein Mann in Uniform, Sowjetstern auf der Mütze, Koppel mit Schulterriemen. Es muss ein hohes oder zum Mindesten gewichtiges „Tier" sein. Ich erstarre für einen Augenblick und bin mit einem Schlag hellwach. Blitzschnell springe ich von den Schienen herunter, als wollte ich dem Gefährt nur ausweichen. „Brrrr", das Fahrzeug steht. Mit finsterem Gesicht ruft mich der Uniformierte zu sich: „Idji suda!" (Komm her!) „Odkuda?" (Woher kommst Du?) Ich will dieses zähe Gespräch, das sich jetzt entwickelte, in seinen wesentlichen Teilen in Deutsch fortsetzen. Es brachte mich fast zum Schlottern. Also meine Antwort auf die letzte Frage: „Von dort." „Wo, von dort? Was hast Du dort getan?" „Im Sägewerk gearbeitet." „Und wo wohnst Du?" „Dort", und zeigte in Richtung meiner Unterkunft. „Wo dort?" „Na dort!" „Und wo willst Du jetzt hin?" Der Genosse Kommissar oder wer er war, treibt mich in die Enge, und ich weiß nicht mehr, wo aus und ein – und in der rechten Hand hängt das Beweisstück meiner staatsschädigenden Handlung, das Kochgeschirr voller blanker, fabrikneuer Nägel, nur mit einem Lappen abgedeckt, den der nächste Windstoß davonwehen kann. „Jetzt ist mir alles egal! Stell dich dumm, vielleicht kommst du so aus der Patsche", denke ich bei mir. Und ich setzte das stumpf- und blödsinnigste breite Grinsen auf, zu dem ich fähig bin und spreche wie ein Vollidiot: „Ne-po-ni-ma-ju." (Ich verstehe nicht) Darauf der Kommissar: „Ti Njemec?" (Bist Du Deutscher?) „Da" (ja). „Pascholl!" (Hau ab!) Und das Fahrzeug setzte sich in Bewegung. Und wie ich abhaute – zurück ins Lager! Ich ging nie mehr Nägel verkaufen. Der liebe gemütliche Adam aber auch nicht, dieser

Schlaumeier. Der zweiminütige Balanceakt am Rande des Vulkans saß mir noch eine Zeitlang in den Knochen, und ich beschloss, das Schicksal nie mehr herauszufordern.

Einige Wochen später kam ich wieder ins Hauptlager Stalinsk zurück. Meine neue und zugleich alte Arbeitsstelle wurde wieder das „Zavod stroj detail". Hier arbeitete ich mit Kurt Schönfeldt zusammen. Zu viert hatten wir Portalstufen (bis zu 6 Zentnern das Stück), Treppenstufen, Badewannen aus Beton und andere vorgefertigte Bauteile mit der Lore auf den Lagerplatz zu transportieren und zu stapeln. Sommer wie Winter lief der Wohnungsbau auf vollen Touren. Nur bei zu starkem Frost wurden die Außenarbeiten unterbrochen. Sonst erhitzte man den zu verarbeitenden Sand auf großen Stahlplatten, unter die man Feuer gemacht hatte – mit dem Wasser das gleiche. Die frisch gegossenen, sieben Meter langen Betonpfeiler, die auf Baustellen mit sumpfigem Untergrund in den Boden gerammt werden müssen, trocknete man im Winter durch elektrische Aufheizung der verwendeten Armaturen. Es war schon imponierend, wie die Russen ihre Kälteprobleme beherrschten. Treppenstufen, Badewannen wurden in Dampfkammern getrocknet. Apropos Dampfkammern! Hierzu fällt mir eine amouröse Geschichte ein. Der deutsche Elektriker im Zavod hatte in einer solchen Dampfkammer (warm, aber ohne Dampf) mit der Frau seines russischen Kollegen, die im gleichen Werk Vorarbeiterin war, die Völkerverständigung gepflegt. Er war ein hübscher, großer Kerl – übrigens ehemals HJ-Führer – und es war schon verständlich, dass sie ihn verführen wollte und hat. Aber der Ehemann kam dahinter und beschwerte sich im Lager. Erichs Strafe: Er durfte nicht mehr ins Werk – einstweilen. Aber man brauchte und schätzte seine Arbeit, sodass er schon einige Tage später wieder im Zavod arbeiten durfte.

In unserem Betrieb waren Männer und Frauen beschäftigt. Die Gleichberechtigung zwischen Mann und Frau ist in der Sowjetunion mit aller Konsequenz verwirklicht. So war es eine Selbstverständlichkeit, dass russische Frauen beim Eisenbahnbau Schwellen und Schienen auf den Schultern schleppten. Ob diese Gleichberechtigung so erstrebenswert ist? Man kann eben nicht nur die angenehmen Seiten beanspruchen und die unangenehmen den Männern alleine aufbürden!

Im Stroj detail unterstand ich einem jüdischen Meister. Er sah aus wie Jesus auf den schönsten Bildern, die ich im Religionsunterricht vom Pfarrer bekommen hatte. Aus einem ovalen rotwangigen, feingeschnittenen Gesicht blickten zwei leuchtende, dunkle, gutmütige Augen. Er hatte langes dunkelgelocktes Haar, die Koteletten endeten beiderseits in zwei Schnecken. Mich nannte er „Stanja" und beschwichtigte sofort, wenn er uns draußen, am Stapelplatz, rauchend und sitzenderweise antraf. Wir sollten nur ruhig zu Ende rauchen, und er verschwand sofort wieder, wenn er mir den neuen Arbeitsauftrag gegeben hatte. Über ein halbes Jahr arbeitete ich unter ihm, es gab nicht ein einziges Mal auch nur ein böses Wort oder einen bösen Blick. In der russischen Bevölkerung dagegen traf ich manchmal auf unvermuteten Antisemitismus.

Beispiele werde ich mir sparen … Das „Zavod stroj detail“ war trotz der schweren Arbeit hier ein Meilenstein in meinem Gefangenenleben, denn in den Mittagspausen nahmen wir uns die Freiheit, in der noch verbliebenen Zeit nach dem Suppe-Essen, zur Zivilbevölkerung betteln zu gehen. Wie gesagt, wir nannten es „Flitzen“. Dieses Davonschleichen wurde zu einer Art Volkssport. Es war jetzt nicht mehr so sehr der Hunger, der uns in die Hütten trieb, als der prickelnde Reiz, etwas Verbotenes zu tun und in den Lebensbereich der Menschen hier hineinzusehen. Dass man dabei gelegentlich etwas „erbeutete“, was hier in Sibirien Seltenheitswert besitzt – etwa einen Apfel – machte die Angelegenheit nur noch spannender.

Begegnungen

Begegnungen möchte ich diese nachfolgende kleine Erlebnisauslese benennen. Vor allem eines Ortsteils gedenke ich heute noch in großer Dankbarkeit – der „Besatschna Galotschna". Es war dies eine etwas außerhalb des Stadtzentrums gelegene Hüttenkolonie. Hier wohnten auch russische Zwangsausgesiedelte, wie zum Beispiel ehemalige Großbauern – Kulaken. Unter diesen Menschen fand ich meine Gurken-Mutter. Ihr habe ich viele kleine Wohltaten zu danken. Über diese kluge, gütige Frau werde ich am Ende dieses Kapitels ein wenig ausführlicher berichten …

Immer, wenn ich in eine Russenwohnung hineinkam, waren meist alte Frauen und Männer anwesend, die jungen Leute arbeiteten. Man bekam sein Stück Brot, sehr oft verbunden mit der Aufforderung, Platz zu nehmen. Und nun begann die Ausfragerei nach den Familienverhältnissen in Deutschland. Dabei stellte ich natürlich auch meine Fragen nach den russischen Lebensverhältnissen, wobei mir meine paar Brocken Tschechisch ein wenig halfen.

Einmal kam ich in eine Hütte, wo mitten in der Wohnstube eine tote alte Frau im offenen Sarg, von vielen Papierblumen umgeben, aufgebahrt lag. Als ich die Situation erkannte, wollte ich mich diskret zurückziehen. Aber der etwa vierzigjährige Sohn der Verstorbenen schob mich auf einen Stuhl am Tisch, seine Frau brachte mir einen Teller weiße Bohnen, die ich mit großem Appetit – trotz der Leiche daneben – aß. Mit verweinten Augen füllte die junge Frau später den Rest aus der Schüssel in meinen Teller nach. Und als ich auch noch diesen geschafft hatte, fragte sie, ob ich noch etwas zu essen wünsche. Da ich noch wünschte, bekam ich einen Teller rohes Sauerkraut und ein Stück Brot, das ich gerade noch zwang. Mir ist dies heute noch peinlich, wenn ich daran denke, dass ich diese selbst arme Trauergesellschaft damals so kahlgefressen habe. Ich erfuhr später, dass sich hier vor mir schon ein Kamerad sattgegessen hatte. Diese aufopfernde Gastfreundschaft soll ihren Ursprung in einer russischen Sitte haben, wonach im Todesfall kein Fremder das Haus hungrig verlassen solle.

Ein andermal kam ich in eine ganz ärmliche, aber sauber gehaltene Stube und traf hier eine Mutter mit ihrer etwa siebzehnjährigen Tochter. Es war ein hübsches, schlankes, blondes Mädchen. Sie konnten mir nur Brot und gekochte Salzkartoffeln anbieten. Natürlich kam es wieder zum Gespräch über die familiären Verhältnisse. Und als die Frau erfuhr, dass ich unverheiratet war, forderte sie mich auf, hierzubleiben und zu heiraten – zum Beispiel ihre Tochter. Das Mädchen wurde verlegen und errötete. Die Mutter aber fuhr fort: „Ona tosche Njemkynje!" (Sie ist auch Deutsche!) Und so erfuhr ich, dass ihr Vater österreichischer Gefangener aus dem Ersten Weltkrieg gewesen sei, der hiergeblieben war und die Russin geheiratet hatte. Bei Stalins Säuberung 1936 habe man ihn nachts abgeholt, und seitdem sei er verschollen. Nur ein einziges

Mal war die Begrüßung bei meinen Unternehmungen nicht sehr freundlich. Ich gelangte in die Wohnung eines Kommissars, der sich gerade rasierte. Als er merkte, dass ein Plenni im Türrahmen stand, sprang er vom Schemel auf, fuchtelte mit der Hand, an der ihm die Deutschen zwei Finger abgeschossen hatten, herum und griff unter vielem Geschimpfe nach der Pistole in seinem Koppel. Ich hatte es jetzt sehr eilig, um an der nächsten Häuserecke zu verschwinden.

Ganz anders der russische Major, in dessen Wohnung ich plötzlich stand! Als ich erkannt hatte, wo ich hingeraten war, wollte ich sie ebenso plötzlich wieder verlassen. „Komm her! Geh hinaus und komme wieder herein und grüße so wie bei der Deutschen Wehrmacht!“, befahl er. Ich kam also wieder zu Tür herein, knallte die Hacken zusammen, meine rechte Hand flog zum deutschen Gruß hinaus, nur das „Heil Hitler“ ließ ich weg. Das Gesicht des Majors strahlte: „Karascho Kamerad, sedjis!“ Während ich mich setzte, sprach er stolz, wie es mir schien, mit seiner Frau. Ich verstand nicht. Vielleicht machte er ihr klar, was für eine zackige Armee sie (die Russen) geschlagen haben, und was dann erst er für ein Kerl sein muss oder so ähnlich! Möglich wäre es! Denn in Ossinniki mussten wir auch schon einmal im Gleichschritt, mit einem Marschlied auf den Lippen, an der Wohnung des Lagerkommandanten vorbeimarschieren – sicher aus den gleichen Gründen.

Nun wandte sich der Major mir zu: „Na, was willst Du?“ „Zeitungspapier zum Zigarettendrehen.“ „Mutter gib ihm!“ Die Mamka brachte mir eine Zeitung. Sie war eine gütige Frau. Der Major sah mich nun durchdringend von der Seite an: „Nur eine Zeitung wolltest Du haben, sonst nichts? – Wie ist denn das Essen im Lager?“ Vorsicht war jetzt geboten. Ich antwortete daher überlegt: „Es ist nicht schlecht, nur zu wenig, – wenn man schwer arbeiten muss.“ Nun musste mir die Mamka in Fett gebratene „Kartoschkis“ bringen. Nach Jahren die ersten echten Bratkartoffeln. Ich genoss sie und bemühte mich dabei, eine gewisse Esskultur nicht außer Acht zu lassen. Gerade hier wollte ich einen guten Eindruck machen. Als ich mich erhob, hatte mir die Mamka auf Weisung des Majors schon einen etwa 300-Gramm Kanten Brot säuberlich in Papier eingepackt. „Und wenn Du wieder einmal Hunger hast, Du kannst jederzeit zu mir kommen“, entließ er mich. Mit einem „zackigen“ Gruß verabschiedete und bedankte ich mich.

Bei meinen ernährungssichernden Exkursionen lag der Ortsteil Besatschna Galotschna ziemlich nahe an meiner Fabrik und bot sich geradezu für einen Besuch an. In diesen Holzhäuschen fand man überall noch die Heiligenecken mit den Ikonen. Hier schienen gottesfürchtige Leute zu wohnen. Ihre christliche Einstellung war auch in ihrer Mildtätigkeit und der menschlichen Begegnung zu spüren. Und ich hatte hier bald nicht mehr das Gefühl, fremd zu sein und befürchtete auch nicht, hier der Polizei in die Hände zu laufen. Kam es doch einmal vor, lieferte sie die Aufgegriffenen im Lager ab, und so war die Sache abgetan. Hier, in diesem Ortsteil, besuchte ich später, als sich der Hunger gelegt hatte, nur noch zwei Familien. Vor allem meine „Gurkenmutter", eine Frau zwischen 60 und 70 Jahren, die ich immer nur mit ihrem Enkelkind antraf, hatte meine besonderen Sympathien und wohl auch umgekehrt. Ich sprach schon eingangs dieses Abschnitts von ihr. Sie war eine große, stattliche Erscheinung und erinnerte mich – wohl durch ihre aufrechte Haltung – irgendwie an meine Steiniger-Großmutter. Von ihr bekam ich immer zusätzlich eine Gurke, manchmal eine saure, im Sommer eine grüne. Daher nannte ich sie bei mir „Gurkenmutter". Natürlich hatte ich ihr schon längst meine Familienverhältnisse in allen Details erzählen müssen.

Zu Ostern bekam ich ein gefärbtes Ei, und ich wunderte mich, dass es den paar ruppigen Hühnern, die hier „lebensfroh im Sande scharrten", überhaupt gelang, nach so einem langen Winter ein Ei zu legen. Auch selbstgebrautes Bier bot mir meine Mamka an. Es handelte sich um eine bräunliche trübe Flüssigkeit, die angenehm süß nach Malzbier schmeckte und die auf den völlig alkoholentwöhnten Körper ihre aufmunternde Wirkung nicht verfehlte, sodass meine Kameraden im Werk Mühe hatten, meine Sangeslust zu unterbinden.

Meine Gurkenmutter stand mit beiden Füßen im Leben und hämmerte mir immer wieder eine auf Erfahrung beruhende Weisheit ein, sie sagte: „Merk Dir eins! Wenn Du überhaupt wieder einmal nach Hause kommen willst, dann musst Du immer sagen, es ist alles gut und schön hier in der Sowjetunion. Und wenn Du auch ganz anderer Meinung bist, immer sagen: es – ist – gut – hier! Sonst kommst Du nie im Leben heim ..."

Wenn ich sie mal zwei, drei Tage nicht besucht hatte, war sie fast beleidigt. Wo ich geblieben sei? „Ich hatte keinen Hunger, Mamka." „Das macht doch nichts, so kommst Du eben so!" Sie wollte sich mit mir unterhalten. Den ganzen langen Tag mit dem Kleinkind alleine, war dieser geistig regen Frau wohl zu langweilig.

Eines Tages traf ich den Sohn Iwan an. Er arbeitete in dem großen Stahlwerk. Kaum hatte er mich erblickt, begann er auf den Kommunismus zu schimpfen, dass mir Angst wurde. „Hoppla", dachte ich, „sei vorsichtig und lass' dich nicht einfangen. Wozu hast du schließlich einen Antifa-Lehrgang mitgemacht, große Teile der KPdSU und andere einschlägige Literatur gelesen." Ich, der deutsche Kriegsgefangene, begann nun dem jungen Russen die Quintessenzen aus den Lehren von Marx und Lenin näherzubringen und ihn zu überzeugen, wie gut der Kommunismus für die Menschheit sei – gerade für die vom Zarismus geknechtete russische Bevölkerung! Nun unterbrach mich Iwan: „Hör auf! Nein, nein, das stimmt nicht; der Kapitalismus ist viel besser. Da kann man sich Kühe halten so viel man will." Nun ich wieder: „Wieso? Kannst Du Dir denn nicht auch Kühe halten, soviel Du willst?" Darauf Iwan: „Dass ich nicht lache! Eine einzige dürre Kuh habe ich draußen im Stall stehen, und davon muss ich jährlich noch Fleisch abliefern." Darauf ich: „Wie machst Du denn das, Du kannst sie ja nicht anschneiden?" Er: „Naja, das Kalb muss ich halt abliefern. Früher hatten wir

28 Kühe gehabt, da redete uns kein Mensch dazwischen. Nein nein, der Kapitalismus ist viel besser als der Kommunismus. Kamerad, den nächsten Krieg gehen wir zusammen gegen die Kommunisten!", sagte er lächelnd. „Um Gottes Willen, wenn uns jemand hört", kam es mir in den Sinn. Iwan zeigte mir nun eine alte Wehrmachts-BMW-Maschine, die irgendwo einen Defekt hatte und den ich nach Möglichkeiten beheben sollte. Aber leider, ich konnte ihm nicht behilflich sein.

Dies war das einzige Mal, dass ich den Sohn Iwan gesehen habe. Aber auch meine Gurkenmutter konnte ich bald nicht mehr besuchen, denn ich arbeitete nun auf einem Neubau in einem anderen Stadtteil. Zwei- und dreistöckige Wohnhäuser bauten wir hier. Und ich hatte Gelegenheit, den berühmtesten Stachanow-Maurer des Bezirks bei einem seiner Stachanow-Tage bei der Arbeit zuzusehen. Er beschäftigte einen ganzen Schwarm von Hilfsarbeitern beziehungsweise Zuträgern. Er selbst arbeitete statt mit der Kelle mit einer Schaufel. Er schaufelte also den Mörtel auf das Mauerwerk und schichtete die Ziegelsteine mit großer Geschwindigkeit darauf, wieder Mörtel darauf geschaufelt und verteilt, jetzt die Steine und so weiter. Die Kelle benutzte er höchstens einmal dazu, um den an der Seite austretenden Mörtel wegzunehmen. Ob die Fugen mit Mörtel ausgefüllt waren, spielte keine Rolle, das macht der nachfolgende Verputz. Auf diese Art konnte man schon seine 1.000 Prozent oder mehr machen – an einem Tag mal! Aber nicht jeden Tag!

Übrigens, unsere Facharbeiter legten natürlich auch manchmal einen Stachanow-Tag ein und erreichten 800 Prozent und mehr. Leo Jantschütz, ein Werkzeugmacher aus Linz, erzielte sogar 1.500 Prozent. Wie das möglich war? Ich fragte ihn. Tagelang vorher hatte er schon vorgearbeitet. Am Stachanow-Tag setzte er dann die Kombizangen nur noch zusammen. Und dafür war er im Lager der Held der Arbeit und wurde an der Wandtafel geehrt – wie dies so üblich war. Ich möchte nicht behaupten, dass dies in allen Fällen so gewesen sein müsste. Aber es war immerhin möglich, auf die von mir aufgezeigte Art – ein leuchtendes Vorbild in der sozialistischen Arbeitswelt zu werden.

Lager 7525/1 – Stalinsk, mein letztes Lager

Das bisher von uns bewohnte Kinderheim musste nun seinem Zweck zugeführt werden. Wir zogen innerhalb Stalinsk in ein sauberes Barackenlager um. An unserem neugewonnenen Lebensstil als Gefangene änderte sich dadurch nichts. Wir genossen weiterhin unsere kleinen Freiheiten und gewannen immer mehr den Eindruck, dass es den Russen sehr darauf ankam, uns für den Kommunismus zu gewinnen. Die antiamerikanische Stimmung der Offiziellen war schon seit geraumer Zeit in unserem Lager zu spüren …

Für mich begann jetzt ein ganz neuer Abschnitt meines privaten Gefangenenlebens: Ich wurde – „Artist", wie es die Russen nennen. Wir Deutsche verstehen darunter Seiltänzer, Luftakrobaten, Dompteure und ähnliche Zirkuskünstler. Bei den Russen gehören dazu auch die Musiker. Und so einer war ich im Begriff zu werden:

Eines Tages lag im Clubraum eine neue Gitarre herum, die niemand zu spielen verstand. Ich nahm mich ihrer an und zupfte einige Akkorde. Nun wurde ich von dem „Kapellmeister" bestürmt, doch mitzumachen. Man wollte mich bei der Lagerkapelle vereinnahmen. Aber mit den fünf Tonarten, F- bis A-Dur, die ich nur beherrschte, war halt wenig anzufangen. Und außerdem musste ich die Gitarre schlagen lernen. Und die Molltonarten fehlten auch noch. Aber Hans und Heinz nahmen mich in die Lehre. Und so wurden die entsprechenden Akkorde vom Akkordeon auf die Gitarre übertragen, einschließlich Septim- und Mollakkorde und dann die Fingerstellungen in den jeweiligen Bünden auf Papier festgehalten. Dies alles hatte ich zu lernen. Natürlich dazu noch das Schlagen. Dabei musste der zweite Ton abgedämpft werden, damit die Rhythmusfunktion der Gitarre gut zur Geltung kam. Ich gab mir redlich Mühe – bis es einigermaßen klappte. Der Slow-Fox „Wenn die Sonne hinter den Dächern versinkt" bereitete mir besonderen Spaß, weil hier der Rhythmus meiner Gitarre erstmals richtig zu hören war. Heinz, der Kapellenchef, und Hans, unser Schlagzeuger und zugleich Akkordeonspieler, Geiger und Wiener-Liedersänger, haben mir sehr geholfen.

Nun brauchten wir noch Noten. Für die Instrumentation war Hans zuständig. Da ich ein ziemliches Schlagerrepertoire der damaligen Zeit zu bieten hatte, musste ich die ausgesuchten Stücke vorpfeifen, und Hans schrieb danach die Noten auf das gebügelte Zementtütenpapier. Da kam es schon vor, dass er mich fragte: „Was ist das nun, ist das ein F oder ein Fis?" Ich pfiff den Ton nochmals vor, was sollte ich anderes machen, denn ich kannte ja keine Note. Trotzdem lag auf meinem Notenpult auch ein Notenblatt, aber ganz besonderer Art. Wenn die Tonarten im Stück zu häufig wechselten, wie zum Beispiel bei dem Fox „Kapriolen" von Peter Kreuder, dann hatte ich die Tonarten und Akkorde in der Reihenfolge ihres Auftretens im Stück angegeben. Das Schlimmste für mich war später die sowjetische Hymne, die andauernd in andere Tonarten überwechselte und die mir immer den Angstschweiß auf die Stirn trieb. Ich war also mehr eine visuelle Verbesserung der Kapelle als eine tatsächliche. Ich fühlte mich auch mehr oder weniger als Statist – und hatte trotzdem meinen Spaß dabei. Meine Kameraden ließen es mich nicht merken, denn beim Refraingesang war ich immerhin ein vollwertiges Mitglied der „Künstlertruppe". Heinz spielte also abwechselnd Trompete oder Akkordeon, Hans Schlagzeug, Akkordeon oder Geige und Toni Geige. Während ich tagsüber voll arbeiten musste, wie Mörtel durch die Gegend karren oder Ziegelsteine schleppen, wurden die anderen drei geschont. Sie brauchten nicht schwer zu arbeiten. Sonntag spielten wir im Speisesaal auch zum Mittagessen, und da gab es immer einen Nachschlag für uns. Am Samstagabend betreuten wir sehr oft unsere Außenstellen, wie Mehlentladekommando, Autoreparaturwerkstätte und Steinbruchkommando.

Das war immer ein besonderes Erlebnis. Wir mussten unsere Instrumente, einschließlich der großen Trommel, zur anderen Unterkunft tragen. Dadurch sorgten wir für einiges Aufsehen. Es gibt kaum ein Volk, das mehr Liebe für die Musik aufbringt, als die Russen. Musik öffnet hier die Herzen, Tür und Tor. Dafür ein Beispiel: Für die Straßenbahn in Stalinsk hatten wir kein Geld und stiegen trotzdem ein. Sie werden uns schon mitnehmen. Und so war es auch! Allerdings verlangte die Schaffnerin, dass wir dafür ein Stück spielen müssten. Und so packten wir unsere Instrumente aus. Wir hatten Adolf Warring, unseren Opernsänger und Tenor dabei, und spielten und sangen daher die „Kalinka". Wir wurden von den Fahrgästen richtiggehend gefeiert.

Die Haltestelle in der Nähe unserer Außenstelle war erreicht, den Rest des Weges gingen wir zu Fuß. Nun liefen uns die Bewohner der halben Straße hinterher, vor allem auch Kinder. Vor der Unterkunft unserer Kameraden wurde der Einlass so geregelt, dass russische Gäste unter sechzehn Jahren keinen Zutritt hatten, denn für den Andrang war der Raum zu klein. Man hatte die Betten an die Seite geräumt und im ganzen mittleren Raum Bänke aufgestellt. Die Plennis saßen auf ihren Betten rundherum und die Russen und Russinnen auf den Bänken. Wir Musiker hatten unseren „Gala"-Anzug an, der wie folgt aussah: Eine japanische Militärhose war durch Einsetzen eines Keiles verbreitert, schön gebügelt, und auf dem Hemd hatte man einen Kragen aufgesetzt. Dazu trugen wir eine schwarze Masche, sie war aus Pappendeckel geschnitten und mit schwarzem Stoff überzogen. Dies alles besorgte unsere Lagerschneiderei. Und der Lagerschuster hatte für jeden von uns ein paar leichte Schuhe zusammengenäht, ähnlich den Turnschuhen. Natürlich durften wir „Artisten" uns das Haar wachsen lassen, was ab 1949 auch allen übrigen Kameraden wieder gestattet worden war. Und so sah unsere kleine Kapelle auch gar nicht so schlecht aus. Auf der Stirnseite der Notenpulte waren zwei verschlungene Herzen gemalt, und darunter stand: „Herz ist Trumpf". Nicht nur die gute Arbeit unserer Kameraden in den Fabriken und auf den Baustellen förderte die Völkerverständigung, auch unsere

Musik trug in kleinem Rahmen viel zum guten Ansehen der Deutschen in Stalinsk bei. Und wenn wir im Sommer unter freiem Himmel auf unserem Lagerhof musizierten, standen vor dem Tor viele russische Zivilisten als unsere Zaungäste.

Es kam jetzt vor, dass wir auch zu den russischen Staatsfeiertagen, zum Beispiel dem „Roten Oktober" oder dem „Ersten Mai" für die russische Garnison spielen mussten. Neben dem Personal der russischen Lagerleitung mit ihren Familien waren auch Gäste eingeladen. Ich entsinne mich noch ziemlich genau an den 1. Mai 1949:

Die Feier fand in einem kleinen Saal außerhalb des Lagers statt. Auf der Bühne standen unsere Notenpulte. Unten, rund um den Saal, gedeckte Tische, in der Mitte die Tanzfläche. Nun wurde vom Rangobersten die Festansprache gehalten. Dabei hatten wir Deutsche solange hinter dem Vorhang zu verschwinden. Die Ansprache sollte durch unsere Anwesenheit wohl nicht entweiht werden.

Danach begann der gemütliche Teil. Zunächst wurde gegessen. Auch wir bekamen einen Teller mit Bratkartoffeln und ein Stück „Kolbassa" (eine Art Bockwurst). Für uns war dies nach so vielen Jahren eine wahre Delikatesse. Dazu gab man uns noch einen Stakan (Wasserglas) dreiviertelvoll mit Wodka, dem wir aber nur langsam zu Leibe gingen. Und nun begannen wir mit einem Walzer in Moll „Über den Wellen". Die Offiziere tanzten mit ihren Frauen, die Posten miteinander, und die anwesenden bildhübschen Studentinnen und unsere russische Lagersekretärin – die schönste von allen – tanzten ebenfalls miteinander – meist vor der Bühne herum. Und so begegneten sich unsere Blicke erst versteckt, dann immer offener – na sagen wir – im gegenseitigen Wohlgefallen. Die hübschen Mädchen waren zum Greifen nahe und doch unerreichbar fern. Der Lagerkommandant stand unter der Tür und drohte mit dem Finger seiner erhobenen rechten Hand: „ Nelsa!" (nicht erlaubt). Wenn er dies auch mit einem verständnisvollen Blick sagte, so ließ er doch keinen Zweifel daran, was möglich war und was nicht. Unsere Stimmung blieb trotzdem gut, und wir waren heiter wie noch nie. Sicher trug der Alkohol das Seine dazu bei. Und als ich diese fröhlichen Menschen vor meinen Augen tanzen sah in ihrer Einfachheit und Lebensfreude, da schwor ich mir, mich nie mehr im Leben gegen sie missbrauchen zu lassen …

Jetzt kam der Kommandant zu uns heran: „Nu dawaj, krajete kak v Berlinje!" (Los, spielt wie in Berlin!) Nun spielten wir „wie in Berlin" den Swing-Fox: „Heute hab ich noch was vor, heute möcht ich gerne bummeln gehn …" Aber damit konnten die Tänzer nicht viel anfangen, mit einer Ausnahme: der russische Lagerarzt, Stabskapitän Dr. Fischer und seine Frau tanzten richtig – denn er stammte aus München. Er war 1933 emigriert. – Wir stellten doch lieber auf Polka um, und mit der „Rosamunde" ging es besser unten auf dem Parkett. Und so ließen wir den 1. Mai 1949 gemeinsam hochleben und gegen Mitternacht langsam ausklingen … Insgesamt hatte sich mein Leben seit Dezember 1948 hoffnungsvoller gestaltet. Seit dieser

Zeit wusste ich nämlich, dass meine Eltern lebten. Meine Mutter hatte meine Unbekannte suchen lassen und durch sie meine Adresse erfahren. In einem Dorf bei Eckartsberga, in der russisch besetzten Zone, bewohnten meine Eltern jetzt eine Stube. Und die Freude meiner Mutter war groß, denn auch Franz lebte, er war gleichfalls in einem Lager am Ural in russischer Gefangenschaft. Nun bekomme ich laufend Post von meiner Mutter und meiner Unbekannten. In meiner Karte vom 17. Januar 1949 bedanke ich mich bei meiner Unbekannten für die Hilfestellung beim Auffinden meiner Eltern. Ich schreibe unter anderem: „Es ist immer der schönste Augenblick des Tages, wenn ich vor dem Einschlafen meine Gedanken zu Dir schicke und mir vorzustellen versuche, wie unser Wiedersehen aussehen wird und wie wir uns ein neues Leben aufbauen werden ..."

In diesen Wochen und Monaten des Frühjahrs 1949 gab es viel mehr Post aus der Heimat als bisher: erfreuliche und unerfreuliche. Allgemein ist zu erkennen, dass sich in Deutschland ein bescheidenes wirtschaftliches Leben langsam wieder zu regen beginnt. Es gibt schon wieder Fahrräder zu kaufen – man stelle sich dies vor! Und vom Sender Leipzig hören wir früh um sechs Uhr – wenn wir in Stalinsk aufstehen, um zur Arbeit zu gehen –, dass die Tanzmusik gerade beendet wird. Wir haben sechs Stunden Zeitunterschied. Uns wird wehmütig, das Leben im Heimatland beginnt sich zu normalisieren – ohne uns. Mancher spricht es aus, was viele nur denken: Wir sind vergessen. Meist bangen nur noch die Mütter um ihre Söhne. Sie werden sie nie aufgeben. Die Ehefrauen? Neun Jahre und mehr sind sie Ehefrauen auf dem Papier. Kann man es ihnen wirklich verübeln, wenn gesunde Frauen ihre Jugend nicht nur verwarten wollen? Es ist für alle Beteiligten eine schwere Zeit, auch nach dem Krieg noch. Und doch gibt es treue, brave Frauen, Mütter und Mädchen, die auch in der Leichtlebigkeit einer jeden Nachkriegszeit nicht vergessen, was sie sich und ihrem Mann wert sind, die sich weiterhin Enthaltsamkeit auf allen Gebieten auferlegen für den Lohn einer erhofften gemeinsamen Zukunft. Sie schlagen sich mit ihren Kindern schlecht und recht durchs Leben. Manchmal hilft die Verwandtschaft dabei.

Der eine oder andere Kamerad bekommt aber auch andere Kunde aus der Heimat – schlechte, sie bleibt nicht verborgen. Die Betroffenen schleichen wochenlang mit gesenktem Kopf durch das Lager. Zwei Beispiele sollen genügen: Aus Oberbayern bekommt Josef von seiner Kati sinngemäß folgende Nachricht: „Lieber Josef! Nun wirst Du bald nach Hause kommen und wirst es ja dann selbst sehen: Ich habe ein Kind bekommen – einen kleinen Negerjungen. Er ist ein netter Bursch, und die Leute im Dorf mögen ihn alle gerne. Du wirst ihn auch gern haben ..." Und der zweite „Fall"? – Ihm, dem Kameraden, schreibt die Frau in Anbetracht der bevorstehenden Heimkehr, er solle in Russland bleiben, sie wolle ihn nicht mehr haben, sie habe längst einen anderen Mann. Dieser sehr nette Kamerad mit seinem Pfeifchen im Munde wendet jetzt noch mehr Liebe der Betreuung des Lagerhundes, der Lotti, zu. Sie wird ihn nicht enttäuschen. Mancher verheiratete Kamerad wird in diesen Wochen unsicher. Was wird ihn in der Heimat erwarten?

Gottlob, diese drastischen Fälle bleiben die Ausnahme …

Der sibirische Sommer hat das Land längst überflutet, und die Sehnsucht nach der deutschen Heimat, nach dem Leben ohne Stacheldraht, wird gerade an den arbeitsfreien Sonntagen immer unerträglicher. Das Bewusstsein, die Russen haben den äußersten Termin – den 31. Dezember 1948 – für die Entlassung der Kriegsgefangenen ohne irgendeine Erklärung verstreichen lassen, macht ungeduldig. Dabei sind Anzeichen auch für eine uns bald bevorstehende Entlassung unverkennbar. So sickert durch, dass die Betriebe, in denen Gefangenengruppen arbeiten, Weisung erhalten haben, sich darauf einzurichten, ohne Gefangene auszukommen. Wir hören über den Sender Leipzig Reportagen über die Ankunft von Kriegsgefangenentransporten. Übrigens, die Rundfunkanlage hatten wir uns durch Sonderschichten erarbeitet.

Die Bemühungen der Russen, uns für sich zu gewinnen, werden verstärkt. In diesen Tagen erlebe ich durch meinen jüngsten Bruder Kurt folgende Überraschung: Ich komme von der Arbeit ins Lager zurück, als mir Kurt Schönfeldt mit verschmitztem Lächeln entgegentritt und sagte: „Sieh Dir doch mal das „Schwarze Brett“ an, da hängt eine Karte Deines Bruders Kurt an Dich. Der Bursche gefällt mir, der hat die Situation richtig erkannt!“ Ich sehe mir daraufhin das Schwarze Brett an, wahrhaftig, da hängt eine für mich bestimmte Karte mit der Überschrift:

„So schreibt der Bruder des Kollegen Steiniger aus der sowjetisch besetzten Zone:“ Der entscheidende Satz, den das Antifa-Komitee wohl veranlasste, diese Karte auszuhängen, hatte folgenden Wortlaut: „Im Geiste Lenins vorwärts mit Stalin!“ Ich dachte, mich laust der Affe, und ich wusste nicht, was ich davon halten sollte. Als ich zum Militär einrückte, war Kurt ein kleiner Pimpf, aber heute war er immerhin schon zwanzig Jahre alt. Ob dies die ehrliche Meinung eines jugendlichen, begeisterungsfähigen Menschen ist oder er mir nur helfen wollte? …

Eines Sonntags bekamen wir freien Ausgang, das heißt, wir konnten in Stalinsk Spazierengehen, solange und wohin wir wollten. Ich blieb – wie viele andere Kameraden – im Lager. Der Grund war die schlechte Kleidung. Es gab aber immerhin Facharbeiter, „Spezialisten“, wie die Russen sie nannten, die Rubel verdienten und sich Maßanzüge machen ließen, und die sich dazu ein Paar Bata-Schuhe für 400 Rubel leisten konnten. Und die gingen natürlich aus. Dies sind keine Geschichten, keine Märchen! Ich versichere ausdrücklich, dass ich die Wahrheit schreibe. Aber diese Rubel besitzenden Spezialisten waren unter den Gefangenen die Ausnahme. Von diesem freien Ausgang kamen die letzten Kameraden gegen 05.00 Uhr früh – manche „blau“ – ins Lager zurück. Die Verbrüderungen, die sie in russischen Familien feierten, dauerten so lange. Den freien Ausgang gab es aber nur einmal, denn die Stadtväter sollen Anstoß daran genommen haben, dass die Deutschen in den Clubräumen zum

Tanzen gewesen seien und die russischen Mädchen verrückt gemacht hätten … Bei diesem Thema komme ich nicht umhin, eine Liebesgeschichte zu erzählen, deren Zeuge ich, sozusagen aus nächster Nähe, gewesen bin.

Toni und Ira

Die Geschichte begann etwa im Januar 1949, als wir, wie so oft, für ein Theaterstück in unserem Clubraum übten. Wir spielten gerade den Fox „Eine Frau, wie deine Frau, so ne kleine Frau betrügt man nicht“, und das „Zwei-Mann-Ballett“ übte dazu leichte Ballettschritte, als es eine plötzliche Unterbrechung gab. Toni wurde zum Kulturleiter gerufen und erhielt den Auftrag, mit Heinz am nächsten Tag in einer Schule ein Klavier zu stimmen. Toni war zwar unser Geiger, aber er spielte auch hervorragend Klavier. Als Propuskbesitzer musste ihn Heinz zur Schule begleiten. Die Details der ersten Begegnung mit der fünfundzwanzigjährigen russischen Lehrerin kann ich übergehen. Jedenfalls muss Toni nach dem Klavierstimmen mit seinem Spiel das Herz der Lehrerin verzaubert haben, denn sie vergaß es nicht und offenbar noch weniger den Klavierspieler.

Wochen und Monate waren vergangen. Wir arbeiteten im Mai 1949 auf einer großen Baustelle für Wohnungen und sammelten uns nach Feierabend auf dem Platz vor einem Lebensmittelmagazin. Toni war unser Baustellenkoch, der, nachdem er das Essen verteilt und seine Küche gesäubert hatte, etwa ab 14.00 Uhr auf seiner Produktenkiste vor dem Magazin saß und auf unseren Feierabend um 16.00 Uhr wartete.

Toni und ich gingen auf dem Nachhauseweg am Ende der Brigade und unterhielten uns. Heute erzählte er mir, dass ihm die bewusste Lehrerin ein Stück Brot aus dem Magazin gebracht hatte, das er entrüstet zurückgewiesen habe. „Hättest es nehmen sollen und mir geben“, sagte ich vorwurfsvoll. Toni: „Nein, ich bin Deutscher, ich habe gottlob meinen Stolz noch behalten. Genauso, wie ich es ablehne, diese Kanakensprache zu erlernen. Nein nein, da habe ich meinen Stolz!“

Einige Tage später: „Du, die war heute schon wieder da und hat mir zehn Rubel in die Tasche gesteckt.“ Ich: „Wie sieht sie denn aus?“ „Gut, groß, schlank, langes, dunkles, welliges Haar, eine schöne Slawin!“ „Na, also“, sagte ich. „Und?“ „Nix und, ich war Nationalsozialist und bleibe Deutscher, jetzt erst recht!“

Was soll ich viel erzählen! Ich merkte, trotz dieser scheinbar ablehnenden Haltung, sein zunehmendes Interesse an dieser Frau, die ihm jetzt mal ein Stück Toilettenseife schenkte oder andere kleine-große-Aufmerksamkeiten zusteckte. Eines Tages zeigt sie Toni ein Haus und ein Fenster im vierten Stock, ihre Wohnung. Es war die unausgesprochene Aufforderung zu einem Besuch. Ich „Na, wann gehste?“ Toni: „In diesen Klamotten gehe ich nicht, da schäme ich mich.“ Darauf ich: „Ich weiß, Du bist Deutscher. – Nimmst halt unseren Musikeranzug mit und ziehst Dich hier um! Zeit hastde doch!“ – Und so geschah es dann, dass sich die Komsomolzenführerin und der Deutsche schon bei der ersten Begegnung in den Armen lagen, ohne ein Wort miteinander sprechen zu können. Der „große Deutsche“ war voll des Lobes und der Schwärmerei über die Sauberkeit und Schönheit der Russin. Er schrieb ihr von nun an glühende Liebesbriefe in Deutsch, die sich die Lehrerin von ihrer Wolgadeutschen Reinemachefrau in der Schule übersetzen ließ. Und sie schrieb ihm gleiche Briefe in Russisch, die der Lagerdolmetscher vertraulich übersetzte. Er hatte dabei oft Mühe, ihren kultivierten Stil zu verstehen. Bei ihren persönlichen Begegnungen versuchte sie den Deutschen mit Hilfe von Gesten und einem Wörterbuch vom Kommunismus zu überzeugen, er sie von der Überlegenheit der europäischen Lebens- und Arbeitsgewohnheiten. Später unterblieb dies und sie lebten nur noch ihrer Liebe. Und jedes Mal, wenn er von ihr kam, schwärmte er mehr und mehr von der Schönheit und dem Körper dieser „herrlichen Frau".

Früh, wenn wir zur Arbeit gingen, stand sie mit der Haltung einer Fürstin oben, am offenen Fenster und begrüßte Toni unauffällig mit einer leichten Verbeugung. Er grüßte aus der letzten Reihe zurück. Abends lag er in seinem Bett unter mir und lernte russische Vokabeln, die ich ihm aufschreiben musste. Jetzt war die „Kanakensprache" auf einmal die schönste Sprache der Welt!

Eines Tages eröffnete mir Toni, dass er in Russland bleiben werde, er liebe diese Frau und könne und wolle nicht mehr los von ihr. Meine Reaktion: „Du bist wohl verrückt? Du hast doch eine Frau und einen Jungen zu Hause!" „Ist mir egal, ich liebe diese Frau über alles, ich bleibe hier." Darauf ich: „Na, da ist das letzte Wort noch nicht gesprochen! Stell Dir doch mal vor, wir sind eines Tages alle weg, Du sitzt allein hier, unter lauter Semitschki spuckenden Russen, beherrscht nicht annähernd die Landessprache – und wovon willst Du leben? Von Deiner Musik? Oder willst Du Dich von ihr aushalten lassen? Eine Romanze – lieber Toni – mehr kann es nicht sein. Denk mal in Ruhe darüber nach!"

Einige Tage später fand ich Toni unruhig, blass und ganz aufgelöst um seine Produktenkiste herumlaufen. Es musste etwas Aufregendes passiert sein, denn seine Hände zitterten noch. Auf dem Nachhauseweg erfuhr ich dann, was sich ereignet hatte: Als er zur gewohnten Zeit leise an Iras Tür klopfte, öffnete sie ihm weinend. Im Zimmer stand ein junger Mann in Parteiuniform, Schulterriemen, Koppel, blondhaarig: ihr Bruder, Ingenieur im Kombinat. Er musterte Toni, sah sich die Schrift seines im Wörterbuch liegenden Briefes an und ließ seine Schwester wissen, dass er Kommunist sei und seine Schwester ihm Schande bereite, weil sie mit einem Faschisten verkehre. Entweder sie löse sich von ihm, oder er habe keine Schwester mehr … Toni verabschiedete sich schleunigst wieder und ließ seine Geliebte wenig ritterlich mit ihren Beschwernissen allein …

Und so ging die Geschichte dann weiter. Ira löste sich nicht von Toni. Sie strickte ihm einen Pullover, schenkte ihm eine silberne Uhr und überhäufte ihn mit sonstigen Aufmerksamkeiten, wie man sie seiner großen Liebe eben zuteilwerden lässt … Ende Juni verlässt uns Heinz, unser Kapellmeister. Er fährt mit einem der laufend abgehenden Transporte schon nach Hause. Heinz war ein guter Antifaschist und seine Frau zu Hause in Sachsen war es auch. Die Partei lohnte nun seine treuen Dienste, welcher Art sie auch sonst noch gewesen sein mögen, mit einigen Wochen früherer Rückkehr. Die wesentlichste Stütze unserer kleinen Lagerkapelle war damit nicht mehr verfügbar.

Eines Tages, gegen Ende August 1949, mussten sämtliche Lagerinsassen mit ihrem gesamten Gepäck antreten. Der russische Politoffizier hielt eine kurze Ansprache mit etwa folgendem Inhalt: „Ihr kommt jetzt in ein Quarantänelager und werdet bald nach Deutschland zurückkehren. Ob Ihr lange zu Hause bleiben könnt, wird von Euch selbst abhängen. Ich hoffe, dass Ihr hier in der Sowjetunion etwas gelernt habt, dass Ihr ein friedliebendes Deutschland aufbauen werdet und dem Krieg ein für alle Mal eine Absage erteilt. Ihr sollt wissen, die Sowjetunion wird niemals einen Krieg beginnen, aber wer uns angreift, der wird vernichtet werden. Der Kapitalismus wird sich sowieso bis etwa 1975 sein eigenes Grab geschaufelt haben. Es ist besser, wenn Ihr Freundschaft zur Sowjetunion haltet als Euch gegen uns stellt. Denn immer dann, wenn beide Völker – Russen und Deutsche – miteinander gingen, ist es unseren Völkern gut ergangen, ein Gegeneinander aber brachte ihnen Unglück. Ich wünsche Euch eine gute Heimfahrt.“

Außer der Lotti, unserem Lagerhund, blieben nur noch drei Mann im Lager zurück – darunter auch Toni!

Wir kamen ins Bergarbeiterlager – zu den „reichen“ Gefangenen, den Untertagearbeitern; denn die bekamen jetzt ihre Guthaben ausgezahlt. Es mag jetzt wieder wie ein Märchen klingen, aber es ist die reine Wahrheit. Diejenigen, die in die russisch besetzte Zone zur Entlassung anstanden, bekamen Gutscheine für DM-Ost, die in die Westzonen zu Entlassenden bekamen Rubel ausgezahlt, allerdings mit der Auflage, diese bis zur Abreise auszugeben. Die Folge davon war, dass unter anderem Schweizer Uhren für 4.000 Rubel, jede Menge Schnaps und sogar eine BMW-Maschine gekauft wurden. Kurzum, die Bergleute waren die Reichen. Verschiedentlich krochen Russen über den Lagerzaun und stahlen den zum Teil betrunkenen Deutschen die vollen Koffer weg.

Trotzdem war die Stimmung im Lager gut. Schallplattenmusik wurde den ganzen Tag in alle Baracken übertragen, alles bezog sich auf die bevorstehende Heimfahrt.

Heimkehr

Ende August war es soweit: Unser Zug stand bereit. In jedem Waggon war ein Ofen aufgestellt, die Pritschen mit Strohsäcken ausgelegt, die Waggontür blieb offen. Wir waren mit Wattejacken und auch sonst einfach, aber sauber eingekleidet worden. Eine Überraschung gab es noch kurz vor der Abfahrt: Toni kommt glückstrahlend zu uns, sozusagen in letzter Minute. Bei ihren vielfachen Untersuchungen der Achselhöhlen hatte man auch bei ihm eine Narbe entdeckt und vermutet, dass er zu jenen SS-Leuten gehörte, die sich die Blutgruppe mit einer Zigarette ausgebrannt hatten. Erst der Spezialist aus Moskau stellte fest, dass dies die Narbe eines früheren Schweißdrüsenabszesses gewesen sei. „Und Ira?", fragte ich Toni. „Als Ihr abgefahren wart, stürzte im Lager für mich die Welt ein. Man konnte sich mit keinem Menschen unterhalten, öde und leer war alles. Ich will doch lieber heim zu Frau und Kind", sagte Toni lächelnd.

Der Zug setzte sich in Bewegung. An der offenen Tür der Waggons sitzen die Russlandheimkehrer und sehen mit glücklichen Gesichtern in die sibirische Landschaft, die ihnen in den viereinhalb Jahren ihres Aufenthaltes trotz allen Leids, Hungers und unsäglicher Strapazen doch irgendwie eine Art zweite Heimat sein musste. Die Waggonaußenwände hatte man mit Parolen beschriftet wie: „Nie wieder Krieg!" und „Für Frieden und Völkerverständigung!"

Und wieder singt die Bahn ihr Lied „Ramtamtam, Ramtamtam", und die Räder kreischen, fließen auf den Schienen dahin, aber ganz anders als damals: freundlich erscheint mir alles, trotz der Ungewissheit, die mich wieder empfangen wird, es kann nur besser werden!

Meine Gedanken gehen noch einmal zurück nach Stalinsk, zu dem Fenster im vierten Stock des Hauses, an dem wir immer vorbeimarschierten – zu einer verlassenen Mädchenseele. Wie wird sie es tragen? Eine große Liebe findet jetzt ihr unwiderrufliches Ende.

Und der Zug rollt Tag und Nacht. Es ist alles wunderbar, es gibt für mich keine trostlosen Steppen mehr, nur noch eine einzige schöne Welt, die uns jetzt zu beiden Seiten der Bahn begleitet. Um Swerdlowsk sehen wir noch gefangene Deutsche bei der Arbeit. Hoffentlich kommen sie bald nach. Unser Zug durcheilt den Ural, wir bleiben diesmal auf der Transsibirischen und erreichen Moskau. Aussteigen! In einem großen Bad mit vielen riesigen alten Spiegeln und roten Samtmöbeln – sicher noch aus der Zarenzeit – werden wir entlaust, wir baden – und fahren weiter.

In Brest-Litowsk endet unsere Breitspur. Ein ostzonaler Zug übernimmt uns. Ein Gespräch mit dem Lokomotivführer wird für meine Entscheidung ausschlaggebend. Nachdem ich meine Eltern gefunden hatte, ließ mich seinerzeit gleich das Antifa-Büro kommen, dass ich doch jetzt sicher meine Heimatanschrift ändern werde, also mich nicht mehr nach Kiel entlassen lasse, sondern zu Vater und Mutter in die Sowjetzone … Und heute sagte mir mein Eisenbahner: „Wenn Du frei und ledig bist, hau ab in den Westen! Bei uns gibt es nichts als Uranbergbau in Aue oder die Volkspolizei!"

Daran musste ich wieder denken, als unser Zug am 1. Oktober 1949 in Frankfurt/Oder einlief und über Lautsprecher verkündet wurde, dass die Anschrift, die wir jetzt angeben, endgültig sei und angefahren werden müsse. Zwei Stunden kämpfte ich im Lagerhof mit mir: Ich wusste einerseits, dass meine Mutter auf mich warten würde, um mich in die Arme zu schließen, andererseits war es schwer, dann zu meiner Braut, meiner Unbekannten von gestern, nach Kiel zu kommen. Ich war inzwischen 29 Jahre alt geworden und konnte meiner lieben Mutter nicht ewig am Schürzenbandel hängen bleiben – bei aller Kindesliebe. In den Bergbau wollte ich nicht, auch nicht zur Polizei …

„Wohin", fragte mich der Beamte am Schalter in Frankfurt. „Kiel, Oldenburger Straße 14." Nun war es heraus. Schweren Herzens und doch irgendwie erleichtert war die Entscheidung gefallen. Und so kam ich nach Friedland und fuhr von hier aus über Göttingen weiter in Richtung Kiel. Mein Telegramm: „Ankomme Montag oder Dienstag. Gruß Erhard" wird Els doch erreicht haben?! Je mehr ich mich meinem Zielort nähere, desto aufgeregter werde ich. Was wird mich hier erwarten? Wie wird sie jetzt aussehen? Auf dem letzten Bild im weißen Rock mit dunkler Bluse sah sie recht nett aus! Jetzt bewohnt sie als Untermieterin ein kleines möbliertes Zimmer und ist ganz glücklich, nicht mehr in einer Baracke mit mehreren Menschen in einem Raum leben zu müssen. Ich rauche. Mir wird im Magen mulmig, fast wie beim Angriff auf Russland …

Ramtata, Ramtata geht es wieder, nachdem ich in Hamburg umgestiegen war. Ich sehe das holsteinische Land im schönsten Herbstsonnenschein liegen – und sehe doch nichts, denn meine Gedanken gehen wirr durcheinander. Ich freue mich auf das Mädchen, das nun meine Frau werden soll. Kennst du sie denn überhaupt? Insgesamt sieben Stunden persönlich und sonst? Sonst nur aus unzähligen Briefen! Und was habe ich ihr denn zu bieten? Ihr Risiko ist doch ungleich größer als das meine. So springen die Gedanken unstet hin und her.

„Kiel – Hauptbahnhof, Endstation, alles aussteigen bitte", ruft die Stimme aus dem Lautsprecher. Als Letzter entsteige ich mit klopfendem Herzen dem Wagen und gehe langsam mit meinem Pappdeckelkoffer in der Hand und einer Büchse Machorka in der Tasche – meine gesamte Habe – unter dem zerstörten Dach der Bahnhofshalle dem Ausgang zu. Ich ahne nicht, dass „sie" ähnliche Gedanken bewegen werden, zumal sie auf der Rotkreuzstelle des Bahnhofs – wie sie mir später gesteht – einen Heimkehrer mit „tierischem" Blick, ungepflegt und mit sonstigen negativen Eindrücken, erstmals in dem Bewusstsein betrachtete, ich könnte ja auch so aussehen! An der Sperre steht sie nun vor mir. Wir strahlen einander an, als wären wir nur für kurze Zeit getrennt gewesen. Es ist alles so selbstverständlich, alles ist klar, als wäre es lange vorher abgesprochen und festgelegt!

In einem kleinen möblierten Zimmer in der Oldenburger Straße in Kiel-Gaarden gründet sich eine neue Familie – eine von jenen neuen Zellen, aus denen ein Volk nur leben kann. Endlich gibt es den lange ersehnten glücklichen Anfang, ohne Stacheldraht, ohne Angst – in persönlicher Freiheit. Ein Neubeginn nach einer grausamen zerstörerischen Vergangenheit – einer für mich auf alle Fälle „bewältigten Vergangenheit" …

Ende

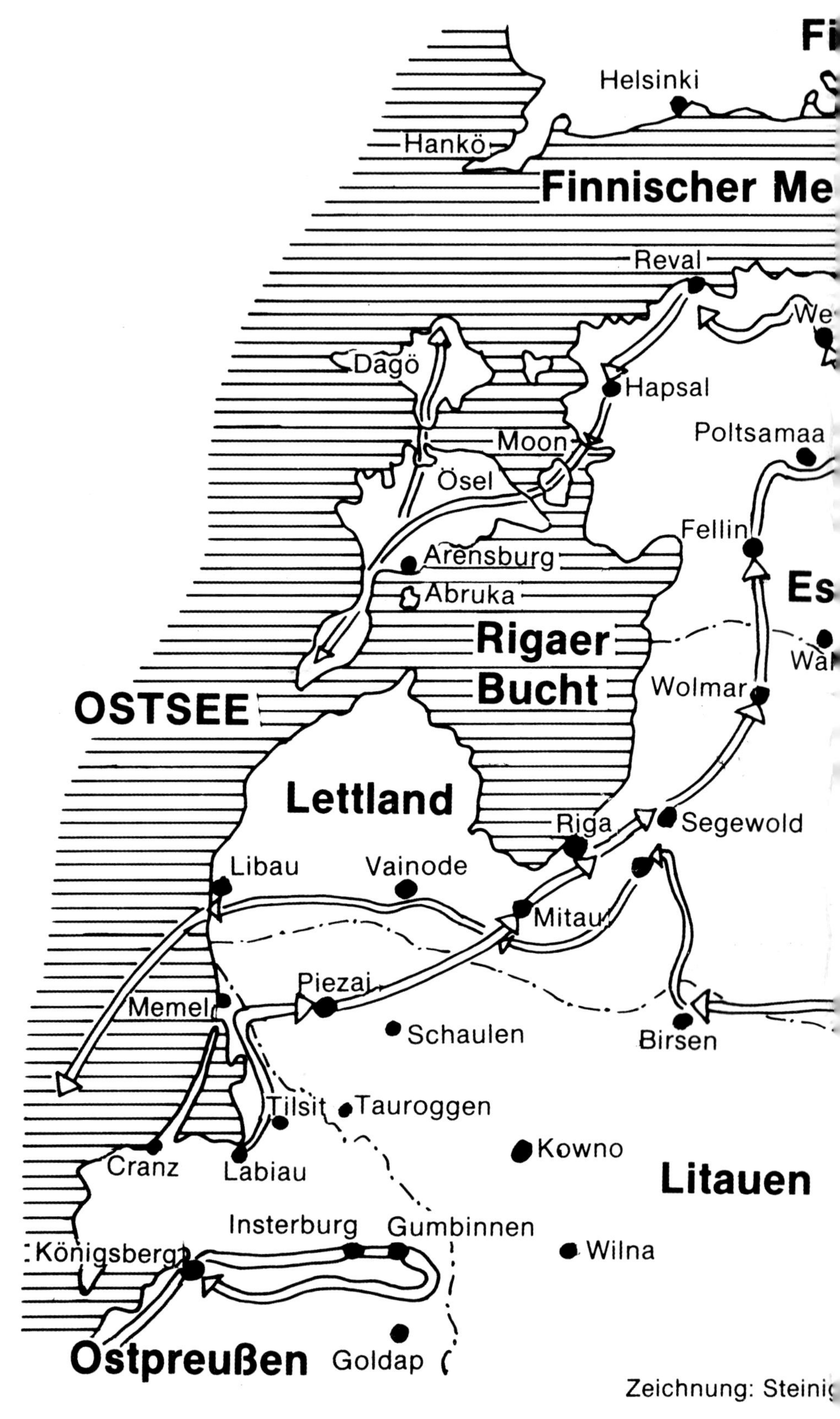

Zeichnung: Steinig